Richard Wagner

Die Bühnenwerke
von der Uraufführung bis heute

Oswald Georg Bauer

Richard Wagner

Die Bühnenwerke
von der Uraufführung bis heute

Vorwort von Wolfgang Wagner

Verlag Neue Zürcher Zeitung

Meiner Mutter und Elisabeth

Schutzumschlagmotiv:
Bayreuther Festspiele 1965
Szene aus dem 3. Akt der *Götterdämmerung*. Waldige Gegend am Rhein
mit den drei Rheintöchtern.
Regie und Bühnenbild: Wieland Wagner, Kostüme: Curt Palm,
Dirigent: Karl Böhm

© 1982 by Office du Livre Fribourg und
  Verlag Ullstein GmbH
  Frankfurt am Main · Berlin · Wien
  Propyläen Verlag
Vertrieb für die deutschsprachige Schweiz:
Verlag Neue Zürcher Zeitung, Zürich

Photolithos: Schwitter AG, Basel
Satz, Druck und buchbinderische Verarbeitung: Freiburger Graphische
Betriebe, Freiburg im Breisgau
Graphische Gestaltung und Herstellung: Emma Staffelbach
Redaktion: Hubertus von Gemmingen

Alle Rechte vorbehalten
ISBN 3-85823-076-6
Printed in Germany

Inhaltsverzeichnis

Dank	6
Vorwort von Wolfgang Wagner	7
Die Feen	11
Das Liebesverbot	17
Rienzi	23
Der fliegende Holländer	37
Tannhäuser	59
Lohengrin	97
Tristan und Isolde	125
Die Meistersinger von Nürnberg	155
Der Ring des Nibelungen	183
Parsifal	253
Ausgewählte Bibliographie	280
Register	282
Abbildungsnachweis	288

Dank

Über Richard Wagner ist anscheinend alles schon einmal gesagt oder geschrieben worden. Die Wagner-Literatur ist inzwischen für einen einzelnen fast nicht mehr zu überblicken. Kaum einen Aspekt seiner Biographie, seines Schaffens und Denkens hat die Wagner-Forschung unbeachtet gelassen, mit einer großen Ausnahme: dem Theater. Eine Bühnengeschichte des Wagnerschen Werkes ist bisher nur in einzelnen Ansätzen in Angriff genommen worden, eine Gesamtdarstellung fehlt. Richard Wagner aber war zuerst und vor allem ein Mann des Theaters, ein Textdichter und Komponist, der für das Theater schrieb und für den ein Werk erst fertig und vollendet war, wenn es in der Aufführung in Erscheinung trat. Deshalb ist eine Aufführungsgeschichte nicht nur sinnvoll, sondern für die Beschäftigung mit Wagners Werk durchaus notwendig, da sie der Diskussion um die Probleme der Darstellung dieses Werkes auf der Bühne eine Grundlage geben kann.

Es wurde in diesem Buch versucht, schon bei der Entstehung der Bühnenwerke Wagners Intentionen nachzuspüren, die auf die geplante Aufführung hinzielten, dann seinen Bemühungen, bereits bei den Uraufführungen eine möglichst vollkommene Wiedergabe zu verwirklichen. Die besondere Rolle Bayreuths wird ebenso dargestellt wie die unterschiedlichsten von einem individuellen künstlerischen Stilwillen geprägten Interpretationen an den Opernhäusern bis auf unsere Tage.

Es versteht sich von selbst, daß bei einem solchen umfangreichen Thema eine Auswahl getroffen werden mußte. Trotzdem sollten nicht nur die repräsentativen, spektakulären oder folgenreichen Bühnenlösungen vorgestellt werden, sondern auch der »Theateralltag«, der Gebrauchsmuster geschaffen hat, zumindest nicht unterschlagen werden.

In den Bildkommentaren wird für die einzelnen Inszenierungen wenn immer möglich der Tag der Premiere angegeben. Bisweilen waren trotz intensiver Nachforschungen die Angaben nicht in der gewünschten Vollständigkeit zu erhalten.

Die mühevollen Recherchen nach den meist entlegenen Bild- und Textzeugnissen vergangener, oft auch schon vergessener Aufführungen wären nicht möglich gewesen ohne die bereitwillige Mithilfe, die mir von Privatpersonen und Institutionen zuteil wurde. Namentlich darf ich erwähnen Herrn Herbert Barth, Bayreuth; Dr. Oswald Bill, Theatersammlung der Hessischen Landes- und Hochschulbibliothek Darmstadt; Sergio Castagnino, Mailand; Carlo Clausetti, Archivio Ricordi Mailand; Peter Dannenberg, Staatsoper Hamburg; Jaroslav Dlask, Bibliothek der Bayerischen Staatsoper München; Dr. Martin Dreier, Schweizerische Theatersammlung Bern; Pavel Eckstein, Nationaltheater Prag; Dr. Manfred Eger, Richard-Wagner-Museum Bayreuth; Francesca Franchi, Royal Opera House Covent Garden London, Archive Office; Reinhard Heinrich, München; Dr. Wilhelm Hermann, Theatersammlung des Städtischen Reiß-Museums Mannheim; José Manuel Infiesta, Barcelona; Martine Kahane, Bibliothèque et Musée de l'Opéra Paris; Arthur Kaplan, San Francisco; Dr. Roswitha Karpf, Hochschule für Musik Graz; Dr. Peter Kehr, Staatstheater Stuttgart; Dr. Robert Kittler, Bildarchiv der Österreichischen Nationalbibliothek Wien; die Mitarbeiter des Theatermuseums in Köln-Wahn; Peter Lehmann, Niedersächsische Staatstheater Hannover; Dr. Edda Leisler, Institut für Theaterwissenschaft Wien; Montserrat F. Mateu, Barcelona; Karol Musiol, Warschau; Dr. Peter Nics, Theatersammlung der Österreichischen Nationalbibliothek Wien; Roberto Oswald, Teatro Colón Buenos Aires; Michel Pazdro, Paris; Matthias Rank, Staatsoper Dresden; Lamberto Scotti, Teatro Comunale Florenz; Kurt Söhnlein, Hannover; Dr. Geza Staud, Budapest; Gloria Tanzini, Teatro alla Scala Mailand; Giampiero Tintori, Museo Teatrale alla Scala Mailand; Robert Tuggle, Metropolitan Opera New York, Archive; Sigrid Wiesmann, Bayreuth. Ihnen allen ein herzliches Dankeschön.

Mein besonders herzlicher Dank gilt Gudrun und Wolfgang Wagner, die dieses Buch förderten und an seinem Entstehen einen so persönlichen Anteil nahmen. Aus seiner reichen Erfahrung einer fast 40jährigen Tätigkeit am Theater und der kontinuierlichen Beschäftigung mit dem Werk seines Großvaters konnte Wolfgang Wagner mir sehr viele Hinweise geben und Aufschlüsse vermitteln.

Bayreuth 1982   Oswald Georg Bauer

Vorwort von Wolfgang Wagner

Theater ist eine Kunstform, die sich in Raum und Zeit ereignet. Sie ist deshalb augenblickbedingt, und zum Unterschied von Werken der bildenden Kunst und Literatur kann das jeweilige theatralische Ereignis nicht aufbewahrt und konserviert werden. Es tritt ins Dasein nur zwischen Aufgehen und Fallen des Vorhangs. Richard Wagners Forderungen an das Bühnenbild sind in seinen Partituren grundgelegt und somit ein wesentlicher Bestandteil für die auf der Bühne gedachte Realisation seiner Werke. Auch mit den technischen Medien des Films und Fernsehens läßt sich das Erlebnis »Theater« nur ganz beschränkt festhalten. Diese Medien können zwar Dokumentation sein, aber niemals das Kunstwerk in seiner Wirkung selbst. Das Theater unterliegt, wie das Leben, einem Wandel und Wechsel; es ist deshalb notwendigerweise veränderlich.

Auch dieses Buch handelt von Dokumenten über das »Kunstwerk Theater« in Form von Bildern, Texten, Berichten, Regiekonzepten, Rekonstruktionen und persönlichen Eindrükken, also von Zeugnissen eines einstmals Lebendigen. Die Theatergeschichte ist aber neben der Geschichte ihrer Daten und Fakten auch eine Geschichte der Ideen, von denen das Theater getragen und geformt wurde und wird. Und diese Ideen sind immer noch und immer wieder lebendig, sie sind tradiert und erhalten sich weiter. Im vorliegenden Buch werden die Bühnenwerke Richard Wagners in ihrer Ausdeutung durch die Aufführungen auf den internationalen Bühnen dargestellt. Aus der Kenntnis und dem Bewußtsein einer Tradition heraus und mit seinen eigenen Erfahrungen versuchte Richard Wagner eine Erneuerung und inhaltliche Aufwertung des Opherntheaters seiner Zeit. Das Theater als große Unterhaltungsform für die damalige Gesellschaft war ihm für seinen Kunstwillen zu bedeutungslos. Für ihn sollte das Theater auch wieder Ideenträger sein wie schon in der klassischen Antike, im Mittelalter, im Barock und letztlich auch in der deutschen Klassik. Sein künstlerisches Wollen sollte durchaus an die große abendländische Traditionsreihe von Aischylos, Shakespeare, Calderón bis hin zu Goethe anschließen, wobei für ihn als Musikdramatiker die großen Opernkomponisten gleich bedeutsam waren. Nicht um optische und akustische Reize oder nur äußerliche Wirkungsmomente, die schon seit je das Publikum faszinierten, ging es ihm, sondern um eine intensive, der geistigen Anregung und Auseinandersetzung dienende Wechselwirkung zwischen Bühne und Zuschauerraum. Durch exemplarische Schöpfungen wollte er, ähnlich wie Gluck und Weber, der erstarrten Form dieser Kunstgattung neues und damit echtes Leben geben und somit andere als die erwarteten und gängigen Ansprüche befriedigen. Mit Wagners Musikdramen begann ein neues Theaterphänomen, eine neu definierte Interaktion von Musik und Drama. Dies war das zentrale Anliegen des Wort- und Tondichters Richard Wagner, eine Berufsbezeichnung, unter der er im Adreßbuch der Stadt Bayreuth firmierte.

Das Buch untersucht unter anderem auch die damaligen, Wagner vorgegebenen Möglichkeiten für die Bühnenrealisation seiner Werke, und es gibt Zeugnis davon, inwieweit er selber bei der Erarbeitung der Aufführungen maßgeblich beteiligt war. Seine künstlerischen Erwartungen waren von den Opernbühnen seiner Zeit zweifelsohne nur in ganz beschränktem Umfang erfüllbar, sei es nun, daß die von ihm an den Sänger gestellten Aufgaben einen völlig anderen als den auf den Opernbühnen vorherrschenden Darstellertyp nötig machten, seien es die Regie- und Orchester-Anforderungen, die Ungewöhnliches verlangten, oder die szenische Wiedergabe. Wenn nun Wagner selbst bei den von ihm erlebten und geleiteten Aufführungen seine so hoch gesteckten Ziele oft genug nicht erfüllt sah, so lag das wohl daran, daß ihm nur selten die kongenialen Mitarbeiter zur Verfügung standen und die künstlerischen und organisatorischen sowie die technischen Voraussetzungen doch nicht immer gegeben waren. Es ist also nicht verwunderlich, daß er mit seinen hohen künstlerischen Ansprüchen der Schrecken der Theaterleiter war, die sich ihre wohlgeordneten Theaterbetriebe von einem solchen Außenseiter nicht gerne durcheinander bringen lassen wollten. Das Publikum, an das zu Erwartende gewöhnt, mußte deshalb den Anspruch und die stilistischen Neuerungsbemühungen Wagners meist als Affront empfinden und reagierte mit heftigen Auseinandersetzungen, die bis zu Skandalen führten. Denn es drängte Wagner, wie er selbst schrieb, »zu stacheln«, aufzuregen, aus dem Zustand philiströsen Behagens fruchtbare geistige Unruhe zu stiften. Und das hat er zu seiner Zeit zweifelsohne erreicht.

Die mißlichen Theaterzustände führten nicht zuletzt auch zur Gründung Bayreuths, obwohl es ihm natürlich nicht immer gelang, die eben genannten Schwierigkeiten gänzlich zu überwinden. Das zeigt sich an der ersten Gesamtaufführung des *Ring* in Bayreuth, wobei übrigens schon die Vorwegnahme der Uraufführungen des *Rheingold* und der *Walküre* in München, gegen den Willen Richard Wagners, trotz immensen technischen und materiellen Aufwandes seiner Meinung nach nicht geglückt waren. Auch seine Äußerungen über die Uraufführung des *Parsifal* in Bayreuth 1882 lassen zwar erkennen, daß diese Aufführung die an seinem Hause bestmögliche war, er war sich aber auch hier darüber im klaren, daß er letztlich sehr viele seiner theatralischen Ideale nicht erreichen konnte und daß insbesondere auch die Reaktion des Publikums in einer Richtung erfolgte, wie er sie doch nicht erhofft und erwartet hatte. Die Probleme in Bayreuth erklären sich zum Teil wohl daraus, daß die hier von Wagner inszenierten Werke *Ring* und *Parsifal* doch erheblich schwieriger zu gestalten waren als beispielsweise *Tristan* und *Meistersinger,* deren Münchner Uraufführungen zur Zufriedenheit Wagners ausfielen. Man kann es nicht anders als tragisch nennen, daß wegen fehlender finanzieller Mittel eine die Aufführungserfahrungen der *Ring*-Vorstellungen der ersten Bayreuther Festspiele 1876 auswertende Wiederholung im folgenden Jahr sich nicht ermöglichen ließ. »Nächstes Jahr machen wir alles anders«, dieses Vorhaben mußte leider ein schöner, aber unerfüllter Wunsch bleiben. Die Konsequenzen für die Darstellung gerade dieses einen Hauptwerkes sowie die beabsichtigte veränderte musikalische Einrichtung hätten sicher für die heutige Aufführungspraxis bedeutsame Aspekte gebracht. Sie würden in verstärktem Maße erkennen lassen, daß für den Theaterpraktiker Richard Wagner ein Werk erst in der Realisation auf der Bühne seine aktive und unmittelbare inhaltliche Aussage entwickeln kann. Richard Wagner konnte somit selbst keine fließende Tradition und damit keinen zu einer bestimmenden Authentizität verpflichtenden Wagner-Stil begründen.

Es ist bedauerlich, wenn auch verständlich, daß Cosima Wagner bei ihren Bayreuther Neuinszenierungen gewisse Rekonstruktionsbemühungen der von Wagner selbst erarbeiteten Aufführungen durchführte und insbesondere auf dem Gebiet des Bühnenbildes nicht den Weg vorwärts, sondern in die Vergangenheit ging. Besonders auffällig ist dies bei ihrer *Ring*-Inszenierung 1896, also zwanzig Jahre nach der Uraufführung. Das überschattet ihre Leistungen auf dem Gebiet der regielichen Gestaltung und eines einheitlichen gestisch-musikalischen Darstellungsstils, auf den sie sicher in der damaligen Zeit richtungsweisend wirkte.

Das Unbehagen an einem weitgehend nur naturalistisch erzählenden Bühnenstil ging vor der Jahrhundertwende von dem Teil des Publikums aus, der in Wagners Werk mehr sah als nur eine Folge von scheinbar interessanten, aber festgeschriebenen Schauplätzen und bunten, oft aufregenden Begebenheiten. Sie vermißten die Gestaltung des Geistigen in diesem gewaltigen Lebenswerk. Die ausschließliche Konzentration auf die Fabel genügte ihnen nicht mehr, sie forderten die dahinter stehende Aussage. Daß zum Beispiel Adolphe Appias Ideen gerade zu diesem Zeitpunkt entstanden und sich als fruchtbar und notwendig erwiesen, mußte sich bei einem Neu-Überdenken des Wagnerschen Werkes fast von selbst ergeben: Die Forderung, den bloß zweidimensionalen Theater-Realismus des Kulissen- und Soffittensystems als einen diesem Werk unangemessenen Stil aufzugeben und aus der besonderen Dramaturgie Überlegungen zu entwickeln, die auch die neuen technischen Möglichkeiten, insbesondere des Lichtes und der vollplastischen Bühne, einsetzen, betraf ja letztlich Ausdrucksmittel, die Richard Wagner zu seiner Zeit leider noch nicht zur Verfügung standen. Erwähnt sei in diesem Zusammenhang nur ein Beispiel, und zwar der von Appia so genannte »hieratische« Stil für das *Rheingold*, diesem unter Göttern, Riesen und Zwergen spielenden Vorabend der *Ring*-Tetralogie. Eine solche Interpretation verlangte nicht mehr den Dekorationsmaler des 19. Jahrhunderts, sondern einen Bühnenbildner, der nicht eine ausschließlich dekorative oder illustrierende, sondern eine eigenständige künstlerische Leistung brachte, die sich aus der Analyse des Werkes und der Einsicht in dessen Eigengesetzlichkeit ergab. Damit wurde eine der großen theatergeschichtlichen Revolutionen in Gang gesetzt: die Ablösung des illustrierenden zugunsten des interpretierenden Bühnenbildes. Im Prinzip ist diese Revolution auch heute noch wirksam. Sie hatte sich durch und an Wagner entzündet und griff dann auch auf die übrigen Werke des Musiktheaters und des Schauspiels über. Viele junge Bühnenbildner sahen nach der Jahrhundertwende gerade in Wagners Werk eine besondere Herausforderung, ihre eigenständigen künstlerischen Ideen zu verwirklichen und mit individuellen Ausdrucksmitteln ihre Interpretationsweise ins Szenische umzusetzen. Eine Fülle von Gestaltungskraft wurde freigesetzt. Für die Rezeptionsgeschichte des Wagnerschen Werkes war sie deshalb so wichtig, weil nach dem Ersten Weltkrieg und insbesondere in den Zwanziger Jahren eine Gegenreaktion einsetzte: nach der ungeheuren Popularität um die Jahrhundertwende war eine Übersättigung eingetreten. »Wagner« wurde bei der Intelligenz als

Kunst des Wilhelminismus, als etwas »von gestern« abgetan, oder aber er wurde in die Unverbindlichkeit des Klassikers entrückt.

Bei dieser neuen Aufwertung des Optischen in den Inszenierungen bestand selbstverständlich die Gefahr, daß das Bühnenbild nicht mehr der – nach Wagners eigenen Worten – »schweigend ermöglichende Hintergrund der Handlung« war, sondern eine Eigenständigkeit gewann, die die gerade bei Wagner so wichtige Balance von Musik, Aktion und Bild empfindlich stören konnte. Oft genug gingen auch die in den Bühnenbildentwürfen enthaltenen Ideen weit über das zur Zeit technische Mögliche hinaus und verloren in der Realisierung auf der Bühne viel von ihrer beabsichtigten kühnen Ausdruckskraft. Dies zu vermerken, bedeutet nicht, die Leistungen herabzusetzen, sondern es bestätigt vielmehr, daß am Theater den Ideen durch die technischen Möglichkeiten oft Grenzen gesetzt sind. Im gegenteiligen Fall kann aber auch Technik, nur aus Freude an technischen Spielereien eingesetzt, einer echten künstlerischen Aussage im Wege stehen.

Die offensichtlich chronisch immer wiederkehrenden Mißverständnisse nicht nur um die Person Richard Wagners, sondern auch um sein Schaffen und Wirken, machten besonders in der Zeit nach dem Zweiten Weltkrieg ein neues Überdenken und eine Analyse des bisher Geschehenen erforderlich, die wiederum zu einer fruchtbaren Phase der Auseinandersetzung führten. Seit dem Wiederbeginn der Bayreuther Festspiele 1951 haben mein Bruder Wieland und ich versucht, den geistigen und humanen Kern im Werk freizulegen, zu seiner archetypischen Substanz vorzudringen, das Zeitverhaftete abzustreifen und das, was mein Großvater immer als das »Rein-Menschliche« bezeichnet hat, in den Mittelpunkt zu stellen. Richard Wagner selbst blieb auch nicht bei seinen literarischen Vorlagen stehen, er wollte immer wieder zu dem Urgrund menschlichen Verhaltens und Tuns vorstoßen bzw. zurückfinden, und sich nicht bestimmen lassen von dem jeweils zeitlich bedingten Denken und Handeln. Auf diesem Urgrund erschloß sich ihm das unentstellte Bild des Menschen mit seinen so gegensätzlichen Eigenschaften, mit seinen Ängsten, Hoffnungen, Wünschen, Idealen, Träumen und Sehnsüchten, mit seiner Gier und seiner Grausamkeit, mit dem, was den Menschen zu allen Zeiten bewegte, kurz: mit den Lebenssituationen, die auch noch die unseren sind. Wiederum erhielt Wagners Werk aus der Sicht der Zeit so eine unerhörte Aktualität, und es bestätigte sich, daß der von Bayreuth ausgegangene Versuch in seiner Art nicht nur richtig, sondern im Zuge einer theaterlebendigen Auseinandersetzung auch von einer »festspielmäßigen« Bedeutung war. Die anderen Opernbühnen haben bei ihren Wagner-Inszenierungen diese Impulse mitaufgenommen.

In den heutigen Inszenierungen erhält unter anderem auch das 19. Jahrhundert einen neuen historischen Stellenwert, und zwar aus der Erkenntnis heraus, daß viele unserer gegenwärtigen geistig-kulturellen und sozialen Bedingungen dort ihre Grundlage haben. Die bewegte Rezeptionsgeschichte des Werkes innerhalb und außerhalb Bayreuths wird in die Interpretationen miteinbezogen. So lange sich das Publikum über das Medium Theater weltweit mit den großen Menschheitsthemen auseinandersetzt und Denkanstöße sucht, können die Aufführungen einen konstruktiven Beitrag zur Bewußtseinsbildung leisten, und wird es auch notwendig sein, immer neue Interpretations- und Darstellungsformen zu finden, die selbstverständlich verschiedene künstlerische Handschriften tragen können und sollen, die sich aber auch durch die gewählten theatralischen Ausdrucksmittel dem Publikum mitteilen müssen.

Ich selbst bin kein Theaterhistoriker, sondern Regisseur und Festspielleiter. Meine Aufgabe ist es nicht, zu dokumentieren, sondern lebendig zu erhalten, und gerade deswegen soll hier auch noch eine Personengruppe am Theater erwähnt werden, die ebenfalls ein »schweigend ermöglichender Hintergrund der Handlung« genannt werden kann: die Bühnentechniker, die Mitarbeiter in der Kostümabteilung und Maskenbildnerei, in den Werkstätten und auch in den Büros. All diese Berufsgruppen arbeiten auf die Bühne zu und machen es zusammen mit dem Dirigenten, dem Regisseur, den Bühnen- und Kostümbildnern, den Sänger-Darstellern, den Orchestermusikern und den Chorsängern möglich, daß sich das Kunstwerk Theater immer wieder ereignen kann. Das Schöne, und oft auch Schwierige, am Theater ist immer noch, daß es wesentlich von Menschen, nicht von Maschinen und Automaten gemacht und bestimmt wird. Sie alle helfen mit, daß auf der Bühne bei der Aufführung »Leben« und für die Zuschauer »Mit-Erleben« entstehen kann.

Wenn dieses Buch nicht nur als Dokumentation historischer Begebenheiten verstanden wird, sondern zur Anregung für eine lebendige Auseinandersetzung mit der Wagner-Szene und dem Theater überhaupt beiträgt, dann hat es seinen Sinn erfüllt.

K. Hof- & National-Theater.

München, Freitag den 29. Juni 1888.

Zum ersten Male:

Die Feen.

Romantische Oper in drei Aufzügen von Richard Wagner.

In Scene gesetzt vom K. Ober-Regisseur Herrn Brulliot.

Personen:

Der Feenkönig	Fräulein Blank.	Lora, seine Schwester	Fräulein Weiß.
Ada,	Fräulein Dressler.	Drolla, deren Dienerin	Fräulein Herzog.
Zemina, Feen	Frln. P. Sigler.	Harald, ein Heerführer	Herr Bausewein.
Farzana,	Frln. M. Sigler.	Ein Bote	Herr Schlosser.
Arindal, König	Herr Mikorey.	Des Zauberers Groma Stimme.	
Gunther, seine Freunde und Gefährten	Herr Herrmann.	Arindal's und Ada's Kinder.	
Morald,	Herr Fuchs.	Edelfrauen, Dienerinnen, Volk und Krieger.	
Gernot,	Herr Sieder.	Feen und Geister, eherne Männer.	

Die im ersten und dritten Aufzuge vorkommenden Tänze sind arrangirt vom K. Balletmeister Herrn Fenzl und werden ausgeführt von den Fräulein Jungmann, Spegele, Capelli und dem weiblichen Ballet-Corps.

Nach dem ersten und zweiten Aufzuge finden Pausen von je 15 Minuten statt.

Neue Dekorationen:

Erster Aufzug: **Feengarten.**
Zweiter Aufzug: **Vorhalle eines Palastes.**
Festliche Halle.
Dritter Aufzug: **Klüfte des unterirdischen Reiches.**
Feen-Palast.

Sämmtliche Dekorationen sind von den k. k. Hoftheatermalern Herren Brioschi und Burghart in Wien.

Das decorative Arrangement, Maschinerie und Beleuchtung vom k. Obermaschinenmeister Herrn Karl Lautenschläger.

Costüme und Requisiten nach Angabe des k. Professors Herrn Josef Flüggen.

Textbücher sind zu 50 Pf. an der Kasse zu haben.

Preise der Plätze:

Ein Parketsitz	6 M. — ₰	Ein numerirter Vorderplatz im III. Rang	5 M. — ₰
Ein numerirter Balconsitz (I. Reihe)	8 M. — ₰	Ein Rückplatz im III. Rang	4 M. — ₰
Ein numerirter Balconsitz (II. Reihe)	6 M. — ₰	Ein numerirter Vorderplatz im IV. Rang	4 M. — ₰
Ein numerirter Vorderplatz im I. Rang	6 M. 50 ₰	Ein Rückplatz im IV. Rang	3 M. 50 ₰
Ein Rückplatz im I. Rang	6 M. — ₰	Parket-Stehplatz	4 M. — ₰
Ein numerirter Vorderplatz im II. Rang	6 M. 50 ₰	Parterre-Stehplatz	2 M. — ₰
Ein Rückplatz im II. Rang	6 M. — ₰	Galerie	1 M. — ₰

Die Kasse wird um halb sieben Uhr geöffnet.

Anfang um 7 Uhr, Ende um ½ 11 Uhr.

Freier Eintritt: Classe I.

Samstag den 30. Juni: Im K. Hof- und Nationaltheater: Othello, Oper von Verdi.
Auf den Repertoir-Entwurf Sonntag 1. Juli: (hsd.) Zum ersten Male wiederholt: Die Feen.
Montag 2. Juli: D. F. angebotl. Stücken der Gesellschaft.

Unpäßlich vom Schauspielpersonal: Herr Herz.

Nachdruck verboten.

Die Feen

Hoftheater München,
29. Juni 1888
Programmzettel der
Uraufführung

Im Frühjahr 1832 schloß Richard Wagner seine musikalische Studienzeit ab, die er 1828 bei Gottlieb Müller, einem Musiker des Gewandhausorchesters, begonnen und beim Thomaskantor Theodor Weinlig fortgeführt hatte. Seine Kompositionen in diesen Jahren, Früchte seiner musikalischen Studien, darunter Ouvertüren, eine Klaviersonate in D-dur, waren nur Vorbereitungen auf sein eigentliches Betätigungsfeld, die Oper. Im Frühsommer 1832 komponierte er innerhalb von sechs Wochen seine einzige Symphonie (C-dur). Wie er in seiner *Autobiographischen Skizze* von 1842 mitteilt, war neben seinem Hauptvorbild Ludwig van Beethoven besonders Wolfgang Amadeus Mozart von großer Bedeutung, vor allem dessen Symphonie in C-dur (KV 551). Trotz »mancher sonderbarer Abirrungen« sei sein Bestreben »Klarheit und Kraft« gewesen. In Prag schrieb er im November des gleichen Jahres den Text zu seiner ersten Oper *Die Hochzeit* nieder und begann mit der Komposition, die allerdings Fragment geblieben ist; denn seine Schwester Rosalie, Schauspielerin am Leipziger Theater und in diesen Jahren nicht nur das Oberhaupt der Familie, sondern auch *die* Autorität in Fragen des Theaters für Richard, konnte ihm ihren Beifall nicht geben. Der junge Komponist hatte seine erste tragische Oper als »vollkommenes Nachtstück von schwärzester Farbe« verfaßt und »jeden Lichtschein«, jede nach seiner damaligen Auffassung »ungehörige, opernhafte Ausschmückung« verschmäht. Gerade das aber vermißte Rosalie, sie wünschte »Ausschmückung und Ausbildung der einfacheren Verhältnisse zu mannigfaltigeren und möglichst freundlichen Situationen« *(Mein Leben)*. Kurzerhand und ohne Bedenken vernichtete er das Manuskript, unter anderem auch, um Rosalie zu beweisen, wie viel ihm an ihrem Urteil lag.

In seinem zweiten Opernversuch *Die Feen* berücksichtigte er Rosaliens Einwände in weitem Maße. Auch für dieses, wie für alle seine späteren Werke, verfaßte sich Wagner sein Textbuch selbst, denn er war schon damals zu der Einsicht gelangt, daß ein Operntext etwas Besonderes, genau mit der Musik Zusammenhängendes sei, das ein Literat oder ein routinierter Opernlibrettist nicht zustande bringen könne. Bei der Abfassung der Dichtung zu seinen *Feen* fühlte er sich in erster Linie als Musiker und Komponist, und verfuhr »in betreff der poetischen Diktion und der Verse mit fast absichtlicher Nachlässigkeit«. Nicht auf Dichterruhm kam es ihm dabei an, sondern lediglich auf das Zustandebringen eines »gehörigen Operntextes« *(Mein Leben)*. Und das ist ihm durchaus gelungen.

Mit dem fertigen Textbuch machte er sich im Januar 1833 nach Würzburg auf, wo sein Bruder Albert als Tenor engagiert war. Er wollte endlich seine erlernten musikalischen Fähigkeiten praktisch verwenden, und dazu hatte er in Würzburg genug Gelegenheit. Die »hohe Direktion« des dortigen Theaters bot ihm eine Anstellung als Chordirektor für den Rest der Spielzeit. Da er noch nicht volljährig war, mußten sein Bruder Albert, Rosalie und seine Mutter für »Pünktlichkeit und Gehorsam« bürgen. In seinem Vertrag verpflichtete er sich, »nötigenfalls auch als Mitwirkender sprechender und stummer Rollen in Schauspielen, Tragödien und ebenfalls in mimischen Gruppen im Ballette, soweit erforderlich, sich nützlich zu machen«. Die wichtigsten Neueinstudierungen in diesen Monaten waren Heinrich Marschners *Vampyr*, Giacomo Meyerbeers *Robert der Teufel* und die *Camilla* von Ferdinando Paër.

Am 20. Februar 1833 begann er mit der Orchesterskizze zu den *Feen*, und am 7. Dezember konnte er die Orchesterskizze des 3. Aktes abschließen. »Es war grad' Mittag – 12 Uhr, und es läuteten von allen Thürmen die Glocken, als ich das Finis darunter schrieb; – – das hat mir sehr gefallen«, schreibt er stolz und freudig erregt an Rosalie und fährt fort: »O Gott gäbe, daß ich Dich in Deinen freudigen Erwartungen nicht täusche; – es kann ja aber wohl nicht sein, – und man sagt ja, – daß das auch wieder in die Seelen Anderer überginge« (11. 12. 1833). Der Brief, mit vielen

Gedankenstrichen und Ausrufungszeichen versehen, gibt Wagners aufgeregte, ja ekstatische Stimmung bei der Komposition wieder. Er wollte sich und seiner Familie beweisen, daß er als Musiker etwas gelernt hat und etwas kann. Am 6. Januar 1834 wurde mit der Ouvertüre die Komposition abgeschlossen.

Als literarische Vorlage für *Die Feen, Romantische Oper in 3 Acten* diente ihm das phantastische Zaubermärchen *La Donna serpente* von Carlo Gozzi (1720–1806). Gozzis tragikomische und phantastische Märchenspiele, gegen Goldonis realistische Komödien geschrieben und die volkstümlichen Elemente der zerfallenden Commedia dell'arte neu interpretierend, beeindruckten die deutschen Romantiker, vor allem E. T. A. Hoffmann. Wagner ist höchstwahrscheinlich durch die Lektüre Hoffmanns, den er sehr verehrte, auf den Stoff aufmerksam geworden. Hoffmann hatte in seinem Dialog »Der Dichter und der Komponist« (in den *Serapionsbrüdern*) auf den »herrlichen Gozzi« hingewiesen; es sei ihm »unbegreiflich, wie diese reiche Fundgrube vortrefflicher Opernsujets bis jetzt nicht mehr genutzt worden ist«. Wagners Hauptinteresse galt dem Konflikt zwischen der Menschenwelt und der Feenwelt, wie ihn ähnlich Hoffmann in seiner Oper *Undine* und Heinrich Marschner in seinem *Vampyr* (uraufgeführt in Leipzig 1828) dargestellt hatten. Besonders E. T. A. Hoffmanns »musikalischer Mystizismus«, wie er es nannte, hatte schon den Schüler Richard Wagner tief beeindruckt.

Arindal (der Name ist, ebenso wie der einiger anderer Personen, dem Opernfragment *Die Hochzeit* entnommen), ein junger Königssohn, verfolgt auf der Jagd eine schöne Hirschkuh, die in Wirklichkeit Ada, die Tochter des Feenkönigs, ist. Er verliebt sich in sie und lebt mit ihr in ihrem unterirdischen Feenpalast. Sie kann allerdings nur für immer sein eigen werden, wenn er acht Jahre lang nicht fragt, wer sie sei. Im achten Jahr aber bricht er das Gebot und wird in eine öde Felsengegend versetzt, wo er seine Freunde Gunther und Morald wieder trifft. Sie verwandeln sich in einen alten Priester und in seines Vaters Geist, um in diesen Verkleidungen ihn zu überzeugen, daß seine Liebe nur Trug und Hexenwahn sei, und daß er in sein Königreich zurückkehren müsse, das in seiner Abwesenheit von Feinden verwüstet wird. Der Betrug der beiden löst sich in Blitz und Donner auf, die Szene verwandelt sich wieder in den reizenden Feengarten, und Ada erscheint. Sie wird von ihren Feen zur Königin ausgerufen. Will Arindal sie wiedergewinnen, so muß er schwören, sie niemals zu verfluchen, was immer ihm auch von ihr widerfahren mag. Wie selbstverständlich sind bei dieser Zeremonie auch Arindals Gefährten dabei, die sich über die Pracht des Feengartens verwundern und Arindal schließlich in sein bedrängtes Königreich fortführen.

In der Vorhalle von Arindals Palast versammeln sich sein Volk und seine Krieger, um gegen den Feind zu ziehen, der die Hauptstadt umzingelt hat. Völlig unvermittelt taucht Ada in dieser Menschenwelt auf, an der Hand führt sie ihre und Arindals Kinder. Auf ihren Wink hin öffnet sich ein Feuerschlund, in den sie, eine andere Medea, die beiden Kinder wirft. Nicht genug damit, kehrt der Chor der Krieger zurück, geschlagen von einem bewaffneten Weibe, das in Wahrheit Ada war. In höchster Verzweiflung und Raserei verflucht Arindal seine trügerische Gemahlin. Sie eröffnet in einem großen Klagemonolog ihr Geschick: Sie, die unsterbliche Fee, wollte aus Liebe zu ihm sterblich werden. Dazu mußte er diesen Prüfungen (unter denen sie selbst entsetzlich leidet) ausgesetzt werden, um die Standhaftigkeit seiner Liebe zu beweisen. Weil er an ihrer Liebe zweifelte und sie verfluchte, wird sie auf hundert Jahre in Stein verwandelt und muß unsterblich bleiben. Ihre beiden Kinder kehren zurück, durch das Feuer »von ihrer Geburt gereinigt«. Die Feinde sind besiegt, denn Ada hatte sich Verschwörern gegen Arindals Königtum und falschen Freunden in den Weg gestellt. Die Feen triumphieren, denn Ada gehört wieder zu ihnen. Arindal verfällt, wie es sich gehört, dem Wahnsinn. Von fern hört er die aus dem Stein dringende Stimme Adas. Eine weitere Stimme, die des ihm wohlgesinnten Zauberers Groma, weist ihn auf einen Schild, ein Schwert und eine Leier hin, mit deren Hilfe er, von Mut und Liebe erfüllt, sein Glück doch noch gewinnen könne. Die Szene verwandelt sich wiederum in eine »furchtbare Kluft des unterirdischen Reiches. Erdgeister mit scheußlichen Larven durchwogen geschäftig den Ort«. Der Chor der Erdgeister und der Chor der ehernen Männer verwehren ihm den Eingang zur Schreckenspforte, aber die Zauberwaffen Schild und Schwert sind stärker. Die schwerste Prüfung steht ihm noch bevor, die Begegnung mit der versteinerten Ada. Sein Gesang und das Spiel der Leier erweichen den Stein und geben ihm Ada zurück. Die Szene verwandelt sich in einen »herrlichen Feenpalast, von Wolken umgeben«. Die »unendliche Gewalt der Liebe« hat Arindal zum Unsterblichen gemacht und zum König im Feenreich. Seine Freunde »werden eingeführt«, er übergibt sein irdisches Königs-

Hoftheater München, 29. Juni 1888
Das berühmte Schlußbild der Uraufführung, der prachtvolle Feenpalast. Die verschwenderische Ausstattung stammte von Carlo Brioschi und Hermann Burghart aus Wien, die komplizierte technische Einrichtung und die teilweise elektrische Beleuchtung von Karl Lautenschläger. Diese »Blumen- und Crystallfeerei« mit Hunderten von magisch glänzenden Sternen, elektrischen Blumen und beleuchteten Schwänen war die größte Attraktion der Uraufführung. Auf den Stufen links die entzauberte Ada, rechts Arindal, in der Mitte ihre Kinder und oben auf dem Thron der Feenkönig.
Regie: Karl Brulliot, Dirigent: Hermann Levi

reich seiner Schwester und Morald und verspricht, sie zu beschützen. Der Schlußchor jubelt:

Ein hohes Los hat er errungen,
dem Erdenstaub ist er entrückt!
Drum sei's in Ewigkeit besungen,
wie hoch die Liebe ihn beglückt!

Mit merkwürdiger Sicherheit scheint Richard Wagner schon in diesem Erstlingswerk einige seiner späteren Hauptthemen gefunden zu haben. Die Erlösung durch die Liebe, das Frageverbot, die aufopfernde Liebe der Frau und die Forderung nach unbedingtem Vertrauen verweisen schon auf den »eigentlichen« Wagner. Noch 1851 schreibt er in seiner *Mitteilung an meine Freunde,* daß hier sich »schon im Keime ein wichtiges Moment« seiner ganzen Entwicklung kundgegeben habe.
Trotz der offensichtlichen und von Wagner auch zugegebenen Schwächen und trotz der Vielfalt der thematischen Motive ist das Textbuch erstaunlich konzentriert. Die Exposition ist knapp und präzise, ohne große Umschweife bewegt sich die Handlung fort. Der selbstverständliche Wechsel der Feen ins Reich der Menschen und umgekehrt ist allerdings für unser heutiges Empfinden zumindest ungewöhnlich.
Richard Wagner behauptet nicht zu viel, wenn er in *Mein Leben* schreibt, er habe diesen Operntext »mit aller nur irgend verträglichen Mannigfaltigkeit« ausgestattet. Kaum eines der damals gängigen, effektversprechenden Opernmotive wie Geisterchor, Wahnsinnsszene, eine Romanze (von der Hexe Dilnovaz), das Undine-Thema, ein Kriegerchor usw. fehlt. Der Einfluß von Mozarts *Zauberflöte* (die dem Zeitempfinden als romantische Oper galt) wird deutlich in den Prüfungsszenen, dem Chor der ehernen Männer, die die Schreckenspforte bewachen, in der Auffassung der Figur des Arindal, die an Tamino gemahnt, und in dem Duett des komischen Paares Gernot–Drolla. Bedeutsam für Wagners spätere Entwicklung ist, daß er schon hier, trotz Heinrich Laubes Geringschätzung, einen Stoff wählt, den er mit mythologischen und sagenhaften Motiven durchwirken konnte: Ada und die von ihr in

Tiere verwandelten Menschen erinnern an die Zauberin Kirke, der Feengarten trägt deutliche Züge des Venusbergs, und besonderes Gewicht erhält das Orpheus-Thema. Bei Gozzi wird die Fee in eine Schlange verwandelt, und ihr Prinz erlöst sie, indem er die Schlange küßt. Bei Wagner geschieht die Erlösung durch Gesang und Leierspiel, durch Liebe und Kunst.

Auch in der Musik mischen sich Übernahme und Aneignungen mit eigener Erfindung. Wagner ist selbst ehrlich genug zuzugeben, daß ihn Carl Maria von Weber (den er von Leipzig her kannte) und besonders Heinrich Marschner, nach Weber der Hauptvertreter der deutschen romantischen Oper und von 1827 bis 1832 in Leipzig tätig, »zur Nachahmung bestimmten« *(Mitteilung).* Webers *Euryanthe* und Marschners *Vampyr* sind das Vorbild für den musikalischen Aufbau der *Feen,* die in achtzehn teils abgeschlossenen, teils ineinander übergehenden Nummern komponiert sind. Das letztere Werk hatte Wagner in Würzburg einzustudieren, und es interessierte ihn genügend, um ihm seine »saure Arbeit ... lohnend erscheinen zu lassen« *(Mein Leben).* Zu diesem Werk textete und komponierte er auch eine Einlage-Arie für seinen Bruder. Für die große Szene der Ada (2. Akt) war die Arie der Leonore aus dem *Fidelio* in ihrer textlichen und musikalischen Gestaltung seine hauptsächliche Anregung. Die a capella-Szene mit Chor und Solisten im 3. Akt verweist dagegen schon auf den Schluß des 2. Aktes *Tannhäuser* und auf die Szene im 1. Akt *Lohengrin,* die dem Königsgebet folgt.

Schon in seiner ersten Oper stellt Wagner an die Singstimme große Anforderungen, die der hochgesteigerten Gesamtgebärde des Werkes entsprechen. Er sieht aber selbst im nachhinein ein, daß den einzelnen Gesangstücken »die selbstständige freie Melodie« fehlte, »in welcher der Sänger einzig wirken kann, während er durch kleinliche detaillirte Deklamation von dem Komponisten aller freien Wirksamkeit beraubt wird«; das sei der »Übelstand der meisten Deutschen, welche Opern schreiben« *(Autobiographische Skizze).* In zuversichtlicher und heiterer Stimmung kehrte er nach Leipzig zurück und legte seiner Familie »die drei kräftigen Bände« seiner Partitur vor. Der Direktor des Theaters, Friedrich Sebald Ringelhardt, war einer Aufführung nicht abgeneigt oder gab sich zumindest diesen Anschein. Die Schwierigkeiten begannen schon bei der Frage der Dekorationen und des Kostüms. Die Direktion hatte orientalische Kostüme geplant, während Wagner schon durch die Namensgebung seiner Hauptpersonen, die er Ossian nachgebildet hatte, dem Ganzen einen »nordischen Charakter« hatte geben wollen. Ihm wurde entgegengehalten, daß es im Norden keine Feen-Sujets gebe, und daß auch das Original von Gozzi im Orient spiele. Entrüstet lehnte er das »unausstehliche Turban- und Kaftan-Kostüm« ab und reklamierte energisch die »Rittertracht des allerentferntesten Mittelalters« *(Mein Leben).* Doch damit hatte er der Sache schon zu weit vorausgegriffen. Der Sänger und Regisseur Franz Hauser (bei dem die Hauptentscheidung lag) setzte dem jungen Komponisten auseinander, seine ganze Richtung sei verfehlt, und es sei nur bedauerlich, daß ein Johann Sebastian Bach keine Opern geschrieben habe.

In einem ausführlichen Brief (März 1834) setzte sich Wagner mit Hausers Einwänden sehr sachlich und mit vernünftigen Argumenten auseinander. Er weiß um die Unvollkommenheit seines Werkes, sieht sich jedoch mit seinem Lehrer Weinlig einer Meinung, daß auch einem jungen, unfertigen Komponisten Gelegenheit gegeben werden müsse, seine Werke aufgeführt zu sehen, da nur so eine Weiterbildung und Weiterentwicklung möglich sei. Was Hausers Einwand betrifft, die Anforderungen an die Sänger seien kaum zu bewältigen, so verwies Wagner darauf, daß ihn sein Bruder während der Komposition auf die teilweise Unausführbarkeit der Gesangspartien aufmerksam gemacht und er dieses unter seiner Anleitung geändert habe.

Hoftheater München, 29. Juni 1888
Joseph Flüggen, Figurine des Feenkönigs für die Uraufführung.
Der Feenkönig ist als Typ des Wassermanns nach dem Muster des Neptun und barocker Flußgötter dargestellt. Seine Attribute sind die Krone und ein mit Korallen geschmückter zepterartiger Stab.

Eine Einigung mit Hauser kam nicht zustande. Die Aufführung wurde zunächst auf August verschoben. Im Herbst gab Wagner dann seine Bemühungen auf. Er hatte das »Behagen« an diesem Werk verloren, und da sich Leipzig nicht mehr meldete, faßte er den Entschluß, sich »um diese Arbeit nicht mehr zu bekümmern« *(Autobiographische Skizze).* Ihn beschäftigte schon ein neuer Opernstoff.

Wagner hat Zeit seines Lebens keine Aufführung der *Feen* erlebt. Bruchstücke wurden konzertant in Würzburg im Dezember 1833 und in Magdeburg aufgeführt. Die Uraufführung fand erst nach dem Tod Richard Wagners und des Königs Ludwig II., dem er die Partitur geschenkt hatte, am 29. Juni 1888 in München statt. Cosima hat sie »eine der unschönsten Taten eines Hoftheaters« genannt (an Felix Mottl, 21. 10. 1889). Sie behauptet, Wagner wollte nicht, daß sein Erstlingswerk jemals aufgeführt würde. Die Erben Wagners hatten die Aufführungsrechte an den *Feen* und dem *Liebesverbot* 1887 an München abgetreten. Die Hofbühne behielt das Recht an den *Feen* für sich und, außer in Prag durch Angelo Neumann, wurden sie erst in der Spielzeit 1913/14 in Zürich im Rahmen eines Gesamtzyklus aufgeführt. In München war man sich darüber im klaren, daß *Die Feen* nur als großes Ausstattungsstück Erfolg haben konnten. Es wurde deswegen an nichts gespart. Die Wiener Firma Brioschi und Burghart lieferte einen Teil der phantastischen Dekorationen, Joseph Flüggen entwarf die Kostüme. Hermann Levi, der Dirigent der *Parsifal*-Uraufführung, hatte die musikalische Leitung. Der Maschinenmeister Karl Lautenschläger ließ alle seine Künste spielen und machte besonderen Eindruck mit elektrischen Beleuchtungseffekten. Im 3. Akt verwendete man für den Umbau eine Wandeldekoration. Die Kritiker waren diesem Jugendwerk gegenüber etwas ratlos; was sollte man nach *Tristan und Isolde,* dem *Ring* und *Parsifal* dazu sagen? Der Erfolg beim Publikum war dagegen einhellig, und das lag sicherlich an der Ausstattung. Allein in der Spielzeit 1888 erlebten *Die Feen* 25 Vorstellungen.

Die Wiederaufnahmen in den Jahren 1895 und 1899 wurden zur Hauptfremdenverkehrszeit im Sommer als Attraktion für die Touristen gegeben. Man setzte auf den Reiz der Neuheit, die nur in München zu besichtigen war. 1895 sang Pauline Strauss-de Ahna, die Frau von Richard Strauss, die Rolle der Ada, und 1899 Berta Morena. Trotz aller Anstrengungen war das Haus schon 1899 nur mäßig besetzt. Im Jahre 1910 folgte eine Neuinszenierung im Rahmen der Sommerfestspiele im Prinzregententheater. Felix Mottl dirigierte. Ein elegantes Publikum, unter dem die Schöngeister Münchens allesamt vertreten waren, rührte trotz des Prunks der Ausstattung und der sorgfältigen musikalischen Einstudierung keine Hand zum Applaus. Die Oper galt jetzt schon als historische Denkwürdigkeit.

Aus Anlaß des 50. Todestages Wagners brachte Stuttgart *Die Feen* in der Spielzeit 1932/33, ebenfalls wieder als Ausstattungsoper. Ada sang Margarete Teschemacher. Die Aufführung vom 6. Januar 1933 wurde im Rundfunk übertragen. Ansonsten wurden *Die Feen* in den 30er Jahren nur noch in Wagners Geburtsstadt Leipzig im Rahmen von Gedenkzyklen einige Male aufgeführt, und verschwanden dann endgültig vom Spielplan, bis 1973 eine Inszenierung beim Jugendfestspieltreffen in Bayreuth erfolgte. 1981 fand der bislang letzte Rettungsversuch für das Repertoire in Wuppertal statt, der beträchtliches Aufsehen erregte. Regisseur (Friedrich Meyer-Oertel) und Ausstatter (Bild: Hanna Jordan, Kostüme: Reinhard Heinrich) machten den interessanten Versuch, in einem ironisch distanzierten Stil die Oper als typisches Kunstprodukt des 19. Jahrhunderts zu zeigen. Bei verschiedenen Jubiläumsveranstaltungen zum 100. Todestag Richard Wagners 1983 sind auch konzertante Aufführungen der *Feen* geplant.

Einer nachgesucht werden.

Magdeburg d. 17ͭᵉⁿ März 36.

Das Liebesverbot

oder

Die Novize von Palermo

Grosse komische Oper in 2 Aufzügen

von

Richard Wagner

Music-Director des Stadt-Theaters

in

Magdeburg.

Das Liebesverbot

Im Mai 1834 unternahm Richard Wagner von Leipzig aus mit seinem Jugendfreund Theodor Apel, der sich als Dichter und Komponist versuchte, in »ausgelassener jungdeutscher Stimmung« eine Reise nach seinem geliebten Böhmen. Gerne hätten die beiden sich in »genialische Abenteuer« gestürzt, doch ihre Lebensverhältnisse und »der Umkreis ... der ganzen bürgerlichen Welt« standen hindernd im Weg. Auf der Reise wurde über E. T. A. Hoffmann, Beethoven, Shakespeare und den *Ardinghello* von Heinse diskutiert. In Teplitz, wo sie mehrere Wochen blieben, stahl sich Wagner einige Male morgens fort, um auf der Schlackenburg allein zu frühstükken und den Entwurf zu einer neuen Oper zu verfassen. Als Vorbild benutzte er Shakespeares *Maß für Maß*, den »Grundton« aber, wie er sagt, gaben das *Junge Europa* und der schon erwähnte *Ardinghello*.

Wagner hatte, als er im Frühjahr auf die erste Aufführung seiner *Feen* in Leipzig wartete, seine Bekanntschaft mit Heinrich Laube wieder aufgenommen. Laube, einer der Hauptvertreter der literarischen Richtung der »Jungdeutschen«, war inzwischen Redakteur der einflußreichen »Zeitung für die elegante Welt«. 1833 war der erste Teil seines Briefromans *Das junge Europa* erschienen, der auf Wagner »im Verein mit allem Hoffnungsvollen«, das in ihm lebte, »äußerst anregend« wirkte *(Mein Leben)*. Laube plädierte in seinem Roman, einer Art jungdeutscher Programmschrift voll liberalen und demokratischen Gedankenguts, die ihn noch im gleichen Jahr ins Gefängnis brachte, für die »Improvisierung eines neuen gesellschaftlichen und religiösen Verbandes« gegen alle »Autoritätsrichtungen«, verurteilt das Philistertum, spricht von einer notwendigen sozialen Revolution und äußert seine Gedanken über freie Liebe und Ehe. Auch der Sturm-und-Drang-Dichter Johann Jakob Wilhelm Heinse hatte in seinem schon 1787 erschienenen *Ardinghello und die glückseligen Inseln* einen Idealstaat auf den griechischen Inseln Paros und Naxos entworfen, in dem die Menschen sich unter der Führung des Künstlers Ardinghello in antikisch-freier Sinnlichkeit, in Schönheit und Freiheit selbst verwirklichen können. Wagner hielt übrigens Laubes *Junges Europa* für eine »Reproduction« des *Ardinghello*. Shakespeares ernstes Stück wendete Wagner ins Komische. Er übernahm hauptsächlich die Figur des sittenstrengen Statthalters, um in ihm »das Sündhafte der Heuchelei und das Unnatürliche der grausamen Sittenrichterei« aufzudecken. Siegt bei Shakespeare die Gerechtigkeit, so bei Wagner die »freie Sinnlichkeit«. Den Schauplatz verlegte er von Wien nach Palermo, ins »glühende Sizilien«, und der eingängige Gegensatz von kaltem, moralistischem und puritanischem Norden und heißem, sinnlichem Süden durchzieht seinen ganzen Text. Wenn schon eine Reise mit Apel nach Italien sich nicht verwirklichen ließ, so mußte seine dichterische Phantasie sich eine jungdeutsch-ideale südliche Welt erträumen.

Nach Leipzig zurückgekehrt, erfuhr er von seiner Familie, daß ihm die Stelle eines »Musikdirektors« bei der Bethmannschen Theatertruppe in Magdeburg angetragen worden war. Bethmann gastierte in den Sommermonaten zunächst in Bad Lauchstädt, sozusagen als Kurtheater, dann in Rudolstadt zur Vogelwiese, einem Volks- und Schützenfest, und schließlich in Bernburg, bevor es zurück nach Magdeburg ging. Dort trat erstmals »die Sorge« in Wagners Leben, wie er bedeutungsvoll in seiner Autobiographie schreibt. Und doch sind die Schilderungen des ewig bankrotten »Theaterdirektors« Bethmann und seiner verlotterten Theaterwirtschaft mit die köstlichsten und anschaulichsten, die Wagner in *Mein Leben* verfaßt hat, allerdings schon, im Jahr 1865, aus der Rückschau und der überlegenen Sicht des Künstlers, der seinen Weg gefunden hat.

In Rudolstadt nun schrieb er sich seinen Text zum *Liebesverbot*. Er betont eigens, daß er bei der Gestaltung und Erfindung der Situationen »mit unvergleichlich größerem Bewußtsein« verfuhr als bei den *Feen*. Die

Titelseite des Textbuches mit dem Vermerk der Magdeburger Zensurbehörde »Kann aufgeführt werden«.

»Große komische Oper in 2 Acten« beginnt mit einem zünftigen Krawall und einem Volksauflauf, bei dem »Tische, Stühle, Flaschen usw.« fliegen. Ein Haufen Sbirren unter ihrem Anführer Brighella nimmt den Wirt einer liederlichen Schenke in der Vorstadt Palermos fest, denn nach einem neuen Erlaß des Statthalters Friedrich sind sämtliche Wirtshäuser zu schließen. Zudem wird auch der Karneval abgeschafft. Um das Maß voll zu machen, hat Friedrich ein generelles Verbot der freien Liebe in Palermo eingeführt. Der junge Edelmann Claudio wird gefangen hereingebracht, er hat dieses Verbot nicht beachtet. Ihm droht die Todesstrafe. Sein Freund Luzio will Claudios Schwester Isabella, die im Kloster der hl. Elisabeth als Novize lebt, von der Gefangennahme berichten und sie um ihre Hilfe bitten. Die Szene verwandelt sich in den Klosterhof. Isabella erfährt von ihrer Mitnovizin Mariana, daß diese in Wirklichkeit Friedrich, dem Statthalter, anvertraut, aber von ihm verstoßen ist. Luzio kommt ins Kloster zu Isabella. Er ist vom ersten Augenblick an von ihrer Schönheit hingerissen und macht ihr ohne große Umstände einen Heiratsantrag. Erneuter Szenenwechsel: Gerichtssaal. Da der Statthalter sich verspätet, spielt in einer komischen Gerichtsszene Brighella den Richter über das Personal der Schenke. Er verliebt sich auf der Stelle in die hübsche Bedienstete Dorella. Als aber das Volk in den Gerichtssaal eindringt, bekommt es der strenge Richter mit der Angst zu tun und trifft »komische Verteidigungsmaßregeln«. Friedrich tritt auf und lehnt den Antrag des Volkes, den Karneval feiern zu dürfen, kategorisch ab. Er verurteilt Claudio und seine Geliebte Julia zum Tod. Isabella, als Novize gekleidet, bittet für ihren Bruder und singt das Hohelied von Liebe und Liebeslust. Natürlich verliebt sich Friedrich in die junge Nonne und verspricht ihr gegen ein heimliches Rendezvous die Freiheit ihres Bruders. Sie geht zum Schein darauf ein, denn insgeheim hat sie schon einen Plan.

Der 2. Akt beginnt im Kerker. Isabella trifft Claudio, dann dessen Freund Luzio. Dieser erneuert seine Liebesschwüre, wird dabei aber von Dorella, der er auch schon Versprechungen gemacht hatte, immer wieder aus dem Konzept gebracht. Die Szene wechselt in Friedrichs Palast. Dorella überbringt dem Statthalter Isabellas Brief, der ihn für den Abend auf den Corso bestellt, und zwar maskiert. Nach anfänglichen Bedenken siegt schließlich seine Begierde über seine strengen Moralprinzipien. Auch Brighella, immer noch in Dorella verliebt, läßt sich von ihr überreden, sie auf dem Corso zu treffen. Er solle als Pierrot verkleidet erscheinen, sie werde als Colombine kommen. Auf dem Corso ist trotz des Verbotes der Karneval in vollem Gange. Luzio singt ein ausgelassenes Karnevalslied, die Kastagnetten klappern, und alles tanzt. Dann aber versteckt das Volk sich im Gebüsch, nimmt die Masken ab, und belauscht die Neuankömmlinge. Pierrot-Brighella trifft seine Colombine-Dorella, der maskierte Friedrich trifft seine als Isabella verkleidete Frau Mariana, komische Verwechslungen, Eifersucht, Entlarvung, die dadurch für Friedrich noch verschärft wird, daß er trotz seines Versprechens Claudio zum Tod verurteilt hat, was aber von Isabella durch Abfangen des Urteils verhindert werden konnte. Der Heuchler wird bloßgestellt und Claudio in Triumph hereingebracht. Brighella bekommt Dorella und Luzio seine Novizin Isabella. Im Schlußchor singen alle:

Reißt alle Trauerhäuser ein,
Für Lust und Freude lebt allein.

Die Ankunft des Königs wird verkündet, ein Maskenzug formiert sich, um ihn willkommen zu heißen. Glockengeläute und Freudenschüsse beenden die Oper.

Eine erstaunliche Wandlung von den *Feen* zum *Liebesverbot,* und das in knapp zwei Jahren. Wagner hatte sich ohne Zweifel in diesem Jahr 1834 vom »grübelnden Ernste«, der ihn in seinen früheren Jahren »zu einem so pathetischen Mystizismus gestimmt hatte«, abgewandt, er liebte jetzt die »Schönheit des Stoffes, Witz und Geist«. Die politische und sozialkritische Komponente der Jungdeutschen fehlt in diesem Werk, Wagner faßte ihre Ideen ganz persönlich als freie, genialisch ungebundene Lebensweise im Gegensatz zum heuchlerischen Philistertum. Einen »Idealstaat« im Sinne Laubes oder Heinses entwirft er nicht. Eine Reminiszenz an seine Gozzi-Lektüre sind die Maskentypen und die Commedia dell' arte-Figur des bramarbassierenden, aber komisch-ängstlichen Brighella und seiner Colombine Dorella. Wiederum gibt es zum Schluß drei Paare: Friedrich und Mariana, das »reale« Paar Isabella und Luzio und das Buffopaar Brighella und Dorella. Auch in der Wahl der Schauplätze: Gerichtssaal, Kerker, Klosterhof, Karnevals-Corso verfährt er nach bewährten Mustern. Jungdeutsche Kritik an der weltlichen Macht wird nur in der Person des puritanischen, kalten Statthalters Friedrich geübt, während das Königtum selbst davon ausgenommen bleibt. Der König wird im Gegenteil als Befreier willkommen geheißen.

Internationales Jugendfestspieltreffen Bayreuth, 1973
1. Aufzug, Klosterhof, Szene Isabella – Mariana im Bühnenbild von Roland Aeschlimann. In der Mitte ein Triptychon mit dem Zitat eines Gemäldes von Max Ernst, die Madonna, das Jesuskind züchtigend.

Es wäre sicher eine Überinterpretation, wollte man die Klosterszenen und die beiden Novizinnen (von denen die eine auch noch verheiratet ist) als jungdeutsche Kritik an der Kirche auffassen. Es ist eher anzunehmen, daß Wagner die Szenerie des Klosterhofes, den Chor der Nonnen und das Glockengeläut als Stimmungsmittel benutzte (wie Meyerbeer in *Robert der Teufel*) und daß er sich eine komische Wirkung davon versprach, wenn auch die Novize von Palermo sich schließlich für die Liebe entscheidet, denn:

Palermos Frauen sind bereit
Zu teilen jede Lustbarkeit. (2. Akt)

In Leipzig unter dem Eindruck eines Gastspiels von Wilhelmine Schröder-Devrient als Bellinis Romeo und durch seine Praxis als Magdeburger Musikdirektor ist Wagner zu der Einsicht gelangt, daß die gediegene, ernsthafte deutsche Musik nicht zum Erfolg taugt. Kurz vor dem Gastspiel der Schröder-Devrient hatte er Webers *Euryanthe* gesehen in einer Aufführung, die angestrengt den »klassischen Anforderungen« zu genügen suchte und die seine »schwärmerischen Jugendeindrücke selbst von Webers Musik« verdrängte. Bellinis Oper, trotz ihrer »so durchaus unbedeutenden Musik«, schien ihm, hauptsächlich wohl durch die Leistung der Schröder-Devrient, »glücklicher und geeigneter, warmes Leben zu verbreiten, als die ängstlich besorgte Gewissenhaftigkeit, mit der wir Deutschen meist nur eine erquälte Scheinwahrheit zu Stande brachten« *(Mein Leben)*. Die Mittel, die zu den großen Erfolgen auf den Opernbühnen führen können, beherrschen die Italiener und die Franzosen. Der leichtgewonnene Erfolg einer schnell hingeworfenen Musik, die er zu einem Neujahrsfestspiel 1835 in Magdeburg verfaßt hatte, bestärkte ihn, »daß, um zu gefallen, man die Mittel durchaus nicht zu skrupulös erwägen müsse« *(Autobiographische Skizze)*. Er gab sich ganz »dem Flitter der Bühne hin« (an Apel, 26. 10. 1835). Und noch in seiner *Mitteilung an meine Freunde* aus dem Jahr 1851 gibt er zu: »Mein Weg führte mich zunächst geradewegs zur Frivolität in meinen Kunstanschauungen... Das Einstudieren und Dirigieren jener leichtgewichtigen französischen Modeopern, das Pfiffige und Protzige ihrer Orchestereffekte, machte mir oft kindische Freude, wenn ich vom Dirigentenpulte aus links und rechts das Zeug loslassen durfte.« Er gab sich bei der Komposition seines *Liebesverbotes* »nicht die geringste Mühe, französische oder italienische Anklänge zu vermeiden« *(Autobiographische Skizze)*. Ganz im Gegenteil: die Musik zum *Liebesverbot* ist »eben nur der Reflex der Einflüsse der modernen französischen und (für die Melodie) selbst italienischen Oper« auf sein »heftig sinnlich erregtes Empfindungsvermögen« *(Mitteilung)*.

Die Uraufführung des *Liebesverbotes* fand am 29. März 1836 in Magdeburg statt, und damit ging auch Wagners Tätigkeit als Musikdirektor in dieser Stadt zu Ende. Da sich Theaterdirektor Bethmann inzwischen in »perennierendem Bankrott« befand, begann sich das Ensemble schon vor Ostern aufzulösen. Wagner mußte sich mit der Einstudierung seines neuen Werkes beeilen, er hatte für die Proben zu dieser Uraufführung nur zehn Tage Zeit. Obwohl intensiv geprobt wurde und der Komponist »durch beständiges Soufflieren, lautes Mitsingen und drastische Anrufe« den Sängern half, konnten sie ihre Partien doch nicht in dieser kurzen Zeit lernen. Von Regie konnte unter diesen Umständen gar keine Rede sein. Bei der Premiere fand deswegen auf der Bühne »ein musikalisches Schattenspiel« statt, »zu welchem das Orchester mit oft übertriebenem Geräusch seine musikalischen Ergüsse zum Besten gab« *(Mein Leben)*. Der Tenorist Freimüller, der den Luzio spielte, versuchte mit einem »unmäßig dicken und flatternden bunten Federbusch« seiner Wirkung aufzuhelfen. Das Publikum konnte nichts von der Handlung verstehen, was, wie Wagner meinte, bei der »Bedenklichkeit« des Operntextes »vielleicht sogar von Vorteil war«. Er hatte die Magdeburger Polizei, die in der Karwoche keine lustigen Aufführungen zulassen durfte, zu überzeugen vermocht, daß es sich um einen ernsten Shakespeareschen Stoff handle, sein Textbuch wurde ihm von der Zensurbehörde mit dem Vermerk »Kann aufgeführt werden« zurückgegeben. Vermutlich hatte es keiner gelesen.

Zur eigentlichen Katastrophe wurde die zweite Vorstellung, die letzte dieser Spielzeit, die als Benefizvorstellung für Richard Wagner angesetzt war, was hieß, daß die Einnahmen ihm zufließen sollten. Ganze drei Besucher waren erschienen: Madame Gottschalk, »eine vertrauensvolle Jüdin« und Gläubigerin Wagners, ihr Mann und ein »polnischer Jude im vollen Kostüm«. Vor Beginn der Vorstellung kam es auf der Bühne zu einer Schlägerei unter den Sängern, bei der »Claudio« so stark verprügelt wurde, daß er mit blutendem Gesicht die Bühne verlassen mußte. Auch die Sängerin der Isabella wurde von ihrem eifersüchtigen Gatten nicht verschont und verfiel in Krämpfe. Die Verwirrung war allgemein, es schien, daß an diesem Abend jeder mit jedem abzurechnen hatte. Schließlich mußte die Vorstellung »eingetretener Hindernisse« wegen abgesagt werden *(Mein Leben).* Und damit war auch die Bühnenlaufbahn seiner zweiten Oper zu Ende, bevor die der ersten überhaupt begonnen hatte.

Während seines Aufenthaltes in Paris versuchte Wagner, *Das Liebesverbot* an einer dortigen Bühne unterzubringen, da ihm sein frivoles Werk noch am ehesten für Paris geeignet schien. Auf Vermittlung Giacomo Meyerbeers nahm der Direktor des Théâtre de la Renaissance, Anténor Joly, das *Liebesverbot* an. Wagner kümmerte sich um eine französische Übersetzung. Er konnte sich zwar als Komponist dieses Werkes nicht mehr achten, wie er in *Mein Leben* schreibt, aber er hatte damals nichts Besseres vorzuweisen und brauchte dringend einen Erfolg. Am 15. April 1840 erhielt er die Hiobsbotschaft, daß Anténor Joly bankrott und sein Theater geschlossen sei.

Das Unglück blieb dem *Liebesverbot* treu, es konnte niemals im Repertoire heimisch werden. In München, wo man nach Wagners Tod erstmals einen Gesamtzyklus seiner Werke auf den Spielplan setzen wollte, fand man das Sujet zu unmoralisch. Die Erstaufführung ging dann am 25. März 1923 über die Bühne. Dank der Inflation rangierten die Eintrittspreise von 18 000 bis 750 Mark für einen Stehplatz. Hamburg folgte im Jahr 1925. Stuttgart war die erste Bühne, die alle Werke Wagners vom *Liebesverbot* bis zum *Parsifal* 1932/33 zeigen konnte. In diesem Jahrzehnt wurde das *Liebesverbot* noch in Berlin, Leipzig, Magdeburg und Bremen auf den Spielplan gesetzt. In Berlin hatte immerhin Franz Ludwig Hörth die Regie und Leo Blech die musikalische Leitung. Bekannte Sänger wie Käthe Heidersbach, Marcel Wittrisch und Theodor Scheidl wirkten mit. Charakteristisch war allen diesen Inszenierungen ein südlich beschwingter Stil, der mit typisch »italienischen« Requisiten wie Balkons, gestreiften Markisen, Zypressen usw. eine helle und heitere Atmosphäre schaffte. Nach dem Krieg fanden nur noch eine sehr erfolgreiche Neueinstudierung in Dortmund 1957 und eine Inszenierung beim Jugendfestspieltreffen in Bayreuth 1973 statt. München plant eine Neuinszenierung zum 100jährigen Todestag Richard Wagners.

16te Vorstellung im ersten Abonnement.

Königlich Sächsisches Hoftheater.

Donnerstag, den 20. October 1842.

Zum ersten Male:

Rienzi,
der Letzte der Tribunen.

Große tragische Oper in 5 Aufzügen von Richard Wagner.

Personen:

Cola Rienzi, päpstlicher Notar.	Herr Tichatschek.
Irene, seine Schwester.	Dem. Wüst.
Steffano Colonna, Haupt der Familie Colonna.	Herr Dettmer.
Adriano, sein Sohn.	Mad. Schröder-Devrient.
Paolo Orsini, Haupt der Familie Orsini.	Herr Wächter.
Raimondo, Abgesandter des Papstes in Avignon.	Herr Vestri.
Baroncelli, } römische Bürger.	} Herr Reinhold.
Cecco del Becchio, }	} Herr Risse.
Ein Friedensbote.	Dem. Thiele.

Gesandte der lombardischen Städte, Neapels, Baierns, Böhmens ꝛc. Römische Nobili, Bürger und Bürgerinnen Rom's, Friedensboten. Barmherzige Brüder. Römische Trabanten.

Rom um die Mitte des vierzehnten Jahrhunderts.

Die im zweiten Akt vorkommenden Solotänze werden ausgeführt von den Damen: Pecci-Ambrogio, Benoni und den Herren Ambrogio und Balletmeister Lepitre.

Der Text der Gesänge ist an der Casse für 3 Neugroschen zu haben.

Einlaß-Preise:

	Thlr.	Ngr.
Ein Billet in die Logen des ersten Ranges und das Amphitheater	1	10
" " " Fremdenlogen des zweiten Ranges Nr. 1. 14. und 29.	1	10
" " " übrigen Logen des zweiten Ranges	—	25
" " " Sperr-Sitze der Mittel- u. Seiten-Gallerie des dritten Ranges	—	15
" " " Mittel- und Seiten-Logen des dritten Ranges	—	12½
" " " Sperr-Sitze der Gallerie des vierten Ranges	—	10
" " " Mittel-Gallerie des vierten Ranges	—	8
" " " Seiten-Gallerie-Logen daselbst	—	6
" " " Sperr-Sitze im Cercle	—	25
" " " Parterre-Logen	—	25
" " " das Parterre	—	15

Die Billets sind nur am Tage der Vorstellung gültig, und zurückgebrachte Billets werden nur bis Mittag 12 Uhr an demselben Tage angenommen.

Der Verkauf der Billets gegen sofortige baare Bezahlung findet in der, in dem untern Theile des Rundbaues befindlichen Expedition, auf der rechten Seite, nach der Elbe zu, früh von 9 bis Mittags 12 Uhr und Nachmittags von 3 bis 4 Uhr statt.

Alle zur heutigen Vorstellung bestellte und zugesagte Billets sind Vormittags von 9 Uhr bis längstens 11 Uhr abzuholen, außerdem darüber anders verfügt wird.

Der freie Einlaß beschränkt sich bei der heutigen Vorstellung blos auf die zum Hofstaate gehörigen Personen und die Mitglieder des Königl. Hoftheaters.

Einlaß um 5 Uhr.   Anfang um 6 Uhr.
Ende um 10 Uhr.

Rienzi

Hoftheater Dresden,
20. Oktober 1842
Programmzettel der
Uraufführung

Im Mai 1836 reiste Wagner nach Berlin in der Hoffnung, am dortigen Königstädter Theater eine Stelle als Kapellmeister zu erhalten und sein *Liebesverbot* aufzuführen. Dieses äußerst erfolgreiche Theater, eine Vorstadtbühne, mußte sich auf Lokalpossen, komische Opern und Lustspiele beschränken, da die seriöse Oper und Schauspiele den königlichen Bühnen vorbehalten blieben. In dieser Situation – die Erfahrung der mißglückten Magdeburger Uraufführung hinter sich und die Aussicht auf eine weitere zweitklassige Bühne vor sich – besuchte er mit Heinrich Laube eine Vorstellung des *Fernando Cortez* von Gasparo Spontini im Königlichen Opernhaus unter der Leitung des Komponisten. Spontini, der Komponist Napoleons und des kaiserlichen Paris, jetzt musikalischer Direktor in Berlin, hatte seinen *Cortez* aus Anlaß des spanischen Feldzugs Napoleons geschrieben. Die Uraufführung fand am 28. November 1809 in Paris statt. »Niemals wurde kriegerischer Enthusiasmus glänzender und dichterischer geschildert«, schwärmte Hector Berlioz. Wahrscheinlich hat Wagner hier erstmals eine »Große Oper« in ihrer überwältigenden musikalischen und szenischen Prachtentfaltung gesehen. Spontinis Opern wurden in Berlin mit außergewöhnlichem Aufwand gegeben. Wagner bezeichnete diese Aufführung als den wichtigsten künstlerischen Eindruck, den er in Berlin empfing. Er gewann »eine neue Ansicht von der eigentümlichen Würde großer theatralischer Vorstellungen, welche in allen ihren Teilen durch scharfe Rhythmik zu einem eigentümlichen, unvergleichlichen Kunstgenre sich steigern konnten« *(Mein Leben).* Der Eindruck lebte »drastisch« in ihm fort und leitete ihn bei der Konzeption seines *Rienzi.*
Die Vorlage für diese Oper, Edward Bulwers Roman *Rienzi, der letzte der Tribunen,* hatte Wagner in der Übersetzung Bärmanns (erschienen 1836 in Zwickau) im Juni 1837 in Blasewitz bei Dresden kennengelernt. Im Juli verfaßte er einen ausführlichen Prosa-Entwurf für eine fünfaktige Oper, in dem wichtige Dialogpartien schon in Versform festgehalten sind. Im August 1838 konnte er in Riga, wo er die Stelle eines Kapellmeisters erhalten hatte, die Dichtung abschließen und sofort mit der Orchesterskizze des 1. Aktes beginnen. Bei der Abfassung seines Textbuches vernachlässigte er Diktion und Versmaß, war einzig darauf bedacht, ein wirkungsvolles »musikalisches Theaterstück« zu schreiben; denn in seinen Kapellmeisterjahren hatte er die Erfahrung gemacht, daß die französischen und italienischen Opern, trotz schlechter Libretti, einen großen Erfolg hatten, wenn nur das Sujet selbst wirkungsvoll und dramatisch war, während andere Opern mit »schönen Versen und zierlichen Reimen« eben nicht reüssierten. Da er sich selbst verzweifelt nach einem großen Theatererfolg sehnte, mußte er ein »tüchtiges Theaterstück für Musik, welche wiederum mit musikalischer Schönrednerei gar nichts zu tun haben sollte«, zustande bringen (Vorwort zu *Rienzi*). Um von vornherein jede Möglichkeit auszuschalten, auch dieses neue Werk wieder in einem »Winkeltheater« aufführen zu müssen unter Verhältnissen, die ihn bedrückten und beengten, legte er den Entwurf so großartig und die dramatischen Schauplätze so reich an, daß nur eine der ersten Bühnen Europas in der Lage sein konnte, diese »Große tragische Oper« aufzuführen. Er träumte schon insgeheim von Paris, der Welthauptstadt der Oper. Dort wollte er seinen *Rienzi* »mit Anstand in die Welt schikken« (an August Lewald, 12. 11. 1838). Hatte nicht auch Meyerbeer den großen Durchbruch dort geschafft? Schon in Riga hat er sich eine französische Übersetzung des *Rienzi*-Textes angefertigt. »Hatte ich schon mit der Konzeption des *Rienzi* nur noch die großartigsten Theaterverhältnisse in das Auge gefaßt, so wollte ich nun mit Übersetzung aller Zwischenstationen sofort dem Brennpunkt des europäischen Opernwesens unmittelbar mich zuwenden« *(Mein Leben).* Im Juni 1839 bereitete er seine Abreise aus Riga vor, bestieg am 19. Juli in Pillau den

Schoner »Thetis« und gelangte nach wochenlanger, abenteuerlicher Seefahrt schließlich am 20. August nach Boulogne-sur-Mer. Er blieb dort etwa vier Wochen und vollendete die Partitur des 2. Aktes, um bei seiner Ankunft in Paris wenigstens etwas vorweisen zu können. In Boulogne trifft er auch Meyerbeer, der seine Kompositionen durchsieht und ihm Unterstützung verspricht. Die Ernüchterung aber sollte bald folgen. Meyerbeers Empfehlungsschreiben an den Direktor der Oper nutzte nichts, der einzige Vorschlag, den man ihm schließlich machte, war, die Musik für ein kurzes einaktiges Ballett, zusammen mit einem französischen Komponisten, zu schreiben, was er ablehnte. Da seine finanziellen Mittel bald erschöpft waren, mußte er sich mit Lohnarbeit kümmerlich durchschlagen. Es kamen ihm Zweifel an der Richtung, die er mit seinem *Rienzi* eingeschlagen hatte, er unterbrach die Komposition für ein halbes Jahr. Er hatte in Paris die Werke der arrivierten und erfolgreichen Opernkomponisten kennengelernt und die Möglichkeiten, die eine große Bühne und ein hervorragendes Orchester boten. Mit seinen 27 Jahren und einer zwar auf riesenhafte Dimensionen angelegten, aber halbfertigen Partitur konnte er da nicht mithalten. Er mußte seine Illusionen aufgeben und einsehen, daß auch dies nicht der rechte Weg war. Noch 1862 schreibt er im Rückblick an Mathilde Wesendonck: »Ich entsinne mich noch, um mein dreißigstes Jahr herum, mich innerlich zweifelhaft befragt zu haben, ob ich denn wirklich das Zeug zu einer höchsten künstlerischen Individualität besäße: ich konnte in meinen Arbeiten immer noch Einfluß und Nachahmung verspüren und wagte nur beklommen auf meine fernere Entwicklung als durchaus originell Schaffender zu blicken.« Trotz dieser Selbstzweifel schloß er die Partitur am 19. November 1840 ab, um der »Richtung«, die ihn nach Paris geführt hatte und für die er nun »alles verschlossen sah«, ihr »künstlerisches Recht angedeihen zu lassen« *(Mitteilung)*.

Den Gedanken an eine Uraufführung in Paris hatte er schon bald aufgegeben. Er hoffte jetzt auf Dresden, da im dortigen Ensemble in dem Tenor Josef Tichatschek und der Schröder-Devrient die idealen Interpreten für die Hauptrollen Rienzi und Adriano engagiert waren. Außerdem war in Dresden nach den Plänen von Gottfried Semper ein neues, gut ausgestattetes Opernhaus im Bau, das eines der besten Theater Deutschlands zu werden versprach (eröffnet am 12. 4. 1841). Am 19. November 1840 vollendete er die Partitur und schickte sie schon anfangs Dezember an die Schröder-Devrient nach Dresden. Das Porto für diese Sendung soll er sich angeblich von seinem Arbeitgeber, dem Verleger Schlesinger, geliehen haben. In einem gleichzeitigen Schreiben an den König von Sachsen bat er den Souverän, die Uraufführung dieses Werkes eines seiner Untertanen an seiner Hofbühne anzuordnen. Am 23. März 1841 schickte er an den Intendanten August von Lüttichau eine zweite Reinschrift des Textbuches, in dem er einige Änderungen angebracht hatte, um die Bedenken der Zensur auszuräumen. Wagner mußte annehmen, daß darin der Hauptgrund für das Zögern der Intendanz lag. Ferdinand Heine, Regisseur und Kostümbildner in Dresden und später einer der besten Freunde Wagners, hatte an den Maler Ernst Benedikt Kietz nach Paris geschrieben: »Die Geschichten wegen Kirche, Papst und Geistlichkeit passieren auf keiner deutschen Hofbühne, am wenigsten bei einem katholischen Hofe die Zensur« (28. 2. 1841). Endlich, nach einer Wartezeit von sieben Monaten, teilte ihm von Lüttichau im Juni 1841 mit, daß der *Rienzi* angenommen sei; als Uraufführungstermin sei der nächste Winter vorgesehen. Wagner begann nun eine umfangreiche Korrespondenz mit dem Chordirektor Wilhelm Fischer, mit dem Dirigenten Carl Gottlieb Reißiger, mit Tichatschek und Ferdinand Heine, in der er seine detaillierten Wünsche und Anregungen für die Aufführung darlegte. Er wollte nichts dem Zufall überlassen, alles sollte genau und sorgfältig vorbereitet sein, denn dies mußte nun endgültig der Erfolg und der Durchbruch werden.
Am 7. April 1842 verließ er Paris. Er hoffte, es niemals wieder sehen zu müssen.

Rienzi, der Letzte der Tribunen. Große heroisch-tragische Oper in 5 Akten handelt vom Aufstieg und Fall des Cola di Rienzo im Rom des 14. Jahrhunderts. Rom, einstmals die stolze Herrscherin der Welt, ist unter dem Terrorregime der Nobili, der aristokratischen Familien, verarmt und verödet, der Papst ist nach Avignon geflohen. Rienzi, von einfacher Herkunft, wird vom Kardinallegaten des Papstes und dem römischen Volk bedrängt, die Herrschaft zu übernehmen, und läßt sich zum Volkstribunen ausrufen. Er stellt den Frieden und die einstige Größe Roms wieder her und versucht zunächst, mit Großmut und Milde auch gegenüber den Nobili zu regieren. Die Mitte der Handlung bildet ein großes Friedensfest mit einer ausgedehnten Pantomime. Während des Festes führen die Nobili einen Mordanschlag auf Rienzi durch, der mißlingt. Rienzi begnadigt sie auf Drängen Adrianos. Da die Nobili weiterhin Aufruhr und Umsturz planen, schlägt er sie im Kampf. Ihre Anführer Orsini und Colonna werden getötet. Unter seinen Anhängern entsteht eine Verschwörergruppe, die Rienzi verdächtigt, nach der absoluten Macht zu streben, die früher die Nobili besessen hatten. Als Rienzi nach der Schlacht zum feierlichen Te Deum in die Laterankirche einziehen will, wird ihm das Tor verschlossen, der Kardinallegat exkommuniziert ihn. Das Volk läßt ihn im Stich. Aufgestachelt von den Verschwörern setzt das Volk das Kapitol in Brand, in dem Rienzi und seine Schwester Irene umkommen. Die dramatisch wirkungsvollste Rolle ist die des Adriano Colonna, Sohn des Stefano Colonna, der Irene liebt und Rienzis politisches Konzept einer Herrschaft des Volkes verteidigt, bis er zur Überzeugung kommt, daß es Rienzi um Rache am früheren System und um absolute Macht geht. Er zerbricht am Konflikt zwischen seiner Herkunft und Verpflichtung als Colonna und seiner Neigung zu Irene und den Ideen ihres Bruders.

Es ist Wagners künstlerischem Ehrgeiz in der Tat gelungen, die Große Oper in »ihrer szenischen und musikalischen Pracht, ihrer effektreichen, musikalischmassenhaften Leidenschaftlichkeit« nicht etwa bloß nachzuahmen, sondern »mit rückhaltloser Verschwendung nach allen ihren bisherigen Erscheinungen sie zu überbieten« *(Mitteilung)*. Seine Große Oper ist ihm so groß geraten, daß nicht einmal die größten Theater in Europa sie in ihrer ganzen Länge ohne Striche aufzuführen vermochten. Mit der ganzen überschwenglichen Jugendkraft eines Komponisten, der das Repertoire kennt, die Erfolgsrezepte beherrscht und ohne Maß sie zu überbieten versucht, entwarf er Finales, Ensembles, große Chorszenen, Waffenlärm, Choräle, Duette und Terzette und die ganze Skala der überlebensgroßen, leidenschaftlichen Gefühle. Vielleicht mußte Wagner mit *Rienzi* an die Grenzen des für ihn und für das Genre der Großen Oper Machbaren vorstoßen, um dann selbstkritisch seinen eigenen Weg zu finden.

Die Anlehnungen an die berühmten und erfolgreichen Opern von Auber, Halévy und Meyerbeer sind offensichtlich. Rienzi, der Volkstribun, der die Römer von der Willkürherrschaft der Nobili befreit, erinnert an den Revolutionshelden Masaniello in Aubers *Die Stumme von Portici* (1828), sein Gebet im 5. Akt hat ein Vorbild im Gebet des Eleazar im 2. Akt von Halévys *Die Jüdin* (1835), ebenso Rienzis Exkommunikation durch den Kardinallegaten (4. Akt) im Fluch des Kardinals Brogni im gleichen Werk, die Verschwörung der Nobili (5. Akt) ist vorgebildet in der

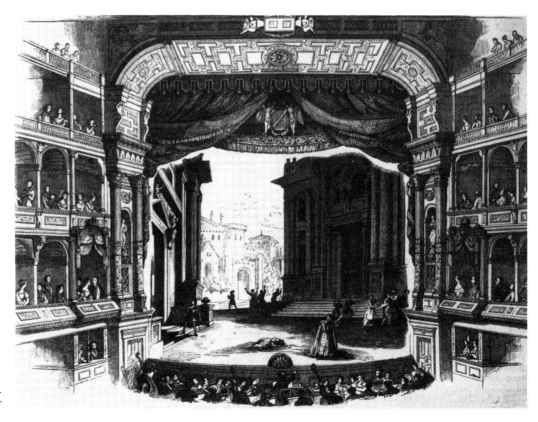

Hoftheater Dresden, 20. Oktober 1842
Der Platz vor der Laterankirche, Schlußszene des 4. Aktes, aus der »Leipziger Illustrierten Zeitung«. Die Laterankirche in ihrer barocken Gestalt, nicht im Stil des 14. Jahrhunderts, in dem die Handlung spielt. In München waren die Dekorationen noch um 1900 im Barockstil gehalten. Dirigent: Carl Gottlieb Reißiger

Hoftheater Dresden, 20. Oktober 1842
Wilhelmine Schröder-Devrient in der Hosenrolle des Adriano, aus der »Leipziger Illustrierten Zeitung«. Wagners Lieblingsdarstellerin hatte in dieser dramatischen Rolle einen großen Erfolg.

Verschwörungsszene der Adeligen in Meyerbeers *Die Hugenotten* (1836). Und doch sind hinter diesem äußeren Schein auch Unterschiede zu spüren. Wagner versucht das starre Arien- und Ensemble-Schema schon zu verlassen zugunsten größerer dramatischer Einheiten; es gibt zwar einzelne »Nummern« wie Adrianos Arie »Gerechter Gott« im 3. Akt oder Rienzis Gebet »Allmächtiger Vater, blick herab«, aber sie sind eingebunden in den gesamtdramatischen Zusammenhang und stehen nicht als Applausnummern für sich. Auch die große Ballettpantomime im 2. Akt ist nicht nur die übliche Einlage, sondern dramaturgisch begründet. Die Darstellung des Raubes der Lukretia und die Vertreibung der Tarquinier aus Rom sind eine Allegorie auf die Nobili-Herrschaft und eine Mahnung an die Römer, sich ihrer Aufgabe bewußt zu sein. Die Rollen in dieser Pantomime sollten ihrer Bedeutung wegen nicht von Mitgliedern des Balletts, sondern von ersten Mitgliedern des Schauspiels übernommen werden. Wagner wollte, auch in dieser Großen Oper schon, möglichst zu einer größeren Einheit von Handlung, Text und Musik vordringen.

Am 1. August 1842 begannen die Proben. Sänger und Orchestermusiker schimpften zunächst über die Schwierigkeiten dieser Musik, gingen aber dann, als sie Wagners Ideen begriffen hatten, mit Enthusiasmus an die neue Aufgabe heran. Sogar für den Dirigenten Reißiger, der selbst Opern komponierte und Wagner als Konkurrenten ansehen mußte, waren die Proben wahre Feste. Tichatschek war glücklich darüber, endlich eine Rolle zu haben, in der er mit all seinen Stimm-Mitteln glänzen konnte, die Schröder-Devrient, anfänglich etwas pikiert, weil sie nicht die Hauptrolle darzustellen hatte, erkannte bald die reichen dramatischen Gestaltungsmöglichkeiten, die ihr die Rolle des Adriano bot; man akklamierte bei den Proben den Lieblingsstellen, und alle waren der festen Überzeugung, daß die Premiere ein Erfolg werden müsse. Alle »Notenfresser, Kon-

Hofoper Berlin, 26. Oktober 1847
Johann Karl Jakob Gerst, Entwurf »Ein Teil des Campo Vaccino« für die Berliner Erstaufführung, ganz im elegischen Stil der Ruinendarstellungen des 18. Jahrhunderts. Die Stimmung der Trauer um die verlorene Größe Roms und den Verfall seiner einstigen klassischen Schönheit sind gut erfaßt. Gersts Laterankirche war eine mittelalterliche römische Basilika.

trapuncthähne« steckten »die Köpfe zusammen und erklärten unverhohlen, daß Wagner sich mit dieser Oper sofort mit den gediegensten Meistern aller Zeiten in gleiche Linie gestellt habe«. Selbst die Anhänger der italienischen Oper erklärten, »das ginge doch noch über den himmlischen Donizetti« (F. Heine an Kietz, 24. 10. 1842). Ganz Dresden war neugierig, Gerüchte über die außergewöhnliche neue Oper schwirrten durch die Stadt, und Frau Schröder-Devrient machte gehörig Propaganda. »Den 19ten geht der Teufel los mit Sturm und Gewitter: ich kann sagen, daß ich mit hoher Freude dieser Aufführung entgegensehe, denn sie wird ausgezeichnet sein!... nun mag ... das Capitol zusammenbrechen: möge somit auch mein Unglücksstern erbleichen«, schrieb Wagner an seinen Schwager Avenarius nach Paris (8. 10. 1842). Am 20. Oktober um 6 Uhr begann die Vorstellung. Wagner war bestürzt über die Länge des Werkes. Der 3. Akt, der sich wegen der »kriegerischen Tumulte ... besonders betäu-

bend anließ«, war erst gegen 10 Uhr zu Ende, die ganze Vorstellung dauerte bis Mitternacht. Und was niemand angenommen hatte: die guten Dresdner harrten bis zum Schluß aus. Die Uraufführung war ein so einhelliger Erfolg, wie ihn Wagner später niemals mehr erreichen konnte. Er war »ein Schatten, weinte und lachte aus einem Sack, umarmte Alles, was ihm vor die Stange kam, und dabei lief ihm immer der kalte Schweiß von der Stirn. Beim ersten Hervorruf wollte er durchaus nicht hinaus, ich mußte ihm einen ungeheuren Schub geben, daß er aus der Coulisse flog..., dann prallte er ordentlich wieder vor dem Gebrüll des Publicums zurück. Zum Glück hat er eine so famose Nase ... und die linke Hälfte der Zuschauer konnte sich wenigstens an dem Anblick von deren Spitze erlaben.« So berichtete Ferdinand Heine an Kietz nach Paris (24. 10. 1842).

Der Erfolg hielt auch in den nächsten Vorstellungen an, und für einige Jahre war *Rienzi* die Attraktion der Dresdner Oper, zu der man auch im Sommer aus den Bädern angereist kam. Wegen seiner Länge wurde das Werk im Januar 1843 auf zwei Abende verteilt. Da aber die Dresdner nicht einsahen, daß sie für eine Oper zweimal zahlen sollten, ging man wieder zurück zur Fassung für einen Abend.

Nachdem die ersten Beifallstürme verrauscht waren und die Uraufführung des *Fliegenden Holländer*, den Wagner für wichtiger als seinen *Rienzi* hielt, weniger Zustimmung gefunden hatte, versuchte er, sich über die Gründe dafür klar zu werden, und er mußte mit »einem seltsamen Grauen« feststellen, daß der Erfolg des *Rienzi* offensichtlich einem Mißverständnis sich verdankte. Tichatschek hatte den »finsteren, dämonischen Grund in der Natur des Rienzi«, den Wagner »an den entscheidenden Punkten des Sujets unverkennbar stark hervorgehoben« hatte, völlig verfehlt und sich »nicht einen Augenblick für die Behauptung des jubelnd strahlenden Heldentenor-Charakters seiner Leistung irre machen lassen«. Der Erfolg beruhte auf dem »glänzenden, ungemein erquicklichen Organe des stets freudig aufschmetternden Sängers, in der erfrischenden Wirkung der Chorensembles und der bunten Bewegtheit der szenischen Vorgänge« *(Mein Leben)*. Besonders zu denken gab ihm der Erfolg des »Balletts« im 2. Akt: »Da in Dresden gar keine choreographischen Mittel vorhanden waren, um selbst für das Übriggebliebene meinen Anordnungen antiker Kampfspiele und bedeutungsvoller ernster Reigentänze ... nachzukommen, hatte ich mich schmählicherweise damit zu begnügen, daß zwei kleine Tänzerinnen eine Zeitlang alberne ›Pas‹ ausführten, endlich aber eine Kompanie Soldaten aufmarschierte, die Schilde über ihren Köpfen zu einem Dach zusammenfügte, um an die altrömische ›Testudo‹ zu erinnern, und der Ballettmeister mit seinen Gehilfen in bloßen fleischfarbenen Trikots auf dieses Schilddach sprangen, um sich hier einige Male gegenseitig auf den Kopf zu stellen, was ihrer Meinung nach das altrömische Gladiatorenspiel versinnlichen mußte. Dieses war der Moment, welcher das Haus stets zu erdröhnendem Beifall hinriß, und ich hatte mir zu sagen, daß, wenn dieser Augenblick eintrat, ich die Krone meines Erfolges erreicht hatte.« *(Mein Leben)*

Als zweite Bühne brachte Hamburg den *Rienzi* am 21. März 1844 heraus. Der Dirigent der ersten beiden Vorstellungen war Richard Wagner. Noch einmal wird er mit seinen schlimmen früheren Erfahrungen von »übel begründetem seichtem Theaterwesen« konfrontiert. Er mußte sich »mit schlecht bestellten, nur auf den gemeinsten Theaterflitter berechneten Mitteln« abquälen. Theaterdirektor Cornet hatte die Kostüme »von allen vorrätigen Feenballetts« verwendet und glaubte, wenn sie nur recht bunt seien und viele Menschen über die Szene zögen, so sei der Erfolg gerettet *(Mein Leben)*. Dabei ist allerdings zu berücksichtigen, daß diese Erstaufführung nur drei Jahre nach dem großen Brand geschah, der einen Großteil der Stadt eingeäschert hatte.

Auf die Berliner Erstaufführung, von der er sich Hoffnungen machte, den Dresdner lokalen Erfolg auch auswärts wiederholen zu können, mußte Wagner bis 1847 warten, da das Berliner Ensemble keinen geeigneten Tenor für die Hauptpartie besaß. Inzwischen waren in Dresden schon der *Fliegende Holländer* und *Tannhäuser* uraufgeführt worden, und er arbeitete an der Komposition des *Lohengrin*. Von *Rienzi* hatte er in diesen Jahren innerlich schon Abstand genommen; nichtsdestoweniger aber brauchte er Erfolge auch außerhalb Dresdens. Auch die größeren Theater zögerten, da dem *Rienzi* der Ruf anhaftete, ungeheure Kosten zu verursachen. Abschätzend sprach Wagner jetzt von dem »Ungetüm«, das er nicht liebe, nannte *Rienzi* seinen »Schreihals« (an Alwine Frommann, 27. 10. 1844, 27. 12. 1845). Die Berliner Erstaufführung kam am 26. Oktober 1847 zustande, als *Rienzi* für ihn »längst abgetan war« *(Mitteilung)*. Wagner leitete selbst die Proben und die ersten Aufführungen. Es hatte zwar nicht an Anstrengungen für eine neue Ausstattung gefehlt, aber von Enthusiasmus bei den Proben war nichts zu spüren; man hielt den *Rienzi* eben für eine weitere Kapellmeister-Oper. Große Opern kannte man in Berlin ja zu Genüge. Der König, auf dessen Befehl *Rienzi* angesetzt worden war, zog es vor, auf die Jagd zu gehen. Das Berliner Publikum war zwar angetan, aber nicht enthusiastisch. Wagner hatte vor der Generalprobe in einer Ansprache sich beim Ensemble dafür entschuldigt, daß er ihm mit seiner »künstlerischen Jugendsünde« eine solche Kraftanstrengung abverlangt habe. Daraufhin habe die Presse, so schreibt er in *Mein Leben*, es als Affront bezeichnet, dem kunstgebildeten Berliner Publikum überhaupt eine Jugendsünde vorzusetzen. Das Presse-Echo war großenteils negativ, nach der dritten Vorstellung reiste Wagner nach Dresden zurück, überzeugt, daß er in Berlin keinen nachhaltigen und gewinnbringenden Erfolg erzielen konnte.

Von dieser Inszenierung haben sich drei Bühnenbildentwürfe von Johann Karl Jakob Gerst erhalten. Wagner hatte die Berliner Ausstattung besser gefallen als die in Dres-

Théâtre Lyrique Paris, 6. April 1869
Rienzis großer Auftritt zu Pferd im 3. Akt in der Pariser Erstaufführung. Auch hier erscheinen wieder die antiken Ruinen. An der Fassade rechts ist zwar das Bemühen um den historisch richtigen Stil des 14. Jahrhunderts zu erkennen, aber auf den Hintergrundprospekt ist Michelangelos Kuppel von Sankt Peter gemalt.

Hofoper Wien, 30. Mai 1871
Der große Saal im Kapitol der Wiener Erstaufführung, gemalt von Hermann Burghart, im Stil einer römischen Basilika. Cosima berichtet, Richard Wagner habe die Aufführung in dem neuen, glänzenden Opernhaus »schauderhaft« gefunden.

Teatro dal Verme Mailand
Ricordi ließ sich die Entwürfe von Hermann Burghart für die Wiener Hofoper mit den Bühnenplänen und einer genauen Aufstellung der Dekorationen zuschicken. Dieser unsignierte und undatierte Entwurf stammt von einem Mailänder Bühnenmaler. Er steht noch ganz in der von Alessandro Sanquirico an der Scala begründeten Tradition der Architekturmalerei.

den. Der Grund dafür lag möglicherweise darin, daß Gersts Architekturen den Baustil des römischen 14. Jahrhunderts wiedergaben. Seine Laterankirche ist eine schlichte römische Basilika mit einer klar gegliederten Säulenfassade, und das Kapitol ist ein Bau aus der Zeit vor Michelangelos Neugestaltung.

In den 60er Jahren wurde *Rienzi* auch von kleineren Bühnen wie Weimar, Mainz, Schwerin, Würzburg usw. gespielt, und in dieses Jahrzehnt fallen auch die ersten Inszenierungen im Ausland. Prag machte 1859 den Anfang, es folgten Stockholm 1864 und Rotterdam 1868, und am 6. April 1869 wurde *Rienzi* in Paris erstaufgeführt, in der Stadt, für die er anfänglich bestimmt gewesen war; allerdings nicht an der Grand Opéra, sondern am Théâtre Lyrique. Wagner blieb den Proben und den Aufführungen fern, er wollte sich nicht dem Verdacht aussetzen, gerade mit *Rienzi* das *Tannhäuser*-Debakel von 1861 wiedergutmachen zu wollen. Die italienische Erstaufführung fand 1874 am Teatro La Fenice in Venedig statt, und zwar in italienischer Sprache. Die Übersetzung hatte Arrigo Boito, der Librettist Verdis und Komponist des *Mefistofele*, angefertigt. Bologna schloß sich 1876 an. Weitere Erstaufführungen fanden 1874 in Budapest in ungarischer Sprache, 1876 in Madrid, 1878 in New York, 1879 in London in italienischer Sprache, 1879 in Sankt Petersburg in russischer Sprache, 1880 in Rom und Zürich statt. Auf einem Bilddokument der Londoner Aufführung ist die Ballettpantomime dargestellt. Die Tänzerinnen trugen ihre üblichen Tüllröckchen, und der gesamte Stil der aufwendigen Inszenierung ist eher 19. als 14. Jahrhundert. Das entsprach durchaus den Gepflogenheiten. Im Mai 1872 besuchten Richard und Cosima Wagner eine *Rienzi*-Aufführung in Wien. Das Werk war im Neuen Opernhaus am Ring erstmals 1871 einstudiert worden. Wagner war entsetzt über den Stil der Aufführung und die unhistorischen Dekorationen. Diese Inszenierung, von Hermann Burghart mit aller Pracht seines dekorativen Stils ausgestattet, gehörte über Jahr hinaus zum Programm der Festlichkeiten beim Besuch ausländischer Fürsten. Und als Repräsentationsoper mit großem Chor und Ballett blieb *Rienzi* über Jahrzehnte auf den Programmen der großen Opernhäuser in Deutschland und Österreich, während er an den internationalen Bühnen nicht reüssieren konnte. In New York an der Metropolitan Opera war *Rienzi* nur drei Spielzeiten zu sehen.

Den orthodoxen Wagnerianern war die Popularität des *Rienzi* etwas genierlich, gerade in den Jahrzehnten nach Wagners Tod. Cosima hatte zwar eine gereinigte Version der Partitur hergestellt, die die Große Oper zum Musikdrama hinaufstilisieren sollte, sie selbst

Kaiserliches Theater Sankt Petersburg, 3. November 1879
Seine Beliebtheit im 19. Jahrhundert verdankte *Rienzi* solchen Inszenierungen, die ihn als Spektakelstück im Stil der Großen Oper Giacomo Meyerbeers aufzogen. Das Publikum war besonders beeindruckt von dem Brand und dem Einsturz des Kapitols, einer vorweggenommenen »Götterdämmerung«.

Freilichtbühne Dietrich-Eckart Berlin, Sommerfestspiele der Reichshauptstadt 1939
Rienzi als Große Oper für die Massen. Ausstattung vom Reichsbühnenbildner Benno von Arent.

Teatro alla Scala Mailand,
4. Juni 1964
Ruinen und Baugerüste sind inzwischen feststehende Motive.
Regie: Herbert Graf, Bühnenbild: Nicola Benois,
Dirigent: Hermann Scherchen,
Rienzi: Giuseppe di Stefano

hatte *Rienzi* auch 1895 in Berlin inszeniert und die Neueinstudierungen in Karlsruhe und München überwacht, aber beim Publikum kam *Rienzi* nur als gute alte Oper an.
In Deutschland spielten auch kleinere Theater das aufwendige Werk, oft sehr geschickt und kostensparend auf der Lautenschlägerschen Reformbühne mit festem Bühnenrahmen und auswechselbaren Prospekten. Auf den großen Auftritt Rienzis zu Pferd im 3. Akt hat man aber auch in diesen bescheideneren Inszenierungen fast nie verzichtet. Bedeutende Dirigenten haben sich des Werks angenommen, so Felix Mottl, Bruno Walter und Hans Knappertsbusch in München, Gustav Mahler und Clemens Krauß in Wien, Richard Strauss in Weimar; in Basel haben Oskar Wälterlin und in Köln Walter Felsenstein den *Rienzi* inszeniert. Alfred Roller entwarf für das Wiener Opernhaus neue *Rienzi*-Bühnenbilder, mit einem mächtigen italienischen Kastell als Kapitol. Eine außergewöhnliche bühnenbildnerische Leistung, die sich von dem üblichen Monumentalstil absetzte, erfand Johannes Schröder für die Inszenierung von Saladin Schmitt in Bochum-Duisburg 1926/27. Sein »Rom« bestand aus einem System von Säulen und Bogen, klar durchkonstruiert, ausdrucksstark als Symbol der Macht. Aber das blieben Ausnahmen. Der Kritiker der »Augsburger Postzeitung«, der die Münchner Neuinszenierung von 1932 mit den konventionellen Bühnenbildern von Adolf Linnebach bespricht, hielt den Beifall des Publikums für einen »Schrei nach dem Ornament«, das von der modernen Kunst abgeschafft worden war. Im Dritten Reich wurde *Rienzi* häufiger aufgeführt, und als Gründe dafür nennt Hermann Johannes Müller das heroische Element und den »Drang nach Freiheit, Ordnung und Ehrlichkeit im Staate«. Er schlägt vor, den 1. Teil unter dem Titel »Rienzis Größe« (nicht den 2. Teil »Rienzis Fall«!) als offizielle Festvorstellung des neuen Staates zu zeigen.
Eine Besonderheit in der Aufführungsgeschichte des *Rienzi* sind die Freilichtaufführungen. 1933 fand eine solche vor der Fassade des Stuttgarter Opernhauses statt. Das Orchester war seitlich plaziert. Alles war auf Größenwirkung berechnet, aufwendige Massenszenen und ganze Pferdekavalkaden machten die Veranstaltung zum Spektakel. Freilichtaufführungen fanden auch in Augsburg am Roten Tor 1934 und 1963 statt, in Berlin als Massenveranstaltung 1939 bei den Sommerfestspielen der Reichshauptstadt. Im Apothekenhof der Residenz wurde *Rienzi* 1967 bei den Münchner Festspielen auf einer 45 Meter breiten Bühne gespielt. Nach dem Brand des Kapitols stürzten die Nobili zu Pferd auf die römischen Plebejer.
Im Jahr 1906 besuchte ein 17jähriger junger Mann eine *Rienzi*-Aufführung in Linz. Er war tief beeindruckt vom Schicksal des Volkstribunen. Nach der Vorstellung ging er,

Staatsoper Stuttgart,
3. November 1957
Das Gebet des Rienzi in Wieland Wagners Regie und Bühnenbild. Rienzi, in seinen Hoffnungen gescheitert und von der Kirche ausgestoßen, hält einsame Zwiesprache mit dem Gekreuzigten.
Dirigent: Lovro von Matacic,
Rienzi: Wolfgang Windgassen

Staatsoper Stuttgart,
3. November 1957
Die Versammlung der Nobili
(2. Akt, 1. Szene) in Wieland
Wagners Inszenierung. Die
starre Aufstellung der Sessel
und die heraldischen Zeichen,
auf goldbetreßtes Tuch gestickt,
unterstreichen das Zeremoniöse
der Szene. Im Hintergrund das
Reiterbildnis des Giudoriccio da
Fogliano, eines sieneser
Heerführers, nach einem Fresko
von Simone Martini im Palazzo
Pubblico in Siena.

Staatstheater Wiesbaden,
22. April 1979
Rienzi im zeitgenössischen
Demonstrationslook. Auch hier
ist der zeitweise von Gerüsten
umstellte Triumphbogen das
zentrale Bildelement.
Regie: Peter Lehmann, Bühnenbild: Ekkehard Grübler,
Dirigent: Siegfried Köhler,
Rienzi: Gerd Brenneis

noch ganz überwältigt, mit seinem Jugendfreund auf den Freinberg. »Wie eine aufgestaute Flut durch die berstenden Dämme bricht, brachen die Worte aus ihm hervor. In großartigen, mitreißenden Bildern entwickelte er mir seine Zukunft und die seines Volkes.« Sein Name: Adolf Hitler. August Kubizek, der Jugendfreund, berichtet weiter, Hitler habe ihm noch 1939 gesagt: »In jener Stunde begann es.« Nach den Aufzeichnungen Albert Speers soll er bemerkt haben, er lasse nicht zufällig die Parteitage mit der *Rienzi*-Ouvertüre eröffnen; Rienzi, der Sohn eines Gastwirts, habe den korrupten Senat vertrieben und die große Vergangenheit des Imperiums wiederhergestellt. »Bei dieser gottbegnadeten Musik hatte ich als junger Mensch im Linzer Theater die Eingebung, daß es auch mir gelingen müsse, das deutsche Reich zu einen und groß zu machen.« Vom Brand des Kapitols und Rienzis Untergang ist allerdings nicht die Rede. Wagner hatte 1843 als das »ganze Ideal« seiner Oper erläutert, wie »der verworrene Zustand Roms unter den Nobili« sich auflöst und »in ruhiger, edler Würde die Hoffnung und begeisterte Zuversicht auf die durch Rienzi zu bewirkende Erhebung zu dem buono stato« zu ersehen ist. Rienzi ist zwar eine dämonisch getriebene Figur, läutert sich aber im Lauf der Handlung, verzichtet auf persönliche Rache und kennt nur noch »Rom, Vaterland und Freiheit«. Seine Tragik liegt darin, »daß nur seine Idee, nicht aber das Volk eine Wahrheit war« (an Albert Niemann, 25. 1. 1859). *Rienzi* handelt vom Scheitern, das wird über dem Waffenlärm und dem Trompetengeschmetter gerne vergessen. Rienzis mystisches Sendungsbewußtsein, das ständige intensive Beschwören der Staatsidee »Rom« stimmt uns heute allerdings skeptisch. Und wenn er im 5. Akt ausruft, seine Braut heißt Roma, dann kommt uns das auf eine fatale Weise bekannt vor. Für die Generation, die die Revolutionen von 1830 mitgemacht hatte und ihre Hoffnungen auf einen buono stato setzte, las es sich sicher anders. Th. W. Adorno sieht direkte Parallelen zwischen dem »ersten Diener eines großen Ganzen« Rienzi und dem Faschisten Hitler. Andere wiederum argumentieren, es sei Wagner nicht anzulasten, wenn Hitler sich in Rienzi bestätigt fand, schließlich habe Wagner ja auch den Schluß komponiert.

Festzuhalten bleibt, daß die Geschichte der Deutung der Werke Richard Wagners auch die Geschichte ihrer Umdeutung ist.

Nach dem Zweiten Weltkrieg verschwand *Rienzi* weitgehend aus dem Repertoire. Wieland Wagner hat ihn 1957 in Stuttgart inszeniert, um zu erproben, ob sich dieses Werk nicht doch in den Bayreuther Spielplan aufnehmen ließe. Richard Wagner war immer der Ansicht, daß sein eigentlicher Stil erst mit dem *Fliegenden Holländer* beginne und wollte die drei davorliegenden Opern nicht in Bayreuth aufführen. Wielands Test fiel negativ aus. Er inszenierte *Rienzi* als Große Oper mit über 600 Kostümen und vielen Bühnenbildern, was in diesen Jahren einen außergewöhnlichen Aufwand bedeutete. Adriano wurde nicht von einem Mezzosopran, sondern von einem Tenor gesungen. Auch den Schluß veränderte Wieland. Rienzi wird nicht unter den Trümmern des brennenden Kapitols begraben, sondern vom römischen Vok auf der Straße erschlagen.

Bei den Wiesbadener Maifestspielen 1979 inszenierte Peter Lehmann den *Rienzi* ganz im Stil einer modernen Revolutionsoper. Auch er änderte den Schluß: Die Nobili übernehmen nach Rienzis Untergang wieder die Herrschaft, alles ist wie zuvor. Mit Wandzeitungen, Flugblättern und Spruchbändern wurde die Atmosphäre eines Wahlkampfes geschaffen, Assoziationen zu den aktuellen Straßenkrawallen stellten sich ein. Die im Fernsehen gezeigte Inszenierung hat die Diskussion um *Rienzi* neu angeregt.

1ste Vorstellung im vierten Abonnement.

Königlich Sächsisches Hoftheater.

Montag, den 2. Januar 1843.

Zum ersten Male:

Der fliegende Holländer.

Romantische Oper in drei Akten, von Richard Wagner.

Personen:

Daland, norwegischer Seefahrer.	Herr Risse.
Senta, seine Tochter.	Mad. Schröder-Devrient.
Erik, ein Jäger.	Herr Reinhold.
Mary, Haushälterin Dalands.	Mad. Wächter.
Der Steuermann Dalands.	Herr Bielezizky.
Der Holländer.	Herr Wächter.

Matrosen des Norwegers. Die Mannschaft des fliegenden Holländers. Mädchen.

Scene: Die norwegische Küste.

Textbücher sind an der Casse das Exemplar für 2½ Neugroschen zu haben.

Krank: Herr Dettmer.

Einlaß-Preise:

Ein Billet in die Logen des ersten Ranges und das Amphitheater	1 Thlr. — Ngr.
„ „ „ Fremdenlogen des zweiten Ranges Nr. 1. 14. und 29.	1 „ — „
„ „ „ übrigen Logen des zweiten Ranges	— „ 20 „
„ „ „ Sperr-Sitze der Mittel- u. Seiten-Gallerie des dritten Ranges	— „ 12½ „
„ „ „ Mittel- und Seiten-Logen des dritten Ranges	— „ 10 „
„ „ „ Sperr-Sitze der Gallerie des vierten Ranges	— „ 8 „
„ „ „ Mittel-Gallerie des vierten Ranges	— „ 7½ „
„ „ „ Seiten-Gallerie-Logen daselbst	— „ 5 „
„ „ „ Sperr-Sitze im Cercle	— „ 20 „
„ „ „ Parterre-Logen	— „ 15 „
„ „ das Parterre	— „ 10 „

Die Billets sind nur am Tage der Vorstellung gültig, und zurückgebrachte Billets werden nur bis Mittag 12 Uhr an demselben Tage angenommen.

Der Verkauf der Billets gegen sofortige baare Bezahlung findet in der, in dem untern Theile des Rundbaues befindlichen Expedition, auf der rechten Seite, nach der Elbe zu, früh von 9 Uhr bis Mittags 12 Uhr, und Nachmittags von 3 bis 4 Uhr statt.

Alle zur heutigen Vorstellung bestellte und zugesagte Billets sind Vormittags von 9 Uhr bis längstens 11 Uhr abzuholen, außerdem darüber anders verfüget wird.

Der freie Einlaß beschränkt sich bei der heutigen Vorstellung blos auf die zum Hofstaate gehörigen Personen und die Mitglieder des Königl. Hoftheaters.

Einlaß um 5 Uhr.   Anfang um 6 Uhr.
Ende gegen 9 Uhr.

Der fliegende Holländer

Wahrscheinlich hat Richard Wagner im Jahr 1838 in Riga die Sage vom fliegenden Holländer kennengelernt, nach seinem eigenen Zeugnis bei der Lektüre Heinrich Heines. Schon 1831 als Student in Leipzig hatte er Heines Bücher gelesen, darunter wohl auch die 1826 veröffentlichten *Reisebilder aus Norderney* (Die Nordsee), in denen Heine die Geschichte vom fliegenden Holländer als die »anziehendste seemännische Wundersage« erstmals erwähnt. Ausführlich schildert der Autor dann die Sage als fingiertes Theaterstück in seinen *Memoiren des Herrn von Schnabelewopski,* erschienen 1833. Die Sage vom fliegenden Holländer und dem Geisterschiff, bisher nur mündlich überliefert, war erst im beginnenden 19. Jahrhundert in der Literatur, besonders in England, aufgetaucht. Das hing mit dem allgemeinen literarischen Interesse an Sagen und Spukgeschichten zusammen.

Heines Fassung der Sage ist in vielen Punkten eigenständig. In den fiktiven Memoiren, die nur ein Vorwand für Heines Erzählfreude sind, ruft sich Schnabelewopski auf einer Seereise die Erzählungen seiner zahnlosen Großmutter ins Gedächtnis zurück, die von Wassergeistern handelten, von Meernixen und auch vom fliegenden Holländer, der auf seinem verwünschten Schiff mit blutroten Segeln durch die Meere irren muß. Das ist seine Strafe dafür, daß er einst bei allen Teufeln geschworen hatte, trotz heftigen Sturms ein Vorgebirge zu umschiffen, auch wenn er bis zum jüngsten Tag segeln müsse. Der Teufel hat ihn beim Wort genommen. Nur eine Erlösung gibt es für ihn: die Treue eines Weibes. Alle sieben Jahre darf er an Land, »um zu heiraten und bei dieser Gelegenheit seine Erlösung zu betreiben. Armer Holländer! Er ist oft froh genug, von der Ehe selbst wieder erlöst und seine Erlöserin loszuwerden...« In Amsterdam will Herr Schnabelewopski den Holländer leibhaftig gesehen haben, und zwar auf der Bühne. Wieder sind sieben Jahre um, der verdammte Holländer geht an Land, trifft einen schottischen Kauffahrer, dem er Diamanten zu einem Spottpreis anbietet, und als er erfährt, daß der Schotte eine Tochter hat, verlangt er sie zur Gemahlin. Der Handel wird abgeschlossen. Im Haus des Kaufmanns erwartet die Tochter den Bräutigam, während sie mit Wehmut immer wieder nach dem großen, schon verwitterten Gemälde schaut, das in der Stube hängt. Es stellt einen schönen Mann in spanisch-niederländischer Tracht dar. Nach Aussage der Großmutter ist es der fliegende Holländer, vor dem sich die jungen Mädchen in acht zu nehmen haben. Als der Holländer dann wirklich eintritt, sind beide zunächt betroffen. Er weiß ihren Argwohn jedoch zu zerstreuen, spöttelt über den fliegenden Holländer, den »ewigen Juden des Ozeans«, verfällt aber unwillkürlich in einen wehmütigen Ton und schildert die unerhörten Leiden des Verdammten. »Sein Schmerz sei tief wie das Meer, worauf er herumschwimmt; sein Schiff sei ohne Anker und sein Herz ohne Hoffnung.« Katharina, seine Braut, ist tief bewegt und verspricht ihm Treue bis in den Tod. In der letzten Szene ringt auf einer Meerklippe die »Frau fliegende Holländerin« verzweiflungsvoll die Hände, während ihr unglücklicher Gemahl auf dem Verdeck seines Schiffes steht und ihr sein grauenhaftes Schicksal eröffnet, den Fluch, der auf ihm lastet und vor dem er sie bewahren will. Katharina weiß ein sicheres Mittel, ihre Treue bis in den Tod zu bewahren: Sie stürzt sich ins Meer. Der Holländer ist erlöst und versinkt mit seinem Gespensterschiff in den Fluten.

Diese Erzählung muß Wagner sehr angesprochen und beschäftigt haben, obwohl er keinen Prosa-Entwurf im Anschluß an die Lektüre verfaßte, wie es sonst seine Arbeitsweise war. Erfahrungen von entscheidender Bedeutung waren nötig, bis er die ihm gemäße Form für die Ausarbeitung dieses Stoffes fand, bei der er erstmals als Musikdramatiker ganz er selbst geworden ist.

Die erste Erfahrung war das Erlebnis seiner stürmerreichen Seereise nach London, das den düsteren Naturschilderungen, all dem, was

Hoftheater Dresden, 2. Januar 1843 Programmzettel der Uraufführung

Eduard Hanslick später etwas respektlos »Marine« an dem Stück genannt hat, seine charakteristische Stimmung gab. Von den Matrosen wird ihm die Sage bestätigt. An die Küste Norwegens durch einen fürchterlichen Sturm verschlagen, tauchte ihm die Gestalt des bleichen Holländers wieder auf: »An meiner eigenen Lage gewann er Seelenkraft; an den Stürmen, den Wasserwogen, dem norwegischen Felsenstrande und dem Schiffgetreibe, Physiognomie und Farbe« *(Mitteilung)*. Der kurze Rhythmus des Matrosenrufes, der bei der Einfahrt in den Fjord von den Granitwänden zurückhallte, gestaltete sich ihm später zum Thema des Matrosenchors. Die »grauenvoll erhabene Öde« des Fjords und die »furchtbare Melancholie« der »schwarzen Moorheide« hinterließen in ihm tiefe Eindrücke. Auch den Namen des norwegischen Fischerortes, Sandvigen, übernimmt er in seine Holländer-Dichtung (Daland: Sandwike ist's, genau kenn ich die Bucht).

Wagners Pariser Jahre sind nicht nur die immer wieder beschriebenen Not- und Hungerjahre, sondern entscheidende Jahre für die Entwicklung seiner künstlerischen Persönlichkeit, Jahre der Klärung und Selbstfindung. Angesichts des Pariser Musikbetriebs verliert er zwar seine Illusionen, wird aber dadurch um so intensiver zum Nachdenken über seine eigene künstlerische Position gezwungen. Seine Selbstzweifel erweisen sich letztendlich als fruchtbar. Von Bedeutung dafür ist das Beethoven-Erlebnis geworden. Wagner hörte eine Probe der 9. Symphonie (ohne den Chorsatz), gespielt vom Conservatoire-Orchester unter seinem Leiter François Antoine Habeneck, und war von der technischen Perfektion, besonders von dem betörenden Streicherglanz, ganz erschüttert. Er hatte bis dahin keine Ahnung, was ein erstklassiges Orchester zu leisten vermochte. »Sonnenhell wie mit den Händen greifbar« stand das Werk vor ihm: »Wo ich früher nichts als mystische Konstellationen und klanglose Zaubergestalten vor mir gesehen hatte, strömte jetzt wie aus zahllosen Quellen der Strom einer nie versiegenden, das Herz mit namenloser Gewalt dahinreißenden Melodie entgegen. Die ganze Periode der Verwilderung meines Geschmackes, welche genau genommen mit dem Irrewerden an dem Ausdruck der Beethovenschen Kompositionen aus dessen letzter Zeit begonnen und durch meinen verflachenden Verkehr mit dem schrecklichen Theater sich so bedenklich gesteigert hatte, versank jetzt vor mir wie in einem tiefen Abgrund der Scham und Reue« *(Mein Leben)*. Ob diese Orchesterprobe nun tatsächlich den bedeutenden Umschwung in

Hoftheater Dresden, 2. Januar 1843
Das Kostüm des Holländers – in einem Entwurf von Ferdinand Heine – ist die spanisch-niederländische Tracht des 17. Jahrhunderts. Im Zeitalter der Entdeckungsreisen der großen holländischen Seefahrer spielt Wagners Version der Sage.

seinem Denken bewirkte oder ob er, was wahrscheinlicher ist, in diesem Erlebnis seine Erfahrungen nachträglich verdichtete, sicher ist, daß er in Paris zu sich selbst kam nach Jahren der Geschmacksunsicherheiten und des Schielens nach einem äußeren Erfolg. Einer seiner Pariser Freunde, der Maler Friedrich Pecht, berichtet in seinen Erinnerungen, mit welch sicherer Urteilskraft Wagner über zeitgenössische wie alte Musik sprechen konnte; die Vertrautheit mit der gesamten Musikliteratur schien ihm bei einem so jungen Menschen unbegreiflich. In die Oper, deren glänzende Möglichkeiten er anfangs bewundert hatte, ging er bald nicht mehr. Er wußte jetzt, wie alles »lief«, und er wußte zumindest, wie er selbst es nicht oder nicht mehr machen wollte. In seiner Novelle *Eine Pilgerfahrt zu Beethoven*, geschrieben 1840, läßt er Beethoven seine eigenen Ideen von der neuen Oper entwickeln. Nichts von »Arien, Duetten, Terzetten und all dem Zeuge« würde da zu finden sein, sondern ein »wahres musikalisches Drama« mußte sie sein, vergleichbar den Stücken Shakespeares. Das Publikum würde davonlaufen und den Komponisten

Hoftheater Dresden,
2. Januar 1843
Der Holzstich aus der
»Leipziger Illustrierten Zeitung«
zeigt die Schlußszene in der
Uraufführung. Senta stürzt sich
von dem Felsvorsprung am
rechten Bühnenrand ins Meer,
das Schiff des fliegenden
Holländers versinkt in den
Wellen. Links im Vordergrund
das Haus und das Schiff
Dalands, davor in höchstem
Entsetzen Mary, Daland und
Erik.
Regie: Ferdinand Heine,
Dirigent: Richard Wagner

Lyceum Theatre London,
3. Oktober 1876
Erstaufführung in englischer
Sprache; eine Aufführung in
italienischer Sprache, die erste
Wagner-Aufführung in
England, hatte am 23. Juli 1870
stattgefunden. Apotheose am
Schluß der Oper. Senta hat
durch ihren Opfertod den
Holländer von seinem Fluch
erlöst. Beide entschweben »in
verklärter Gestalt« in einer
Wolkengloriole. Links das
Schiff Dalands. An dem
praktikablen Steg rechts hatte
das Holländer-Schiff angelegt,
das eben in den Fluten versinkt.
Vom Steg aus war auch Senta
ins Meer gesprungen.

einen Narren heißen, denn es liebt »die glänzende Lüge, brillanten Unsinn und überzuckerte Langeweile«.

Im Frühjahr 1840 zeichnet Wagner den Prosa-Entwurf zum *Fliegenden Holländer* auf, der nur als Fragment (2. Akt, 2. Hälfte, 3. Akt) erhalten geblieben ist. Auch in diesem Entwurf sind wieder große Textpassagen schon genau niedergelegt, zum Beispiel das Duett Holländer–Senta im 2. Akt. Der Schauplatz ist noch (wie bei Heine) die schottische Küste. Erst nach Fertigstellung der Partitur verlagert er den Schauplatz und verändert die Namen Donald und Georg in Daland und Erik. Senta heißt hier noch Anna.

»Ich verständigte mich darüber mit Heine selbst«, schreibt er in seiner *Autobiographischen Skizze.* Wagner hatte Heinrich Heine durch Laube in Paris kennengelernt. Wir wissen leider nichts Genaues über die Art dieser Verständigung, und ob sie nur Fragen der Autorschaft oder auch thematische Dinge betraf. Wagner machte sich Hoffnungen auf einen Kompositionsauftrag für eine einaktige Oper, wie sie gerade damals als sogenanntes »Lever de rideau« vor Ballettabenden als neues Genre gegeben wurden. Er verfaßte dazu einen kurzen Prosa-Entwurf in Französisch, den er am 6. Mai 1840 an Eugène Scribe, den berühmten Librettisten, schickte.

Eine Zusammenarbeit kam aber nicht zustande. Am 4. Juni und 26. Juli wandte er sich brieflich an Meyerbeer um Hilfe und erwähnte, daß er schon die Ballade, das Lied der norwegischen Matrosen und den Gesang der Holländer-Mannschaft komponiert habe. Dies war im Hinblick auf eine Audition geschehen, bei der einzelne Musikstücke vorgetragen wurden und der Entscheid über die endgültige Annahme des Werkes fiel. Meyerbeer, der im Sommer in Paris eintraf, machte Wagner mit dem neuen Direktor der Oper, Léon Pillet, bekannt, dem Wagner seinen Holländer-Entwurf übergab. Das Sujet gefiel Pillet zwar, aber zu dem unbekannten Komponisten Wagner hatte er kein Vertrauen. Nach Monaten des Wartens und der trügerischen Hoffnungen bot er ihm an, den Entwurf abzutreten. Um nicht alles zu verlieren, willigte Wagner ein und verkaufte am 2. Juli 1841 »le sujet du Hollandais volant« für 500 Francs. Damit war auch diese Hoffnung auf eine Uraufführung in Paris geschwunden. Mit dem Geld aber konnte er sich eine Weile über Wasser halten und sich die Zeit zur Komposition seines eigenen *Fliegenden Holländer* nehmen. Pillet gab den Entwurf an Paul Foucher weiter, der daraus ein Libretto verfaßte. Die Komposition lieferte Pierre-Louis Philippe Dietsch, der 1861 den *Tann-*

Teatro Comunale Bologna, 20. November 1877
Bühnenbildentwurf für den 1. Akt von Tito Azolini, wahrscheinlich für die Erstaufführung in Italien, in italienischer Sprache, die 1877 in Bologna stattfand. Gut erfaßt die düster-erregte Stimmung beim Auftauchen des Holländer-Schiffes in der wilden felsigen Bucht. Deutlich das Bemühen, die Dramatik der Musik im Szenenbild auszudrücken.

Bayreuther Festspiele 1901
Bühnenbildentwurf für den
2. Akt – Stube im Hause
Dalands – von Max Brückner,
Coburg; unter Anleitung
Cosima Wagners entstanden.
Ein Raum in einem norwegischen Holzhaus, dekoriert mit
den von Wagner vorgeschriebenen »Seegegenständen«
wie Fischernetzen und Schiffsmodell. Über der Tür das
Porträt des Holländers, links
der Kamin. Der skandinavische
Charakter wird betont.
Regie: Siegfried und Cosima
Wagner, Dirigent: Felix Mottl

häuser dirigieren wird. Die Uraufführung ihres *Vaisseau Fantôme* fand am 9. November 1842 statt. Das Werk erlebte immerhin 11 Vorstellungen und fand den Beifall von Hector Berlioz.

Am 29. April zieht Wagner nach Meudon, um in Ruhe den *Fliegenden Holländer* fertigzustellen. Vom 18. bis zum 28. Mai, in zehn Tagen also, entsteht die Dichtung. Als Anfang Juli das gemietete Klavier eintrifft, hat er zunächst große Angst, er könne nicht mehr komponieren. Ganz unsinnig aber ist er vor Freude, als ihm das Lied des Steuermanns und der Chor der Spinnerinnen einfallen. Am 22. August, nach sieben Wochen, ist die Komposition der Orchesterskizze des 3. Aktes abgeschlossen. Im November komponiert er die Ouvertüre, und das Werk liegt in der Partitur am 20. November fertig vor.

Was den Ausschlag dafür gab, daß sich Wagner für Heines Fassung als Vorlage entschied, war die von diesem erfundene »echt dramatische Behandlung der Erlösung dieses Ahasverus der Ozeane«. »Erlösung«, in den *Feen* erst noch in Ansätzen vorhanden, ist das Lebensthema Richard Wagners geworden. Bei Heine ist die Erlösung allerdings parodistisch aufgefaßt. Die »Frau fliegende Holländerin« stürzt sich ins Meer, um sich selbst vor Untreue zu bewahren. Wagner dagegen faßte das Thema mit großem Ernst: Senta, voll Mitleid mit dem Schicksal des Holländers, das sie aus den Erzählungen ihrer Amme Mary kennt, sieht ihre Lebensaufgabe darin, sich für ihn zu opfern und ihn von seinem Fluch zu erlösen. Ansonsten übernimmt Wagner das Handlungsgerüst von Heinrich Heine. Die Erzählung des Holländers, bei Heine im 2. Akt, wird von ihm als großer Auftrittsmonolog gestaltet. Auch der Schluß des Prosaentwurfs folgt Heine, das Werk endet mit dem Untergang des Holländer-Schiffes. Erst in der endgültigen Verfassung kommt als Erweiterung die Apotheose hinzu: »Das Meer türmt sich hoch auf und sinkt dann in einem Wirbel zurück. – Der Holländer und Senta, beide in verklärter Gestalt, entsteigen dem Meere; er hält sie umschlungen.« Für Wagner war diese Szene dramaturgisch notwendig, den Bühnenbildnern und Technikern hat sie viel Kopfschmerzen bereitet.

Wagners eigene Erfindung ist die dramaturgische Hilfsfigur des Erik, eines jungen Jägers, der Senta liebt und sie vor ihren Obsessionen warnt. Sicherlich wollte Wagner mit der Konstellation Senta–Erik–Holländer dem Sagenstoff mehr dramatische Substanz abgewinnen. Unbefriedigend blieb jedoch die Lösung des Konflikts, die nach Art der herkömmlichen Opernintrige konstruiert ist: Der Holländer sieht Senta mit Erik zusammen, hält sie für untreu und glaubt sich verraten. Um ihr das Los der Untreuen, die ewige Verdammnis zu ersparen, segelt er wieder

Neues Königliches Opernhaus Berlin, 1909
Senta reißt sich von Daland los, um dem Holländer nachzustürzen. Links der Chor der erschrockenen Mädchen. Nordische Folklore soll Authentizität garantieren. Auffällig das Mißverhältnis zwischen Schiffsaufbauten, Masten und Takelage, das ewige Problem aller realistischen *Holländer*-Inszenierungen. Als Holländer Anton van Rooy, um die Jahrhundertwende einer der berühmtesten Vertreter dieser Rolle, u. a. auch in Bayreuth.

davon. Senta faßt den Entschluß zu ihrem Treuebeweis, dem Sturz ins Meer. In den beiden Hauptpersonen Holländer und Senta hat Wagner erstmals dramatische Gestalten mit eigenem, charakteristischem Profil entworfen. Der Holländer ist weniger die Spukgestalt der nordischen Meere, als eine Allegorie für Ausgestoßensein, für Einsamkeit, eine tragische Gestalt, die Wagner in einer Reihe mit den großen abendländischen »Getriebenen« sieht:

»In der heiteren hellenischen Welt treffen wir ihn in den Irrfahrten des Odysseus und in seiner Sehnsucht nach der Heimat, Haus, Herd und – Weib, dem wirklich Erreichbaren und endlich Erreichten des bürgerfreundlichen Sohnes des alten Hellas. Das irdisch heimatlose Christentum faßte diesen Zug in der Gestalt des ›ewigen Juden‹: diesem immer und ewig, zweck- und freudlos zu einem längst abgelebten Leben verdammten Wanderer blühte keine irdische Erlösung; ihm allein blieb als einziges Streben nur die Sehnsucht nach dem Tode, als einzige Hoffnung die Aussicht auf das Nichtmehrsein. Am Schlusse des Mittelalters lenkte ein neuer, tätiger Drang die Völker auf das L e b e n hin: weltgeschichtlich am erfolgreichsten äußerte er sich als Entdeckungstrieb. Das Meer wird jetzt der Boden des Lebens, aber nicht mehr das kleine Binnenmeer der Hellenenwelt, sondern das erdumgürtende Weltmeer. Hier war mit einer alten Welt gebrochen; die Sehnsucht des Odysseus nach Heimat, Herd und Eheweib zurück hatte sich, nachdem sie an den Leiden des ›ewigen Juden‹ bis zur Sehnsucht nach dem Tode genährt worden, bis zu dem Verlangen nach einem Neuen, Unbekannten, noch nicht Vorhandenen, aber im voraus Empfundenen, gesteigert. Diesen ungeheuer weit ausgedehnten Zug treffen wir im Mythos des fliegenden Holländers, diesem Gedicht des Seefahrervolkes aus der weltgeschichtlichen Epoche der Entdeckungsreisen. Wir treffen auf eine vom Volksgeist bewerkstelligte, merkwürdige Mischung des Charakters des ewigen Juden mit dem des Odysseus. Der holländische Seefahrer ist zur Strafe seiner Kühnheit vom Teufel, das ist hier sehr ersichtlich: dem Elemente der Wasserfluten und der Stürme, verdammt, auf dem Meere in alle Ewigkeit rastlos umherzusegeln. Als Ende seiner Leiden ersehnt er, ganz wie Ahasver, den Tod; diese, dem ewigen Juden verwehrte Erlösung kann der Holländer aber gewinnen durch – ein W e i b, das sich aus Liebe ihm opfert: die Sehnsucht nach dem Weibe treibt ihn somit zum Aufsuchen dieses Weibes; dies Weib ist aber nicht mehr die heimatlich sorgende, vor Zeiten gefreite Penelope des Odysseus, sondern es ist das Weib überhaupt, aber das noch unvorhandene, ersehnte, geahnte, unendlich weibliche Weib, – sage ich es mit einem Worte heraus: *das Weib der Zukunft.« (Mitteilung)*

Senta ist dieses Weib der Zukunft. Sie ist ihrer Umwelt, den Dorfmädchen und Erik entfremdet, zwar träumerisch, aber innerlich

Hofoper Wien, 18. August 1913
Bühnenbildentwurf für den
1. Akt. Kopie von Anton
Brioschi nach dem Original-
entwurf von Alfred Roller. Die
traditionelle szenische
Anordnung der beiden
nebeneinanderliegenden Schiffe
behält Roller zwar bei,
verzichtet aber auf das übliche
romantische Gemälde einer
norwegischen Seebucht.
Kargheit, Wucht und Dramatik
bestimmen den szenischen
Eindruck.

Landestheater Eisenach,
nach 1918
Szene aus dem 1. Akt. Das
Inszenierungsmuster, wie es aus
diesem Bild ersichtlich wird,
blieb für viele Jahrzehnte an
allen internationalen Bühnen
gleich.

stark und besessen von der Idee ihrer Lebensaufgabe. Wiederum ist die Leonore aus dem *Fidelio* zu erkennen, die Opernfigur, die Wagners großes Vorbild war. Sentas Verszeile »Wer du auch seist« ist sogar wörtlich aus *Fidelio* übernommen. Ihr träumerisches Wesen soll »nicht im Sinne einer modernen, krankhaften Sentimentalität aufgefaßt werden«. Senta ist »ein ganz korniges nordisches Mädchen, und selbst in ihrer anscheinenden Sentimentalität ist sie durchaus naiv.« Der Trieb zur Erlösung des Holländers »äußert sich bei ihr als ein kräftiger Wahnsinn, wie er wirklich nur ganz naiven Naturen eigen sein kann« *(Bemerkungen zur Aufführung der Oper: Der fliegende Holländer).*

Das Kernstück des Werkes ist Sentas Ballade, die auch als erstes gedichtet und komponiert wurde. »In diesem Stück legte ich unbewußt den thematischen Keim zu der ganzen Musik der Oper nieder: es war das verdichtete Bild des ganzen Dramas, wie es vor meiner Seele stand; und als ich die fertige Arbeit betiteln sollte, hatte ich nicht übel Lust, sie eine ›dramatische Ballade‹ zu nennen«, schreibt Wagner. Aufschlußreich ist sein Hinweis, daß er für die Melodien der Ballade, des Spinnerinnenliedes und des Matrosenchors »Nahrung« aus dem Volkslied erhielt. Sie sind auch seine populärsten Musikstücke geworden. Die »scharfe rhythmische Belebtheit« des Volkslieds, die ihm aus seiner Herkunft vom Volkstanz eigen ist, verwendete er aber nur in den volkstümlichen Szenen. Wo er »Empfindungen dramatischer Persönlichkeiten« auszudrücken hatte, wie sie »von diesen im gefühlvollen Gespräch kundgegeben wurden«, achtete er nicht auf eingängige Melodik, sondern gab die Rede selbst in der Musik wieder »nach ihrem empfindungsvollen Inhalte«. Die Teilnahme des Hörers sollte nicht durch den »melodischen Ausdruck an sich«, sondern durch die »ausgedrückte Empfindung« angeregt werden. »Die Melodie mußte daher ganz von selbst aus der Rede erstehen«; er versuchte, keine »Oper« im modernen Sinn zu schreiben, sondern eine der Sage adäquate Musik zu finden; da ihm klar war, daß »das große, wilde Meer mit seinen darüber gebreiteten Sagen ... sich nicht ... zu einer modernen Oper zustutzen« läßt, ließ er »den ganzen Duft der Sage« sich »ungestört über das Ganze« verbreiten und erzählte in einem Zug die Sage fort wie in einem Gedicht. Es war Wagner, wenigstens im Jahr 1851, als er diese Bemerkungen niederschrieb, bewußt, daß noch vieles Wunsch und Idee geblieben war, daß der Einfluß der gewohnten Opernmelodie nur allmählich wich. »Nicht mehr und noch nicht. Ein Werk der Tradition und der Umkehr in einem« hat Hans Mayer den *Fliegenden Holländer* genannt. Die bürgerliche Umwelt Sentas: ihr Vater Daland, Erik, der Steuermann, Mary, alle diese Personen sind auch musikalisch konventionell gezeichnet. Ob dies nun bewußt oder unbewußt geschehen ist, heute wird es als charakteristisch für diese Sphäre interpretiert.

Wagner hat die Gestalt des Holländers »das mythische Gedicht des Volkes« genannt, das »erste *Volksgedicht*«, das ihm tief ins Herz drang. Von hier datiert er seine eigene Laufbahn als Dichter, »der die des Verfertigers von Operntexten verließ« *(Mitteilung).* Das, was er als Volksgedicht, Sage oder Mythos bezeichnet, ist nach seiner Überzeugung (die er übrigens mit der damaligen Forschung teilt) nicht aus der Reflexion oder der Intuition eines Einzelnen entsprungen. Es mußte zwar von einem Einzelnen in der dann überlieferten Form ausgesprochen oder niedergeschrieben sein, entsprach aber der allgemeinen Überzeugung oder dem allgemeinen Bewußtsein eines Volkes, es war Gemeingut. In den uns überlieferten Sagen oder Volksdichtungen sind Ideen gefaßt, in denen der Mensch sich selbst und die Welt erkennen kann. In der Thematik dieses Gemeingutes ist das allgemein Menschliche zu spüren.

Am 27. Juni 1841, als schon vorauszusehen war, daß Wagner den Kompositionsauftrag von der Pariser Oper nicht erhalten würde, schrieb er an den Intendanten der Berliner Hofoper, den Grafen Redern, und bot ihm den *Fliegenden Holländer* zur Uraufführung an. Meyerbeer, auf den er sich berief, könne über ihn Auskunft geben. Die fertige Partitur schickte Wagner am 20. November nach Berlin ab. Am 9. Dezember empfahl Meyerbeer der Hofoper die Annahme: Die deutschen Hofbühnen sollten sich diesem interessanten Tondichter, der in äußerst beschränkten Verhältnissen leben müsse, doch nicht verschließen. Obwohl Redern nicht abgeneigt war, konnte er keine definitive Zusage machen, da er, kurz vor dem Ruhestand, seinem Nachfolger keine Verpflichtungen auferlegen wollte. Dresden wollte mit der Uraufführung unbedingt Berlin zuvorkommen, denn die Direktion versprach sich nach dem *Rienzi* einen weiteren Erfolg. Am 2. Januar 1843, zweieinhalb Monate nach der *Rienzi*-Premiere, fand die erste Aufführung des *Fliegenden Holländer* statt. Diese Programmplanung war nicht sehr geschickt, die beiden Werke waren doch zu gegensätzlich. Das Publikum, das wieder so etwas Spektakuläres wie im *Rienzi* erwartet hatte, war überfordert, und verlor nach den ersten Vorstellungen das Interesse an dem kargen und düsteren Werk. Trotzdem

Hofoper Wien, 27. Januar 1871
Bühnenbildentwurf für den 1. Akt von Theodor Jachimovicz für die erste Inszenierung im neuen Opernhaus am Ring. Die Szene im Stil eines romantischen Landschaftsgemäldes zeigt die Ruhe nach dem Sturm vor dem Auftauchen des Holländer-Schiffes. Die Stege zu beiden Seiten mußten praktikabel gewesen sein.
Regie und musikalische Leitung: Johann Herbeck

Kroll-Oper Berlin, 15. Januar 1929
Bühnenbildentwurf für den 1. Akt von Ewald Dülberg im Stil der »Neuen Sachlichkeit«. Links das Holländer-, rechts das Daland-Schiff. Kein Stimmungszauber mit Projektionen, keine nautischen Manöver der Schiffe. Das Holländer-Schiff mit dreifach gestaffelten Masten und roten Segeln von lakonischer Direktheit und düsterer Präsenz. Der Vordergrund kein Felsenstrand, eher eine Hafenpier.
Regie: Jürgen Fehling, Kostüme: Ewald Dülberg, Dirigent: Otto Klemperer

Stadttheater Remscheid, 1937
Die gute alte Spinnstube, wie sie jahrzehntelang jedem Opernbesucher vertraut war. Kleiner intimer Raum in einer Blockhütte, der Kamin links, das Porträt über der Tür, Senta in ihrem »Großvaterstuhl« rechts, die Mädchen in Tracht und teilweise mit blonden Zöpfen und Häubchen.
Regie: P. Bargelt

konnte Wagner die Premiere als einen Erfolg bezeichnen, er und die Sänger wurden hervorgerufen. Es ist sicherlich nicht haltbar, von einem Mißerfolg oder gar einem Reinfall zu sprechen, das Werk war eben nicht geeignet für einen lauten, lärmenden Erfolg. Wagner war jedenfalls stolzer auf den unerwarteten Erfolg seines düsteren *Holländer* als auf den voraussehbaren des *Rienzi*. Nach vier Vorstellungen wurde der *Fliegende Holländer* abgesetzt; die Direktion war froh, statt seiner den immer noch kassenträchtigen *Rienzi* wieder ansetzen zu können.

Die musikalische Leitung hatte Wagner selbst, und Hector Berlioz rühmte seine ungewöhnliche Kraft und Präzision. Mit der Leistung des Hoftheaters insgesamt war Wagner durchaus unzufrieden und würdigte einzig die Darstellung der Senta durch Wilhelmine Schröder-Devrient. Sie war »Dramatikerin im vollen Sinne des Wortes«, aber um sie herum »war grauenhafte Öde«. Allein ihre Leistung hat den »Holländer vor dem völligen Unverständnis gerettet«. Der Sänger des Holländers, Johann Michael Wächter, war gänzlich ungeeignet; sein »bedenkliches Embonpoint«, »namentlich sein rundes breites Gesicht und die sonderbaren Bewegungen seiner Arme und Beine, welche unter seiner Handhabung nur körperliche Stümpfe zu sein schienen«, zogen seine Darstellung dieser dämonischen Figur ins Lächerliche. Wagner berichtet zwar, daß eine neue Dekoration bestellt wurde, aber die Dresdner Bühnentechnik hatte offensichtlich keinen guten Tag. Im 3. Akt konnte »das höchste Toben des Orchesters das Meer nicht aus seinem Behagen und das Gespensterschiff nicht aus seiner vorsichtigen Aufstellung bringen«. Sogar die Betakelung der Schiffe soll falsch gewesen sein, und gar die Wolkengloriole am Schluß hat – wie in der zeitgenössischen Berichterstattung zu lesen ist – eher einem Strohnest geglichen und wurde vom Publikum belacht. Überhaupt waren die Dresdner erstaunt, daß Wagner ihnen ein »so gänzlich schmuckloses, dürftiges und düsteres Werk bot« *(Mitteilung)*. Erst 1865 war der *Fliegende Holländer* wieder in Dresden zu sehen. Wagner hat im Jahr 1881 bei einem Aufenthalt in Dresden auch eine *Holländer*-Aufführung besucht.

Die zweite Bühne, die das Werk spielte, war das ferne Riga (22. 5. 1843). Eine technische Meisterleistung muß die Erstaufführung in Kassel am 5. Juni 1843 gewesen sein, die Ludwig Spohr einstudierte und dirigierte. Zwei imposante Segelschiffe fuhren mit Leichtigkeit über die Bühne, legten an, wogten hin und her, wendeten; Sturmgewölk, Mondschein, Verklärungsglanz, alles wurde leicht und zauberisch bewerkstelligt. Das erwartete man eben von einer neuen Oper, wenn sie Erfolg haben sollte. Die Kasseler Aufführung, die von Spohrs Autorität getragen war, hatte für Wagner eine große Bedeutung, weil erstmals eine auswärtige Bühne von gediegener Reputation sich an eines seiner Werke wagte. Berlin folgte erst am 7. Januar 1844. Der neue Intendant Karl Theodor von Küstner, der den *Fliegenden Holländer* in München als

Nationaltheater Prag im Smetana-Theater, 20. März 1959
Der Bühnenbildner Josef Svoboda versuchte, das realistische Bühnenbildmuster aufzubrechen durch die Technik der Collage und durch einen starken Expressionismus der Licht- und Schattenwirkungen. Am Bug des Holländer-Schiffes eine weibliche Galionsfigur (Senta?).
Regie: Václav Kašlik, Dirigent: Jaroslav Vogel

Bayerische Staatsoper München, 23. Oktober 1964
Statt der Schlußapotheose mit dem entschwebenden Paar wurde gerade in den 50er und 60er Jahren oft zum Schluß eine Art Nordlicht am nächtlichen Himmel gezeigt.
Regie: Hans Hotter, Bühnenbild: Günther Schneider-Siemssen, Dirigent: Hans Gierster

46

für das deutsche Theater ungeeignet und für das deutsche Publikum unverständlich abgelehnt hatte (Wagner war der Meinung, daß dieses Werk einzig auf eine deutsche Bühne gehöre), mußte schließlich␊Rederns Versprechen nachkommen. Wagner hatte schon seit dem Frühjahr 1842 insistiert, da er befürchtete, daß die Pariser Aufführung der Dietsch-Oper ihm zuvorkommen würde. Französische Importe gingen immer gut auf den deutschen Bühnen, und es bestand die Gefahr, daß sein *Fliegender Holländer* als zweite Version dieses Stoffes keine Beachtung fände. Wagner selbst dirigierte die ersten beiden Vorstellungen, die im Schauspielhaus am Gendarmenmarkt stattfanden, weil das Opernhaus abgebrannt war.

Zu den Berliner Aufführungen ist ein Skizzenblatt erhalten von dem Theatermaler Johann Karl Jakob Gerst, das fälschlicherweise immer wieder als Dekorationsskizze für die Dresdner Uraufführung bezeichnet worden ist. Das Blatt ist datiert: 24. September 1842 und trägt die Unterschrift Gersts. Er stellte die Dekorationen aus den im Fundus vorhandenen Teilen zusammen und vermerkte, wo Ergänzungen notwendig waren. Die »nackten Felsen« zum Beispiel müßten neu angefertigt werden. Die beiden Schiffe waren aus dem Ballett *Der Seeräuber*, der Horizont und die Masten aus *Oberon*. Dalands Stube ist Gretchens Zimmer aus dem *Faust* (übrigens nach einem ursprünglichen Entwurf von Karl Schinkel), und hatte auch schon im Schauspiel *Columbus* gedient. Das Haus im 3. Akt ist ein Schweizerhaus aus *Wilhelm Tell*. Die Wagner-Literatur hat sich oft genug darüber mokiert und dieses Beispiel als eklatante Mißachtung der szenischen Vorschriften des Meisters bezeichnet. Dazu muß in Erinnerung gerufen werden, daß eine solche Praxis das ganze 19. Jahrhundert hindurch üblich war. Bei den ständig wechselnden Spielplänen mit ihren in die Dutzende gehenden Neuinszenierungen wäre das Anfertigen einer neuen Dekoration für jedes neue Stück finanziell nicht zu verkraften gewesen. Die Berliner Hofbühne war, durch die Kostümreform des Grafen Brühl und durch die Tätigkeit Karl Schinkels als Theatermaler, in diesen Jahrzehnten führend im szenischen Stil. Da mit dem Opernhaus auch der Fundus verbrannte, ist nicht mehr feststellbar, ob Gersts Dekoration dann tatsächlich aus dieser Kombination bestand. Der Theaterzettel vermerkt nur eine »neue Meer-Dekoration«, alles andere konnte also aus dem Vorhandenen zusammengestellt worden sein. Wagner war jedenfalls, seinem Bericht an Minna zufolge, sehr angetan von der Aufführung, die eine gute Aufnahme beim Berliner Publikum fand. Die Kritik aber lehnte das erste Werk Wagners, das in Berlin gespielt wurde, ab. Nach dem 25. Februar verschwand der *Fliegende Holländer* vom Spielplan und wurde erst wieder 1868 gegeben. In der prominenten Besetzung: Franz Betz als Holländer, Vilma von Voggenhuber als Senta und Albert Niemann als Erik konnte sich die Oper durchsetzen.

Die nächsten Jahre wagte sich keine Bühne an den *Fliegenden Holländer*. In Zürich, wo Wagner nach seiner Flucht aus Dresden ein Exil gefunden hatte, inszenierte und dirigierte er den *Holländer* 1852 auf Drängen des dortigen Direktors Wilhelm Löwe. Man ließ eine neue Dekoration anfertigen, alles war zwar »dürftig, grob und klein«, aber es war »vollständig angedeutet und dem Zweck entsprechend hergerichtet«, so daß diese Aufführung nach Wagners Ansicht auch größeren Bühnen als Modell dienen konnte (an Wilhelm Fischer, 9. Mai 1852). Jedenfalls gefiel ihm die Zürcher Aufführung besser als die »grenzenlos unbeholfene und lederne« Vorstellung auf der technisch gut ausgerüsteten Dresdner Bühne. Jetzt, nachdem er die großen Reformschriften verfaßt hatte und die beschränkten Möglichkeiten der Zürcher Opernbühne ihm »alle Illusionen für das Drama« genommen hatten, war er überrascht, wie gut das Stück »Oper«, das noch im *Fliegenden Holländer* steckte, zur Geltung kam.

Franz Liszt, musikalischer Direktor in Weimar, der vom *Holländer* behauptet hatte: »Seit Byron hat kein Poet ein so bleiches Phantom in düsterer Nacht aufgerichtet«, wollte nach dem Erfolg der Uraufführung des *Lohengrin* (1850) auch dieses Werk spielen. Er bat Wagner um genaue Anweisungen für die Dekoration und die Darstellung. Wagner verfaßte die *Bemerkungen zur Aufführung der Oper: Der fliegende Holländer*. Sie sind die ersten in einer Reihe von Anweisungen für Bühnenbildner, Regisseure und Dirigenten. Im Keim ist schon der Wunsch nach Modellaufführungen zu spüren, wie sie Wagner später in München und Bayreuth zu verwirklichen suchte. Die Aufführung fand am 16. Februar 1853 statt und ist für viele Jahre vorbildlich gewesen. Wie schon für die Aufführungen in Leipzig 1846 und Zürich 1852 korrigierte Wagner die Partitur und reduzierte besonders das Blech. Auch in späteren Jahren hat er immer wieder Cosima und König Ludwig II. gegenüber geäußert, daß er den *Fliegenden Holländer* umändern wolle, damit er sich würdig an die nachfolgenden Werke anschließen könne. Zu einer umfassenden Revision der Partitur ist er aber nicht gekommen. Für Weimar verlangte Wagner hauptsächlich eine naturgetreue Dar-

Staatsoper Hamburg, 6. April 1966
Der Regisseur Wieland Wagner hat, wie immer, auch das Bühnenbild entworfen. Für ihn ist der *Fliegende Holländer* ein »szenischer Dreiklang von Mythos, Psychologie und Musik«. Der feste Aufbau, im Vordergrund über die ganze Bühnenbreite gehend, ist Dalands Schiff, das vom Holländer-Schiff bedrohlich überragt wird. Der Holländer ist hier der »Ahasver der Meere«, Daland ein Pfeffersack und Seelenverkäufer. Wieland Wagner hat sein Regiekonzept mit leichten Modifikationen auch 1959 in Bayreuth, 1961 in Stuttgart und 1966 in Kopenhagen realisiert. Die Kopenhagener Inszenierung wurde nach Sydney verkauft und war dort noch 1977 zu sehen.
Dirigent: Leopold Ludwig, Daland: Arnold van Mill, Holländer: Theo Adam, Steuermann: Gerhard Unger

stellung des sturmgepeitschten Meeres und der beiden Schiffe; das Schwanken der Schiffe sollte realistisch und genau auf die Musik abgestimmt sein. Für die Sturmszenen schlug Wagner Schleierprospekte und wechselnde Beleuchtung vor.

Zwischen 1853 und 1857 wurde der *Fliegende Holländer* auch in Schwerin, Wiesbaden, Olmütz, Frankfurt, Hannover, Karlsruhe und Prag aufgeführt. Erst 1860, am 2. November, kam er auf die Wiener Hofbühne, im 1869 neueröffneten Opernhaus am Ring wurde er nicht vor 1871 gespielt.

Die erste der Münchner Modellaufführungen an der Hofbühne Ludwigs II. war die Inszenierung des *Fliegenden Holländer* am 4. Dezember 1864 unter der musikalischen Leitung von Franz Lachner. Wagner, sehr besorgt um eine mustergültige Aufführung, schrieb an Lachner, daß er gerade für dieses Jugendwerk eine Schwäche habe, da es populäre Elemente enthalte wie keine seiner späteren Kompositionen. Das müsse der Dirigent herausarbeiten. Die neuen Dekorationen wurden von Heinrich Döll (1. und 3. Akt) und Angelo Quaglio (2. Akt) entworfen, die Kostüme und Requisiten von Franz Seitz. Das Nationaltheater war ausverkauft, fünf Polizisten mußten beim Vorverkauf das Gedränge an der Kasse regeln. Erstmals wurde der *Fliegende Holländer* mit dem sogenannten »Erlösungsschluß« am Ende des Vorspiels und des 3. Aktes gegeben.

Die Münchner Inszenierung schuf ein Muster, das über Jahrzehnte gültig blieb und nachgeahmt wurde. In der Seebucht des 1. Aktes ist das Schiff Dalands immer rechts, das des Holländers links postiert. Das Nahen des Holländerschiffes aus der Ferne wurde mit einem kleinen Schiff gezeigt, das vor dem Hintergrundprospekt entlangfuhr, in der Kulisse verschwand, wonach an seiner Stelle das große Schiff auf die Bühne fuhr. Der Meersturm wurde mit Wassertüchern bewerkstelligt.

Dalands Stube im 2. Akt ist ein bürgerliches Wohnzimmer mit weißgetünchten Wänden, Holzdecke, Kamin und den vorgeschriebenen »Seegegenständen« wie Schiffsmodell, Globus, Karten und Netze, dem Porträt des Holländers und dem »Großvaterstuhl« für Senta. Der erhaltene Entwurf für die Erstaufführung in Bologna 1877 ist eine Kopie der Münchner Stube. Spezielle »norwegische« Stilelemente sind noch nicht zu erkennen. Erst unter dem Einfluß der Bayreuther Erstaufführung im Jahr 1901 wird Dalands Stube rustikaler, schlichter, ein ganz aus Balken gefügter Raum, der an eine Blockhütte erinnert.

Im 3. Akt liegen die Schiffe umgekehrt wie im 1. Akt nebeneinander. Die seitliche Bühnenbegrenzung bilden links die Fassade von Dalands Haus und rechts der Felsvorsprung, von dem sich Senta ins Meer stürzt. Beim Fest der Matrosen ist Dalands Schiff mit Lampions dekoriert, ein wirkungsvoller Kontrast zum stockdunklen Holländer-Schiff. Problematisch blieben immer die beiden nebeneinanderliegenden Schiffe, da meist nicht genügend Raum vorhanden war und das Größenverhältnis zwischen den Segelschiffen mit voller Takelage und den Darstellern immer disproportioniert bleiben mußte.

Seine Reise um die Welt trat der *Fliegende Holländer* erst spät an. In London hielt er 1870 als *L'Olandese dannato* in einer italienischen Übersetzung seinen Einzug. Es war die erste Wagner-Oper in England. 1876 dann wurde er in englischer Sprache gespielt und erst 1882 in Deutsch. 1872 war in Stockholm die Erstaufführung in schwedischer Sprache, 1873 in Budapest in ungarischer Sprache, die amerikanische Erstaufführung in Philadelphia 1876 wurde in italienischer Sprache gesungen, und in Kopenhagen war der *Fliegende Holländer* 1884 erstmals in Dänisch zu hören. Es folgten Aufführungen in Barcelona 1885, Buenos Aires 1887, Mexico 1891, Lissabon 1893 und Moskau 1894. Daß diese Inszenierungen nicht immer auf der künstlerischen Höhe waren, die Wagner unerläßlich schien für ein Verständnis des Werkes, soll nur an dem Beispiel einer Londoner Aufführung von 1891 gezeigt werden, von der George Bernard Shaw berichtet, Dalands Schiff sei so unbeweglich gewesen, daß selbst er das Unwetter ohne jeden Anfall von Seekrankheit überstanden hätte. Außer dem Schiff gab es noch »ein Primadonnen-Spinnrad (praktikabel) aus *Faust* für Miß Damian und drei zerbrochene, unvollständige (hoffnungslos unpraktikable) für den Chor«. Die Erstaufführung in französischer Sprache war am 6. April 1872 in Brüssel, die Pariser Opéra Comique folgte 1897, und im Palais Garnier wurde der *Holländer* am 27. Dezember 1937 erstaufgeführt.

Der *Fliegende Holländer*, in der Chronologie seiner Werke das erste, das Richard Wagner für »bayreuthwürdig« erachtete, kam als letztes auf die Bühne des Festspielhauses. Siegfried Wagner hat ihn 1901 inszeniert, zusammen mit Cosima. Damit war der Bayreuther Spielplan erstmals komplett. Man spielte ohne Pause, die Umbauten geschahen mit Hilfe eines Zwischenvorhangs. Wie immer bei Cosima hatte Max Brückner die Dekorationen entworfen und auch in seinem Coburger Atelier ausgeführt. In ihrem Naturalismus

Bayreuther Festspiele 1969
Chorszene im 3. Akt. Starke expressionistische Licht- und Schattenwirkungen. Die Treppe rechts für die turbulenten Aktionen des Chores. Von dieser Treppe aus stürzt sich Senta ins Meer. Links das in allen drei Akten als Grundfläche verwendete Schiffsdeck.
Regie: August Everding,
Bühnenbild: Josef Svoboda,
Dirigent: Silvio Varviso

unterschieden sie sich nicht von dem damals üblichen Standard. Allerdings legte Cosima großen Wert auf norwegisches Lokalkolorit: geschnitzte Balken und Ornamente in der Stube und an der Fassade von Dalands Haus, norwegische Gerätschaften und norwegische Trachten für die Mädchen. Für Senta suchte sie nach einer norwegischen Brauttracht. Die Apotheose am Schluß wurde durch zwei Puppen dargestellt, die in den Himmel schwebten. Bis zu den Gesichtszügen, den Kostümen und Schuhen waren sie naturgetreue Abbilder der beiden Darsteller Anton van Rooy und Emmy Destinn. Diese Sänger waren über viele Jahre die international gefragtesten Vertreter der Partien des Holländers und der Senta. Sie machten die Rollen, die lange als undankbar gegolten hatten, auch bei den Gesangstars beliebt. Fedor Schaljapin hat zum Beispiel den Holländer ebenso gesungen wie Francesco d'Andrade, den Max Slevogt in seiner Glanzpartie als Don Giovanni porträtiert hat. Weitere Vertreter waren später Michael Bohnen und Friedrich Schorr, in Neubayreuth Hans Hotter, Hermann Uhde und George London, in den letzten Jahren Franz Crass, Thomas Stewart, José van Dam und Simon Estes. Maria Müller war lange Zeit *die* Senta, an der Metropolitan Opera in New York sang Maria Jeritza die Partie, an der Scala Maria Caniglia, später Birgit Nilsson, in Bayreuth nach dem Krieg Astrid Varnay, Anja Silja und Leonie Rysanek; die Hauptvertreterinnen der letzten Jahre waren Lisbet Balslev und Hildegard Behrens.

Bei den Neuinszenierungen richtete man das Hauptaugenmerk auf technische Verbesserungen, ohne das alte Inszenierungsschema anzutasten. Man bediente sich der neuen Mittel des Films und der Projektion für die Sturmszenen und den Verklärungsschluß, und es gelangen oft optisch eindrucksvolle Lösungen. Größter Wert wurde auf alles Nautische gelegt. Aber diejenigen Regisseure und Bühnenbildner, die sich ernsthaft um ein zeitgenössisches Wagner-Bild bemühten, empfanden Unbehagen an der Praxis der ewigen Wiederholungen. Oskar Fritz Schuh forderte 1922, man solle sich gerade beim *Fliegenden Holländer* nicht in nautische Detailfragen verlieren. Das Wichtigste sei, die düstere Balladenstimmung zu erfassen. Für

Staatstheater Kassel,
15. Februar 1976
Der Monolog des Holländers als schwarze Messe, Jungfrauen, auf einer Art Altar ein nacktes Mädchen, das der Holländer als Satanspriester mit einem Schwertstoß in die Vagina tötet. Wagners Erlösungsidee wird als sexuelle Perversion denunziert. Als auch noch ein Hahn geschlachtet und sein Blut über die Jungfrau gegossen wurde, war die Toleranzgrenze des Publikums erreicht. Ein Tumult brach los.
Regie: Ulrich Melchinger, Bühnenbild: Thomas Richter-Forgách, Dirigent: James Lockhart

ihn, wie für Wagner, ist das Meer der Mittelpunkt des Geschehens. Auch im 2. Akt sollte es sichtbar sein. Das Erscheinen des Holländer-Schiffes solle sehr plötzlich und überraschend vor sich gehen, sein Schiff müsse gewaltig größer als Dalands Schiff sein und wirkliches Grausen erregen. Weiterhin forderte er, die übliche Schlußapotheose in den Tiefen der Versenkung verschwinden zu lassen, man sollte sie mit Hilfe der Lichttechnik nur andeuten, etwa als leuchtender Sonnenaufgang. Unabdingbar ist für ihn das Durchspielen ohne Pause. Seine prinzipiellen Überlegungen haben sich eigentlich erst in den Jahren nach dem Krieg allgemein durchgesetzt.

Problematisch war vor allem der 2. Akt. Sentas Ballade arrangierte man wie ein Hauskonzert, die Spinnerinnen, alle in gleicher Tracht, mit blonden Zöpfen und Häubchen, gruppierten sich um Senta zu einem lebenden Bild. Es gab gerade in den 20er Jahren verschiedene Versuche, die Inszenierungskonventionen zu überwinden. Auf zwei Beispiele sei etwas näher eingegangen. Am Stadttheater Königsberg wurde 1926 das Auftauchen des Holländer-Schiffes als unwirkliche und erschreckende Erscheinung inszeniert. Dalands Schiff war überhaupt nicht zu sehen, das Bühnenbild bestand lediglich aus schwarzen Felsenstufen und einem blutroten, von Blitzen durchzuckten Horizont. Der blutrote Himmel verschwand, und aus der Versenkung stieg, unheimlich und geisterhaft, in voller Bühnenbreite, das Holländer-Schiff empor.

Zu einem Politikum wurde die Neuinszenierung an der Berliner Kroll-Oper am 15. Januar 1929. Regie führte Jürgen Fehling, ein Schauspielregisseur, der von Leopold Jessner herkam. Das Bühnenbild hatte Ewald Dülberg entworfen, die musikalische Leitung lag in den Händen von Otto Klemperer. Die Chöre hatte Hugo Rüdel, der Bayreuther Chordirektor, einstudiert. Man spielte die Dresdner Urfassung ohne den späteren Erlösungsschluß, und zwar nach einer handgeschriebenen Partitur, die Richard Wagner 1844 benutzt hatte. Es gab keine norwegische Folklore. Senta war ein schlichtes, bäurisches Mädchen, wie von Käthe Kollwitz gezeichnet, die Seeleute sahen aus wie zeitgenössische Matrosen in wollenen Sweatern ohne die üblichen Schlapphüte und Bärte, die Spinnerinnen waren nicht mehr niedliche Trachtenpuppen, sondern derbe, an Arbeit gewöhnte Mädchen in Kittel und Rock, und der Holländer trug weder Hut noch Bart. Dülbergs Bühnenbilder im Stil der »Neuen Sachlichkeit« waren keine illusionistischen Dekorationen im gewohnten Sinn, sondern setzten den düsteren, balladesken Kern des Werkes in eine konkrete Bildsprache um. Dunkles Blaugrau herrschte vor. Dalands

Teatro alla Scala Mailand,
3. Februar 1966
Szene aus dem 2. Akt. Bei Sentas Ballade öffnet sich die Wand der Spinnstube, Himmel und Meer, die Elemente des Holländers, sind präsent. Der Wunsch Sentas, aus ihrer Umwelt auszubrechen, wird in den 70er Jahren zum beherrschenden Thema der Neuinszenierungen.
Regie: Frank de Quell, Bühnenbild: Bisseger, Dirigent: Wolfgang Sawallisch, Senta: Leonie Rysanek

Bayreuther Festspiele 1980
Szene aus dem 2. Akt. Das Haus Dalands ein Speicherhaus des 19. Jahrhunderts, mit einem Wohnraum im Erdgeschoß. Senta ist in ihrer Umwelt wie eingemauert. Nur ein Fenster öffnet sich ins Freie, ein Sehnsuchtsmotiv der romantischen Ikonographie. Aus diesem Fenster stürzt sich Senta in den Tod. Bei ihren Visionen vom Holländer fliegen die Wände des Hauses auseinander.
Regie: Harry Kupfer, Bühnenbild: Peter Sykora, Kostüme: Reinhard Heinrich, Dirigent: Dennis Russell Davies, Senta: Lisbeth Balslev

Stube war transparent, durch wechselnde Beleuchtung wurden Meer und Holländer-Schiff sichtbar. Sentas Ballade war der ekstatische Ausbruch eines starken Gefühls, bestürzend für die Spinnerinnen. Wagners elementare Dramatik wurde mit zeitgemäßen Stilmitteln, ohne die Distanz des Historischen, zu solch bestürzender Wirkung gebracht, daß sie beim Publikum eine Betroffenheit auslöste, wie man sie im Operntheater noch nicht kannte. Das Werk wurde zur Kenntlichkeit entstellt. Daß das auch für die Sänger ein Umdenken und eine Korrektur ihrer Darstellungsmittel erforderte, beweisen die Äußerungen von Moje Forbach, die in dieser Inszenierung die Senta sang. Fehling monierte, sie habe einen »wallenden Operngang«, als trage sie eine Schleppe hinter sich her. Der expressionistische Schauspielstil, der sich gerade in Berlin entwickelt hatte, wurde jetzt auch von den Opernsängern verlangt.

Die Reaktion ließ nicht lange auf sich warten. Die diversen Wagner-Vereinigungen protestierten öffentlich gegen eine solche »Versündigung am Geist Richard Wagners« und riefen die »kunstsinnige Bevölkerung« dazu auf, »schwer bedrohtes deutsches Kulturgut zu schützen«. Man forderte den Staat als Ordnungsmacht zum Eingreifen auf. In der Diskussion wurde von der Gegenseite mit Recht argumentiert, daß sich bisher keine Hand zum Protest gegen die Verschluderung Wagners an den Stadttheatern erhoben habe.

Die Mentalität der Protestler umriß die Berliner Zeitung »Der Montag Morgen«: »Was sie unter Wagner verstehen, das ist: die völkische Heldenbrust, Hakenkreuz im Knopfloch, altgermanische Zucht und Sitte, die große, nichtssagende Geste, Vollbart, Wogebusen und lang herabwallendes Blondhaar, die gepanzerte Faust und Heil Kaiser Dir« (19. 2. 1929). Ein Buch aus dem Jahr 1935 mit dem bezeichnenden Titel *Wachet auf. Ein Mahnruf aus dem Zuschauerraum für Richard Wagners Bühnenbild* stellte denn auch mit Befriedigung fest, daß jetzt die »Zeitkrankheit« des »selbstsüchtigen und pietätlosen Herumprobierens« vorbei sei und wieder das »wirkliche Gute, Wagner-Echte«, der unverfälschte Geist des Schöpfers (was immer das gewesen sein mag) dominiere. Der totalitäre Staat hatte das »Eigenwillige« ausgeschaltet.

Daß das Neue und Ungewöhnliche um seiner selbst willen kein Wert an sich sein muß, daß es Vorwand sein kann für ein elitäres Bewußtsein von selbsternannten Insidern und Connaisseurs, sei nicht in Abrede gestellt, aber wichtiger (und zahlreicher) sind doch die Beispiele, wo das Neue einer echten Notwendigkeit entspringt und aktuelle Einsichten vermittelt. Immer noch gilt Wieland Wagners Wort, dem Wandel »ausweichen zu wollen, hieße die Tugend der Treue zum Laster der Erstarrung zu machen«. Gustav Mahlers Feststellung »Tradition ist Schlamperei« ist mehr als ein Bonmot. Die Kontroverse wurde hier so breit ausgeführt, weil sie paradigmatisch ist für die Auseinandersetzung mit Wagner nicht nur in diesen Jahren, und weil sie ebenfalls für die anderen Werke gilt.

In der Ära Neubayreuth wurde auch der *Fliegende Holländer* von Wieland und Wolfgang Wagner einer Revision unterzogen.

Ein neues Kapitel in der Bühnengeschichte des *Fliegenden Holländer* begann mit den Inszenierungen von Joachim Herz an der Komischen Oper in Berlin im Februar 1962, in Leipzig im Oktober desselben Jahres und am Bolschoi-Theater in Moskau im Mai 1963. Die drei Inszenierungen folgten im wesentlichen einem einzigen Konzept. Das ursprüngliche Bühnenbild stammte von Rudolf Heinrich, Reinhart Zimmermann benutzte dann für Leipzig und Moskau seine Entwürfe. Herz, ein Schüler Walter Felsensteins und Verfechter von dessen Stilprinzip eines realistischen Musiktheaters, verlegte das Geschehen in die Entstehungszeit des Werkes, in das bürgerliche Milieu des Vormärz. Dalands Schiff war ein Raddampfer, die Begegnung zwischen Daland, Senta und dem Holländer im 2. Akt fand ganz realistisch an einem gedeckten Wohnzimmertisch statt. Senta sehnt in der Enge ihrer Umwelt das Unwirkliche, Geisterhafte herbei. Das stürmische Meer, auf einen Schleier projiziert, bildete den Urgrund des ganzen Geschehens. Es überflutete Sentas Ballade und ihr Duett mit dem Holländer. Schwierigkeiten hatte Herz mit dem Schluß. Er inszenierte ihn in Berlin, was die Figur des Holländers betraf, ganz im Sinne Wagners als Verzicht auf die Erlösung aus Liebe zu Senta. Senta opferte sich nicht mehr durch Selbstmord, sondern starb »an plötzlicher Erstarrung des Herzens«. »Ihr Abschied ist der Abschied zweier Liebender« (Joachim Herz). Für seine Film-Version – die erste Verfilmung einer Wagner-Oper – entwickelte er ein anderes Konzept. Senta träumt sich aus ihrer bürgerlichen Enge in die Freiheit des Meeres, träumt auch ihren Tod und erwacht, nimmt das Bild des Holländers und verläßt, wie Ibsens Nora, das Haus und läuft der Sonne entgegen, die aus dem Meer aufsteigt.

Im Jahre 1973 spielte der *Fliegende Holländer* tatsächlich auf dem Wasser, seinem ursprünglichen Element, und zwar auf der Seebühne der Bregenzer Festspiele. Die Schiffe Dalands und des Holländers segelten in voller

Metropolitan Opera New York, 8. März 1979
Chorszene im 3. Akt. Der Schiffsaufbau Einheitsdekoration für alle drei Akte. Gespensteratmosphäre mit Totengerippen. Im Vordergrund, vor dem Steuerrad, liegt schlafend der Steuermann, der die ganze Oper als Alptraum erlebt.
Regie und Bühnenbild: Jean-Pierre Ponnelle, Dirigent: James Levine

Bayerische Staatsoper München, 25. Januar 1981
Der Auftrittsmonolog des Holländers im Fenster. Der Outcast will Bürger werden. Der Raum ist ein Einheitsraum für alle drei Akte. Links in der Tür der Landungssteg des Daland-Schiffes. Die Möbel sind noch mit Tüchern verhüllt, die dann im 2. Akt – Spinnstube – abgenommen werden.
Regie und Bühnenbild: Herbert Wernicke, Dirigent: Wolfgang Sawallisch, Holländer: Franz Ferdinand Nentwig

55

Größe über den Bodensee. Mit einfachen Theatermitteln versuchte Luca Ronconi 1977 in Nürnberg, das *Holländer*-Geschehen sich aus dem Wasser entwickeln zu lassen. Sein Bühnenbildner Pier Luigi Pizzi hatte die ganze Bühne mit grauen Tüchern ausgeschlagen, die in Wellenbewegungen versetzt werden konnten. Die Personen tauchten aus dem Wasser auf und verschwanden nach ihrem Auftritt wieder darin. Es gab keine Schiffe, nur ein großes, verführerisch goldenes Schiffsmodell, das der Holländer Daland zum Tausch für seine Tochter anbot.

Die Kasseler Inszenierung von Ulrich Melchinger in den Bühnenbildern von Thomas Richter-Forgách war 1976 auf zwei Erzählebenen angeordnet: zunächst die gesicherte Bürgerwelt Dalands in der Mitte des 19. Jahrhunderts, in der über Senta wie über eine gute Geldanlage verhandelt wird und in die der Holländer im Kostüm eines barocken Kavaliers eintritt, und daneben die Welt der Finsternis einer nachtschwarzen Romantik, gemischt aus Aberglauben, Angst und Perversion. Der Holländer ist in der Art des romantischen »Dr. Jekill und Mr. Hyde«-Motivs in der Realität ein honoriger Bürger, in der Phantasie derer aber, die diese Spukgestalt ersonnen haben, ein Frevler, ein Sünder, eine Art Marquis de Sade. In seiner Figur werden die sexuellen Verdrängungen einer bürgerlichen Gesellschaft auf schockierende Weise zur Erscheinung gebracht. Der Steuermann träumt den Monolog des Holländers als eine schwarze Messe, das Fest der Matrosen ist eine Rauferei und ein Ausbruch von Massen-

Teatr Wielki Warschau, 12. April 1981
Der 2. Akt als Szene aus der Arbeitswelt. Die Spinnstube eine Backsteinhalle wie in einer Fabrik, die Spinnerinnen als Arbeiterinnen an Spinnmaschinen mit Seilen wie gefesselt.
Regie: Erhard Fischer, Bühnenbild: Roland Aeschlimann, Kostüme: Irena Biegańska, Dirigent: Antoni Wicherek, Senta: Hanna Lisowska

hysterie, in deren Verlauf Erik Senta ersticht, als sie sich zwischen ihn und den Holländer wirft. Auch der Steuermann wird ermordet. Sentas Erlösungswunsch ist nur eine fixe Idee, ein Wahn, der Holländer macht sich auf und davon, die Erlösungsmusik am Schluß mußte wie purer Hohn klingen.

Als Sturm-und-Drang-Wagner inszenierte Harry Kupfer in den Bühnenbildern von Peter Sykora (Kostüme: Reinhard Heinrich) den *Fliegenden Holländer* bei den Bayreuther Festspielen 1978. Die Inszenierung bestach zunächst durch die Rasanz des pausenlosen Ablaufs, dessen zwölf Verwandlungen auf offener Bühne auch den Technikern höchste Präzision abverlangten, durch die packenden Chorszenen im 3. Akt und die theatralische Phantasie. Es ist das Psychodrama Sentas, was da gespielt wurde, ihre Vision von ihrer Lebensaufgabe, ihrem Lebenstraum. Folgerichtig wird die Ballade zum Ausgangspunkt der Interpretation. Senta ist vom Anfang bis zum Schluß auf der Bühne, sie erträumt sich das Geschehen. Zwei Hände bilden das gewaltige Holländer-Schiff, sie öffnen sich und entlassen den Holländer (Simon Estes) aus seinem rotgoldenen Gefängnis. Im Duett Holländer–Senta im 2. Akt, das beide wie einen inneren Monolog gestalten, verwandelt sich das Schiffsgefängnis in ein phantastisches Schiff aus Blumen und Blüten, eine Art Liebesgrotte. Auch hier findet keine Erlösung statt, sondern ein Selbstmord. Gaffend, weniger betroffen als kopfschüttelnd umsteht die Menge den Leichnam Sentas, der auf dem Pflaster liegt. Erik bleibt allein zurück. Auch die Musik kennt keinen Erlösungsschluß; man spielte die Dresdner Urfassung.

An der Metropolitan Opera in New York war noch bis in die 70er Jahre der *Fliegende Holländer* in den realistischen, plastischen Bühnenbildern von 1950 (Entwurf: Charles Elson) gespielt worden. Die Neuinszenierung von Jean-Pierre Ponnelle im Jahr 1979, für die er auch das Bühnenbild und die Kostüme entworfen hatte, entfachte eine Kontroverse im Publikum und in der Presse. In ähnlicher Form hatte er diese Inszenierung auch schon 1975 für San Francisco erarbeitet. Ponnelle interpretierte den *Fliegenden Holländer* als den Alptraum des jungen Steuermanns. Es war die Ära, in der die Regisseure nicht nur die Werke Wagners mit Vorliebe als Träume inszenierten. Während des Erlösungsschlusses erwachte der Steuermann und rieb sich erleichtert die Augen: Alles war glücklicherweise nur ein Traum. Das Magazin »Time« empörte sich darüber, daß der Anti-Wagner der radikalen Revisionisten aus Europa nun auch die Met erreicht hatte und konstatierte: Die New Yorker mögen ihren Wagner konventionell. Sie waren bisher mit extremen Regie-Experimenten in Sachen Wagner verschont geblieben. Wagner war für sie in erster Linie ein Fest der schönen Stimmen gewesen.

Das Regiekonzept des Bühnenbildners Herbert Wernicke für seine Inszenierung im Nationaltheater in München im Januar 1981 geht von der unterschiedlichen Bedeutung des Einheitsraumes aus. Der Raum der gesamten Handlung ist für ihn zunächst »irgendein archetypischer Wohn-Raum, irritierend, undefiniert«, wird dann vom Holländer als sein »Wunsch-Raum« erkannt und endlich als »die konkrete Welt Dalands« gezeigt (Wernicke). Der Holländer, ein Freibeuter, der sich selbst aus der Gesellschaft ausgeschlossen hat, möchte wieder zurück in eine menschliche Gemeinschaft; Senta dagegen, in der bürgerlichen Idylle dieses Raumes mit Klavier, Sitzecke am Kamin, Spielzeugeisenbahn und »altdeutschen« Möbeln, projiziert ihren Freiheitstraum von einem Mann, der nicht von dieser bürgerlichen Welt ist, ausgerechnet in den Holländer. Das »Mißverständnis der Erwartungen« führt zur Katastrophe. Senta ersticht sich mit Eriks Hirschfänger. Sie ist nicht Erlöserin, sondern Opfer. Der Holländer bleibt in seinem Sessel am Kamin sitzen.

Eine tiefe Skepsis gegenüber Wagners Glauben an eine Erlösung durch die Liebe ist allen diesen Interpretationen gemeinsam. Trotzdem hat der *Holländer* eine Faszination für die Regisseure, da sich gerade der Schluß unterschiedlich interpretieren läßt. Im Mittelpunkt des Interesses stehen die Kritik an der bürgerlichen Welt und die interpretatorischen Möglichkeiten beim Entwurf der Holländer-Gegenwelt.

Königlich Sächsisches Hoftheater.

Sonntag, den 19. October 1845.

Zum ersten Male:

Tannhäuser
und
der Sängerkrieg auf Wartburg.

Große romantische Oper in 3 Akten, von Richard Wagner.

Personen:

Hermann, Landgraf von Thüringen.	—	Herr Dettmer.
Tannhäuser,		Herr Tichatschek.
Wolfram von Eschinbach,		Herr Mitterwurzer.
Walter von der Vogelweide,	Ritter und Sänger.	Herr Schloß.
Biterolf,		Herr Wächter.
Heinrich der Schreiber,		Herr Curty.
Reimar von Zweter,		Herr Risse.
Elisabeth, Nichte des Landgrafen.	—	Dem. Wagner.
Venus.	—	Mad. Schröder-Devrient.
Ein junger Hirt.	—	Dem. Thiele.

Thüringische Ritter, Grafen und Edelleute.
Edelfrauen, Edelknaben.
Aeltere und jüngere Pilger.
Sirenen, Najaden, Nymphen, Bacchantinnen.

Thüringen. Wartburg.

Im Anfange des 13. Jahrhunderts.

Die neuen Costüme sind nach der Anordnung des Herrn Hofschauspieler Heine gefertigt.

Textbücher sind an der Casse das Exemplar für 3 Neugroschen zu haben.

Dienstag, den 20. October: Richard's Wanderleben. Lustspiel in 4 Akten, von Kettel.
Hierauf: Tanz-Divertissement.

Das Sonntags-Abonnement ist bei der heutigen Vorstellung aufgehoben.

Erhöhete Einlaß-Preise:

Ein Billet in die Logen des ersten Ranges und das Amphitheater	1 Thlr.	10 Ngr.
• • • Fremdenlogen des zweiten Ranges Nr. 14. und 29.	1 •	10 •
• • • übrigen Logen des zweiten Ranges	1 •	— •
• • • Sperr-Sitze der Mittel- u. Seiten-Gallerie des dritten Ranges	— •	20 •
• • • Mittel- und Seiten-Logen des dritten Ranges	— •	12½ •
• • • Sperr-Sitze der Gallerie des vierten Ranges	— •	10 •
• • • Mittel-Gallerie des vierten Ranges	— •	8 •
• • • Seiten-Gallerie-Logen daselbst	— •	5 •
• • • Sperr-Sitze im Cercle	1 •	— •
• • • Parquet-Logen	1 •	— •
• • • das Parterre	— •	15 •

Die Billets sind nur am Tage der Vorstellung gültig, und zurückgebrachte Billets werden nur bis Mittag 12 Uhr an demselben Tage angenommen.

Der Verkauf der Billets gegen sofortige baare Bezahlung findet in der, in dem untern Theile des Rundhauses befindlichen Expedition, auf der rechten Seite, nach der Elbe zu, früh von 9 bis Mittags 12 Uhr, und Nachmittags von 3 bis 4 Uhr statt.

Alle zur heutigen Vorstellung bestellte und zugesagte Billets sind Vormittags von früh 9 bis längstens 11 Uhr abzuholen, anderweit darüber anders verfüget wird.

Freibillets sind bei der heutigen Vorstellung nicht gültig.

Tannhäuser

Hoftheater Dresden,
19. Oktober 1845
Programmzettel der
Uraufführung

»Einen wirklichen Lichtblick gewährte mir die Begegnung mit der Wartburg, an welcher wir in der einzigen sonnenhellen Stunde dieser Reise vorbeifuhren. Der Anblick des Bergschlosses, welches sich, wenn man von Fulda herkommt, längere Zeit bereits sehr vorteilhaft darstellt, regte mich ungemein warm an. Einen seitab von ihr gelegenen ferneren Bergrücken stempelte ich sogleich zum ›Hörselberg‹ und konstruierte mir so in dem Tal dahinfahrend, die Szene zum dritten Akte meines ›Tannhäuser‹, wie ich sie seitdem als Bild in mir festhielt.« So berichtet Wagner in seiner Autobiographie von der Reise aus Paris nach Dresden im April 1842. Wiederum, wie schon beim *Fliegenden Holländer,* mischen sich literarische Reminiszenzen mit persönlichen Eindrücken, wenn er die Konzeption eines neuen Werkes mit sich herumträgt.

Wagner hatte sich mit der Tannhäusersage im Winter 1841/42 in Paris beschäftigt. Der Stoff war gerade in den letzten Jahrzehnten in verschiedenen Versionen veröffentlicht worden, erstmals von Ludwig Tieck in *Der getreue Eckart und der Tannhäuser* (1793). Achim von Arnim und Clemens von Brentano druckten das alte Tannhäuser-Lied von 1521 im ersten Band von *Des Knaben Wunderhorn* (1806). Es erzählt die Geschichte des Ritters Tannhäuser, der in den Venusberg zieht und mit Frau Venus ein Jahr lebt, bis ihn Sehnsucht und Reue aus dem Berg nach Rom treiben, wo er die Vergebung des Papstes erbitten will. Papst Urban IV. kann ihn nicht von seiner Schuld lossprechen, denn so wenig wie der Bischofsstab in seiner Hand jemals wieder grünen wird, kann Tannhäuser Gottes Huld wiedererlangen. Betrübt kehrt er in den Venusberg zurück. Als der Stab am dritten Tag zu grünen beginnt und der Papst nach ihm aussendet, ist er nicht mehr aufzufinden. Und deswegen muß Papst Urban auch ewiglich verloren sein.

Goethe schrieb eine Besprechung dieser Ausgabe, in der er besonders auf das »große christlich-katholische Motiv« hinwies und die Schlußzeile mit der Verdammung des Papstes als spätere Zutat ablehnte. 1816 veröffentlichten die Gebrüder Grimm in den *Deutschen Sagen* eine Prosafassung des Tannhäuserliedes, und 1837 erschien als Schluß der *Elementargeister* Heinrich Heines Tannhäuser-Gedicht, nach seiner Art eine ironische Fassung: Tannhäuser verläßt Venus und singt vor dem Papst in Rom ihr Lob; ohne Absolution (hat er sie wirklich begehrt?) kehrt er zu Frau Venus zurück, bestellt ihr schöne Grüße vom Papst und lebt mit ihr ein bürgerliches Glück. Wagner hat sicher auch Heines Fassung gekannt, auch wenn er nur das alte Tannhäuserlied und Tieck unter seinen Quellen nennt. Einen Ansatzpunkt für eine dramatische Behandlung der Sage bot sich ihm aber erst durch ein »Volksbuch«, wie er es nennt, das die Sage in eine, wenn auch flüchtige Beziehung mit dem »Sängerkrieg auf Wartburg« brachte. Die Wagnerforschung hat herausgefunden, daß es sich um Ludwig Bechsteins Sagensammlung *Die Sagen von Eisenach und der Wartburg, dem Hörselberg und Reinhardsbrunn* (1835) gehandelt haben muß, da ein »Volksbuch« nicht existiert. Wagner kam wohl auf diese Bezeichnung, weil er annahm, daß es sich bei diesen Sagen um Volksdichtung und nicht um Bechsteins eigene Erfindung gehandelt hat. Bechstein erwähnt auch, daß Tannhäuser zur Zeit des Landgrafen Hermann lebte, der auf der Wartburg Dichter um sich versammelte und Liederwettkämpfe austragen ließ. Auch den Sängerkrieg kannte Wagner schon aus E. T. A. Hoffmanns »Der Streit der Sänger« im zweiten Band der *Serapionsbrüder* (1819). Hoffmann basiert übrigens auf Johann Christoph Wagenseils Buch *Von der Meistersinger holdseligen Kunst* (Altdorf 1697), das Richard Wagner für seine *Meistersinger*-Dichtung benutzen wird. Er fühlte aber damals, daß der alte Stoff Hoffmann nur sehr entstellt aufgegangen war, und suchte deshalb nach der Urgestalt. Es ist dies zum ersten Mal, daß Wagner nicht einem fertigen Muster für seine eigene Formung folgte, sondern Philologen-Arbeit, Quellenforschung betrieb, verschiedene Stoffe thematisch verknüpfte und zu einer neuen, individuell geprägten Form zusammenband. Es war der Philologe Samuel Lehrs, einer der guten Pariser Freunde in der Not, der ihm über Vermittlung seines in Königsberg lehrenden Bruders ein Exemplar der Schrift *Über den Krieg von Wartburg* von Dr. C. T. L. Lucas, einer Abhandlung der Königlich Deutschen Gesellschaft in Königsberg (1838), verschaffte. Lucas bringt darin einen Abdruck des mittelalterlichen Urtextes des Sängerkrieges, der 1207 stattgefunden haben soll. Es stritten die Minnesänger Wolfram von Eschenbach, Walther von der Vogelweide, Biterolf, Reinmar, Heinrich der Schreiber und Heinrich von Ofterdingen darüber, ob Landgraf Hermann oder Herzog Leopold von Österreich das höchste Fürstenlob verdiente. Der Streit artete so weit aus, daß der Unterlegene hingerichtet werden sollte. Heinrich von Ofterdingen brachte alle so gegen sich auf, daß ihn nur die Landgräfin vor dem Zorn der anderen schützen konnte. Der Zauberer Klingsor aus Ungarn soll jetzt Schiedsrichter sein. Er gerät in eine Auseinandersetzung mit Wolfram und weissagt dem Landgrafen, die Tochter des Ungarnkönigs werde seines Sohnes Gemahlin. Gemeint war damit die heilige Elisabeth. Nach Lucas' These nun ist Heinrich von Ofterdingen identisch mit Tannhäuser. Das war entscheidend für Richard Wagner, der daraufhin seine Hauptfigur Heinrich Tannhäuser nannte. Auch wenn er aus der Urfassung des Sängerkrieges »materiell so gut wie gar nichts benutzen konnte«, so zeigte ihm doch der Text »das deutsche Mittelalter in einer prägnanten Farbe«, von welcher er bis dahin keine Ahnung hatte.

Im Juni 1842 reiste Wagner wieder nach Teplitz in Böhmen und bereitete seiner Mutter, die ihn begleitete, eine schlaflose Nacht durch die Erzählung der Tannhäusersage. Allein machte er sich auf zur Burgruine Schreckenstein bei Aussig, einer sehr romantisch gelegenen Anlage. Auf einer »Streu« in der Gaststube übernachtete er und streifte tagsüber durch die Bergwelt der Sächsischen Schweiz. In dieser Einsamkeit schrieb er in seinem Taschenbuch den großen Prosa-Entwurf zur dreiaktigen Oper »Der Venusberg« nieder (22. 6.). Er hielt ihn für »vollkommen gelungen« und war überzeugt, daß die neue Oper sein »originellstes Produkt« wird (an Kietz, 10. 9. 1842). Wieder spielten persönliche und Naturerlebnisse eine Rolle. Am Wostrai, dem höchsten Berg in der Umgebung, hörte er einen Hirten eine Tanzweise pfeifen, und sah die zweite Szene des 1. Aktes vor sich, sah sich im Chor der Pilger an dem jungen Hirten vorbeiziehen. In der Kirche von Aussig ließ er sich ein Madonnenbild zeigen, eine Kopie nach Carlo Dolci von Adolph Mengs. Das Bild hat ihn »außerordentlich entzückt, und hätte es Tannhäuser gesehen, so könnte ich mir vollends genug erklären, wie es kam, daß er sich von Venus zu Maria wandte, ohne dabei zu sehr von Frömmigkeit hingerissen zu sein«. Und dann folgt ein entscheidender Satz: »Jedenfalls steht nun die Heilige Elisabeth bei mir fest« (an Kietz, 10. 9. 1842).

Erst im April des folgenden Jahres, nach der Uraufführung des *Rienzi* und des *Fliegenden Holländer* und seiner Anstellung als Königlich Sächsischer Hofkapellmeister fand er die Zeit, die Dichtung des Textbuchs abzuschließen. In den Sommerferien, wieder in Teplitz, begann er am 20. Juli mit der Kompositionsskizze des 1. Aktes, kam aber nicht richtig vorwärts. Ihm fehlten zur Arbeit Ruhe und Behagen. Wegen seiner strapaziösen beruflichen Verpflichtungen fand er erst wieder in den Ferien des Jahres 1844 die Zeit zum Komponieren. In Loschwitz begann er im September mit der Orchesterskizze des 2. Aktes, die er am 15. Oktober abschließen konnte. Nach Dresden zurückgekehrt, stellte er die Orchesterskizze des 3. Aktes am 29. Dezember fertig. Die Instrumentierung nahm er gleich in den nächsten Monaten vor, so daß die Partitur am 13. April 1845 vorlag. Erst nach Beendigung der Komposition änderte er den Titel in *Tannhäuser und der Sängerkrieg auf Wartburg,* da über den ursprünglichen »Venusberg« in Dresden schon Witze gerissen wurden.

»Es war eine verzehrend üppige Erregtheit«, schreibt er in seiner *Mitteilung,* »die mir Blut und Nerven in fiebernder Wallung erhielt«. Er war überzeugt, daß einen solchen Stoff nur ein Musiker behandeln konnte. »Diese Arbeit muß gut sein, oder ich kann nie etwas Gutes leisten. Es war mir ein wahrer Zauber damit angetan; sowie und wo ich nur meinen Stoff berührte, erbebte ich in Wärme und Glut: bei den größten Unterbrechungen, die mich von meiner Arbeit trennten, war ich stets mit einem Atemzug so ganz wieder in dem eigentümlichen Dufte, der mich bei der allerersten Konzeption berauschte.« So schreibt er an Karl Gaillard, dem er die gedruckte Partitur übersendet (5. 6. 1845).

Neu gegenüber seinen Vorbildern ist bei Wagner vor allem die zentrale Gestalt der Elisabeth, der Antipodin zur Venus. Die Erwähnung ihres Namens durch Wolfram im 1. Akt bewegt Tannhäuser, wieder in den Kreis der Sänger auf die Wartburg zurückzukehren.

Hoftheater Dresden,
19. Oktober 1845
Figurine des Tannhäusers von
Ferdinand Heine. Auch für die
Pariser Erstaufführung im Jahr
1861 diente diese Figurine als
Vorlage.

Sie schützt ihn im 2. Akt nach seinem Lobpreis der Liebe als Venusliebe vor dem Zorn der Wartburggesellschaft; ihr Mitleid und ihr Opfertod bringen Tannhäuser, der in Rom keine Gnade gefunden hat und wieder in den Venusberg zurückstrebt, die Erlösung. Wiederum ergibt sich eine tragische Dreier-Konstellation: zwischen dem unglücklich liebenden Wolfram, Elisabeth und Tannhäuser. Den Mittelpunkt des 2. Aktes, den Sängerwettstreit, gestaltet Wagner ganz als Musikdramatiker. Die Musik selbst wird Thema der Oper. Die Aufgabe für die Sänger ist nicht mehr das Fürstenlob, sondern die Ergründung des Wesens der Liebe. Die Anlage dieser Szene ist eine eigene Schöpfung des Dichterkomponisten, in der er seine Ideen vom musikalischen Drama zur Anschauung bringen kann. Dazu äußerte er sich selbst: »Offenbar mußte und konnte hier, zumal um die Katastrophe durch diese Szene herbeizuführen, nur die dichterische Absicht vorherrschen; die Sänger durch Gesangskünste, Verzierungen und Kadenzen sich überbieten zu lassen, hätte die Aufgabe eines Konzertstreites, nicht aber eines dramatischen Gedanken- und Empfindungskampfes sein können; wiederum aber konnte dieser Dichterstreit, in welchem sich das ganze volle Wesen der beteiligten Menschen einsetzt, in seiner dramatischen Wirkung ohne jene höchste und mannigfaltigste Kraft musikalischen Ausdrucks, wie ich sie meine, nicht verwirklicht werden ... Meine Richtung habe ich eingeschlagen als Musiker, der, von der Überzeugung des unerschöpflichen Reichtums der Musik ausgehend, das höchste Kunstwerk, nämlich: das Drama will. Ich sage will, um mein Streben zugleich anzudeuten; ob ich es kann, das vermag ich allerdings nicht zu beurteilen.« (an v. Biedenfeld, 17. 1. 1849).

Wenn versucht wird, die Problematik Tannhäusers zu charakterisieren, fallen immer wieder die Schlagworte von himmlischer und irdischer Liebe, von der Antinomie von Askese und Eros. Wagner selbst sieht das differenzierter. In seiner *Mitteilung an meine Freunde* identifiziert er Tannhäusers Schicksal zunächst mit seiner eigenen Biographie. Es sind zwar nur unklare Andeutungen, die die Wagner-Biographen entweder übergangen oder nicht entziffert haben, dennoch sind sie, bezogen auf Tannhäuser, eine wichtige Erklärung seines Charakters. Tannhäuser-Wagner ist angewidert nicht von der Sinnlichkeit an sich, sondern von der modernen, frivolen und trivialen Sinnlichkeit und sehnt sich nach dem Reinen, Keuschen, Jungfräulichen »als dem Elemente der Befriedigung für ein edleres, im Grunde dennoch aber sinnli-

Hoftheater Dresden, 1847
Schlußszene, aus der »Leipziger Illustrierten Zeitung«, 1855, wohl nach der Dresdner Inszenierung von 1847 mit dem neuen Schluß. Tannhäuser sinkt an der Leiche Elisabeths nieder.

ches Verlangen«, das die Gegenwart nicht befriedigen konnte. Auf der »Höhe des Reinen, Keuschen« fühlte er sich in einem »klaren, heiligen Ätherelemente« in verzückter, seliger Einsamkeit. Aber gerade auf dieser Höhe sehnt er sich nach der Tiefe, »aus dem sonnigen Glanze der keuschesten Reine nach dem trauten Schatten der menschlichsten Liebesumarmung«. Von dieser Höhe gewahrt sein Blick »das Weib: ... das Weib, das den Tannhäuser aus den Wollusthöhlen des Venusberges als Himmelsstern den Weg nach oben wies«. An anderer Stelle in der gleichen Schrift wiederholt er den Gedankenzusammenhang und kommt zu dem Schluß, daß diese Liebessehnsucht nichts anderes ist als das Verlangen »nach dem Ersterben in einem Element unendlicher, irdisch unvorhandener Liebe, wie es nur mit dem Tode erreichbar« scheint, gleichzeitig aber auch das Verlangen nach der »aus dem Boden der vollsten Sinnlichkeit entkeimten Liebe«.

Ein innerer Zusammenhang der Werke vom *Fliegenden Holländer* bis zu *Tristan und Isolde* wird hier spürbar. Jedenfalls wehrt er sich entschieden gegen die »in moderner Lüderlichkeit geistreich gewordenen Kritiker«, die seinem *Tannhäuser* eine »spezifisch christliche, impotent verhimmelnde Tendenz« an-

Hoftheater Hannover, 21. Januar 1855
Die Sängerhalle des 2. Aktes für die Erstaufführung in Hannover. Der Entwurf stammte von Carl Wilhelm Doepler, und die vorliegende Zeichnung wurde wohl für das Fundusinventar angefertigt. Sichtlich beeinflußt von der Skizze in Wagners Szenarium. Gotischer Saal in Schrägansicht.

dichten wollen. Denn es geht Wagner nicht um Glaubensfragen, sondern um eine menschliche Situation. Der *Mensch* Tannhäuser interessierte ihn. Er ist in den Armen der Venus, nach ihrer Meinung, ein »Gott«; früher hatte er gelitten, jetzt kennt er nur Freude. Tannhäuser aber erwidert, er sei kein Gott, der stets ohne Schmerzen zu fühlen genießen kann, sondern ein Mensch, der dem Wechsel untertan ist. Er sei kein Gott, sondern ihr Sklave, und deshalb sehnt er sich nach »Freiheit«, nach »Schmerzen«, ja nach dem »Tod«, kurz: er will wieder *Mensch* werden mit Freuden *und* Schmerzen. Diese Sehnsucht, Mensch zu sein, führt ihn zum Weibe, Elisabeth, die nun mit ihm leidet. Aus Mitgefühl mit ihr, um ihr »die Tränen zu versüßen«, legt er sich die Buße der Pilgerfahrt nach Rom auf, nicht um seines eigenen Heiles willen wie die anderen Pilger, sondern um ihretwillen sucht er sein Heil. Da seine Zerknirschung so groß ist, mußte auch sein Ekel so groß sein, als ihm, vermeintlich am Ziel seines Heilsweges, »Lüge und Herzlosigkeit« entgegengebracht werden. Mit ihm wird auch ihr das Heil verweigert. Daher sein Grimm gegen eine Welt, die ihm »wegen der höchsten Aufrichtigkeit seiner Empfindungen das Recht des Daseins abspricht«. Er sehnt sich zurück in den Venusberg nicht aus Freude oder Lust, sondern aus Haß gegen eine Welt, die er nur noch verhöhnen kann, weil er Elisabeth, seinem »Engel«, die Tränen nicht versüßen konnte. Einzig Elisabeth vermag in ihrer Liebe das, was »die ganze sittliche Welt nicht vermochte«, denn sie schließt, der Welt zum Trotz, den Geliebten in ihr Gebet mit ein. Und deswegen kann sie Tannhäuser, gegen die Welt und die kirchliche Institution, die Erlösung bringen *(Über die Aufführung des »Tannhäuser«).*

Die Handlung, äußerlich einfach und übersichtlich, wird im *Tannhäuser* stärker als in den früheren Werken aus ihren inneren Motiven heraus entwickelt. Im Konflikt um das Wesen der Liebe im 2. Akt treibt »keine andere Macht, als die der verborgensten inneren Seelenstimmung« zur Entscheidung (an Hector Berlioz, Februar 1860). Im wesentlichen hat Wagner seine selbstgestellten Maximen für eine Reform der Oper in seinem *Tannhäuser* erfüllt: die Forderung nach Stimmigkeit der Handlung und der ihr innewohnenden Dramatik, die sich aus der Situation oder der psychischen Disposition der Figuren heraus zu entwickeln hat und nicht gewollt oder aufgesetzt sein darf. Unmotivierte Szenen oder Einschübe allein um einer Effektwirkung willen sind zu vermeiden. Ein geistiger Anspruch soll erkennbar sein. Die Musik soll auf Charakterisierung und nicht auf Illustrierung oder bloße Wirkung bedacht sein. Und nicht zuletzt ist die nationale Komponente für ihn wichtig. Wagner will der italienischen und französischen Oper eine eigenständige deutsche entgegensetzen und so das Vermächtnis Carl Maria von Webers weiterführen. Deshalb vertont er jetzt nur Stoffe aus der deutschen Literatur. Seine vielzitierte Äußerung an Karl Gaillard: »Tannhäuser wie er leibt und lebt; ein Deutscher von Kopf bis zur Zehe« kann zunächst einmal so verstanden werden, daß die Herkunft der Volksdichtung und die Figur des Tannhäuser deutsch sind. Die Darstellung von Gestalten aus der nationalen Vergangenheit als Leitbilder für die Gegenwart und die Formung eines Nationalbewußtseins war allgemeine Forderung an die Künstler, gerade in diesen Jahren. Wagners Lösung des Tannhäuser-Konflikts zugunsten des Prinzips »Elisabeth« war für ihn mehr als nur eine Distanzierung vom jungdeutschen Ideal der freien Liebe; er glaubte damit ein spezifisch deutsches Thema behandelt zu haben und konnte sich auf wichtige literarische Beispiele von Goethes *Faust* bis zu den Dichtungen der Romantik berufen. Der Konflikt zwischen Sinnlichkeit und Metaphysik erschien ihm als ein Grundzug dessen, was man als Nationalcharakter oder Nationalbewußtsein zu bezeichnen gewohnt ist.

Tannhäuser ist auch ein Beispiel dafür, wie sicher Wagner inzwischen mit den Mitteln der Großen Oper umgehen und sie seinen eigenen Forderungen dienstbar machen konnte. Der Venusberg ist zwar ein zauberischer Bühneneffekt, aber er ist in der Dramaturgie begründet. Der Einzug der Gäste in die Sängerhalle ist eine große Opernnummer, und die Dekoration der Wartburghalle wird bei Despléchin, dem Ausstatter der Großen Oper, in Paris bestellt, aber beide Elemente sind wiederum eingebunden in den gesamt-dramaturgischen Zusammenhang. Lange hat es kein Sängerfest mehr gegeben; der Andrang ist deshalb besonders groß, und die Halle, die leerstand, wird freudig wiederbegrüßt.

Noch nicht durchgehend gelungen ist der Versuch, den Dialog nicht als herkömmliche Opernmelodie, sondern die »im Sprachvers ausgedrückte Empfindung« zu einem gesteigerten musikalischen Ausdruck zu bringen, und Wagner weiß das *(Mitteilung)*. In Tannhäusers Romerzählung im 3. Akt wird eine bis dahin völlig neue Kongruenz von Wort und Ton erreicht. Viele Wagnerforscher halten die Romerzählung für den eigentlichen Beginn des Musikdramas.

Im September 1845 begannen die ungemein schwierigen Proben. Josef Tichatschek mit seiner herrlichen Tenorstimme war zwar ein musikalischer Sänger, aber überhaupt kein Darsteller. Er konnte die Anforderung dieser Rolle nicht im mindesten erfüllen. Mitleid mit dem Außenseiter-Schicksal Tannhäusers, mit dem nach Wagner die Wirkung dieses Werkes stand und fiel, vermochte der »freudig aufschmetternde« Sänger beim Publikum nicht zu erwecken. Selbst Wilhelmine Schröder-Devrient, inzwischen etwas matronenhaft geworden, war schon deswegen keine ideale Venus und konnte mit ihrer Rolle zunächst überhaupt nichts anfangen. Wagners Nichte Johanna, die Tochter seines Bruders Albert, vermochte als Elisabeth zwar auf ihre schöne Sopranstimme und ihre kindlich wirkende Jugendlichkeit zu setzen (sie war damals gerade 19 Jahre alt), die ihr sofort die Sympathie des Dresdner Publikums gewannen, aber es war Wagner von Anfang an klar, daß sie den psychischen Dimensionen dieser anspruchsvollen Rolle, besonders im Gebet und in ihrem Sterben im 3. Akt, nicht gewachsen sein konnte. Der junge Bariton Anton Mitterwurzer war der einzige, der Wagners Intentionen verstand und sie in seine Rollengestaltung umsetzte. Der Gerechtigkeit halber muß angemerkt werden, daß Wagner als sein eigener Regisseur zwar Begeisterungsfähigkeit besaß, aber noch nicht die praktische Erfahrung, seinen neuen Stil auch zur Erscheinung zu bringen.

Da Herr von Lüttichau an einen Erfolg wie *Rienzi* glaubte (schließlich hatte das Werk szenisch mehr zu bieten als der karge *Fliegende Holländer*), hatte er eine neue Ausstattung in Auftrag gegeben. Den Presseberichten zufolge müssen äußerer Aufwand und Kosten ungewöhnlich hoch gewesen sein. Ferdinand Heine entwarf die Kostüme im mittelalterlichen Stil, ganz im Einvernehmen mit Wagner. Die Dekorationen wurden, wie schon erwähnt, von Despléchin entworfen und auch in Paris angefertigt. Während das Wartburgtal vorzüglich geriet, hatte Wagner mit dem Venusberg seine liebe Not. Der Maler hatte seine Vorschrift, in dieser Dekoration das Grauenhafte mit dem Verlockenden in Einklang zu bringen, auf seine Weise erfüllt, indem er in der wilden Berghöhle Statuen und Bosketts à la Versailles anbrachte. Alles mußte übermalt werden. Die größte Sorge bereitete Wagner die Dekoration der Sängerhalle. Lüttichau meinte zunächst, dazu würde die Halle aus der Oper *Oberon* genügen, ein romanischer Kaisersaal, der vor kurzem erst gekauft worden war. Es kostete Wagner größte Mühe, seinen Chef davon zu

Théâtre Impérial de l'Opéra
Paris, 13. März 1861
Kostümfigurine eines
Chorherrn. Man war ersichtlich
bemüht, die Kostüme in Stil und
Farbe mittelalterlicher
Miniaturen zu gestalten.

Théâtre Impérial de l'Opéra
Paris, 13. März 1861
Szenenillustration des 2. Aktes,
der Höhepunkt des Sänger-
wettstreits. Die Sängerhalle
entworfen von
Edouard-Désiré-Joseph
Despléchin, in Schrägansicht,
wie in Wagners Szenarium
vorgeschrieben. Auch für die
Neuinszenierung in München
1867 bestand Wagner darauf,
den Saal nach Despléchins
Entwurf zu kopieren; der König
konnte sich mit seinem Wunsch
nach einem romanischen Saal
nicht durchsetzen. Gerade diese
Dekoration gefiel dann den
Münchnern sehr.

Hoftheater München, 1. August 1867
Szenenillustration des Bacchanals von Michael Echter, nach der Münchner Inszenierung von 1867. Nach diesem Muster wurde bis zum Ende des 19. Jahrhunderts das Bacchanal inszeniert. Eine in verschiedene Stalaktitengänge sich verlierende, blau und rosa ausgeleuchtete Grotte, mit rosenfarbenen Blumengirlanden geschmückt. Links das muschelförmige Lager der Venus, in der Mitte der Zug der Bacchanten. Die Amoretten, die »wie eine Schar Vögel« aufgeflattert sind, schießen von der Höhe herab »einen unaufhörlichen Hagel von Pfeilen auf das Getümmel in der Tiefe« (Richard Wagner). Sie wurden wahrscheinlich von Kindern dargestellt, die man an Seilen hochziehen konnte.
Choreographie: Lucile Grahn

überzeugen, daß er ein eigentümliches Bild nach seinen Vorstellungen brauchte. Schließlich wurde die neue Halle genehmigt und bestellt, aber die fertige Dekoration traf nicht ein. Verzweifelt rannte Wagner tagtäglich zum Bahnhof und durchstöberte Ballen und Kisten, die Sängerhalle aber war nicht dabei. Schließlich mußte bei der Premiere doch die *Oberon*-Halle verwendet werden, und das Dresdner Publikum, begierig auf neue szenische Wunder, war natürlich enttäuscht, als der Vorhang vor dieser altbekannten Dekoration hochging.

Von der gespannten Atmosphäre in der Stadt am Vorabend der Uraufführung zeugt ein Brief der Schröder-Devrient, in dem sie berichtet, alle Billetts seien schon vergeben für den Theaterraum, »in welchem sich die Parteien für Vergangenheit und Zukunft versammeln wollen zu dem großen Kampf, in welchem womöglich die Asche Glucks, Mozarts etc. in alle vier Winde geblasen werden soll«. Die Uraufführung fand am 19. Oktober 1845 statt, unter der musikalischen Leitung des Komponisten. Trotz erhöhter Eintrittspreise war das Haus voll bis unters Dach.

Die Venusberg-Szene ging völlig daneben, was Wagner weniger der Schröder-Devrient als selbstkritisch seiner eigenen skizzenhaften und unbeholfenen Ausführung ihrer Rolle anlastete. Im 2. Akt ging Tichatschek gegen die anderen Sänger vollständig unter; was schlimmer wog: es gelang ihm nicht, die extreme, äußerst entscheidende Stelle »Erbarm dich mein« so zu bringen, daß er das Mitgefühl des Publikums erwecken konnte, weshalb ihm Wagner für die späteren Aufführungen diese Stelle schweren Herzens streichen mußte. Am meisten bekümmerte Wagner, daß die Schlüsselszene des Sängerkriegs im 2. Akt zu einem Arien-Konzert mißriet. Den Schluß konnte das Publikum nicht verstehen. Das Wiedererscheinen der Venus war lediglich als visionärer Wahnsinn Tannhäusers aufgefaßt und durch ein rötliches Schimmern des Hörselberges angedeutet; auch der Tod Elisabeths wurde nur von Wolfram berichtet, während die Wartburg mit Fackeln erleuchtet war. Als der Vorhang fiel, hatte Wagner »weniger aus der Haltung des immerhin sich freundlich und beifällig bezeigenden Publikums« als aus seiner »eigenen inneren Erfahrung die Überzeugung des durch Unreife und Ungeeignetheit der Darstellungsmittel herbeigeführten Mißglückens dieser Aufführung« gewonnen. Es lag ihm »wie Blei in den Gliedern«. Noch in der Nacht überlegte er sich Änderungen, Striche und Verbesserungen für die zweite Vorstellung.

Wegen Heiserkeit Tichatscheks mußte diese Aufführung um acht Tage verschoben werden. Aber der Mißerfolg in der Presse war nicht so eindeutig, wie ihn Wagner darstellte. Es war wie immer: Die Anhänger seiner neuen Richtung waren mit Begeisterung für ihn, die Konservativen gegen ihn; nur waren die letzteren zahlreicher und oft über die Maßen gehässig. Das Werk wurde als langweilig und allzu lasziv beschrieben, bar jeder Melodie, gräßlich, ein dramatisches Wischiwaschi, Tann- und Tollhäuser, Kaffeemühlen- und Teekannenmusik. Das Lied an den Abendstern war eine Katzenserenade, und Wagner wird Walther von der Pfingstweide tituliert. Die umfangreichste und intelligenteste Besprechung schrieb (allerdings erst ein halbes Jahr später) Eduard Hanslick, der spätere erbittertste Kritiker-Gegner Wagners. Tichatschek wollte jetzt überhaupt nicht mehr singen, und Lüttichau überlegte schon, ob er die noch ausstehende Pariser Dekoration nicht abbestellen sollte. Die zweite Vorstellung war zwar nur schwach besucht, aber das Publikum zeigte mehr Verständnis. Bei der dritten Vorstellung war das Haus vollbesetzt, Sänger und Komponist wurden nach jedem Akt stürmisch gerufen, bei den Worten Wolframs »Heinrich, du bist erlöst« erscholl ein wahrer Jubel. Auch die vierte Vorstellung war ein Erfolg. Am 25. Januar 1846 fand die achte und vorläufig letzte Aufführung statt.

Es bestand kaum Aussicht, daß eine andere Bühne das Werk nachspielen würde. Es galt als zu aufwendig und zu teuer, und ein Erfolg war auch fraglich. Aber Wagner war auf auswärtige Aufführungen angewiesen, wollte er sich nicht mit dem Ruhm einer Dresdner Lokalgröße zufriedengeben, ein weiterer Kapellmeister, der eben ab und zu auch einmal eine Oper schreibt. Es gab deren genug. Außerdem brauchte er das Geld. Er hatte seine Partitur im Selbstverlag drucken lassen und sich finanziell übernommen. Im Dezember reiste er nach Berlin, um mit dem Intendanten Karl Theodor von Küstner zu verhandeln. Küstner hielt das Werk für zu episch. Um den König für eine Aufführung zu interessieren, bat Wagner um die Erlaubnis, ihm seinen *Tannhäuser* dedizieren zu dürfen. Graf Redern antwortete ihm, der König nehme nur Werke an, die ihm bekannt seien, Wagner möge doch einige Stücke daraus für Militärmusik arrangieren lassen. Obwohl Wagner sogar auf diese ihn demütigende und in seine Stellung verweisende Bedingung einging, konnte sein Wunsch Allerhöchsten Orts nicht berücksichtigt werden.

Schon bei der Uraufführung hatte Baron von Lüttichau den »tragischen Ausgang der Oper« kritisiert und den uneinsichtigen Komponisten darauf aufmerksam gemacht, daß Carl Maria von Weber seine Opern immer »befriedigend« habe enden lassen. Wagner konnte zwar den tragischen Schluß nicht ändern, aber das Wiedererscheinen der Venus und der Tod der Elisabeth mußten für das Publikum verständlicher gestaltet werden. Am 1. August 1847 wurde *Tannhäuser* erstmals mit dem neuen Schluß aufgeführt: Bei der Anrufung der Venus erscheint sie mit ihrem tanzenden Gefolge im rötlich schimmernden Hörselberg, Elisabeth wird von den Rittern auf einer Bahre den Weg von der Wartburg ins Tal getragen, und Tannhäuser sinkt an ihrer Leiche nieder. Mit diesem Schluß gilt das Werk bis heute als die sogenannte Dresdner Fassung, im Gegensatz zur Pariser Fassung, die erst für die dortige Aufführung (1861) entstand. Keines seiner Werke hat Wagner so oft umgearbeitet, so oft geändert, wie den *Tannhäuser*. Und selbst am Ende seines Lebens bekannte er Cosima, daß er der Welt noch den *Tannhäuser* schuldig sei. Das ist einerseits so zu verstehen, daß er in Bayreuth endlich eine Musteraufführung dieses Werkes inszenieren wollte, andererseits aber auch als sein Wunsch, für diese Aufführung wieder an der Partitur oder am Textbuch zu ändern. Als dramatischen Wurf fand er das Werk zwar geglückt, an der musikalischen Ausführung im Detail aber hat er bei jeder Neuinszenierung, an der er beteiligt war, Änderungen vorgenommen.

Basil Crage, Figurine einer Sirene für das Bacchanal, vor 1896
Dieser vom Theateratelier Baruch in Berlin angebotene Entwurf wurde unter anderem in London 1896 ausgeführt. Crage, der auch Revuen ausstattete, hatte sich von der Mode der Zeit inspirieren lassen. Die Tänzerinnen im Bacchanal und die Blumenmädchen in *Parsifal* wurden damals sehr gerne modisch kostümiert (so die Blumenmädchen in London 1914).

Auch der neue Schluß fand nicht den Beifall aller; er wurde als zu direkt und effektvoll empfunden. Man hielt die alte Lösung für besser, von der geschrieben wurde: Das Ganze verlischt mehr, als daß es endet. Diese einleuchtenden Argumente sind ein Beispiel dafür, daß die Diskussion um die neuen Ideen Richard Wagners nicht nur von der Presse, sondern zu einem gewichtigen Teil auch von einem interessierten Publikum getragen wurde, das sich mit jedem neuen Werk des jungen Komponisten ernsthaft auseinandersetzte. Wagner hatte Anhänger gefunden, die sich allerdings noch nicht »Wagnerianer« nannten, und er konnte mit berechtigtem Stolz in seiner Autobiographie schreiben, daß in seine Vorstellungen Leute gingen, »welche für gewöhnlich das Theater garnicht, am allerwenigsten aber die Oper besuchten«.

Die erste Bühne außerhalb Dresdens, die den Mut hatte, *Tannhäuser* nachzuspielen, war Weimar. Franz Liszt hatte das Werk einstudiert und auch die musikalische Leitung übernommen. Die Premiere fand am 16. Februar 1849 statt. Obwohl Weimar, eine der kleineren Hofbühnen, sich keinen Ausstattungsprunk leisten konnte und alle Dekorationen mit Ausnahme des neuen Venusbergs aus dem Fundus stammten, war der Erfolg beim Publikum ungeheuer. Auf den Straßen pfiff man Melodien aus dem *Tannhäuser*. Liszt hatte der Oper zum entscheidenden Durchbruch verholfen. Wagner war erst am 13. Mai bei einer Wiederaufnahme-Probe anwesend, nicht mehr als Sächsischer Hofkapellmeister, sondern als politischer Flüchtling. In der Leistung Franz Liszts erkannte er so etwas wie sein zweites Ich. Dieses Erlebnis vertiefte die schon bestehende Bekanntschaft der beiden zu einer lebenslangen Freundschaft.

Das überregionale Interesse, das die Weimarer Aufführung, getragen von der Autorität Franz Liszts, gefunden hatte, machte den *Tannhäuser* mit einem Male auch für andere Bühnen attraktiv. Schwerin führte das Werk am 26. Januar 1852 auf, es folgten Breslau am 6. Oktober des gleichen Jahres und Wiesbaden am 13. November. Besonders die Wiesbadener Inszenierung, von Wagners Jugendfreund Louis Schindelmeißer einstudiert, erregte Aufsehen. Der Münchner Intendant Dingelstedt schickte einen Beobachter.

Am 31. Januar 1853 wurde in Wagners Geburtsstadt Leipzig mit dem *Tannhäuser* erstmals eines seiner Werke aufgeführt, aber die Leipziger hielten anscheinend nicht viel von dem Sohn ihrer Stadt, sie blieben schon in der zweiten Vorstellung aus. Ludwig Spohr in Kassel, einer der wenigen zeitgenössischen Komponisten, der schon sehr früh Wagners Bedeutung erkannt hatte, obwohl er selbst einer völlig anderen Stilrichtung verpflichtet war, führte nach dem *Fliegenden Holländer* auch den *Tannhäuser* am Kasseler Hoftheater auf. Die Premiere fand am 15. Mai 1853 unter der musikalischen Leitung Spohrs statt. Posen folgte am 22. Mai, und Hannover, wo erstmals Albert Niemann die Titelrolle sang, am 21. Januar 1855. In Karlsruhe inszenierte Eduard Devrient den *Tannhäuser*, die Premiere war am 28. Januar 1855. Seit 1859 sang Ludwig Schnorr von Carolsfeld die Titelpartie. Wagner besuchte im März 1862 eine Vorstellung und war verblüfft über den Einfall des Regisseurs, der die Damen und Herren des Chores, nachdem sie sich im 2. Akt rechts und links an den Wänden der Sängerhalle aufgestellt hatten, durch »Ausführung eines regelmäßigen ›chassé-croisé‹ des Contretanzes ihre Gegenüberstellungen« wechseln ließ (*Mein Leben*).

Wagner war sehr darum besorgt, daß sein *Tannhäuser* auch auf den mittleren Bühnen nicht im herkömmlichen Opernstil, sondern in der von ihm intendierten Form eines musikalischen Dramas aufgeführt wurde. Er verfaßte deshalb, da eine individuelle Mitarbeit seine Kräfte überfordert hätte, 1852 seine Schrift *Über die Aufführung des »Tannhäuser«. Eine Mitteilung an die Dirigenten und Darsteller dieser Oper*. Sie ist einerseits Anleitung für die Theaterpraxis und andererseits der Entwurf einer szenischen Idealvorstellung. Wagner verlangt zunächst eine neue, engere Relation von Musik und Szene. Das Neue in Dichtung und Komposition muß auch in einer neuen Art und Weise dargestellt werden. Die bisherige Trennung der Kompetenzen, die dem Kapellmeister einzig den musikalischen Bereich zusprach und dem Regisseur lediglich den szenischen, muß aufgehoben werden, eine intensive Zusammenarbeit der beiden sei notwendig. Denn die Wirkungsmöglichkeit seines Theaters beruhe einzig in jenem genauen Zusammenhang zwischen Szene und Musik. Der Regisseur solle deswegen auch mit den Hauptsängern proben, nicht nur der Dirigent. Das Argument, von einem Sänger erwarte man nur, daß er schön singe, schauspielern könne er ja doch nicht, hat für Wagner keine Geltung. Mit dieser Einstellung verfehle man den Sinn des *Tannhäuser* völlig. Er will den Sänger als »den mitfühlenden, mitwissenden, endlich aus seiner eigenen Überzeugung mitschaffenden Teilnehmer der Aufführung« (also das, was wir heute mit dem Begriff Sänger-Darsteller umreißen). Wichtig ist der dramatisch richtige Ausdruck und nicht der pure Schöngesang. In seinem *Tannhäuser* sei kein Unterschied zwischen so-

Bayreuther Festspiele 1891
Cosima Wagner hatte vergeblich versucht, Arnold Böcklin als Dekorationsmaler für Bayreuth zu gewinnen. Besonders seine Landschaftsgemälde entsprachen ganz ihren naturmystischen Vorstellungen. Für das Bayreuther Bacchanal hatte Max Brückner Dekorationen entworfen, die sich am Stil Böcklins orientierten. Dargestellt ist hier das lebende Bild »Leda mit dem Schwan«. Links vorne auf dem Lager Venus und Tannhäuser.
Regie: Cosima Wagner,
Dirigent: Felix Mottl

genannten deklamierten und gesungenen Phrasen, bei ihm ist »Deklamation zugleich Gesang und Gesang Deklamation«. Die übliche Unterscheidung zwischen Rezitativ und Gesang gibt es bei ihm nicht.

Die Wirkung des *Tannhäuser* hängt einzig davon ab, ob der Sänger der Titelpartie das elfmal wiederholte »Erbarm dich mein« im 2. Akt so erschütternd bringt, daß das Publikum zum tiefsten Mitleiden mit dem Schicksal Tannhäusers gestimmt wird. In dieser Stelle sei »der Nerv der ganzen ferneren Tannhäuser-Existenz« enthalten. Sie ist die Achse des ganzen Dramas. Wie ein »Schrei nach Erlösung« muß sie klingen, sie erfordert einen »durchdringenden Akzent«, denn sonst muß man Tannhäuser für einen jämmerlichen, schwankenden Schwächling halten. Daß Wagner gerade diese Stelle in Dresden streichen mußte, ändert nichts an ihrer Bedeutung, es lag einzig an der völligen Unfähigkeit des Hauptdarstellers, der »mit gutmütigem Schafsgesicht unverändert in die Lampen hereinblickte und dazu (mit welch zärtlicher Stimme) den achten Part eines Vokaloktetts sang«. Die erste Szene im Venusberg ist keines der üblichen Ballette, mehr eine Pantomime, »ein verführerisches wildes und hinreißendes Chaos von Gruppierungen und Bewegungen, vom weichsten Behagen, Schmachten und Sehnen, bis zum trunkensten Ungestüm jauchzender Ausgelassenheit«. Das rosige Gewölk in der Grotte sollte durch duftig gemalte Schleier angedeutet werden, die beim Szenenwechsel plötzlich hochzuziehen sind. Auf keinen Fall möchte er ein umständliches und lautes Kulissengeschiebe. Der Wechsel des Bühnenbildes vom Venusberg zur Frühlingslandschaft muß mit einem Schlag vor sich gehen, denn gerade darin liegt die Überraschung und die stimmungsvolle Wirkung der Szene. Großes Geschick vom Regisseur verlangt der Einzug der Gäste. Auf keinen Fall soll er in der üblichen »Marschmanier« stattfinden, in der Art, »daß ein Chor- und Statistenpersonal paarweise aufmarschiert,

Teatro alla Scala Mailand, 29. Dezember 1891
Giulio Ricordi ließ sich große handkolorierte Fotos der Bayreuther Dekorationen von 1891 schicken. Die Sängerhalle hat Zuccarelli als eine Kopie des Bayreuther Bildes ausgeführt.

den beliebten Schlangenumzug auf der Bühne hält, dann aber in zwei militärisch geordneten Reihen, in Erwartung der weiteren Operndinge, sich den Kulissen entlang aufstellt«. Beim Einzug und der Begrüßung der Gäste soll vielmehr »das wirkliche Leben in seinen freiesten und edelsten Formen nachgeahmt« werden; es sollen sich ganz natürlich und zwanglos Gruppen bilden, ältere und jüngere Fürsten, Ritter und Damen, unterschieden nach sozialem Rang und dem Grad ihrer gegenseitigen Bekanntschaft. Auch im Kostüm müßten diese Unterschiede deutlich werden. Dem gleichen Zweck einer möglichst stilreinen Aufführung diente auch die *Scenirung der Oper Tannhäuser* und die *Kostümbeschreibung*, handschriftliche Kopien nach der Dresdner Uraufführung, die für den Dekorationsmaler und den Kostümbildner verbindlich sein sollten. Sie geben ein anschauliches Bild von Wagners Regie-Intentionen. Wahrhaftigkeit und Dramatik in der Darstellung waren gefordert, alle leere und effektheischende Operngestik sollte verbannt bleiben. Das Ideal war, ein Bild des *Lebens* neu zu erschaffen. Daß dabei Regievorschriften entstanden, die unser heutiges Empfinden als Unwahrscheinlichkeiten ansehen muß, darf uns nicht stören; Wagners Zeitgenossen sahen das anders, es muß bei ihnen eine andere Bereitwilligkeit, auf Theater-Illusion einzugehen, vorausgesetzt werden. Das Herannahen der Pilger im 1. Akt stellte man beispielsweise so dar, daß rechts oben aus der Ferne, also auf der Höhe des Hügelweges, eine Gruppe von 26 bis 28 Kindern, mit Bärten als ältere Pilger verkleidet, auftraten, in der fünften Kulisse wieder abzogen, während vorne aus der dritten Kulisse dann die echten Pilger hervorkamen. Auch im 3. Akt, wenn Elisabeth nach ihrem Gebet vom Tode gezeichnet zur Wartburg hinaufwankt, sollte sie auf der Spitze des Hügelweges durch ein kleines, gleich gekleidetes Mädchen ersetzt werden, um auf diese Weise eine größere perspektivische Wirkung zu erreichen.

Wagner liebte solche Realismen. Er bestand auch darauf, daß beim Jagdtroß mittelalterlich aufgezäumte Pferde mitgeführt wurden; vor dem Lied des Hirten sollte Herdengeläute ertönen, und nach dem Abzug der Pilger Kirchenglocken, bei Elisabeths Tod schrieb er das Läuten des Totenglöckleins auf der Wartburg vor. In großer zeremoniöser Anordnung entfaltete sich der Einzug der Gäste. Feldmarschälle traten auf, Trompeter, Pagen geleiteten die Gäste an ihre Plätze, die Begrüßung ging in verschiedenster Art von achtungsvoll bis herzlich und vertraulich vor sich. Nach Tannhäusers Venuslied drangen die Sänger und die Edlen mit gezückten Schwertern auf ihn ein, während sich Elisabeth dazwischenwarf. Götz Friedrich hat das in Bayreuth 1972 ebenso inszeniert und großen Widerspruch gefunden bei einem Teil des Publikums, das diese Gewalttätigkeit als werkfremd ablehnte. Im Gegensatz zum 1. Akt sollte das Wartburgtal im 3. Akt in herbstlich gedämpften Farben gehalten sein. Bei Wolframs Lied an den Abendstern flimmerten die Sterne, der Abendstern stand direkt über der Wartburg. Zum Schluß ging über dem Tal die Sonne auf.

Für die Kostüme galt durchweg ein »mittelalterlicher Stil«, nur Venus trug eine »griechische«, dreifach abgestufte Tunika. Ebenso

Botho Hoefer, Bühnenbildentwurf für den 1. und 3. Akt, Theateratelier Baruch, Berlin, um 1900
Der Entwurf ist charakteristisch für den Wagner-Stil des Baruchschen Ateliers. Die räumliche Anordnung noch ganz traditionell, die lichte Farbigkeit schon von der zeitgenössischen Kunst beeinflußt.

waren die Bacchanten in kurze weiße Tuniken gekleidet, über der Schulter trugen sie Tigerfelle, und zudem waren fleischfarbene Trikots, »goldgeschnürte« Sandalen, Tamburins und Thyrsusstäbe vorgeschrieben.

Der *Tannhäuser* war schon über vierzig Bühnen gegangen, als sich die großen Hoftheater von München, Berlin und Wien zu Aufführungen entschlossen. Der Münchner Intendant Franz von Dingelstedt trat in Korrespondenz mit Wagner und bat um die Aufführungsrechte für das Hoftheater, wobei er versprach, etwas »Mustergültiges« zustande zu bringen. Wagner hatte starke Bedenken gegen den Dirigenten Franz Lachner, einen komponierenden Kapellmeister, der mit seiner Oper *Catarina Cornaro* in München und Berlin großen Erfolg erzielen konnte. Dingelstedt verstand es, ihn zu beruhigen. Allerdings bestand Wagner darauf, daß sich Dirigent, Regisseur und Darsteller nach seinen gedruckten »Anweisungen« richteten. Schon während der Proben wetterte die Münchner Presse gegen den »Orpheus, der in Dresden Barrikaden gebaut hat«, gegen den »landsflüchtigen Verbrecher« und »Sträfling«. »Ins Zuchthaus zu Waldheim gehört er, nicht in das Münchner Opernhaus.« Das war zehn Jahre vor seiner Berufung nach München durch König Ludwig II. Die Ausstattung wurde nach dem Dresdner Muster von Simon und Angelo Quaglio und Heinrich Döll gefertigt. Franz Seitz entwarf die Kostüme. Regie führte der Sänger August Kindermann, der auch die Partie des Wolfram übernommen hatte. Das war nichts Ungewöhnliches. Die »Bacchanalien im Felsensalon der Frau Holda (Venus)« arrangierte Lucile Grahn. In seinem Einladungsschreiben an den König

Stadsschouwburg Amsterdam, 22. März 1913
Bühnenbild des 1. und 3. Aktes von Hermann Burghart, Wien. Typisches Beispiel einer Atelier-Dekoration. Die Anordnung traditionell: rechts der Bildstock und der Treppenweg zur Wartburg, in der Mitte freie Fläche für die Auftritte des Chores, auf dem Hintergrundprospekt die Wartburg, das Ganze von Bäumen eingerahmt. Die Kanten der Kulissen hart auf den Bühnenboden gesetzt, was die Illusion störte. Solche Fotos entstanden allerdings nicht mit Bühnenbeleuchtung, die viel weicher war und die Kontraste eher verschwimmen ließ.
Regie: Anton Fuchs, Dirigent: Henri Viotta

konnte Dingelstedt selbstbewußt behaupten, daß die Inszenierung »sowohl in musikalischer wie in dekorativer Beziehung Epoche machen wird« (8. 8. 1855). Der Andrang des Publikums war gewaltig, man mußte beträchtliche Überpreise bezahlen, wenn man überhaupt ein Billet ergattern wollte. Es war schließlich die erste Aufführung einer Wagner-Oper in München. Die Premiere ging am 12. August 1855 über die Bühne. Besonderen Beifall erregte die zauberisch beleuchtete Venusgrotte, ebenso fand die »Prachtdekoration« des 2. Aktes Anerkennung. »Nicht leicht sahen wir eine Szene glücklicher arrangirt als hier die Ankunft der Gäste: Ritter, Patricier, Rittersfrauen und dergleichen. Die herkömmliche Methode des puppenspielartigen Aufmarschierens war vermieden, die Leute kamen an wie es eben der Zufall zu geben schien, je nachdem sich ihre Rosse mehr oder weniger beeilt hatten, wurden vom Landgrafen bewillkommt, suchten sich Plätze aus, und bei der charakteristischen Wahrheit des Kostüms und Lokals sah man sich gleichsam in eine vor Jahrhunderten gewesene Wirklichkeit versetzt« (Augsburger Allgemeine). Auch die Kostüme wurden bewundert: Sie »lassen in malerischer Beziehung nichts zu wünschen übrig. Nicht nur die ritterlichen Jagd- und feierlichen Sängerkleider, sondern auch alles Zubehör: Gürtel, Hüte, Taschen usw. sind, jedes in seiner Zeichnung verschieden, dem Styl und Charakter der Zeit angepaßt« (ebenda). Schon nach der Ouvertüre gab es Beifall für Franz Lachner und das Orchester, nach dem 1. und 2. Akt wurden alle Künstler herausgerufen. Dingelstedt berichtet in seinem *Münchner Bilderbogen* von 1879: »Es war ein heißer Schlachtabend, ungefähr mit demselben Heiden- und Höllen-Lärm, der im Theater seit 15 Jahren überall an der Tagesunordnung ist, wo eine neue Offenbarung der Zukunftsmusik zur Welt kommt.« So umstritten auch die Musik immer noch war, Erfolg machte der *Tannhäuser* hier wie anderswo hauptsächlich wegen seiner Ausstattung. Das Ballett im Venusberg fand, auch wenn man das Sujet für nicht ganz anständig hielt, immer Beifall, und das Bild des festlichen Mittelalters im 2. Akt muß die stilistische Vorliebe des Publikums genau getroffen haben, denn von diesem Akt waren auch die Gegner begeistert.

Nachdem der neue Berliner Intendant Botho von Hülsen die Weimarer Aufführung gesehen hatte, ließ er bei Wagner wegen einer Aufführung in Berlin anfragen. Die Verhandlungen zogen sich in die Länge und wurden zweimal abgebrochen. Man konnte sich zwar wegen des Honorars einig werden, Wagner blieb aber hart mit seiner Forderung, einzig Franz Liszt, sein alter ego, dürfe die Gesamtleitung übernehmen, da ihm selbst die Reise nach Berlin ja verboten sei. Hülsen empfand dies als beleidigend für seinen eigenen Mitarbeiterstab und lehnte erneut ab. Ohne Begleitschreiben wurde dem Komponisten die Partitur zurückgeschickt. Wagners mißliche finanzielle Lage im Exil, wo er keine festen Einkünfte hatte, zwang ihn schließlich zur Einwilligung ohne Bedingungen. Die Erstaufführung konnte am 7. Januar 1856 statt-

Hoftheater Kassel, 1894
Bühnenbildentwurf für den 2. Akt – Saal auf der Wartburg – von Oertel. Der Entwurf hält sich exakt an das Bayreuther Vorbild von 1891.

Opernhaus Düsseldorf, 1928
Bühnenbildentwurf für den 2. Akt – Saal auf der Wartburg – von Harry Breuer. Weder in der Architektur noch in der Farbgebung wird das Mittelalter zitiert. Die traditionellen Bogen mit dem Ausblick werden aber beibehalten.

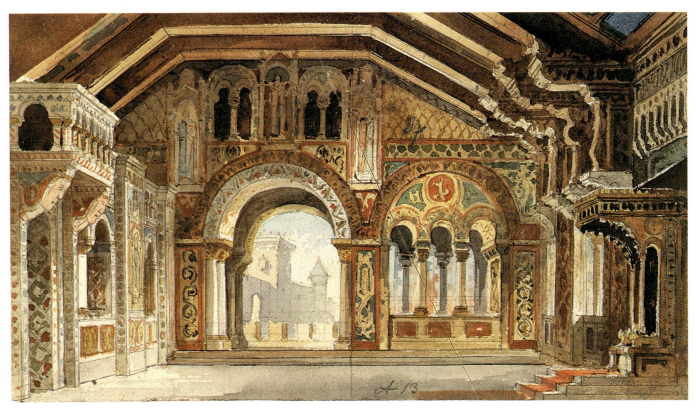

finden. Dirigent war Wagners ehemaliger Kollege aus Riga, Heinrich Dorn. Der Intendant von Hülsen führte selbst Regie. Nach Wagners Anweisungen verwendete auch er große Sorgfalt auf den Einzug der Gäste. »Ich sehe ihn mit blitzartiger Geschwindigkeit von einer Seite der Szene zur anderen eilen, um der Mehrzahl der Damen des Chors und Balletts die Tiefe der Verbeugungen zu zeigen, damit sie, dem damaligen Zeremoniell entsprechend, ihr Auftreten und Benehmen regeln lernten«, berichtet Helene von Hülsen von der Probenarbeit. Liszt wohnte, allerdings nur privat, den letzten Proben bei. Die neuen Bühnenbilder hatte Gropius entworfen, die Sängerhalle war auf den Wunsch des Königs eine »photographisch aufgenommene« Kopie des Sängersaales in der Wartburg. Die Burg wurde seit 1838 in einem Stil, den man als mittelalterlich exakt empfand, restauriert. Liszt behauptete, niemals etwas Prächtigeres gesehen zu haben. Johanna Wagner, inzwischen ein Star der Berliner Hofoper, sang die Partie der Elisabeth, die mit ihrem Namen verbunden blieb. Wiederum war der szenische Erfolg größer als der musikalische. Helene von Hülsens Memoiren geben die damals herrschende Meinung wieder: »Ich sehe den glänzenden Zug in den ... Saal der Wartburg treten, und die königliche Gestalt Johanna Wagners, den himmelblauen Kranz auf der edlen Stirn, vom weißen Mantel über dem gleichen Gewande umwallt, ihre Gäste empfangen und deren Huldigungen entgegen nehmen. Ja, es war ein Ereignis, diese erste Aufführung des ›Tannhäuser‹ zu Berlin, ein weittragendes Ereignis für Richard Wagner, den Intendanten und das Publikum, und Niemand, der sie miterlebt, wird dieses, – denke er über die Musik wie er wolle, – bestreiten können.«

In Wien hielt Wagner seinen Einzug auf einem Sommertheater, dem Thalia-Theater in Neulerchenfeld, einem großen Holzbau, der angeblich 3000 Personen faßte. Er war den Wienern kein Unbekannter mehr. Der Walzerkönig Johann Strauß hatte in seinen beliebten Konzerten immer auch die neuesten Wagnerschen Musikstücke gespielt. Wagner stellte an den Theaterdirektor Hoffmann hohe finanzielle Forderungen, da er sich den Weg auf die Hofbühne nicht durch eine kläglich Erstaufführung an einer Vorstadtbühne verbauen wollte. Ohne Zögern ging Hoffmann auf die verlangte Summe ein. Die erste Vorstellung konnte er am 28. August 1857 vor ausverkauftem Haus geben. Der Erfolg war so groß, daß acht weitere Vorstellungen folgten, und beinahe dreißig auf der Winterbühne der Josefstadt. Ein Beweis für die Popularität des *Tannhäuser* in Wien ist Johann Nestroys Parodie *Tannhäuser und die Keilerei auf Wartburg. Zukunftsposse mit vergangener Musik und gegenwärtigen Gruppierungen,* die am 31. Oktober im Carl-Theater Premiere hatte, einer von Nestroys größten Theatererfolgen wurde und im Repertoire blieb. Auch Wagner hat bei einem Wiener Besuch eine Vorstellung gesehen. Den Landgrafen Purzel, den Typ des Wagner-Gegners, stellte Nestroy selbst dar, und in der Figur des Tannhäuser wurde der zeitgenössische »moderne« Wagner-Sänger parodiert.

Deutsche Oper Berlin-Charlottenburg, 31. Oktober 1928 Bühnenbildentwurf für den 2. Akt – Saal auf der Wartburg – von Ernst Stern. Der Bühnenbildner Max Reinhardts wußte, wie dieser, Chormassen zu gliedern. Über Treppen und Rampen konnte sich der Chor auf den verschiedenen Emporen verteilen. Seine frontale Stellung zum Publikum ergab eine ungewöhnliche Klangwirkung. Der dreifache Bogen, das klassische Motiv des Wartburgbildes, wird hier vielfach zitiert und als vertikales Gestaltungselement den Horizontalen der Emporen entgegengesetzt.
Regie: Ernst Lert, Dirigent: Bruno Walter

Landestheater Darmstadt,
20. April 1930
Szene aus dem 3. Akt, nach dem Gebet der Elisabeth. Starke expressionistische Wirkung der Bäume, der Schwarzweiß-Effekte von Licht und Schatten.
Regie: Renato Mordo, Bühnenbild: Lothar Schenck von Trapp

Nationaltheater München,
28. Januar 1931
Szene aus dem 1. Akt. Die Wartburg in der Bildmitte, in die jetzt auch das Muttergottesbild rückt. Kein dichter Wald, nur am oberen Bühnenrand Ansätze von Laub. Nach dem Dunkel des Venusberges wird der helle Morgenhimmel zu einem wichtigen Gestaltungselement.
Regie: Kurt Barré, Bühnenbild: Leo Pasetti, Dirigent: Paul Schmitz, Tannhäuser: Otto Wolf

Erst am 19. November 1859 wurde *Tannhäuser* an der Hofoper gespielt, die damals noch im Kärntnerthortheater untergebracht war. Die amerikanische Erstaufführung hatte ein halbes Jahr vorher (4. 4. 1859) in New York stattgefunden. Im Februar 1855 gab es zwei *Tannhäuser*-Vorstellungen in Zürich, Wagner dirigierte selbst. Das Orchester war »durch die gütige Mitwirkung mehrerer hiesiger Musikfreunde« verstärkt, die Dekorationen stammten von Herrn Erber, die »glänzende Garderobe« entwarf Herr Krasser.

In seinem Zürcher Exil war Wagner, sieht man von den beiden Inszenierungen im bescheidenen Rahmen des dortigen Theaters ab, von aller aktiven Theaterarbeit ausgeschlossen. Er mußte sich mit Konzertreisen behelfen und kam sich wie ein »Commis-Voyageur« vor, der mit »dürftigen Musterkärtchen« durch die Lande reist (an Otto Wesendonck, 21. 3. 1855). Seine Werke gehörten aufs Theater und nicht in den Konzertsaal. Wagner wurde in den 50er Jahren zwar viel gespielt und erlebte seinen eigentlichen Durchbruch, aber er mußte seine Mitarbeit beschränken auf Korrespondenzen und gedruckte »Anweisungen«, immer in der Sorge, daß er auch richtig verstanden würde.

Nachdem er die Komposition von *Tristan und Isolde* abgeschlossen hatte, zog er im September 1859 nach Paris, wo er zunächst im Théâtre Italien Konzerte veranstaltete und dann Mustervorstellungen seiner Werke, besonders des *Tristan,* herausbringen wollte. Aus diesem Plan wurde nichts. Es kam ganz anders. Seine Protektorin, die Fürstin Pauline Metternich, konnte einen Befehl Kaiser Napoleons III. zur Aufführung des *Tannhäuser* an der Großen Oper erwirken, denn nur in Verbindung mit diesem Werk war sein Name in Frankreich bekannt. Ein Lebenstraum schien für Wagner in Erfüllung zu gehen. Es sollte der berühmteste Theaterskandal seiner Zeit werden. Bei seiner ersten Besprechung mit Wagner nannte Direktor Royer die wichtigste Bedingung für einen Erfolg: ein großes Ballett im 2. Akt. Das erschien dem Komponisten völlig sinnlos, aber er war gerne bereit, eine ausführliche Ballettszene für den Venusberg im 1. Akt zu verfassen, da er die Dresdner Szene selbst für unbeholfen hielt. Royer wies dieses Angebot entschieden zurück. Ein Ballett im 2. Akt sei unerläßlich. Der Jockey-Club, einflußreiche Abonnenten und alle der Aristokratie zugehörig, pflege erst nach dem Abendessen das Theater zu betreten und erwarte eben dann, im 2. Akt, ein Ballett. Selbst als der Staatsminister intervenierte, blieb Wagner hartnäckig. Er dachte schon daran, das Unternehmen aufzugeben, aber andererseits reizte es ihn, an einem Theater zu arbeiten, an dem alle Möglichkeiten für eine ideale Aufführung gegeben zu sein schienen. In Deutschland sah er für sich keinerlei Hoffnungen auf nur entfernt ähnliche Vergünstigungen. Sein alter Enthusiasmus brach wieder durch. An seine Schwester Cäcilie schrieb er: »Das ganze große Institut der Oper steht zu meiner Verfügung, ich bin Herr und brauche nur zu fordern, was ich wünsche. Daraus gedenke ich denn den Vorteil zu ziehen, daß allerdings die Aufführung die beste noch je stattgehabte von dieser Oper sein soll.« Und ähnlich an Franz Liszt: »Noch nie ist mir das Material zu einer ausgezeichneten Aufführung so voll und unbedingt zu Gebote gestellt worden.«

Wie bei seinen übrigen Kompositionen verfaßte er zunächst einen Prosa-Entwurf für das Pariser Bacchanal, in dem die Venusberg-Szene, die in der Dresdner Fassung nur als Exposition diente, zum großen Gegenpol zur Wartburgwelt aufgewertet wird. Dieses Bacchanal ist Wagners »klassische Walpurgisnacht«, Goethe war das heimliche Vorbild. In ihm nimmt Wagners Version eines »Paradis artificiel« (Hans Mayer) phantastische Gestalt an. Es ist eine Allegorie auf die Wildheit des Sexus und die besänftigende Kraft des Eros. Im Vordergrund der Bühne »liegt Venus auf einem reichen Lager«, vor ihr, sein Haupt in ihrem Schoß, Tannhäuser mit einer Harfe. Im Hintergrund baden Najaden in einem See, Sirenen haben sich am Ufer gelagert. In »reizender Verschlingung« sieht man die drei Grazien. Amoretten, »einen verworrenen Knäuel bildend, wie Kinder, die von einer Balgerei ermattet, eingeschlafen sind«, umgeben Venus und Tannhäuser. Jünglinge mit Bechern liegen auf den Felsvorsprüngen, die Nymphen locken sie zum Reigen um den Wasserfall, »die Paare finden und mischen sich; Suchen, Fliehen und reizendes Necken beleben den Tanz«. Ein Zug Bacchantinnen braust »zu wilder Lust auffordernd« daher. Der Tanz wird ausgelassener, Satyrn und Faune erscheinen aus den Klüften, jagen die Nymphen, »der allgemeine Taumel steigert sich zur höchsten Wut«. Hier, beim Ausbruch der Raserei, erheben sich entsetzt die drei Grazien, sie wecken die schlafenden Amoretten, die wie ein Schwarm Vögel hochfliegen und ihre Pfeile in das Getümmel schießen. Alle lassen vom Tanz ab, sinken in Ermattung hin und entfernen sich. In »anmutigen Verschlingungen« nahen sich die Grazien der Venus, »gleichsam von den Siegen berichtend, die sie über die wilden Leidenschaften der Untertanen ihres Reiches gewonnen«. Lebende Bilder mit Szenen aus der griechischen Mythologie erscheinen im Hintergrund: die Entführung der Europa auf dem Stier und Leda mit dem Schwan.

In seinem sogenannten »Ballettmeister-Brief« an Mathilde Wesendonck (10. 4. 1860), in dem Wagner den gesamten Ablauf des Bacchanals schilderte, kommen auch noch der ermordete Orpheus vor, den die Mänaden jauchzend herantragen, ein schwarzer Widder, der geopfert wird, und der nordische »Strömkarl«, ein Wassermann. Allzu recht hatte er, an Mathilde zu schreiben: »Gewiß ist aber, daß nur der Tanz hier wirken und ausführen kann: aber welcher Tanz! Die Leute sollen staunen, was ich da alles ausgebrütet haben werde!« Die Komposition des Bacchanals wurde am 28. Januar 1861 abgeschlossen. Wagner war der Ansicht, daß er erst, nachdem er Isoldes Verklärung geschrieben habe, das Grauen des Venusberges so komponieren konnte. Otto Wesendonck, der eine Probe besuchte, soll zu Wagner bemerkt haben: »Das sind ja ganz wollüstige Töne« (Wagner zu Cosima: »Er fürchtete wohl, ich hätte seiner Frau so etwas vorgetanzt.«)

Schon am 24. September 1860 begannen die Proben. Sie sollten insgesamt die nie dagewesene Zahl von 164 erreichen. Wagner war beeindruckt von dem vorbildlichen Einsatz aller Beteiligten, der minutiösen Genauigkeit aller Abläufe. Wiederum entwarf Despléchin die Dekorationen in Anlehnung an die Dresdner Uraufführung; auch die Figurinen wurden aus Dresden angefordert. Da die Pariser Oper über keinen geeigneten Tenor für die Hauptrolle verfügte, wurde Albert Niemann aus Hannover engagiert. Sein erstes Erscheinen in Paris wurde auf dem Theaterzettel groß angekündigt. Er erhielt die unglaubliche Summe von 6000 Francs Monatsgage. Die junge, hübsche Marie Sax sang die Elisabeth, und Wagner hörte das Gebet, das seiner Nichte, wie er meinte, nicht gelungen war, erstmals so, wie er es sich vorgestellt hatte. Die Italienerin Fortunata Tedesco, eine etwas üppige, aber schöne Gestalt, sang die Venus, Morelli, ebenfalls ein Italiener, den Wolfram. Spätestens bei den Bühnenorchesterproben bemerkte er enttäuscht, »daß man wieder auf dem Niveau einer gewöhnlichen Opernaufführung« ankam. Probleme gab es mit dem Dirigenten Dietsch; Hans von Bülow in seiner direkten Art nannte ihn ein »schäbiges Rindvieh«, das »gänzlich erziehungsunfähig aus den vielen Proben hervorgegangen« ist.

Staatsoper Berlin, 12. Februar 1933
Szene Elisabeth – Tannhäuser aus dem 2. Akt. Kein farbenbuntes Bild des Mittelalters, sondern eine harte, versteinerte Welt. Elisabeth nonnenhaft dargestellt. Links die Treppe, die vor dem Einzug des Chores gedreht wurde. Regie: Jürgen Fehling, Bühnenbild: Oskar Strnad, Dirigent: Otto Klemperer, Elisabeth: Franzi von Dobay, Tannhäuser: Sigismund Pilinsky

Neues Theater Leipzig, 1936
Szene aus dem 2. Akt. In den 30er Jahren dominierte in Deutschland wieder das realistische Bühnenbild. An den Wänden Figuren aus der Manessischen Liederhandschrift, ein gerne verwendetes Motiv. Im Zeitstil des bodenständigen Bauens die Balkendecke.
Regie: Wolfram Humperdinck, Bühnenbild: Max Elten, Dirigent: Paul Schmitz

Wagner wollte durchsetzen, daß er selbst die ersten Vorstellungen dirigierte, aber er stieß auf den erbittertsten Widerstand der Direktion und des Orchesters. Von dem Ballettmeister Marius Petipa verlangte Wagner stilistisch etwas in der Art der antiken Reliefs mit Mänaden- oder Bacchanten-Darstellungen; mit den »jämmerlich gehüpften kleinen Pas seiner Mänaden und Bacchantinnen« war er durchaus unzufrieden. Er erhielt zur Antwort: »Dazu bedürfte ich lauter erster Sujets; wenn ich diesen meinen Leuten ein Wort hiervon sagen und ihnen die von Ihnen gemeinte Attitude angeben wollte, auf der Stelle hätten wir den ›Cancan‹ und wären verloren« *(Mein Leben)*.

Schon seit Monaten hatten die Pariser Zeitungen fast täglich von den Proben und Premierenvorbereitungen berichtet. Die erste Vorstellung fand am 13. März 1861 in Gegenwart des Hofes und einiger Gesandtschaften als großes gesellschaftliches Ereignis statt. Angestiftet vom Jockey-Club, der sich doch noch um sein Ballett gebracht sah, reagierte der oppositionelle Teil des Publikums trotz der Anwesenheit des Kaisers mit Schreien, schrillen Pfiffen und Gelächter. Die Fürstin Metternich war gezwungen, nach dem 2. Akt ihre Loge zu verlassen, da man sie offen verhöhnte. Wagner setzte alle seine Hoffnungen auf den 3. Akt, der darstellerisch der Glanzpunkt der Aufführung war. Die stimmungsvolle Dekoration, der ergreifende Ausdruck von Marie Sax bei ihrem Gebet, Morellis Lied an den Abendstern, »mit vollendeter elegischer Zartheit« vorgetragen, Niemanns Romerzählung, »der beste Teil seiner Leistung«: Nichts mehr konnte den Tumult bremsen. Auch in der zweiten Vorstellung spielten sich unglaubliche Szenen ab. Die Jockeys hatten silberne Pfeifchen mit der Aufschrift »Pour Tannhäuser« verteilen lassen. Es stand nämlich zu befürchten, daß sie bei einem anhaltenden Erfolg der Oper für längere Zeit auf ihr Ballettvergnügen verzichten müßten. Aber der Teil des Publikums, der sich nicht länger terrorisieren lassen wollte, rief »A la porte les Jockeys«. Albert Niemann war durch das Johlen und Pfeifen so aufgebracht, daß er während der Romerzählung seinen Pilgerhut über das Orchester hinweg in den Zuschauerraum warf. Trotzdem gab es mutigen Beifall, und Wagner sprach mit Hochachtung vom Pariser Publikum, das sich nicht von einer Clique unterkriegen ließ. Er war der Ansicht, nur »die unantastbare soziale Stellung der Herren Ruhestörer« hätte den Ausbruch von Tätlichkeiten gegen sie verhindert.

Schließlich aber konnte Wagner den Künstlern eine solche Belastung nicht mehr zumuten und zog nach der dritten Aufführung seine Partitur zurück. Die Direktion der Oper war entsetzt, da mehrere der angekündigten Vorstellungen bereits ausverkauft waren und der *Tannhäuser* ein Sensationserfolg zu werden versprach. Wagner aber sah die Voraussetzungen für ein richtiges Verständnis des *Tannhäuser* – ein ruhiges, konzentriertes Anhören – in dieser erregten Situation nicht mehr gegeben. Außerdem glaubte er, daß die zwar prachtvolle, aber in vielen wesentlichen Punkten in Äußerlichkeiten steckengebliebene Inszenierung kaum etwas von seinem Stilwillen zu vermitteln vermochte *(Bericht über die Aufführung des »Tannhäuser«*

in Paris). »Schließlich: die Idee ist auf dem Marsche, die Bresche ist geschlagen – das ist das Wesentliche. Mehr als ein französischer Komponist wird aus den heilsamen Gedanken Nutzen ziehen wollen, die von Wagner ausgingen. So kurze Zeit es auch her ist, daß das Werk vor dem Publikum erschien, hat der kaiserliche Befehl, dem wir die Aufführung verdanken, doch dem französischen Geist viel genützt.« Dieses Fazit zog Charles Baudelaire aus der *Tannhäuser*-Affäre in einem bedeutenden Essay, den er nach der Premiere veröffentlichte. Mit Wagners Pariser Konzerten und mit der *Tannhäuser*-Aufführung begann auch die Geschichte einer Faszination durch das künstlerische Phänomen Richard Wagner, der viele französische Geister erlagen, die Geschichte des *wagnérisme.* Nach dem Premierenskandal zirkulierte ein Protestschreiben in Paris, das von Malern, Schriftstellern und Musikern unterzeichnet wurde.

Nur ein einziges Mal hat Richard Wagner einen Tannhäuser erlebt, der seine künstlerischen Absichten in idealer Weise verwirklichen konnte. Ludwig Schnorr von Carolsfeld, der Tristan-Darsteller der Münchner Uraufführung, sang 1865 eine Vorstellung am dortigen Nationaltheater. Die entscheidende Stelle im Finale des 2. Aktes, das »Erbarm dich mein«, das Wagner für Tichatschek und auch für Niemann in Paris streichen mußte, »trug zum ersten und einzigsten Male Schnorr mit dem erschütternden und daher heftig rührenden Ausdrucke vor, welcher plötzlich den Helden aus einem Gegenstande des Abscheues zum Inbegriffe des Mitleidwerten« machte. »Das Dämonische in Wonne und Schmerz verlor sich keinen Augenblick.« Im Schluß des 3. Aktes, »in diesem letzten Verzweiflungsrasen«, war Schnorr »wahrhaft entsetzlich«. Belehrend für Richard Wagner war der Eindruck dieser Leistung auf das Publikum. Es brachte mehr Erstaunen und Verwunderung, ja Befremden auf, als echtes Verständnis. Wagner mußte sich von verständigen Freunden sagen lassen, er hätte eigentlich kein Recht dazu, den Tannhäuser auf seine Weise darstellen zu lassen, denn für das Publikum sei die gewohnte, ihm (Wagner) »nicht genügende, gemütlichere, mattere Auffassung« die richtigere *(Mein Leben).* Für den um möglichst vollkommene, ja ideale Aufführungen bemühten Komponisten muß diese Erfahrung ein Schock gewesen sein.

An der Wiener Hofoper hat Richard Wagner selbst im November 1875 seinen *Tannhäuser* inszeniert. Er hatte sich dazu verpflichtet im Hinblick auf die ersten Bayreuther Festspiele des kommenden Jahres, für die er auf die Unterstützung der Wiener Direktion angewiesen war, denn Amalie Materna, als Brünnhilde für Bayreuth vorgesehen, mußte für die Proben und Aufführungen freigestellt werden. Sie sang in dieser Inszenierung die Rolle der Elisabeth. Hans Richter dirigierte. Den Landgrafen sang Emil Scaria, der Bayreuther Gurnemanz von 1882. Angelo Neumann, der spätere Theaterunternehmer des reisenden Wagner-Theaters, damals noch Sänger an der Wiener Oper, hat einen anschaulichen Bericht über Wagner als Regisseur verfaßt: »Wie herrlich stellte er den Tannhäuser dar, wie er nach der Entzauberung aus dem Venusberg sich im Thüringer Waldtal wiederfindet. Fast zur Statue erstarrt, stand er mit erhobenen Armen da, beim Eintritt der Pilger geriet er in allmählich gesteigerte zitternde Bewegung, bis er in tiefster Durchschütterung in die Knie sank und in das ›Ach wie drückt mich der Sünden Last‹ ausbrach. Mit welch edeln Bewegungen und mit welch ritterlichem Feuer er den Tannhäuser während des Gesanges Wolframs darstellte, wie er die große Szene am Schlusse des ersten Aktes spielte, wie er alles bewegte und beseelte und wie er dem Landgrafen nebst allen Rittern und Sängern Geberde und Stellung anwies, bis zu dem Augenblicke, wo das Jagdgefolge mit Pferden und Hunden vorgeführt wurde – das sind Momente gewesen, die sich jedem unvergeßlich eingeprägt haben. Seine Inszenierung des Einzugs der Gäste wurde geradezu vorbildlich für die spätere Zeit. Daß der Landgraf und Elisabeth mit dem Rücken zum Publikum die Eintretenden empfangen und die Pagen geschäftig jeden Besucher anmelden, war *seine* Weisung. Früher saß das Fürstenpaar vom Beginn des Einzuges auf dem Throne und die Pagen kündigten nur einmal, summarisch, das Auftreten der Gäste an. Daß am Endpunkt der Szene eine Witwe mit zwei Kindern erscheint, war allerdings schon vorher Sitte. Aber erst Wagner zeigte uns, wie Elisabeth nach der offiziellen Begrüßung die beiden jungen Mädchen bei der Hand nimmt und sie als zum erstenmal zu Hofe Kommende den versammelten Gästen vorstellt, sie der Mutter wieder zuführt und sich dann erst mit dem Landgrafen auf den Thron begibt. Im Sängerkrieg untersagte Wagner dem Tannhäuser ausdrücklich bei der Stelle ›O Wolfram, der du also sangest‹ die damals übliche plumpe Geste, nämlich mit einwärts geballter Faust unter Wolframs Kinn. Im Finale, als er dem Tannhäuser zeigte, wie er mit dem Ausruf ›Weh mir Unglücksel'gen!‹ völlig gebrochen hinzusinken habe, stellte er ein Meisterstück der Schauspielkunst dar. Wie er

Städtische Bühnen Frankfurt am Main, 1934
Bühnenbildentwurf für den 3. Akt von Caspar Neher. Das Bühnenbild ist hier aus der Dramaturgie des Werkes entwickelt. Fast monochrom, eine Stimmung der Verlorenheit und Trauer, keine Bäume, nur noch dürre Äste. Das Bild wird beherrscht von dem sich über die ganze Bühnenbreite hinziehenden Weg, Lebensweg und Leidensweg Tannhäusers. Links der von Rom ohne Absolution zurückkehrende Tannhäuser, rechts Wolfram von Eschenbach.

Opernhaus Köln, 30er Jahre
Szene aus dem 1. Akt, Auftritt der Jagdgesellschaft, mit Pferden, Hunden und großem Gefolge. Beim Publikum waren diese Auftritte sehr beliebt, und jede größere Bühne, die es sich leisten konnte, legte Wert darauf. Auch in Bayreuth spielte 1930 in diesem Bild eine Hundemeute mit, und in Herbert von Karajans Wiener Inszenierung von 1963 traten ebenfalls Hunde auf.
Regie: Alexander Spring, Bühnenbild: Alf Björn

Opernhaus Kiel, 1941
Bühnenbildentwurf für den 1. und 3. Akt von Nina Tokumbet. Ihr Spezialgebiet war die Projektionsmalerei. Auf den weiten Himmel konnten verschiedene Farbstimmungen, Wolkenbildungen usw. projiziert werden. Das Bühnenbild wird auf diese Weise dynamisch und kann dramaturgische Intentionen ins Bild übersetzen.

Maggio Musicale Florenz, 1953 und 1954
Einheitsbühnenbild mit dem klassischen Dreibogenmotiv. Zentral in der Mitte der Thron für den Landgrafen und Elisabeth.
Regie: Frank de Quell, Bühnenbild: C. Kühnly

Metropolitan Opera New York, ▷ 26. Dezember 1953
Reiche historisierende Kostüme, opernhaft. Die Architektur des weiten Raumes neutral, ohne eigene Aussage.
Regie: Herbert Graf, Bühnenbild: Rolf Gerard, Dirigent: George Szell, Elisabeth: Margaret Harshaw, Landgraf: Jerome Hines

sich dann wieder als Elisabeth in frommer Ergebung auf die Stufen des Thrones begab, dort die Hände faltete, den Blick nach oben gerichtet, und so regungslos bis zum Fallen des Vorhangs dastand: das übte auf uns eine unbeschreibliche Wirkung aus. Der Höhepunkt von allem aber, was er vorführte, war Tannhäusers Erzählung. In tiefster Rührung begann gleich sein ›Hör an, Wolfram, hör an!‹ und furchtbar erschütternd erklang der Bannfluch ... In all diesen Szenen stand ein großer Schauspieler vor uns.« Wagner bemühte sich also um ein lebensechtes, tiefgefühltes, wir würden heute sagen realistisches Spiel.

Mit der Inszenierung des *Tannhäuser* erstmals im Festspielhaus im Jahr 1891 hatte sich Cosima Wagner »die Bayreuther Aufgabe par excellence gestellt«; ja es war für sie »ein Kampf auf Leben und Tod zwischen Oper und Drama«. Der *Tannhäuser* war inzwischen neben *Lohengrin* Wagners populärstes Werk geworden, er führte die Spielplanstatistiken der großen Opernhäuser an. Aber die »melodische Fülle des Werkes« hatte »jeden dichterischen Gehalt derart überflutet«, daß es »auf eine dramatische Neugestaltung ankam, in welcher die Musik, trotz ihrer melodischen Fülle, nicht mehr an sich, sondern als der Ausdruck bestimmter Gestalten und Situationen zu wirken habe« (an George Davidsohn, 11. 9. 1891). Die Hereinnahme dieses Jugendwerkes in den Bayreuther Spielplan wurde ihr von den »Hyper-Wagnerianern«, wie sie ihr Sohn Siegfried genannt hat, verübelt, denn nach deren Meinung konnte *Tannhäuser* nicht neben *Tristan und Isolde*, *Parsifal* oder dem *Ring des Nibelungen* bestehen. Cosimas missionarischer Eifer ging dahin, zu beweisen, daß *Tannhäuser* mehr in die Zukunft weise und ein echtes Musikdrama sei. Das ist charakteristisch für ihr Selbstverständnis von ihrer Arbeit.

Erstmals konnte Cosima nicht auf eine Modellaufführung zurückgreifen (wie vorher bei *Tristan und Isolde* und *Die Meistersinger von Nürnberg*), sondern mußte versuchen, alle Zeugnisse der Aufführungen in Dresden 1845, Paris 1861 und Wien 1875 zu sammeln. Diese drei Aufführungen hielt sie für »authentisch«. Sie erkundigte sich genau danach, wo Venus im 3. Akt stand, ob der Einzug der Gäste beim Einsatz des Chores weiterging, ob Tannhäuser im 3. Akt rechts oder links saß, wo in Paris die Trompeter aufgestellt waren usw. Interessanterweise konnte sie Heines Aufzeichnungen wenig gebrauchen. Die Akribie ihrer Vorbereitungsarbeit ist erstaunlich. Sie konsultierte den Archäologen Reinhard Kekulé von Stradonitz, fragte nach »Mappenwerken« über Pompeji oder griechische Vasen, beschäftigte sich mit den »Hellenen« und mit »griechischer Gewandung«. Max Brückner, der in genauer Abstimmung mit ihr die Bühnenbilder entwarf, hielt sie an, sich nach den Entwürfen Despléchins zu richten. »Ich bin eigentlich zur mühseligen Arbeitsamkeit bestimmt, und es ist mir nicht gegeben, auch nur das Kleinste leicht zu nehmen. Und wenn ich sehe, wie bald man sich auf Schwung und Inspiration verläßt, komme ich mir ganz unkünstlerisch, philisterhaft angelegt vor«, schrieb Cosima. Ihr ging es nicht um eine eigenständige künstlerische Leistung, sondern um den Nachvollzug dessen, was sie als Willen des Meisters zu wissen glaubte, um die Verwirklichung der Pläne, die Richard

Metropolitan Opera New York, 26. Dezember 1953
Szene aus dem 3. Akt, nach dem Gebet der Elisabeth. Wartburg, Wartburgtal und Bildstock wie gewohnt. Der weite Himmel bot Möglichkeiten für Projektionen.
Regie: Herbert Graf,
Bühnenbild: Rolf Gerard,
Dirigent: George Szell,
Elisabeth: Margaret Harshaw,
Wolfram: George London

Wagner zu seiner Zeit nicht mehr hatte ausführen können.

Interessanterweise ist bei den Vorbereitungen zum *Tannhäuser* verschiedentlich auch von einer eventuellen Mitarbeit Adolphe Appias die Rede. Appia hatte mit Houston Stewart Chamberlain, dem späteren Schwiegersohn Cosima Wagners, die Festspiele 1888 besucht und muß zumindest Kostümskizzen vorgelegt haben. Cosima meinte, Appia habe noch zu lernen, »Genialität ohne Fleiß« sei ihr noch nie begegnet, und es fehle ihm an Besonnenheit. Weiß als Farbe für das Kostüm der Venus, wie er es wohl vorgeschlagen hatte, schien ihr unmöglich. Weiß sei die Farbe des Kalten und Unschuldigen, was bliebe dann noch für Elisabeth (an Chamberlain, 28. 3. 1889). Trotzdem fragte sie an, ob ein guter Kostümbildner aus den Skizzen etwas machen könne und schlug vor, Appia solle »etwa Costumier und Lichtangeber für Bayreuth« werden (23. 10. 1888). Eine Mitarbeit kam dann doch nicht zustande.

Große Sorgfalt wurde wiederum auf die individuelle Gestaltung des Chores in Kostüm und Darstellung gelegt. Zur besseren Unterscheidung und um den Sängern einen charakteristischen Spielgestus anzugeben, wurden die Gruppen mit historischen Namen versehen. So traten beispielsweise auf: der Burggraf von Hirschberg mit Frau, die Grafen von Lauterberg und Hohenstein, ein Poppo Graf von Henneberg, »vornehme« und »geringere« junge Mädchen usw. Ein reiches Gefolge und Pagen ergänzten das Bild eines farbenbunten, prächtigen Mittelalters. Die Kostüme wurden, laut Wolfgang Golther, nach einem thüringischen Wappenbuch des 13. Jahrhunderts gestaltet. »Wir müssen etwas kolossal Antikes in der ersten Szene zu Stande bringen und für den zweiten Teil die ganze Seele des Mittelalters vor uns haben, welche den Franziskus und die Elisabeth hervorbrachte«, schrieb Cosima an Felix Mottl, der die musikalische Leitung übernommen hatte. Gerade im Venusberg muß Virginia Zucchi, Choreographin aus Mailand, Neues und Bedeutendes geleistet haben. »Der Tanz wandelte sich unter der Mitwirkung bedeutender Tanzmeisterinnen und mit Benützung antiker Vorbilder zum Bacchanal, während vorher nur das herkömmliche Ballett auf den Theatern dargeboten worden war« (Wolfgang Golther). Vom Tanzpersonal ist eine Serie von Kabinettphotographien erhalten. Auch wenn diese Bilder die Kostüme nicht in der originalen Bühnenbeleuchtung wiedergeben können und die Posen gestellt sind, bleibt für uns ein Rest von Un-Überzeugtheit. Liegt das nur daran, daß wir heute anders sehen? Vieldiskutiert – und oft abgelehnt – wurde die Besetzung der Hauptrolle der Elisabeth mit jugendlichen, noch unerfahrenen Sängerinnen, und nicht mit routinierten Opernheroinen. Eliza Wiborg, eine junge blonde Schwedin, und Pauline de Ahna, die spätere Gattin von Richard Strauss, entsprachen von ihrem Aussehen her genau Cosimas Vorstellungen. »Immer an der Hand des Dramas suchte ich vor allem die jungfräuliche, kindliche Gestalt hinzustellen, welche die erste furchtbare Erfahrung zur Heiligen stempelt, indem sie ihr den Todesstoß versetzt«, schrieb Cosima (11. 9. 1891). Venus dagegen, von Rosa Sucher dargestellt, war eine Verwandte der Kundry, »die vollste Entfaltung des Weibes in ihrer dämonischsten, zauberischsten Macht«.

Um die Idee des »Dramas« zur Geltung zu bringen, wurde großer Wert auf eine deutliche Aussprache der Sänger gelegt. »Wir haben mit der Oper gebrochen und sind verpflichtet, diesen Bruch auf das schärfste in allem kundzutun ... Die Wendung unserer Kunst geht vom Drama aus, und das erste Organ betreffs dieses Dramas ist die Sprache. In diesem Punkt hieße eine Konzession soviel wie eine Verleugnung der Hauptidee Bayreuths«, so Cosima wiederum an Felix Mottl (1884). Die Verfechter einer rein melodischen Gesangskunst sprachen verächtlich von der Bayreuther »Konsonantenspuckerei«. Das Geheimnis der Gestaltung dieses *Tannhäuser* bestand nach Richard Strauss darin, »daß das auf der Bühne sichtbar Geschehende derartig mit der Musik verbunden« war, »daß aus Beiden ein vollkommen einheitliches Ganzes« sich bildete (Brief aus Bayreuth, 1891). Beeindruckend muß Cosimas Schlußlösung gewesen sein: »Dem *Chor* war es zu danken, daß der gewöhnlich abfallende Schluß des Werkes zu dem wurde, was er zu sein hat: die Verkündigung einer Heilslehre und das enthusiastische Bekenntnis, daß über alle Tragik des Lebens der Mensch sich unter Gottes Führung hochgemut empfindet« (Cosima an Davidsohn, 11. 9. 1891). Wie in Dresden ging die Sonne hinter der Wartburg auf und erfüllte das Tal mit ihrem Glanz.

1894 dirigierte Richard Strauss in Bayreuth den *Tannhäuser*, und bei der Wiederaufnahme im Jahr 1904 tanzte Isadora Duncan in einer griechischen Tunika eine Grazie im Bacchanal, was als Sensation und Skandal empfunden wurde.

Als Folge von Cosimas Inszenierung setzte an den Theatern eine große Nachfrage des Publikums nach den *Tannhäuser* ein. Außerdem war der Ehrgeiz der Theaterleiter angestachelt, es Bayreuth gleichzutun. Das internationale Publikum der Festspiele wünschte auch zu Hause Inszenierungen nach dem Bayreuther Muster. Es wurde zeitweise eine ausgesprochene Mode und für die Theaterschaffenden ein regelrechter Zwang, sich das Markenzeichen »Bayreuth« anzuheften. Das hing natürlich auch damit zusammen, daß Cosima für ihre Bayreuther Arbeit den Anspruch der Authentizität vertrat. Allerdings sind nicht alle Inszenierungen, die sich auf das Bayreuther Vorbild berufen, auch daran zu messen. Oft war es schon damit getan, daß man im Atelier Brückners in Coburg die Bayreuther Dekorationen, die dort serienmäßig lieferbar waren, bestellte. Man redete zwar viel von »Musikdrama«, die Ergebnisse jedoch sind natürlich nicht mehr nachprüfbar, und die Skepsis bleibt, daß es sich hier oft nur um das Nachbeten von Modewörtern und um Wunschvorstellungen gehandelt hat. Ein intensives Rollenstudium, eine genaue Abstimmung von Chor, Orchester und Bühnenaktion, wie sie in Bayreuth in langer Probenzeit erarbeitet wurden, war für ein durchschnittliches Theater mit seinem gedrängten Spielplan ausgeschlossen. Aber daß überhaupt der Gedanke einer notwendigen Reform der Opernpraxis ins Bewußtsein drang, ist sicherlich ein Verdienst Bayreuths.

Unmittelbar abhängig vom Bayreuther Vorbild war die Erstaufführung des *Tannhäuser* an der Mailänder Scala am 29. Dezember 1891. Die Dekorationen Zuccarellis sind Kopien der Bayreuther Bühnenbilder. Man ließ sich große, von Hand kolorierte Fotos der Brücknerschen Dekorationen nach Mailand schicken. Auch hier wurde Virginia Zucchi für die Choreographie des Bacchanals verpflichtet. Nach einer erhaltenen Zeichnung zu schließen, waren nur die Faune antikisch mit Fellen und Bocksfüßen kostümiert, während die Bacchantinnen und die drei Grazien in ihren üblichen Ballettröckchen auftraten. Zucchi hatte auch für die Pariser Neuinszenierung am 13. Mai 1895, 34 Jahre nach der skandalösen Erstaufführung, die Choreographie übernommen und auch selbst getanzt. Man lobte ihre Leistung als »une radieuse vision de l'antique«. Die Dekorationen hatten Amable (Venusberg), Jambon (Wartburgtä-

Königliches Theater Stockholm, 1953
Birgit Nilsson, die große Brünnhilde und Isolde, hat zu Beginn ihrer weltweiten Karriere auch Wagners jugendlich-dramatische Frauengestalten gesungen. Hier als Elisabeth mit Conny Söderström als Tannhäuser auf einem gestellten Foto. Die ersten Rollen, die Birgit Nilsson in Bayreuth sang, waren 1954 die Elsa in Wolfgang Wagners *Lohengrin*-Inszenierung und die Ortlinde, eine der Walküren.

Gran Teatro del Liceo
Barcelona, 1960/61
Die Bogen in der Sängerhalle auf der Wartburg als Vorbild für das Bühnenbild. Neben der Bayreuther Dekoration von 1891 war dieses auf den internationalen Bühnen für viele Jahrzehnte das klassische Bühnenbild für den 2. Akt. Der Name des Bühnenbildners ist nicht dokumentiert.

ler) und Carpezat (Sängerhalle) entworfen. Man orientierte sich prinzipiell an den Bayreuther Bildern; während die Wartburgtäler konventionell ausfielen, ornamentierten Amable und besonders Carpezat die architektonische Grundstruktur auf sehr individuelle Weise. Die Bogenöffnungen in Carpezats Halle sind in ihrer Form fast spanisch-maurisch, das Gebälk aber wirkt »teutonisch«, weist massive nordische Schnitzereien auf. Das Ganze macht einen bizarren, gesuchten Eindruck. Diese Inszenierung hatte auch der Pariser Korrespondent der Wiener »Neuen Freien Presse«, Theodor Herzl, mehrere Male besucht. Er schrieb damals an seinem berühmten Buch *Der Judenstaat* und vertraute seinem Tagebuch an, daß einzig die Opern Wagners seine Inspiration beflügelten, und daß ihn nur an den Abenden, an denen er eine Wagner-Aufführung erleben könne, keine Zweifel an der Richtigkeit seiner Ideen überfielen. Er wünschte sich in seinem erträumten Judenstaat auch festliche Auditorien wie die Pariser Oper, ein elegantes Publikum und »erhabene Einzugsmärsche«. Der berühmte belgische Tenor Ernest van Dyck sang den Tannhäuser in dieser Inszenierung, Rose Caron die Elisabeth und Madame Breval die Venus, später haben auch Alvarez den Tannhäuser, Aino Ackté die Elisabeth und Louise Grandjean, Felia Litvinne und Lola Beeth in Paris die Venus gesungen.

Die Erstaufführung des *Tannhäuser* an der Metropolitan Opera in New York fand am 17. November 1884 statt. Man spielte noch die alte Dresdner Fassung, erst 1889 studierte der Dirigent Anton Seidl, der bei den ersten Bayreuther Festspielen 1876 noch musikalischer Assistent war, die Pariser Fassung ein. Lilli Lehmann, Woglinde und Ortlinde bei den ersten Bayreuther Festspielen, einer der ersten internationalen Wagnerstars, sang die Venus. In den beiden Jahrzehnten vor dem Ersten Weltkrieg, die gerne als »golden age of opera« bezeichnet wurden, gab es an der Met zwar ganze Spielzeiten vorwiegend mit deutschen Opern, aber nicht immer in Deutsch. Es war nicht ungewöhnlich, daß in einer *Tannhäuser*-Vorstellung, so zum Beispiel 1896, nebeneinander Italienisch und Französisch gesungen wurde. Das Werk blieb bis 1914 im Spielplan, auf den Programmzetteln erscheinen große Namen wie Ernest van Dyck (1898), Milka Ternina (Elisabeth 1903), Olive Fremstad (Venus 1903), Felix Mottl, Aino Ackté, Leo Slezak, Berta Morena und Nellie Melba. Diese kurze Liste kann das Vorurteil korrigieren, der reisende Opernsänger sei eine Erfindung des Jet-Zeitalters. Schon vor der Jahrhundertwende gab es gefragte internationale Stars, die an allen großen Bühnen der Welt in ihren Glanzpartien gastierten und die als *der* Tannhäuser oder als *die* Elisabeth galten. Die großen Opernbühnen konnten auf die Attraktivität berühmter Namen nicht verzichten. Während des Ersten Weltkrieges waren deutsche Opern aus dem Spielplan der Met verbannt. Erst 1923 wurde wieder *Tannhäuser* angesetzt. Die neuen Dekorationen hatte das Atelier Kautsky geliefert. Maria Jeritza sang die Elisabeth, später dann Elisabeth Rethberg (1925) und Maria Müller, Lotte Lehmann und Kirsten Flagstad (1934). Lauritz Melchior debütierte am

17. Februar 1926 als Tannhäuser an der Met, später sang Max Lorenz die Partie, und Friedrich Schorr den Wolfram. Alexander Kipnis, Ivar Andrésen, Ezio Pinza und Emmanuel List stellten den Landgrafen dar, Maria Olschewska die Venus. Während in Europa der Schwerpunkt der Wagner-Pflege bei der Regie und den neuen Stiltendenzen des Bühnenbildes lag, waren in New York ebenso wie in Paris Inszenierungsfragen zweitrangig, man interessierte sich in erster Linie für die Leistungen der Spitzensänger.

Etwa ab 1910 begann sich das gängige Bühnenbildschema des *Tannhäuser* aufzulösen. Die Neuüberlegungen galten, wie schon vorher, zunächst der Halle. Dazu ist ein kleiner Exkurs notwendig. Eigenartigerweise ist die Pariser Sängerhalle von 1861, die letztendlich auf die Dresdner Uraufführung zurückgeht und von Wagner immer als ideale Umsetzung seiner Intentionen gerühmt wurde, ohne großen Einfluß geblieben. Es war ein hoher, mit Spitzbogen und bunten Maßwerkfenstern dekorierter Raum, dessen Balkenwerk an die englische Neugotik erinnerte. Bei den Vorbereitungen für die Münchner Neuinszenierung 1867 bestand König Ludwig II. zunächst auf einer Kopie der originalen Sängerhalle auf der Wartburg. Der König hatte eigens eine Reise nach Eisenach und auf die Wartburg unternommen, um sich mit den Schauplätzen des *Tannhäuser* vertraut zu machen. Er bestand bei seinen Theaterdekorationen ebenso wie bei seinen Baumaßnahmen auf historisch exakten Lösungen. Wagner aber argumentierte, er habe bei den Pariser Vorbereitungen auch die Berliner Skizzen von Gropius, die »treu nach der auf der Wartburg selbst ausgeführten Restauration copirt« waren, durchgesehen, sie aber »unschön« und für seine Zwecke »völlig untauglich« befunden. Er benutzte »zu einer idealen Bildung« des von ihm Gewollten »alle in der getreuen Copie vorherrschenden Stylistischen Eigenthümlichkeiten, ... um dem idealen Raume zugleich den getreuen Duft der Zeit zu geben« (an Lorenz von Düfflipp, 17. 5. 1867). Wagner konnte sich schließlich gegen den König durchsetzen. In Schloß Neuschwanstein hat Ludwig dann eine Kopie des Festsaales der Wartburg mit der »Sängerlaube« eingebaut. Von den Rekonstruktionsbemühungen auf der Wartburg, die er 1862 besichtigte, fühlte sich Wagner »sehr kalt berührt«. Ihm ging es nicht um historische Exaktheit, sondern um das »ideale« Bild, den »Duft« der Zeit. Es ist überraschend, daß Cosima für ihre Bayreuther Inszenierung eine Kopie des Festsaales (nicht der Sängerhalle!) der Wartburg verwendete. Dieser Festsaal war eine im prachtvollen Stil des Historismus reich dekorierte, architektonisch ausdrucksvolle weite Halle. Cosimas Bemühen um Authentizität stellte sich, gegen Richard Wagners Absicht, in den Schutz des Historischen, in die genaue topographische Fixierung. Für das »Ideale« dürfte ihr die künstlerische Inspiration gefehlt haben. So ist es letztendlich auf Cosimas Einfluß und auf ihre Nachahmer zurückzuführen, daß um die Jahrhundertwende im Büh-

Bayreuther Festspiele 1961
Tannhäuser als Ideendrama, der Bühnenraum als Symbolraum. Keine Wartburg mehr und kein Wald. Vor dem goldenen Hintergrund, der die »Transzendenz um den Menschen« schafft (Wieland Wagner), ziehen die Pilger nach Rom. Vorne, auf der runden Fläche, liegt Tannhäuser, weiter hinten, in der Mitte, steht der Hirtenknabe.
Regie und Bühnenbild: Wieland Wagner, Dirigent: Wolfgang Sawallisch, Tannhäuser: Wolfgang Windgassen, Hirtenknabe: Elsa-Margrete Gardelli.

Grand Opéra Paris, 21. Juni 1963
Entwurf für das Bühnenbild der Venusgrotte von Leonor Fini. Während die übrigen Bilder von Leonor Fini für den 2. und 3. Akt sehr schlichte, klar abgegrenzte Räume waren, verlor sich die funkelnde und glänzende Grotte ins Unendliche. In diesen Jahren hatten die Choreographen das Bacchanal aggressiv und wild inszeniert. Fini dagegen faßte das Dionysische noch ganz im romantisierenden Stil des 19. Jahrhunderts auf, wenn auch mit modernen künstlerischen Mitteln.

nenbild des *Tannhäuser* und in den Kostümen der Historismus dominierte. Was Marie Schmole, die noch die Uraufführung erlebt hatte, anläßlich der Dresdner Neuinszenierung 1890, ebenfalls mit einer originalen Wartburghalle, schrieb, gilt allgemein: Jetzt sei zwar alles historisch getreu, aber damals sei der Stil einfacher, »idealer« gewesen.
Die neue Tendenz ging nun dahin, statt des Festsaals die eigentliche Sängerhalle der Wartburg zu kopieren oder zumindest einzelne architektonische Charakteristika dieses Raumes zu benutzen. Diese Sängerhalle ist ein schlichter, niederer Raum, dessen hölzerne Flachdecke von zwei steinernen Pfeilern getragen wird und dessen Wände mit romanischen Ornamentmustern (und Moritz von Schwinds Fresko *Der Sängerkrieg*) bemalt sind. Die einzige Besonderheit dieser Sängerhalle ist die dreibogige Arkade der »Sängerlaube«. Dieser Raum entsprach in seiner

Schlichtheit eher dem Mittelalterbild der neuen Bühnenbildnergeneration. Besonders die Pfeiler werden gerne als raumgliedernde Elemente genutzt, und fast alle Bühnenbildner verwenden die Sängerlaube als Architekturzitat. Die Neuansätze gingen meist punktuell von einzelnen Künstlern und von mittleren Theatern aus und gewannen nur langsam Breitenwirkung. Daß damit Bestrebungen einhergingen, ein interpretatorisches Bühnenbild zu schaffen, zeigt ein Entwurf von Rochus Gliese für das Berliner Theateratelier Baruch aus dem Jahr 1909/10. Seine Sängerhalle ist ein abweisender, grauversteinerter Raum, der »law and order« ausstrahlt; er ist Ausdruck einer starren, intoleranten Gesellschaft, die Tannhäuser wegen seines Lobliedes auf Venus als Anarchisten verstoßen muß. Daß es gerade für die mittelgroßen Theater oft nicht leicht war, sich vom Bayreuther Vorbild zu lösen, auf dem ihr Publikum aus Prestigegründen bestand, sei am Beispiel einer Mannheimer Neuinszenierung von 1913 gezeigt. Dirigiert wurde sie von Arthur Bodanzky, die Bühnenbilder hatte Ottomar Starke entworfen. Der Venusberg war eine Art Hölle mit Venus als der mittelalterlichen »teufelinne«. Der Wartburgsaal erschien als schlichte romanische Halle, deren Wände auf sattblauem Grund mit stilisierten frühromanischen Wandmalereien bedeckt waren. Es gab keine großen Tore oder Bogenarchitekturen, sondern nur einfache Holztüren. Elisabeth kam bei ihrem Auftritt nicht mehr mit ausgebreiteten Armen in die Halle geflogen, sondern trat schlicht und staunend ein. Die Bäume in den Bildern des Wartburgtals waren stilisiert und impressionistisch empfunden. Venus erschien im 3. Akt nicht mehr. Im Ganzen zeigte sich ein Bemühen, von dem romantisierenden Mittelalterbild des Historismus wegzukommen zu einer authentischen Auffassung von dieser Zeit. Die Inszenierung wurde vom Großteil des Publikums als zu modern abgelehnt. Ein Mannheimer Bürger ließ sogar auf eigene Kosten eine Flugschrift drucken. Man vermißte »das herrliche Weib Venus«, die »schwülen Düfte« und die »tanzenden Nymphen«. Stattdessen ein schwarzer Venusberg mit roter Beleuchtung, den man mit dem »Ausbruch des Vesuvs« verglich. Auch das Tal vor der Wartburg war nicht mehr die vertraute Ansicht, sondern ein Bergrücken mit einigen Tannen vor dem Rundhorizont, ein Bild, das man als kahl und stimmungslos empfand.

Die Stilisierungstendenzen der jungen Bühnenbildner, die vom Kulissen-Soffitten-System des 19. Jahrhunderts wegstrebten, den Rundhorizont, elektrische Beleuchtung und halbplastische Dekorationsteile verwendeten und die sich dem Jugendstil oder dem aufkommenden Expressionismus verbunden fühlten, stießen zunächst überall auf Widerstand und Unverständnis. Die neuen formalen Tendenzen im Bühnenbild sind verwandt und abhängig von den Stilrichtungen der zeitgenössischen bildenden Kunst. Stellvertretend für viele sei nur hingewiesen auf die Kostümentwürfe zum *Tannhäuser* an der Wiener Volksoper aus dem Jahr 1907 von Heinrich Lefler und auf die Figurinen für die Wiener Staatsoper von Alfred Roller aus dem Jahr 1907, in ihrer Farbigkeit und ihrem preziösen Formalismus von der Wiener Secession geprägt, oder auf die abstrakten Raumlösungen der Sängerhalle, wie sie zum Beispiel Emil Pirchan in Prag oder Lothar Schenk von Trapp in Darmstadt 1930 verwirklicht haben. Erst 1930 konnte sich Siegfried Wagner seinen größten Regie-Wunsch erfüllen und den *Tannhäuser* in Bayreuth neuinszenieren. Wegen des Ersten Weltkrieges war das Festspielhaus bis 1924 geschlossen, und nach der Wiedereröffnung hatte man aufgrund der Zeitumstände mit finanziellen Schwierigkeiten zu kämpfen. Das Geld für die Neuinszenierung war Siegfried als Geschenk zu seinem 60. Geburtstag übergeben worden. Kurt Söhnlein entwarf nach Siegfrieds Angaben die Bühnenbilder. Das größte Interesse der Öffentlichkeit galt dem ersten Dirigat von Arturo Toscanini in Bayreuth. Siegfried faßte den *Tannhäuser* ganz malerisch auf. In einer Rundfunkrede hatte er den Venusberg als »üppigen Rubensstil« charakterisiert, dem der »strenge Holbeinstil« der Wartburgwelt entgegengesetzt war. Der Venusberg war den Feengrotten bei Saalfeld nachgebildet, ein sich ins Endlose verlierendes Raumsystem in Rotbraun- und Ockertönen.

Besondere Sorgfalt wurde, wie immer in Bayreuth, auf die Gestaltung des Bacchanals gelegt. Der Choreograph Rudolf von Laban, unterstützt von Kurt Joos, war einer der großen Neuerer des Balletts im 20. Jahrhundert, ein Vertreter des Modernen Tanzes, der das Ballett von der Ornamentik des klassischen Stils befreite und ihm neue Ausdrucksmöglichkeiten erschloß. Das Charakteristikum seines Stils war eine neue Art der Raumbeherrschung. Und gerade das muß ihm in Bayreuth mit der Tanzbühne der Folkwangschule Essen eindrucksvoll gelungen sein. Seiner ersten Choreographie des Bacchanals am Nationaltheater in Mannheim im Jahr 1921 hatte er die »pantomimische Deutung der Musik, über die Richard Wagner an Mathilde Wesendonck geschrieben hat«, zugrunde gelegt, also den sogenannten Ballettmeister Brief. In Bayreuth richtete er sich nach den »choreographischen Aufzeichnungen des Meisters für die Pariser Aufführung«; damit kann nur der Prosa-Entwurf gemeint sein, der im Gegensatz zur Beschreibung im Textbuch weniger geglättet, wilder, dionysischer ist. Wagners Vorstellungen waren »mit der Technik des neuen Bühnentanzes wahrscheinlich besser« zu realisieren »als mit den Mitteln des alten Balletts« (Rudolf von Laban, 1930). Ebenso wie 1961 Maurice Béjart wurde ihm vorgeworfen, seine Choreographie sei weniger Tanz und mehr Gymnastik. Daniela Thode entwarf die Kostüme »nach dem schönen Werk F. Weeges über den antiken Tanz«. Das Kostüm der Venus war nach einer Kore des Erechtheions gestaltet. Labans Grazientanz nannte Daniela »archaisch«.

Die Verwandlung zum Wartburgtal geschah nicht plötzlich, sondern durch allmählichen Lichtwechsel. Das Bild war gegliedert durch

Staatsoper Wien, 8. Januar 1963
Vor dem feierlich aus dem Dunkel schimmernden Goldgrund der hohen Wände die farbenprächtige, zeremoniöse Wartburggesellschaft, wie auf einem goldgrundigen Gemälde des Mittelalters. Rechts der Thron für Elisabeth, links der für den Landgrafen, in der Mitte die Sänger.
Regie und musikalische Leitung: Herbert von Karajan, Bühnenbild: Heinrich Wendel, Elisabeth: Gre Brouwenstijn, Landgraf: Gottlob Frick

Städtische Bühnen Frankfurt am Main, 22. Dezember 1965
Der Regisseur Joachim Herz inszenierte *Tannhäuser* als das Drama des Künstlers in der bürgerlichen Gesellschaft. Das klassische Bogenmotiv setzte Rudolf Heinrich dramaturgisch ein. Die schlanken Bogen formen eine Art Käfig für die selbstgerechte, in Vorurteilen befangene Wartburggesellschaft, ein Gefängnis für Tannhäuser.
Dirigent: Lovro von Matacic, Elisabeth: Claire Watson, Tannhäuser: Hans Hopf, Landgraf: Franz Crass

Teatro alla Scala Mailand, 8. April 1967
Der Schlußchor, mit Kerzen, singt »Der Gnade Heil« über dem toten Tannhäuser.
Regie: Frank de Quell, Bühnenbild: Bisseger, Elisabeth: Sena Jurinac, Tannhäuser: Hans Beirer

eine große, praktikable Brücke in der Mitte der Bühne, die zusätzliche Spielmöglichkeiten schuf. Siegfried hatte an ein Bild wie die herb-schönen Landschaften Hans Thomas gedacht. Im Schlußtableau des 1. Aktes traten ein gewaltiger Jagdtroß mit Pferden und Hunden auf. Im Gegensatz zu 1891 war die Wartburghalle ein zwar weiter, aber schlicht gestalteter symmetrischer Raum mit romanischen Ornamenten an den hohen goldfarbenen Wänden. In der Mitte hinten ein einzelnes mächtiges Tor, mit Ausblick auf die Thüringer Berge, durch das die Gäste einzogen. Als Vorlage für die Kostüme hatte die Manessische Liederhandschrift gedient. Der Gesamteindruck der stark farbigen Halle mit dem bordeaux-roten Teppichboden und vor dem Goldhintergrund der Wände war der eines mittelalterlichen Gemäldes. An der Rampe, mit dem Rücken zum Publikum stehend, empfingen Elisabeth und der Landgraf die Gäste, es war ein Bild »alter Hof- und Fürstenherrlichkeit«. Die individuelle Führung des Chores und eine differenzierte Lichtregie waren die besonderen Kennzeichen von Siegfried Wagners Inszenierungsstil. Bei Tannhäusers Lobpreis auf Venus versank der ganze Saal im Dunkel, nur Tannhäuser stand im »Venuslicht« des 1. Aktes, einem irisierenden Spiel von Farben. Auch bei Tannhäusers Romerzählung im 3. Akt waren nur er und Wolfram durch starkes Scheinwerferlicht hervorgehoben. Den Schluß verklärte wiederum das Morgenlicht der aufgehenden Sonne.

Maria Müller, die die Elisabeth sang, wurde als Idealfall einer Sänger-Darstellerin gerühmt, eine junge, kindlich anrührende Erscheinung, die den Wandel vom aufblühenden Jubel der Liebenden zur Fürbittenden und Gebrochenen glaubhaft machen konnte. Der Tannhäuser von Sigismund Pilinsky hat allerdings die Hoffnungen, die man in ihn setzte, nicht erfüllen können. Ivar Andrésen sang den Landgrafen, Herbert Janssen den Wolfram, und die kleine Rolle des Hirten war mit Erna Berger besetzt. Toscanini wurde vom Publikum stürmisch gefeiert, obwohl man seine Leistung unterschiedlich bewertet hat. Aber er war eben die Sensation dieser Aufführung. Der technische Direktor Friedrich Kranich berichtet, daß sich Dutzende von Personen, die keine Eintrittskarten mehr erhalten konnten, hinter die Bühne und in den Orchestergraben schlichen und den technischen Ablauf der Vorstellung behinderten. Siegfried Wagner war kein radikaler, sondern ein behutsamer Neuerer. Er verstand sich als Fortführer einer lebendigen Tradition. Ein Verdienst seiner Inszenierung ist, daß sie durchsichtig genug war, um in der Diskussion wichtige Fragen aufzuwerfen. Hinter dem schönen Schein des Märchens war eine aktuelle Problematik auszumachen. Das »Tugend-Drama« im mittelalterlichen Kleid konnte als aktuelles »Menschen-Drama« ver-

Bayreuther Festspiele 1972
Die Wartburggesellschaft hat Tannhäuser, der ihre Tabus verletzte, ausgestoßen. Oben wie eine waffenstarrende, schwarze, abweisende Wand die Männer dieser Gesellschaft, unten auf der Rampe der Ausgestoßene, Tannhäuser. Zwischen beiden Fronten Elisabeth, »diese weiße Taube« (Götz Friedrich), die oben und unten keinen Platz mehr hat. Aufnahme aus dem Jahr 1977. Regie: Götz Friedrich, Bühnenbild: Jürgen Rose, Dirigent: Colin Davis, Elisabeth: Gwyneth Jones, Landgraf: Hans Sotin, Wolfram: Bernd Weikl, Tannhäuser: Hermin Esser

Opera San Francisco,
6. Oktober 1973
Einige zu einer Kuppel geformte gotische Spitzbogen genügen als stilistischer Hinweis auf das Mittelalter.
Regie: Paul Hager, Bühnenbild: Wolfram Skalicki, Dirigent: Otmar Suitner, Elisabeth: Leonie Rysanek, Landgraf: Clifford Grant, Wolfram: Thomas Stewart

standen werden. »Man darf es nie vergessen: die ›Tugend‹ ist das Ferment und *soziale Bindemittel* dieser ganzen feudalen Rittergesellschaft. Schafft einer da die Tugend ab, so fürchtet diese Gesellschaft für ihre kulturelle Existenz. Jede Zeit braucht ihre Art von ›Tugend‹. Die heutige Tugend ist zum Beispiel die Kapitalgläubigkeit. Schreit einer mitten in einer Hochburg der Finanz und Industrie ein kräftiges ›Nieder mit dem Kapitalismus!‹ – mitten in die Generalversammlung –, so ginge es ihm genau so wie dem Tannhäuser auf der Wartburg. Hochburg hin – Wartburg her. ... Was einst als Venusberg in Schrecken setzte, heißt heute Moskau u. dgl. Dieser Tannhäuser ist also für diese Wartburg-Christin eine hochgefährliche Nummer. Gewiß ist sein Vergehen menschlich. (Auch ein Moskowiter kann von gewissen Kreisen ›menschlich entschuldigt‹ werden.) Zur menschlichen Rechtfertigung ist aber nicht das *Gesetz* der Bourgeoisie da, sondern die *Gnade.* Von der Gnade ahnt der fluchende Papst in Rom nichts ... Die Gnade hat allein die Erscheinung der durch Gott hindurch von Mensch zum Menschen Liebenden. Das ist die *Heilige* – das ist Elisabeth. Man braucht es gar nicht nur katholisch aufzufassen. In einer Liebe ohne soziologische Rücksichten auf die bourgeoise Gesamtexistenz wird sich die Gnade verklären: wird der ›Mensch‹ erscheinen. Ecce homo. Wagner überläßt weder dem Tugendbund noch der Venus die poetische Gerechtigkeit. Nur die Heilige erhält ihr Über-

Recht.« So äußerte sich Bernhard Diebold im Jahre 1930.

Zum 50. Todestag Richard Wagners hat an der Berliner Staatsoper Jürgen Fehling in den Bühnenbildern von Oskar Strnad den *Tannhäuser* inszeniert, Dirigent war Otto Klemperer. Anscheinend wollte der Generalintendant Heinz Tietjen damit an die Leistungen der 1931 geschlossenen Kroll-Oper anknüpfen. Die Premiere am 12. Februar 1933 fand große Beachtung. Noch drei weitere Aufführungen konnten gezeigt werden, aber dann mußte die Inszenierung auf den starken Druck des Kampfbundes hin durch die alte aus dem Jahr 1929 (Regie: Franz Ludwig Hörth, Dirigent: Leo Blech, Bühnenbild: Panos Aravantinos) ersetzt werden. Fehlings Inszenierung konnte daher kaum Konsequenzen für die zeitgenössische Theaterpraxis zeitigen. Ihre Bedeutung wurde zwar unmittelbar erkannt, weitergedacht wurde diese Interpretation aber eigentlich erst in den Neubayreuther Inszenierungen von Wieland Wagner und Götz Friedrich. Beide haben sich mit der Berliner Inszenierung auseinandergesetzt, ihre Intentionen berührten sich mit denen Fehlings, Strnads und Klemperers. Gemeinsam ist allen, daß sie die vertraute Sehweise des Publikums verstörten. Gerade bei Wagner, mit dem sich die Avantgarde oft so fruchtbar auseinandersetzte, hatte es das Neue, radikal Durchdachte immer schwer, sich durchzusetzen gegen das Vertraute und Gewohnte, das so gerne als »werktreu« ausgegeben wurde. Denn Auseinandersetzung ist nicht bequem, sie fordert, sie stört das schlicht-kulinarische Theatererlebnis. Hinzu kommt bei der Berliner Inszenierung die besondere theatergeschichtliche und politische Situation. Das Werk wurde nicht mehr illusionistisch inszeniert, es war jetzt bekannt und populär und im traditionellen Inszenierungsmuster nicht nur überliefert und bewahrt, sondern auch festgelegt. Es ging jetzt nicht mehr darum, eine alte Lösung einfach durch eine bessere neue zu ersetzen, sondern man analysierte das Werk und brachte einen Aspekt zur Darstellung, der zeitgemäß erschien: die Situation des Künstlers, der sich den Erfahrungsbereichen des apollinischen und des dionysischen Prinzips aussetzt, der diese Haltung in der Gesellschaft vertritt und scheitert.
Durch zwei große kreisförmige Öffnungen blickte man in den Venusberg, der mit schwarzen Gazeschleiern ausgehängt war und an der Rückwand eine Projektionsfläche für Filmeinblendungen besaß. Die Tänzer in fleischfarbigen Trikots hingen zunächst in der Kreisdekoration. Es gab nur zwei große symbolische Requisiten im Vordergrund: links eine Harfe und rechts ein Tigerfell, Hinweise auf das apollinische und das dionysische Prinzip, auf Wartburg und Venus und auf die »zwei Seelen« in Tannhäusers Brust. Man spielte die Dresdner Fassung ohne das große Bacchanal. Einzelne Stichworte aus den Berichten über diese Aufführung vermögen zwar kein konkretes Bild der Bühne zu formen, bestätigen aber, daß es sich eher um einen grausigen als um einen rosafarbenen Venusberg gehandelt hat: »kahle Räuberhöhle«, »finsteres Bergloch«, »indezente Schaustellung einer Gesellschaft für Nacktkultur in lüsterner Ekstase«, »in der Art einer Verdammungsszene von Rubens«. Das zweite Bild war nicht mehr der bekannte Taleinschnitt, sondern eine hochgelegene, frühlingsgrüne Bergwiese mit einzelnen Bäumen. Die Jagdgesellschaft stieg von hinten über Treppen auf die Wiese hinauf. Es gab keine Jagdhunde und keine Falken und Pferde. Kinder mit grünen Zweigen begrüßten den heimkehrenden Tannhäuser. Für den 2. Akt gab es zwei Bühnenbilder. Das war dramaturgisch begründet. Die Szenen mit Elisabeth, dem Landgrafen und Tannhäuser verlangen einen intimen Raum. Deshalb spielten in Fehlings Inszenierung diese Szenen vor dem Einzug der Gäste vor einer hohen Treppe. Die Treppe wurde gedreht, zwei hohe Tribünen für den Chor wurden hereingefahren und bildeten eine Arena für den Sängerkampf. In der Mitte stand auf einem Podest eine einzelne große Harfe, Fahnen entrollten sich von der Decke. Die Damen und die Ritter saßen getrennt. Der Chor und die Minnesänger waren gleichförmig in Weiß und Violett gekleidet. Es war nicht mehr das schöne Bild eines wiedererweckten Mittelalters, sondern eine ganz bestimmte Gesellschaft mit bestimmten Ansichten von Künstlertum. Die Wartburgwelt wird kritisch gesehen. Nach Tannhäusers Preis der Venus brach ein Tumult los, die Damen flohen entsetzt aus dem Saal, die Ritter attackierten Tannhäuser mit ihren Schwertern, die strenge Ordnung war zerbrochen, hatte sich in ein Chaos verwandelt. Auch der 3. Akt wich von dem bekannten Bildmuster ab. Er spielte vor der Mauer der Wartburg. Ein großes Tor mit Zugbrücke und Fallgitter führte in die Burg. Ein dürrer Baum rankte sich an der Mauer hoch, alles war in einem gedämpften Braunton gehalten. In dem Torweg, durch den Elisabeth abging, um zu sterben, tauchte auch das Reich der Venus auf, die beiden Welten fielen in einem Bild zusammen. Tannhäuser, keiner mehr zugehörig, starb draußen. Die jungen Pilger sollen kei-

Metropolitan Opera New York, 22. Dezember 1977
Die Venusgrotte nach den szenischen Vorschriften Richard Wagners mit See, Wasserfall und malerisch gelagerten Paaren. Vorne Venus und Tannhäuser. Mit modernen technischen Mitteln wird der Illusionismus des 19. Jahrhunderts realisiert. Die Urteile darüber gingen auseinander, sie reichten von »perfekt« bis »fragwürdig«.
Regie: Otto Schenk, Bühnenbild: Günther Schneider-Siemssen, Dirigent: James Levine, Venus: Grace Bumbry, Tannhäuser: James McCracken

nen grünen Stab, sondern einen »gewaltigen Pfingstbuschen« getragen haben.

Caspar Neher, der Bühnenbildner Bert Brechts, hat in Frankfurt am Main 1934 mit dem *Tannhäuser* erstmals eine Wagner-Oper ausgestattet. Bertolt Brecht nannte Neher den »größten Bühnenbauer unserer Zeit«. Seine Entwürfe sind dramaturgisch durchdacht, intelligent und in ihrer sparsamen, fast monochromen Farbigkeit von hohem, poetisch-malerischem Reiz. Auf den Vorhang zum Venusberg malte er eine verspielte, beziehungsreiche Version des Bildthemas *Die Einschiffung nach Kythere* nach Antoine Watteau. Für den Venusberg entwarf er eine Collage klassischer Architekturzitate. Seine Sängerhalle ist ein hoher, schräg angeschnittener Raum. Der Chor trat durch eine schräg rechts liegende, offene, auf eine Galerie führende Türe auf, der Baldachin über dem Thron des Landgrafen diente den Trompetern als Balkon. Auch bei ihm findet sich der schlanke, den ganzen Raum akzentuierende Pfeiler. Die Wände sind in blassen Grautönen gehalten, die wie Rauhputz wirken. Auch Nehers Figurinen sind fast monochrom in ihren zarten Abtönungen von Braun, Braunrot und gedecktem Beige. Der Stil der Kostüme ist der spätmittelalterlichen burgundischen Hoftracht angenähert, die Damen trugen die charakteristischen Hängeärmel.

Als Festaufführung zum »Tag der deutschen Kunst« hat Rudolf Hartmann 1939 am Münchner Nationaltheater den *Tannhäuser* inszeniert. Wegen des besonderen Anlasses sangen die vereinten Gesamtchöre der Münchner und der Wiener Staatsoper. Clemens Krauß dirigierte. Hartmann schreibt in seinen Erinnerungen, er habe die »tänzerische Ausgestaltung des Venusberges ... nie wieder, Neu-Bayreuth und die dort praktizierten Sexorgien eingeschlossen, so vollendet künstlerisch und sinngemäß im Geist des klassischen Eros« erlebt wie damals. Erstmals sollen in den lebenden Bildern völlig nackte Mädchen auf der Bühne des Nationaltheaters zu sehen gewesen sein. Wenig überzeugend sind allerdings die Bühnenbildentwürfe von Ludwig Sievert. Daß ein Künstler, der seit seinem Freiburger *Ring* und *Parsifal* 1912/13 wohl der bedeutendste Reformer des Bühnenbildes und ein genialer Aneigner der Theorien Adolphe Appias war, hier – ausgestattet mit Sondermitteln – in eine solch gefährliche Nähe zum offiziellen Staatsnaturalismus jener Jahre geraten konnte, ist zumindest merkwürdig.

Wieland Wagner hat in Bayreuth 1954 und 1961 den *Tannhäuser* inszeniert. Die Grundkonzeption behält er in beiden Inszenierungen bei. »Der Liebe wahrstes Wesen« zu ergründen ist für ihn Richard Wagners Schaf-

fensantrieb vom *Fliegenden Holländer* bis zum *Parsifal*. »Das wahre Wesen der Liebe ist verantwortungsvolle, gläubige und selbstlose Hingabe an das Du des Geliebten. Als das zu überwindende ›böse Prinzip‹ steht demnach im Tannhäuser die typische Ichbefangenheit des Mannes der weiblichen Opferbereitschaft und fraglosen Hingabe gegenüber, und nicht etwa das Phänomen des Eros an sich« (Wieland Wagner, *Zur Tannhäuser-Tragödie*, 1955). Die Tragödie Tannhäusers ist für Wieland »die des Mannes im christlichen Zeitalter überhaupt, der im Bewußtsein seiner inneren Gespaltenheit in Geist und Trieb den Weg zurück zur ursprünglichen göttlich-menschlichen Einheit suchte. Es ist sein ihm auferlegtes ›Kreuz‹, daß er irrtümlich glauben muß, sein Heil in der jeweiligen Verabsolutierung der Daseinspole ›Rausch‹ und ›Askese‹ finden zu können«. Er findet es erst in der Liebe Elisabeths, der gegenüber er schuldig geworden ist. Anhand der Schlußworte »Heil, der Gnade Wunder Heil / Erlösung war der Welt zuteil« sieht Wieland Wagner die private Tragödie Tannhäusers in den großen Sinnzusammenhang seiner »Deutung des Menschenschicksals überhaupt« gestellt. »Aus der Ichbefangenheit kann nur eigene, nicht anders als durch Schuld zu erwerbende Erkenntnis von der ›Liebe wahrstem Wesen‹ führen. Diese Erkenntnis, die am Anfange des Passionsweges der menschlichen Seele steht, ist Voraussetzung für das Wirksamwerden der göttlichen Gnade, welche die Rückkehr des ›Sünders‹ in die ewige Ordnung ermöglicht« (ebenda). So sieht Wieland Wagner das Kernproblem des *Tannhäuser*, das im Laufe der Inszenierungsgeschichte von dem reichen äußeren Geschehen, das immer seinen Erfolg beim Publikum ausmachte, überdeckt worden war.

Mit den Bühnenkünsten des illusionistischen Theaters ließ sich eine solche Interpretation des *Tannhäuser* als »Ideendrama« nicht mehr sinnfällig machen. Herkömmliche Inszenierungen hatten die Bestätigung ihres Bemühens um Authentizität gerade in der genauen Beachtung der Topographie des thüringischen Schauplatzes gesehen. Für Wieland mußte dies nur eine Ablenkung vom Eigentlichen sein. Deshalb hatte er alles Realistische ausgeschaltet, was seinen *Tannhäuser*-Inszenierungen den Vorwurf der Skelettierung des Dramas und der Einführung eines abstrakten, untheatralischen »Oratorienstils« eingetragen hat (nebenbei bemerkt hatte man schon bei der Uraufführung Richard Wagners getadelt, er habe im 2. Akt ein Oratorium auf die Bühne gebracht). Seine Interpretation brauchte nicht den deutschen Wald, die Wartburg, den grünenden Stab und die Leiche Elisabeths. Für Wieland, der wie in allen seinen Inszenierungen auch sein eigener Bühnenbildner war, ist das Mittelalter ein »geistiger Raum«, symbolisch zur Erscheinung gebracht in dem durchgehenden goldenen Hintergrund, vor dem sich das Geschehen in einem strengen Formalismus abspielte. »Der goldene Hintergrund hat die Transzendenz um den Menschen geschaffen« (Wieland Wagner, 1961). Die Bühne ist nicht Illusions-, sondern Symbolraum.

Schon zu Beginn sind die beiden gegensätzlichen Welten präsent. Im Venusberg zog sich eine ellipsenförmig geschwungene, weite goldene Lichtschlange über die Bühne. Rechts vorne unter einem fast bühnenhohen Kreuz lag Tannhäuser (Ramon Vinay). Aus der Ellipse wälzte sich der wilde Zug der Bacchantinnen (Choreographie: Gertrud Wagner und Ehrengard von Dessauer) nach vorne, in ihrer Mitte, unberührt von dem Treiben, ein einzelnes, helles Paar, anmutig und zart, eine Allegorie auf Sexus und Eros. Der Chor der Rompilger war ein schwarzer, schwerer Block

Staatsoper Dresden, 10. Dezember 1978
Das antike Venusideal stimmt nicht mehr, ist zerbrochen. In seinem Schoß das Lager einer ramponierten, heruntergekommenen Venus. Auch diese Alternative, die Tannhäuser sich suchte, funktioniert nicht. So der Regisseur Harry Kupfer in seiner Regiekonzeption. Bühnenbild und Kostüme: Peter Sykora, Dirigent: Siegfried Kurz, Venus: Ingeborg Zobel, Tannhäuser: Reiner Goldberg

von Barlachgestalten, quer über die Bühne ziehend. Die Natur in diesem Bild war nur durch einen Bodenteppich mit geometrisch verteilten Blüten angedeutet. Blockhaft auch der Auftritt des Chores im 2. Akt, nach Geschlechtern getrennt, eine Apotheose des Ordnungsdenkens und ein Bild starker Feierlichkeit. Es war sicherlich keine Überreaktion auf den Realismus der traditionellen Bayreuther Regie gerade in dieser Szene, die Wieland zu dieser Stilisierung bewog, sondern es war dramaturgisch begründet. Nicht der Opernchor, der historische Personen darstellen sollte, trat auf, sondern der Chor in der Funktion, die er im antiken Drama hatte. Er bewegte sich in einer ausgefeilten choreographierten Ordnung. Die Halle bestand lediglich aus einigen Bögen vor dem Goldhintergrund, an Paul Klees *Revolution des Viaduktes* erinnernd. Wieland war von Haus aus Maler und arbeitete gerne mit Verweisen auf die moderne bildende Kunst. Die Inszenierungstradition wurde nur zitiert in der Rückenstellung Elisabeths und des Landgrafen zum Publikum und im Auftritt des Chores von hinten. In einem Gestühl auf beiden Seiten der Bühne nahm der Chor Platz, Elisabeth präsidierte den Damen, der Landgraf den Herren. Die ganze Bühnenmitte mit ihrem geometrisch gegliederten Boden war die Kampfarena für den Sängerkrieg, die Sänger glichen Figuren auf dem Schachbrett. Nur Tannhäuser brach aus dieser starren Ordnung aus. Die kritische Auffassung von der Wartburggesellschaft, die sich bei den folgenden Inszenierungen allgemein durchsetzte, war bei Wieland bereits angelegt. Nachdem Tannhäuser zur Sühne nach Rom verwiesen worden war, verneigten sich Chor und Solisten vor Elisabeth, eine Reverenz an die Idee der hohen höfischen Minne. 1961 änderte Wieland diese Szene dahingehend, daß Elisabeth ohnmächtig zu Boden sank; sie gehörte jetzt nicht mehr zur Welt der höfischen Minne, sie war ausgestoßen und leidend wie Tannhäuser. Sublimiertes Mittelalter auch der Schluß: ein ungleichschenkliges Dreieck von aufragenden Heiligenscheinen, fern auf dem Hintergrundprospekt zu erahnen, wie auf Giottos Weltgerichtsdarstellung in der Arena-Kapelle

Staatsoper Dresden, 10. Dezember 1978
Die Schlußszene in Harry Kupfers Inszenierung, Tannhäusers Heiligsprechung. Tannhäuser war hier nicht der Suchende und tragisch Scheiternde, sondern ein Anarchist, der nur provoziert und sich selbst zerstört. Im Moment des Todes ist er nicht mehr gefährlich, sondern das richtige Objekt für eine Heiligsprechung. Er wird in einen Glassarg gelegt, darauf der grüne Stab. Die Wartburggesellschaft wohnt ehrfurchtsvoll der Zeremonie bei. Ein Sturm fegt Laub über die Bühne, alle stieben davon, allein zurück bleibt der Glassarg.
Bühnenbild und Kostüme: Peter Sykora, Dirigent: Siegfried Kurz, Tannhäuser: Reiner Goldberg

in Padua, war der Chor; er sang »Der Gnade Heil« über dem toten Tannhäuser, der wie am Anfang unter dem hohen Kreuz lag.

Eine Vertiefung und Konkretisierung des ursprünglichen Konzepts war die Neuinszenierung von 1961, besonders sinnfällig an den beiden Gegenpolen Venus und Elisabeth. Die Verpflichtung der ersten »schwarzen Venus von Bayreuth«, Grace Bumbry, war damals eine Sensation, und Wieland wurde deswegen auch angegriffen. Die 24jährige Sängerin gab dank ihrer Ausdruckskraft dem Regisseur die Möglichkeit, Venus als machtvolle Göttin zu zeigen, als ein bronzenes archaisches Idol, mehr asiatische Astarte als hellenische Venus. Die perfekte Verkörperung der Gegenwelt war die schmale, zarte, madonnenhafte Elisabeth der Victoria de los Angeles. Zwei Idole standen sich in ihrem Kampf um Tannhäuser gegenüber, und beide verloren. Maurice Béjart gestaltete mit seinem Ballett des 20. Jahrhunderts das Bacchanal. Um das starre Götzenbild der Venus tobte ein wilder Tanz, eine »Mischung aus Wagner, Rue Pigalle und Henry Miller«, wie die Londoner »Times« schrieb. Béjarts Choreographie galt zur damaligen Zeit, vor der sogenannten »sexuellen Revolution«, als sehr gewagt.

Götz Friedrich ist der Meinung, er sei, als er 1972 den *Tannhäuser* in Bayreuth inszenierte und damit einen der größten Skandale in der Festspielgeschichte verursachte, nicht mit dem Bewußtsein an die Arbeit gegangen, eine Zäsur zu schaffen, sondern seine Annäherung an das Werk sei von einer ebensolchen analytischen Grundhaltung ausgegangen, wie sie für Wieland Wagners Arbeit charakteristisch war. Er hatte »von Felsenstein gelernt, wie man mit Menschen auf der Bühne umgeht«, hatte »bei Wieland Wagner gesehen, wie auf einer entrümpelten Bühne gearbeitet worden war«, und suchte nun »eine Verbindung beider Linien, zwischen Super-Aktion und Superstilisierung, ... doch eben nicht als Geisteraustreiber und Bayreuth-Stürmer«. Die »Gegensatzpaarungen ›irdische‹ und ›himmlische‹ Liebe, Venus und Elisabeth, Venusberg und Wartburgwelt« schienen ihm nicht mehr hinreichend, um die »Vielschichtigkeit und Differenziertheit der Phänomene« erkennbar zu machen, »mit denen sich Tannhäuser in seiner Suche nach dem Wesen seiner Existenz und des künstlerischen Tätigseins auseinanderzusetzen hat«. Tannhäusers Schicksal ist die »Reise eines Künstlers durch innere und äußere Welten, auf der Suche nach sich selbst, gezeigt auf dem Theater«. Nicht nur, wie immer wieder vereinfachend gesagt wurde, um die Position des Künstlers in und gegenüber der Gesellschaft ging es, sondern auch um die Position des Künstlers in und gegenüber seinen Träumen, seiner Imagination vom Künstlertum. Für Friedrich ist *Tannhäuser* ein deutsches Künstlerdrama, so wie Goethes Tasso, wie Heinrich von Kleist, Beispiel eines Künstlertums, das sich durch Opposition zu bestimmten gesellschaftlichen Erwartungshaltungen definiert.

Eine »idealistisch-unkritische« Sicht der Wartburgwelt, die sich nicht nur zum Kunstrichter, sondern auch »zum moralischen Gradmesser der Vorgänge macht«, ist nicht mehr möglich. Andererseits kann die Interpretation nicht ausschließlich auf Gesellschaftskritik eingeengt werden, sie ist nur *eine* Erzählstufe des Dramas. Eine unkritische Sicht verbietet sich allerdings dann auch für Tannhäuser selbst, soll er nicht als Märtyrer für einen anarchistischen Freiheitsbegriff verherrlicht werden. »Die historische wie die aktuelle Größe von Wagners Tannhäuser erwächst ... aus dem Ringen um die Einsicht, daß sich der Künstler ... nicht anders als in der Kommunikation mit der Gesellschaft verwirklichen kann.« Rebellion gegen die Gesellschaft kann sich erst als »schöpferisch-revolutionierend« erweisen, wenn sie zum »Bewußtsein von religio, von Bindung« kommt, »und sei es gerade einer neuen Bindung, einer noch unbekannten religio«. Daß Tannhäuser dieses Bewußtsein entwickelt, macht seine Größe und Tragik aus. Tannhäuser ist ein Suchender wie Faust, der wissen will statt glauben. Sein Versuch der Selbstverwirklichung scheitert »im ›künstlerischen Paradies‹ des Venusbergs« wie »im Zentrum des Regimes, auf der Wartburg«.

Das Vorspiel wurde pantomimisch interpretiert. Tannhäuser, auf der Flucht aus der Realität, durchbricht den Elfenbeinturm des l'art pour l'art-Künstlers und erschafft sich sein künstliches Paradies. Man sah, wie dieses Paradies mit Theatermitteln geschaffen wurde, wie es sich in seinem Kopf ausbildete. Der Venusberg ist keine Realität wie die Wartburg, er ist eine Traumgeburt Tannhäusers – und sein Trauma; Venus und Elisabeth wurden von einer Sängerin (Gwyneth Jones) gesungen. Tannhäusers Traumgeburt wurde jedoch zur Hölle. Die »Bilder jugendlich-naiver Liebe und die Vision von der Möglichkeit der Erfüllung der Liebe zwischen Mann und Frau steigern sich zum Rausch und schlagen um in den zerstörerischen Orgasmus ... Die Ekstase verkehrt sich in Barbarei, in Brutalität«, in Blut und Tod (Choreographie: John Neumeier). Lange, rote, vom Schnürboden herabfallende Bänder spannten sich als die Stäbe eines Gefängnisses um Tannhäuser und bildeten eine riesige, phantastische Harfe, in die Tannhäuser seine Venuslieder sang. Die andere Realität der feudalen Wartburgwelt wird schon beim ersten Auftreten in einem konkreten Bild sichtbar gemacht: die Jagdgesellschaft ließ sich auf Sesseln dahertragen. Schauplatz in allen drei Akten war ein einfacher Bretterboden, die Grundform der europäischen Bühne seit jeher. Jeder Anklang an einen Stil, an historische Architekturformen war vermieden. Das Bretterpodest wurde im 2. Akt hochgehoben. Vierzehn Stufen führten wie auf eine Pyramide hinauf, oder wie auf einen Hügel, auf den der Chor hinaufschritt und sich zum Kunstgenuß begrüßte. Als dann noch Fahnen entrollt wurden, war *eine* ironische Parallele zum Festspielhaus erkennbar. Aber es war mehr als Ironie und mehr als ein bloßer Wiedererkennungseffekt. Gespielte und reale Situation berührten sich. Denn auf der Bühne wie im Parkett ging es ja um die Frage: gesellschaftlich okkupierte Weihestätte oder geistige »Werkstatt«, leere Feierlichkeit, gesellschaftliche Repräsentation oder Analyse, Unruhe, Beitrag zum Denken. Die Wartburggesellschaft sang von Kunst und Frieden; sobald sich aber Tannhäusers falscher Ton erhob, war von Frieden für die Kunst keine Rede mehr, und man zog die Schwerter. Dabei will Tannhäuser weder provozieren noch mit seinem Venus-Erlebnis prahlen, er will nur vertreten, was er als wahr ansieht, er ist ein »Wahrheitsfanatiker« (Götz Friedrich).

Nach diesem Aufeinanderprall blieben im 3. Akt nur noch verlorene, einsame, verstörte Menschen übrig, eine Beckettsche Leere und Verzweiflung. Durch den Strom der zurückkehrenden Pilger, die trunken und verzückt von ihrer Entsühnung ein schweres, mit Devotionalien behängtes Kreuz schleppten und ihr Leid nicht sahen, irrte Elisabeth in Hoffnung und Angst, suchte Tannhäuser zu erkennen, bis sie zu der endgültigen Gewißheit kam: Er kehrt nicht zurück. Ein »Ewigkeitsbild« in einer von Kriegen und Katastrophen gezeichneten Welt hat Götz Friedrich das genannt. Auch Elisabeth ist im 3. Akt eine Außenseiterin, nicht mehr die Fürstin der Wartburg, sondern eine alte, grauhaarige, gebrochene Frau, die die Sünde des anderen auf sich genommen hat und mit ihm leidet. Sie vertritt eine Haltung des Urchristentums, die »die reale Humanitas« meint, Mitleiden und Verstehen. Die Verkündigung der Gnade am Schluß sang der Chor, nach einem Blackout in strahlender Helle, voll sichtbar auf der Bühne, zunächst in neutraler Kleidung, später dann in einer Mischung verschiedener Kostüme, die ihn als »Menschheit« charakterisieren sollten, als eine Gruppe, die »nicht zum Establishment gehört und die mit ihrem Appell an die Toleranz das Establishment herausfordert«. Denn Friedrich ließ den Schlußchor nicht als Konstatierung singen, sondern als Forderung, daß jemand wie Tannhäuser, der sich nicht Bequemlichkeit und Anpassung auferlegte, sondern das Leid, mehr wissen und erfahren zu wollen, nicht in Ungnade vergeht. »Jene, die übrigbleiben, ... sagen den anderen: Versteht dies Schicksal als einen Appell an uns alle, als einen Appell zur humanen Toleranz. Und diese humane Toleranz wäre eigentlich unser aller größte Gnade« (Götz Friedrich).

Die weiteren *Tannhäuser*-Inszenierungen folgten alle mehr oder weniger einem realistischen Konzept, bis hin zur Neuinszenierung am 22. Dezember 1977 an der Metropolitan Opera in New York, die mit ihren reichen, dem 19. Jahrhundert nachempfundenen Bildern und Tableau-Wirkungen wie ein Protest gegen die europäischen modernen Interpretationsbemühungen wirkte und *Tannhäuser* als Große Oper restituierte.

Es war in diesem Kapitel hauptsächlich von Bayreuther Inszenierungen die Rede und zwar deswegen, weil *Tannhäuser* seit seiner Erstaufführung als exemplarische Bayreuther Aufgabe galt und weil anhand dieser Beispiele gezeigt werden konnte, wie sich an einem Theater verschiedene Generationen mit diesem Werk auseinandergesetzt und es für ihre jeweilige Zeit neu entdeckt und interpretiert haben. Daß in der Aufführungsgeschichte so oft das Wort »Skandal« fiel, geschah nicht um der Sensation willen, sondern weil diese Skandale charakteristisch für die Rezeptionsgeschichte gerade dieses Werkes sind, das immer noch Betroffenheit und auch Empörung auszulösen vermag.

Hof-Theater.

Weimar, Mittwoch den 28. August 1850

Zur Goethe-Feier:

Prolog

von Franz Dingelstedt, gesprochen von Herrn Jaffé.

Hierauf:

Zum Erstenmale:

Lohengrin.

Romantische Oper in drei Akten.
(letzter Akt in zwei Abtheilungen)
von Richard Wagner

Heinrich der Finkler, deutscher König,	Herr Höfer
Lohengrin,	Herr Beck
Elsa von Brabant,	Fräulein Agthe
Herzog Gottfried, ihr Bruder,	Frau Hettstedt
Friedrich von Telramund, brabantischer Graf,	Herr Milde
Ortrud, seine Gemahlin,	Fräulein Fastlinger
Der Heerrufer des Königs,	Herr Pätsch
Sächsische und Thüringische Grafen und Edle	
Brabantische Grafen und Edle	
Edelfrauen	
Edelknaben	
Mannen, Frauen, Knechte	

Antwerpen: erste Hälfte des zehnten Jahrhunderts.

Die Textbücher sind an der Kasse für 5 Sgr. zu haben.

Preise der Plätze:

Fremden-Loge	1 Thlr. 10 Sgr. — Pf.	Parterre-Loge	— Thlr. 20 Sgr. — Pf.
Balkon	1 — —	Parterre	— 15 —
Sperrsitze	1 — —	Gallerie-Loge	— 10 —
Parket	— 20 —	Gallerie	— 7 6

Anfang um 6 Uhr. Ende gegen 10 Uhr.

Die Billets gelten nur am Tage der Vorstellung, wo sie gelöst worden.

Der Zutritt auf die Bühne, bei den Proben wie bei den Vorstellungen, ist nicht gestattet.

Das Theater wird halb 5 Uhr geöffnet.

Die freien Entréen sind ohne Ausnahme ungiltig.

Lohengrin

Hoftheater Weimar,
28. August 1850
Programmzettel der
Uraufführung

Am Abend des 28. August 1850 saß Richard Wagner mit seiner Frau Minna im Gasthof »Zum Schwan« in Luzern, während zur gleichen Stunde sich in Weimar der Vorhang zur Uraufführung des *Lohengrin* hob. Wagner, in Deutschland steckbrieflich gesucht, konnte nicht dabei sein und verfolgte erregt auf seiner Uhr die Stunde des Beginns und des vermuteten Endes der Vorstellung. »Eine ungeheure Sehnsucht ist in mir entflammt, dies Werk aufgeführt zu wissen. Ich lege Dir hiermit meine Bitte ans Herz. Führe meinen Lohengrin auf! Du bist der Einzige, an den ich diese Bitte richten würde: Niemand als Dir vertraue ich die Creation dieser Oper an.« So hatte er im April an Franz Liszt geschrieben. Und Liszt hatte tatsächlich, trotz Verfemung des Komponisten und trotz der beschränkten Mittel des Weimarer Theaters, die Uraufführung zustande gebracht.

Begonnen hatte Wagners Bekanntschaft mit dem Lohengrin-Stoff, wie so vieles, in Paris. In der gleichen Abhandlung von Lucas, die ihm den entscheidenden Hinweis zur Verschmelzung der Tannhäusersage mit dem Sängerkrieg auf der Wartburg gegeben hatte, fand er ein »kritisches Referat« über das Gedicht vom Lohengrin *(Mein Leben)*, mit einer ausführlichen Inhaltsangabe. Eine neue poetische Welt war ihm damit erschlossen. Aber die dichterische Form dieses Epos machte auf ihn zunächst einen unangenehmen Eindruck. Die Gestalt des Lohengrin erweckte ihm Widerwillen und Mißtrauen, wie der »Anblick der geschnitzten und bemalten Heiligen an den Heerstraßen und in den Kirchen katholischer Länder«. Trotzdem ließ ihn dieses Thema nicht mehr los. Er schreibt, daß erst, als er den Lohengrin-Mythos in seinen einfachen Zügen und in seiner »tieferen Bedeutung als eigentliches Gedicht des Volkes« in den neueren sagengeschichtlichen Forschungen kennenlernte, der Stoff eine wachsende Anziehungskraft auf ihn ausübte *(Mein Leben)*. In intensiven Quellenforschungen studierte er die Ausgabe des Lohengrin-Epos, die Joseph Görres 1813 mit einer großen Einleitung ediert hatte, die *Deutsche Mythologie,* die *Deutschen Rechtaltertümer,* die *Deutschen Sagen* und die *Weistümer* von Grimm, und San Marte's Ausgabe von Wolfram von Eschenbachs *Parzival* (1836/41). Selbst ein so entlegenes Werk wie die *Flandrische Staats- und Rechtsgeschichte bis zum Jahr 1305* konsultierte er. Nebenbei sei bemerkt, daß er in seinen Dresdner Jahren erstmals die Mittel besaß, sich eine eigene Bibliothek nach seinen Interessen aufzubauen. Mit größerer Sorgfalt als bei seinem *Tannhäuser* versuchte er sich im deutschen Mittelalter heimisch zu machen, zwar ohne philologische Genauigkeit, aber doch »ernstlich«, obwohl manche seiner Dresdner Freunde nicht begriffen, warum er sich in solche »Kruditäten« verlor. Gerade diesen Studien aber schreibt er es zu, daß man später seinem *Lohengrin* bewundernd eine Physiognomie von besonderer Bewandtnis zuerkannte.

Dem Kritiker Karl Gaillard teilte er im Juni 1845 mit, daß er nach dem *Tannhäuser* sich ein ganzes Jahr nur den Studien in seiner Bibliothek widmen wolle. Obwohl es ihn dränge, sich mit seinem neuen Stoff zu befassen, wolle er sich gewaltsam davon abhalten, da er erstens noch manches dazulernen möchte und zweitens ein originales dramatisches Kunstwerk das Produkt einer besonderen Periode im Bildungsgang eines Künstlers sein müsse, denn ein unbedeutendes Produkt zu fabrizieren sei nur Geldmacherei. Es sollte aber anders kommen.

Es war wieder in Böhmen, diesmal bei einer Badekur in Marienbad. Mit den Epen von *Parzival* und *Lohengrin* vergrub sich Wagner im Wald und unterhielt sich, am Bach gelagert, mit den fremdartigen und doch so vertrauten Geschichten. Um sich vom Lohengrin, der ihm nicht aus dem Kopf gehen wollte, abzulenken, verfaßte er den ersten Entwurf zu den *Meistersingern von Nürnberg.* Es half nichts. Er geriet in eine ihn beängstigende Aufregung: Lohengrin »stand plötzlich vollkommen gerüstet mit größter Ausführlichkeit der dramatischen Gestaltung des ganzen Stoffes« vor ihm *(Mein Leben)*. Es muß Ende Juli/Anfang August gewesen sein, da sprang Wagner um die Mittagszeit buchstäblich aus der Badewanne, rannte, kaum ordentlich angekleidet, wie ein Rasender in seine Wohnung, um den *Lohengrin* zu Papier zu bringen. Am 3. August 1845 ist der große Prosa-Entwurf fertig. Wie schon bei *Rienzi* und *Der fliegende Holländer* führte er ganze Textpassagen in Dialogform aus.

Im Herbst, nach der ersten Aufführung des *Tannhäuser*, entstand in Dresden die Versdichtung. Am 17. November trug er im Engelclub, seinem »Stammtisch«, wie wir heute sagen würden, vor einem größeren Kreis die *Lohengrin*-Dichtung vor, die erste seiner nachmals so berühmten Dichterlesungen. Robert Schumann war anwesend, der Architekt Gottfried Semper, die Maler Julius Schnorr von Carolsfeld und Friedrich Pecht. Schumann erklärte, dieser Text sei nicht zu komponieren. Am meisten beeindruckt waren die Maler. Nach einigen kleineren Korrekturen wurde die Versdichtung am 27. November abgeschlossen. Zwischen dem 15. Mai und 30. Juli des nächsten Jahres, wiederum in den Theaterferien, entstand in Groß-Graupa bei Pillnitz die Kompositionsskizze. In Dresden begann Wagner am 3. September mit der Orchesterskizze, eigenartigerweise des 3. Aktes. Dieses Verfahren hat er sonst nie wieder angewendet. Er selbst erklärte es damit, daß ihn die musikalischen Motive der Gralserzählung als der Kern der ganzen Komposition dazu bewegten. Erst am 5. März 1847 konnte er die Orchesterskizze dieses Aktes abschließen. Am 12. Mai begann er mit der Orchesterskizze des 1. Aktes, am 18. Juni mit der des zweiten, und am 28. August ist mit dem Vorspiel das Werk durchkomponiert. Es folgte die Instrumentierung, und die fertige Partitur lag am 28. April 1848 vor.

Wagner war erleichtert, als ihm Lüttichau anbot, sein neues Werk in Dresden uraufzuführen. Er erhoffte sich eine Ablenkung von den Aufregungen und Verwirrungen, in die ihn die Ereignisse dieses Jahres, nicht zuletzt die Pariser Revolution, gebracht hatten. Da er sich aber inzwischen politisch zu stark exponiert hatte, war die Stimmung bei Hofe gegen ihn, und man mußte das Projekt fallenlassen. Eine Versöhnung mit dem Dresdner Theater war nicht mehr möglich.

Obwohl ihn der Stoff faszinierte, hatte Wagner zunächst Schwierigkeiten gehabt, in den umfangreichen Epen mit ihren Tausenden von Versen und sich überkreuzenden Handlungssträngen zu dem vorzudringen, was er als Kern der Handlung suchte. Seinem Bruder Albert schrieb er, daß er »die fast unkenntlich gewordene Sage aus dem Schutt und Moder der schlechten prosaischen Behandlung des alten Dichters erlöst und durch eigene Erfindung und Nachgestaltung sie wieder zu ihrem reichen, hochpoetischen Werte« gebracht habe (4. 8. 1845). Auch bei *Tristan und Isolde* und *Parsifal* hatte er große Mühen, aus den alten Epen sich seine Version herauszuschälen. Die Essenz der Lohengrin-Sage faßte er so: »Ein uralter und mannigfach wiederholter Zug geht durch die Sagen der Völker, die an Meeren oder meermündenden Flüssen wohnen: auf dem blauen Spiegel der Wogen nahte ihnen ein Unbekannter von höchster Anmut und reinster Tugend, der alles hinriß und jedes Herz durch unwiderstehlichen Zauber gewann; er war der erfüllte Wunsch des Sehnsuchtsvollen, der über dem Meeresspiegel, in jenem Lande, das er nicht erkennen konnte, das Glück sich träumte. Der Unbekannte verschwand wieder, und zog über die Mereswogen zurück, sobald nach seinem Wesen geforscht wurde. Einst, so ging die Sage, war, von einem Schwan im Nachen gezogen, im Scheldelande ein wonniger Held vom Meere her angelangt: dort habe er die verfolgte Unschuld befreit und einer Jungfrau sich vermählt; da diese ihn aber befrug, wer er sei und woher er komme, habe er wieder von ihr ziehen und alles verlassen müssen« *(Mitteilung)*.

Damit ist der Inhalt des *Lohengrin* umrissen. Zeit und Ort der Handlung werden, wie im Epos, lokalisiert in Antwerpen in der ersten Hälfte des 10. Jahrhunderts, als König Heinrich I. zum Krieg gegen die Ungarn Truppen sammelte. *Lohengrin* ist »das Paradox einer tragischen Märchenoper in der äußeren Form eines Historiendramas. Gegensätze, die sich auszuschließen scheinen, Mythos und Geschichte, Märchen und Tragödie, sind zusammengezwungen, ohne daß Brüche fühlbar werden. Die romantische Oper, deren Kulminationspunkt Lohengrin darstellt, bewährt sich als ›Universalpoesie‹« (Carl Dahlhaus). Den historischen Rahmen, soweit er sich aus den Quellen rekonstruieren ließ, versuchte Wagner korrekt darzustellen: Ankunft des Königs, Gerichtssitzung, Gotteskampf. Einzig durch historische Treue schien ihm ein so außerordentlicher Stoff in seinen naiven Zügen überzeugend zur sinnlichen Erscheinung gebracht werden zu können. Die Realität mit ihren gesellschaftlichen Formen war anschaulich darstellbar. Die Dimension der Irrealität, des Wunders, mußte einzig in der Erscheinung Lohengrins glaubhaft gemacht werden und war nur musikalisch zu schildern. Die Gralswelt, Kontrapunkt der Realität, ist musikalisch bedeutend präsent im Vor-

Hoftheater Weimar,
28. August 1850
Lohengrins Ankunft im 1. Akt der Uraufführung, aus der »Leipziger Illustrierten Zeitung«. Die szenische Anordnung nach den Regievorschriften Richard Wagners – links die Eiche mit dem Sitz des Königs, in der Mitte das Schelde-Ufer, an dem Lohengrin anlegt, der Chor auf beiden Seiten und Elsa im Vordergrund – wurde noch bis ins 20. Jahrhundert beibehalten.

Kaiserliches Theater Sankt Petersburg, 16. Oktober 1868
Erstaufführung in russischer Sprache. Einen deutlichen topographischen Hinweis auf Brabant gibt die Windmühle.

Moritz Lehmann, Bühnenbildentwurf für das Brautgemach, vor 1877
In diesem byzantinisierenden Stil wurde das Brautgemach des 3. Aktes im 19. Jahrhundert vorzugsweise dargestellt.

spiel und in Lohengrins Erzählung von seiner Herkunft. Als Person ist Lohengrin in ungleich höherem Maße überirdischer Gralsritter denn liebender Mensch. Seine Liebeserklärung »Elsa, ich liebe dich« – auch wenn ein solcher Satz nur aus heutiger Sicht trivial klingen mag – kann, obwohl tiefgefühlt, musikalisch nicht mit dem Gralsthema konkurrieren, mit dem Lohengrin immer wieder in eine ferne Sphäre der Verklärung entrückt wird. Das hat Wagner den Vorwurf eingetragen, Lohengrin sei eine kalte, ja verletzende Erscheinung, die aus einem Reich leidenloser Herrlichkeit herabsteige, unerfüllbare Bedingungen stelle und sich wieder dem Irdischen entziehe. Einem solchen Verständnis aber hat sich der tiefe tragische Konflikt Lohengrins nicht erschließen können.

In seiner *Mitteilung an meine Freunde*, dieser großen Rechtfertigung und Analyse seines Schaffens vom *Fliegenden Holländer* bis zum *Lohengrin*, hat Wagner eine weitreichende Erklärung des tragischen Konflikts im *Lohengrin* gegeben, die hier in ihrem Hauptgedankengang nachvollzogen werden soll: Aus den Wonnen der Einsamkeit seiner höheren Natur sehnt Lohengrin sich herab zur Nähe der Menschen, zu einem Weib, das ihn liebt. Um seiner selbst willen möchte er geliebt werden, ohne Erklärungen und Rechtfertigungen. Deshalb mußte er seine höhere Natur verbergen, denn er wollte nicht angestaunt oder bewundert werden, sondern seine Sehnsucht nach Liebe stillen, seine Sehnsucht nach »Verstandensein durch die Liebe«, er wollte Erlösung aus seiner Einsamkeit. Mit wissendem Bewußtsein möchte er nichts anderes werden als ein warmempfindender Mensch, ein Mensch an sich. Seine Tragik aber besteht darin, daß ihm »unabstreifbar der verräterische Heiligenschein der erhöhten Natur« anhaftet. Er muß den Menschen als Wunder erscheinen und daher Staunen und – damit einhergehend – Neid erregen. Dieser Neid vermag es, Zweifel in das Herz des geliebten Weibes zu säen. Lohengrin muß die schmerzliche Erfahrung machen, daß er nicht um seiner selbst willen geliebt, sondern als ein Wunder angebetet wurde. Er wird zum Geständnis seines Namens und seiner Herkunft gezwungen und muß in seine Einsamkeit zurück.

In Elsa entdeckt Wagner das Wesen des weiblichen Herzens. Sie ist der ersehnte Gegensatz Lohengrins, »das *andere Teil* seines eigenen Wesens«. Elsa ist das Unbewußte, Unwillkürliche. Lohengrins bewußtes Wesen will sich in Elsa erlösen. Sein Verlangen aber ist »das unbewußt Notwendige«, und darin ist er Elsa verwandt. »Unbewußtes Bewußtsein« hat Wagner diesen psychischen Zustand genannt. Er (Wagner) sieht ein, daß Elsa berechtigt ist, die Frage an Lohengrin zu richten, daß erst darin »das rein menschliche

Hoftheater München, 16. Juni 1867
Zeichnung von Michael Echter nach der Münchner Inszenierung. Der Brautzug im 2. Akt und das Bühnenbild in dem von König Ludwig II. bevorzugten lyrisch-romantischen Neuschwanstein-Stil. Charakteristisch die zarten Farben der Kostüme.

Städtische Bühnen Frankfurt am Main, 1880
Bühnenbildentwurf von Johann Kautsky für den 2. Akt. Typischer Atelierentwurf im Stil des Historismus. Die Architektur deutscher Kaiserdome setzt einen nationalen Akzent. Nicht mehr lyrisch-romantisch, sondern schwer, feierlich und bedeutend. Typisch für die *Lohengrin*-Auffassung des deutschen Kaiserreiches.

Wesen der Liebe« verstanden werden kann. Denn der Mensch verlangt in der Liebe, auch wenn er sie ins Göttliche projiziert, doch immer nur nach dem Rein-Menschlichen, er begehrt »den Genuß seiner eigenen Natur als das Allerersehnenswerteste«. Das Wesen der menschlichen Natur ist die »*Notwendigkeit der Liebe,* und das Wesen dieser Liebe ist in seiner wahrsten Äußerung *Verlangen nach voller sinnlicher Wirklichkeit*«, nach dem Genusse »eines mit allen Sinnen zu fassenden Gegenstandes«. Das Verhältnis der beiden ist also notwendig tragisch, ihre Vernichtung unabwendbar. Elsas Größe aber liegt darin, daß sie sich »um des notwendigen Wesens der Liebe willen ... mit hellem Wissen in ihre Vernichtung stürzt«. Da sie den Geliebten nicht ganz als Mensch umfassen kann, will sie lieber untergehen. Erst dann, wenn sie Lohengrin nicht mehr anbetet, sondern wissen will, wer er ist, liebt sie ihn und offenbart Lohengrin in ihrem Untergang das Wesen der Liebe. Damit war Lohengrin als Figur für Wagner zwar verloren, wie er sich ausdrückt, aber er ist »mit Sicherheit dem wahrhaft Weiblichen« auf die Spur gekommen, und das sollte für seine weiteren Werke Konsequenzen haben. Elsa, »diese notwendigste Wesensäußerung der reinsten sinnlichen Unwillkür« hat ihn zum Revolutionär gemacht. »Sie war der Geist des Volkes, nach dem ich auch als künstlerischer Mensch zu meiner Erlösung verlangte.«

Um aus dem Epos eine dramatisch wirkungsvolle Handlung zu gewinnen und auch um ein psychologisches Gegengewicht zu Elsa und Lohengrin zu schaffen, entwirft Wagner das Gegenspielerpaar Ortrud, »Radbods, des Friesenfürsten Sproß«, und Friedrich Graf von Telramund. Letzterer ist schon im alten Epos der Ankläger Elsas. Ortrud dagegen ist Wagners Schöpfung. Sie zeigt ihn ganz als den Opernpraktiker, der eine wirkungsvolle Rolle zu gestalten versteht, ohne in das für ihn abgetane Opernschema zurückzufallen. Denn Ortrud ist nicht der herkömmliche Typ der Intrigantin, sie ist ganz aus der Dramaturgie der Handlung entwickelt.

»Ortrud ist ein Weib, das – die Liebe nicht kennt. Hiermit ist alles, und zwar das Furchtbarste gesagt. Ihr Wesen ist die Politik ... Es ist eine Liebe in diesem Weibe, die Liebe zu der Vergangenheit, zu untergegangenen Geschlechtern, die entsetzlich wahnsinnige Liebe des Ahnenstolzes, die sich nur als Haß gegen alles Lebende, wirklich Existierende äußern kann. Beim Mann wird solche Liebe lächerlich, bei dem Weibe aber furchtbar, weil das Weib ... etwas lieben muß, und Ahnenstolz, der Hang zum Vergangenen somit

Eden-Théâtre Paris, 30. April 1887
Die auf Initiative von Charles Lamoureux zustandegekommene Erstaufführung in Paris mit einer Szene aus dem 2. Akt. Cosima hatte große Bedenken gegen diese Aufführung. Sie empfahl Lamoureux den Kostümbildner Joseph Flüggen, damit wenigstens die »Trachten« etwas mehr Stil bekämen.

Hoftheater München, 1894
Lohengrins Ankunft, nach einer Aufführung am Münchner Hoftheater von 1894. Ernst von Possart hatte *Lohengrin* in einer prachtvollen Ausstattung als Konkurrenz zu den Bayreuther Festspielen inszeniert. Der Erfolg übertraf den von Cosima Wagners Neuinszenierung im gleichen Jahr.

zum mörderischen Fanatismus wird ... Nicht Eifersucht auf Elsa ... bestimmt daher Ortrud, sondern ihre ganze Leidenschaft enthüllt sich einzig in der Szene des zweiten Aktes, wo sie – nach Elsas Verschwinden vom Söller – von den Stufen des Münsters aufspringt und ihre alten, längst verschollenen Götter anruft. Sie ist eine Reaktionärin, eine nur auf das Alte Bedachte und deshalb allem Neuen Feindgesinnte, und zwar im wütendsten Sinne des Wortes: sie möchte die Welt und die Natur ausrotten, nur um ihren vermoderten Göttern wieder Leben zu schaffen. Aber dies ist keine eigensinnige, kränkelnde Laune bei Ortrud, sondern mit der Wucht eines ... weiblichen Liebesverlangens nimmt diese Leidenschaft sie ein: und daher ist sie furchtbar *großartig*. Nicht das mindeste Kleinliche darf daher in ihrer Darstellung vorkommen: niemals darf sie etwa nur maliziös oder pikiert erscheinen; jede Äußerung ihres Hohnes, ihrer Tücke muß die ganze Gewalt des entsetzlichen Wahnsinnes durchblicken lassen, der nur durch die Vernichtung andrer oder – durch die eigene Vernichtung zu befriedigen ist.« So hat Wagner Franz Liszt seine Auffassung von der Figur der Ortrud geschildert (31. 1. 1852).

Ortrud ist, wie ihr Gegenpol Elsa, Exponentin einer Idee. Sie ist die Reaktionärin (bildlich gefaßt: germanische Heidin) im Sinn des Vormärz, eine Anhängerin der alten Zöpfe und des Ahnenstolzes, der Magie, und sie ist das personifizierte Machtstreben. Elsa dagegen verkörpert die ersehnten Zukunftswerte: Menschenliebe, die »reinste sinnliche Unwillkür«, den »Geist des Volkes«, alles das, was Wagner zum »Revolutionär« machte. Zwar kann Ortrud noch über Elsa triumphieren und ihr Glück zerstören, aber Elsas Untergang ist auch der ihre, der Konflikt endet für beide tragisch. Elsas Traum aber lebt fort als Idee und utopische Hoffnung: Gottfried erhält Schwert, Ring und Horn vom Gral. Nur in der historischen Verkleidung geht es also um die geistige Auseinandersetzung zwischen altem Heidentum und jungem Christentum. »Wem an Lohengrin nichts weiter begreiflich erscheint als die Kategorie: Christlich-romantisch, der begreift eben nur eine zufällige Äußerlichkeit, nicht aber das Wesen der Erscheinung«, so schreibt Richard Wagner in seiner *Mitteilung*. Denn nach seiner Ansicht ist das Gedicht von Lohengrin nicht »christlicher Anschauung« entwachsen, sondern »uralt menschlich«. »Urschöpferisch« war das Christentum nie, »keiner der bezeichnendsten und ergreifendsten christlichen Mythen gehört dem christlichen Geiste, wie wir ihn gewöhnlich fassen, ureigentümlich an: er hat sie alle aus den rein menschlichen Anschauungen der Vorzeit überkommen und nur nach seiner besonderen Eigentümlichkeit gemodelt.«

Wagner meint sogar, daß ein solches Volksgedicht geradezu gegen die »Pfaffen« verfaßt wurde. Denn die christliche Lehre aus dieser Fabel müßte lauten: »Der liebe Gott thäte klüger, uns mit Offenbarungen zu verschonen, da er doch die Gesetze der Natur nicht lösen darf: die Natur, hier die menschliche Natur, muß sich rächen und die Offenbarung zunichte machen« (an Hermann Franck, 30. 5. 1846). Schon im griechischen Mythos, der gewiß nicht der älteste ist, trifft man auf einen Grundzug des Lohengrin-Stoffes: »Wer kennt nicht Zeus und Semele? Der Gott liebt ein menschliches Weib und naht ihr um dieser Liebe willen selbst in menschlicher Gestalt; die Liebende erfährt aber, daß sie den Geliebten nicht nach seiner Wirklichkeit erkennen kann, und verlangt nun, vom wahren Eifer der Liebe getrieben, der Gatte solle in der vollen sinnlichen Erscheinung seines Wesens sich ihr kundgeben. Zeus weiß, daß er

Bayreuther Festspiele 1908 Bühnenbild des 2. Aktes nach einem Entwurf von Siegfried Wagner, ausgeführt von Max Brückner in Coburg. Die Raumaufteilung entspricht exakt den Vorschriften Richard Wagners. Wie sein Vater legte auch Siegfried großen Wert auf die Auftritte des Chores in diesem Akt. Von der Balustrade links über die Treppe zog der Damenchor auf die Spielfläche und dann nach rechts zum Portal des Münsters, der Herrenchor trat von hinten rechts auf. Siegfried Wagners besondere Regiebegabung war die Führung des Chores.

ihr entschwinden, daß sein wirklicher Anblick sie vernichten muß; er selbst leidet unter diesem Bewußtsein, unter dem Zwange, zu ihrem Verderben das Verlangen der Liebenden erfüllen zu müssen: er vollzieht sein eigenes Todesurteil, als der menschentödliche Glanz seiner göttlichen Erscheinung die Geliebte vernichtet.« Auch in diesem Stoff erkennt Wagner das »Allvermögen der menschlichen Dichtungskraft, wie es sich im Mythos des Volkes offenbart« *(Mitteilung)*.

Wagner hat wiederholt und mit Nachdruck auf die Aktualität von Lohengrins Tragik hingewiesen. »Ich bleibe dabei, daß mein Lohengrin nach meiner Auffassung die tiefste tragische Situation der Gegenwart bezeichnet, nämlich das Verlangen aus der geistigsten Höhe in die Tiefe der Liebe, die Sehnsucht, vom Gefühl begriffen zu werden, eine Sehnsucht, welche die moderne Wirklichkeit eben noch nicht erfüllen kann«, schreibt er an August Röckel (25. 1. 1854). Lohengrins persönliche Tragik scheint ihm paradigmatisch für die Situation des Künstlers in der Zeit des Vormärz. Der »Künstler« ist für ihn der Mensch in der ganzen Fülle seiner schöpferischen Möglichkeiten, der nicht kritisch analysiert und befragt, sondern mit dem Gefühl verstanden und geliebt werden möchte. Die moderne öde Gegenwart ist nicht in der Lage, das Liebesverlangen und das Glücksbedürfnis des Künstlers zu erfüllen. Wagners Ansatz zur Zeitkritik findet sich dort, wo man ihn am wenigsten vermuten würde, nämlich in seiner Erklärung zum *Lohengrin*-Vorspiel, dieser, laut Franz Liszt, »großen symphonieartigen Composition« im »Charakter eines idealisirten Mysticismus«. Allerdings hat Wagner diese Erklärung erst 1853 niedergeschrieben. Das Vorspiel ist keine Exposition des Dramas im üblichen Sinne, sondern es erzählt eine eigenständige Geschichte: Die Liebe war nicht länger mehr Gesetzgeberin in der Gemeinschaft der Menschen, die Welt war geprägt von Haß und Hader und von der öden Sorge für Gewinn und Besitz. Aber das untötbare Liebesverlangen der Menschen, das in der Wirklichkeit nicht zu befriedigen war, schuf

Opernhaus Graz, 1914
Bühnenbildentwurf für den 2. Akt von Karl Reithmeyer, datiert 1914. In seiner klaren Raumgliederung mit der gestuften Grundfläche und in seiner hellen, zarten Farbigkeit von Alfred Rollers Wiener Bühnenbildern beeinflußt.

sich außerhalb dieser Welt im Verlangen nach einer tröstenden sinnlichen Vorstellung des Übersinnlichen, eine »wunderbare Gestalt, die bald als wirklich vorhanden, doch unnahbar fern, unter dem Namen des ›Heiligen Grales‹ geglaubt, ersehnt und aufgesucht ward«. Der »Heilskelch« des Grals war der unwürdigen Menschheit in Himmelshöhen entrückt, wurde aber von einer Engelschar wieder herabgebracht zu »liebesbrünstigen, einsamen Menschen« und in deren Obhut gegeben. Sie sind jetzt die »irdischen Streiter für die ewige Liebe«. Die »wunderwirkende Darniederkunft des Grales im Geleite der Engelschar« ist das eigentliche musikalische Thema des Vorspiels.

Hans Mayer hat als erster erkannt, »daß das Lohengrin-Drama ... auf einem tagespolitischen Gerüst abläuft. König Heinrich I. ist bereits in den Quellen erwähnt. Seine Appelle in den großen Königsreden der Oper wurden aber in jenen Jahren zwischen 1846 und 1848 von den Zeitgenossen im Sinne einer Verteidigung der deutschen Heimat gegen den Zarismus verstanden. Auch die Frage Schleswig-Holsteins und seiner Zugehörigkeit zu Deutschland spielt hinein in diesen Jahren erhöhten nationalen Lebens und Bewußtseins.« Rußland, das 1831 die polnische Revolution niedergeschlagen hatte (es sei daran erinnert, daß Richard Wagner damals seine Polonia-Ouvertüre komponierte), wurde als Bedrohung empfunden für die eigenen Bemühungen um Demokratie und die freiheitlichen Bestrebungen des Vormärz. Von der Wagner-Forschung ist in den letzten Jahren gefordert worden, *Lohengrin* als eine Parabel auf die politischen Verhältnisse im Deutschland des Vormärz, genauer der Jahre um 1845, zu verstehen. Ohne Zweifel sah Wagner exemplarische Bezüge zwischen seinem Lohengrin-Stoff und der Zeitsituation. Sie ist eine Erzählebene, die im Ganzen durchscheint, aber sie steht nicht selbständig für sich und über allem, sondern ist dialektisch verwoben mit dem, was Wagner als den eigentlichen thematischen Kern ausmacht: den Konflikt zwischen einer reaktionären und einer utopischen Haltung, personifiziert in Ortrud und Elsa/Lohengrin, die Auseinandersetzung zwischen der revolutionär-utopischen Idee der Menschenliebe als konstitutivem Lebenselement, und der Reaktion, der es um Macht und Besitz geht und die die Liebe nicht kennt. Zudem darf nicht außer acht gelassen werden, daß alle diesbezüglichen Äußerungen Wagners erst nach der gescheiterten Revolution von 1848 niedergeschrieben wurden. Das Leiden an der Zeit, das immer einhergeht mit der utopischen Hoffnung auf eine bessere Zukunft, ist eine Konstante in Wagners Denken und durchaus nicht nur den Jahren vor 1848 und speziell dem *Lohengrin* eigen. Außerdem ist dies, wie schon gesagt, nur *eine* Erzählebene des Dramas. Wagner hatte keine einfache, sondern eine »doppelte Optik«, wie es Friedrich Nietzsche genannt hat.

Wagner erklärte selbst, daß er, um einer willkürlichen Deutung seines Werkes zu begegnen und um die Gestalt des Lohengrin ganz nach dem Eindruck mitzuteilen, die sie auf ihn gemacht hatte, »in der Darstellung der historisch-sagenhaften Elemente, durch die ein so außerordentlicher Stoff einzig zu überzeugend wahrer Erscheinung an die Sinne kommen kann«, mit größtmöglicher Treue und Sorgfalt verfuhr. Das Jahr 933 und König Heinrichs Aufruf zum Krieg sind mehr als nur Folie und Hintergrund, sie sind die konkrete historische Basis, auf der sich das Wunder, die (tragisch endende) Utopie ereignen kann.

Obwohl es Einwände gab, Goethes 101. Geburtstag am 28. August 1850 und die Einweihung des Herder-Denkmals in Weimar ausgerechnet mit der Uraufführung einer modernen Oper zu begehen, konnte sich Franz Liszt durchsetzen, was von der Öffentlichkeit als Liszts eigenes Verdienst und das der Vorurteilslosigkeit des herzoglichen Hofes anerkannt wurde. Wie im 19. Jahrhundert bei festlichen Theaterabenden üblich, hatte Franz Dingelstedt zu diesem Anlaß einen Prolog gedichtet. Es ist anzunehmen, daß Liszt sich soweit wie möglich nach den Wünschen und Vorschriften Wagners richtete. Er hatte den Komponisten um genaue Informationen gebeten, und der schickte ihm Handzeichnungen für die Bühnenbilder und ausführliche szenische Anweisungen, die er 1853 auch im Druck erscheinen ließ unter dem Titel *Dekorative und kostümliche Scenirung zu Lohengrin*. Für das Bühnenbild des 1. Aktes verlangte Wagner links eine alte Eiche, an ihrem Stamm einen einfachen Steintisch, an dem der König Gericht hält. Die rechte Begrenzung bildet eine Baumgruppe. Zu beiden Seiten soll der Rasenboden leicht ansteigen, um dem Chor eine vorteilhafte Gruppierung zu ermöglichen. In einer flachen Mulde führt der Rasen zum Schelde-Ufer hinunter. In der Ferne zeigt sich die Burg von Antwerpen. Wegen der Perspektivwirkung sollte das Herannahen Lohengrins zunächst durch ein Kind dargestellt werden, das wieder in den Kulissen verschwinden mußte. Aus der rechten Kulisse hatte dann der eigentliche Lohengrin aufzutreten. Für die vier Königstrompeter verlangte Wagner »posaunenartige Instrumente von der allereinfachsten Form, wie wir sie auf Kirchengemälden von den Auferweckungsengeln geblasen sehen«. Die Kostüme, auch das des Königs, sollten ohne allen Prunk sehr ernst und schlicht sein. Befürchtungen hatte er wegen des Hauptdarstellers Götze, der im Äußeren wie in seiner Stimme jeglichen Glanz vermissen ließ. Er schärfte Franz Liszt ein: »Laßt ihn nur ja durch Kunst so blendend hell wie möglich ausstatten: es müssen einem die Augen vergehen, wenn man auf ihn sieht!« (2. 7. 1850). Aber Wagner machte sich keine Illusionen: »Privatwunder wird der liebe Gott nicht für mich schaffen, und so wird er mir auch nicht auf einmal Darsteller – wie ich sie brauche – auf den Bäumen wachsen lassen« (an Ferdinand Heine, 24. 9. 1850).

Das Bühnenbild des 2. Aktes hat Wagner so angelegt, daß es für die großen Aufzüge des Chores verschiedene Ebenen bot. Links im Vordergrund der Söller Elsas, von dem ein offener Gang zur Rampe des Palas führt, der den Bühnenhintergrund einnimmt. Daneben das praktikable Burgtor für den Auftritt der Brabanter und vorne rechts das Portal des

Teatro alla Scala Mailand, 3. Dezember 1922 Bühnenbildentwurf für den 2. Akt von Vittorio Rota. Die Burg von Antwerpen als römisches Kastell, mit einem an die Engelsburg erinnernden Rundturm, einem Triumphbogen in der Art des Eingangstores zur Galleria in Mailand, flankiert von korinthischen Säulen.

Landestheater Darmstadt,
16. September 1928
Das Problem, den Chor im
2. Akt unterzubringen, ist hier
auf ungewöhnliche Weise
gelöst. Der Herrenchor ist
übereinander in »Schilder-
häuschen« gestaffelt, die Treppe
bleibt frei für den Auftritt des
Damenchores. Die Farben
waren Blau, Weiß und Silber.
Regie: Renato Mordo,
Bühnenbild: Lothar Schenck
von Trapp

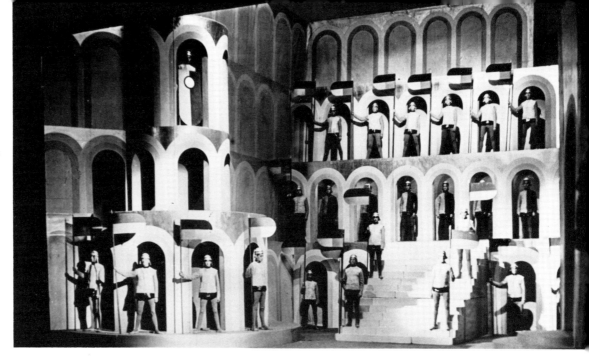

Stadttheater Mönchenglad-
bach-Rheydt, 1929/30
Auch in der expressionistischen
Interpretation bleibt die übliche
Anordnung im 1. Akt gewahrt.

Deutsches Theater Prag,
4. Juni 1933
Auftritt des Heerrufers im
2. Akt. *Lohengrin* als
entromantisierte Oper. Einfluß
des Bauhauses in der
Gliederung der Architektur.
Regie: Herbert Graf,
Bühnenbild: Emil Pirchan,
Dirigent: George Szell

Bayreuther Festspiele 1936
Schluß des 1. Aktes. Das Bühnenbild ist zwar traditionell, aber stilistisch dem in den 30er Jahren herrschenden Naturalismus überlegen. Belebt durch farbenprächtige Kostüme. Diese Inszenierung wurde nur 1936 und 1937 gespielt und hat wegen ihrer Besetzung einen legendären Ruf.
Regie: Heinz Tietjen, Bühnenbild: Emil Preetorius, Dirigent: Wilhelm Furtwängler, Lohengrin: Franz Völker, Elsa: Maria Müller, König Heinrich: Josef von Manowarda, Telramund: Jaro Prohaska, Ortrud: Margarete Klose, Heerrufer: Herbert Janssen

Münsters, in das sich der Zug am Schluß des Aktes bewegte. Der Stil der Burg sollte »sehr altertümlich«, das »Gemäuer noch aus der Römerzeit« sein. Die Mauern sollten sich aus den nackten Felsen heraus erheben. Zu Ferdinand Heine, der den Stich der »Scenirung« besorgte, meinte Wagner, er wolle im 2. Akt kein großes »Zeremonial«, sondern »die edle, naive Einfachheit jener Zeit. Heinrich der Vogler wußte noch nichts von Marschällen pp. in dem Sinne, wie sie später vorkommen … Erst sein Sohn … führte die fränkisch-byzantinische Hofwirtschaft ein … Das gerade soll nun aber eben das Kolorit meines Lohengrin ausmachen, daß wir ein altes deutsches Königtum vor uns sehen, nach seinem schönsten, idealsten Wesen … Hier ist kein despotischer Prunk, der seine ›Leibwachen‹ hat, und das ›Volk zurückdrängen‹ läßt, um ›Spalier‹ zu bilden für die hohen Herrschaften. Laß meinen Lohengrin schön, aber nicht prunkend und albern sein« (31. 10. 1853).

Das Brautgemach im 3. Akt wird durch das »von prachtvollen Vorhängen« umschlossene Brautbett beherrscht. Rechts vorne ein »Turm-Erkerfenster« mit einer umlaufenden gepolsterten Bank für das Zwiegespräch Lohengrin/Elsa. Durch die offenen Fenster blickt man »in eine schöne Sommernacht, auf hohes Blumengesträuch hinaus«. Vor Lohengrins Vers »Das süße Lied verhallt« wurde der hinter dem Erker liegende Teil des Raumes mit einem Vorhang geschlossen. Einerseits konnte dadurch eine größere Intimität für diese Szene hergestellt werden und andererseits der Umbau zur zweiten Szene hinter dem Vorhang vor sich gehen, die wiederum in der Dekoration des 1. Aktes spielte. Mit Zähigkeit hat Wagner darauf bestanden, daß beim Auftritt der Streitmacht unbedingt auch Rosse dabeisein müßten. Auf diese Vorschrift kommt er immer wieder zurück.

Es ist nicht mehr festzustellen, ob das Weimarer Theater tatsächlich die Mittel aufbringen konnte, um die Vorstellungen des Komponisten bis ins Detail zu realisieren. Sicherlich mußte man sich auch hier aus dem Fundus behelfen. Völlig mißglückt fand Wagner die Dekoration des 2. Aktes, wobei er sich allerdings nur auf die Schilderungen seiner Freunde verlassen konnte. Das dürfte auch der Grund dafür sein, daß Wagners Reaktionen auf das Ereignis so uneinheitlich wirken. Unangefochten blieb die Leistung von Franz Liszt, er war der »eigentliche Held der Aufführung«. Das Publikum hielt, nach Franz Dingelstedt, still und wußte nicht, wie ihm geschah. Liszt berichtete an Wagner: »Was die Masse des Publikums betrifft, so wird sie es sich gewiß zur Ehre anrechnen, das schön zu finden und zu applaudieren, was sie nicht verstehen kann« (2. 9. 1850).

Wie er im Februar 1860 an Hector Berlioz schrieb, befürchtete Wagner, inzwischen der einzige Deutsche zu sein, der den *Lohengrin* noch nicht gesehen hatte. Denn anders als die früheren Werke fand *Lohengrin* bald nach der Uraufführung seinen Weg über die deutschen Bühnen. Er wurde bis 1860 in folgenden Städten aufgeführt: 1853 in Wiesbaden, 1854 in Frankfurt, Leipzig, Stettin, Darmstadt, 1855 in Hamburg, Hannover, Köln und Riga,

1856 in Karlsruhe, Prag, Mainz und Würzburg, 1858 in München, Sondershausen und Wien, 1859 schließlich in Berlin, Dresden (wo ihn Minna Wagner zum ersten Mal sah) und Mannheim und 1860 in Danzig und Königsberg.

Die Münchner Erstaufführung am 28. Februar 1858 unter Franz Lachner hatte nicht den spektakulären Erfolg wie die des *Tannhäuser*. Aber König Max war so begeistert, daß er allein in diesem Jahr vier Vorstellungen besuchte. Am 2. Februar 1861 erlaubte er auch dem 15jährigen Kronprinzen Ludwig mit *Lohengrin* den ersten Opernbesuch seines Lebens. Die Gestalt des Schwanenritters war Ludwig seit seiner Kindheit in Hohenschwangau vertraut, und seine Traumwelt waren die alten deutschen Sagen. »Tränen höchsten Entzückens« soll der Kronprinz nach den Worten Gottfried von Böhms vergossen haben. Er lernte das Textbuch auswendig, und man gab ihm auch die Prosaschriften Wagners, in der Meinung, diese schwierige Lektüre würde die überschwengliche jugendliche Begeisterung abkühlen. Das Gegenteil war der Fall. Schon damals muß der Wunsch in ihm wach geworden sein, den Komponisten nach seiner Thronbesteigung an den Hof zu binden, eine der ersten Taten des jungen Königs (1864). Neun Jahre später schrieb er an Wagner: »So schlecht sie [die Aufführung] war, so verstand ich doch das Wesen dieses göttlichen Werkes zu erkennen.« Im Juni 1861 sah Ludwig den jungen Schnorr von Carolsfeld als Lohengrin. Die *Lohengrin*-Schwärmerei des jungen Kronprinzen wurde in München zur regelrechten Mode. Als Albert Niemann, von der Erscheinung her der schönste Lohengrin seiner Zeit, 1864 in München gastierte, erschienen die Damen der Gesellschaft »mit den Zeichen des Ritters vom heiligen Gral, die weiße Taube und den Schwan als Silberschmuck an Haupt und Busen tragend« (Sebastian Röckl).

Im gleichen Jahr wie der spätere König Ludwig II. sah auch Wagner seinen *Lohengrin* zum ersten Mal, und zwar in der alten Wiener Hofoper, bei einer Probe still in den Kulissen sitzend. »Zum erstenmal in einem müh- und leidenvollen Künstlerleben empfing ich einen vollständigen, alles versöhnenden Genuß«, er empfand »Freude, Dank und Rührung«, wie er an Minna berichtete (13. 5. 1861). Zwölf Jahre waren seit der Fertigstellung der Partitur vergangen, er hatte inzwischen *Tristan und Isolde* vollendet. Wagner war so beeindruckt von den beiden Protagonisten Alois Ander und Luise Dustmann, daß er sich vornahm, mit ihnen die Uraufführung des *Tristan* einzustudieren. Nachdem König Ludwig drei Jahre lang auf eine Aufführung seines geliebten *Lohengrin* hatte verzichten müssen, ordnete er für 1867 eine Neuinszenierung an, deren Gesamtleitung Wagner übernehmen sollte. Dieser verhielt sich zunächst ablehnend, da er in Ruhe die Komposition seiner *Meistersinger von Nürnberg* abschließen wollte, mußte aber dem drängenden Wunsch des Königs nachgeben. Die musikalische Leitung übernahm Hans von Bülow. Es kam zu heftigen Zerwürfnissen zwischen dem König und dem Komponisten, da Ludwig sich endlich seinen Traum erfüllen wollte, und da sein Geschmack und sein Stil den Vorstellungen Wagners zuwiderliefen. Großen Einfluß nahm er auf die Gestaltung des Bühnenbildes durch Heinrich Döll und Angelo Quaglio, und der Kostüme durch Franz Seitz.

Wagner konnte sich gegen den König nicht durchsetzen und verwahrte sich dagegen, diese Inszenierung als Musteraufführung herauszustellen. Völlig falsch und unzweckmäßig fand er den Burghof im 2. Akt, und als er nach einer Probe verärgert fragte, wer »dieses ganz falsche und läppische Costüm angegeben habe«, machte ihn die Antwort sehr befangen, wie er dem König schrieb (25. 6. 1867). Die Gesamtausstattung war ganz in Ludwigs Geschmack, einem lyrischen, romantisierenden Neuschwanstein-Stil, gehalten. Unnachgiebig aber blieb Wagner in der Frage der Besetzung der Hauptrolle. Ludwig wünschte Albert Niemann, was Wagner nach seinen Pariser Tannhäuser-Er-

Foro Mussolini Rom, 3. und 8. Mai 1938
Der 2. Akt als aufwendiges Spektakel zu Ehren des Besuches von Adolf Hitler. Vor dem Münster. Der Turm ist nur bis zum Portal zu sehen, er war 40 m hoch. Gegenüber dem Münster befand sich ein vollständiges mehrstöckiges Kastell im normannischen Stil.

Stadttheater Aachen
Szene aus dem 1. Akt einer Aufführung in Aachen, in dem Bühnenbild von Helmut Jürgens. Die angeklagte Elsa ist allein einer kriegerischen Männerwelt und einer Wand von Schilden konfrontiert.

Staatsoper Wien im Theater an der Wien, 30. April 1948
Da die Wiener Staatsoper ausgebombt war, spielte das Ensemble bis zur Wiedereröffnung im Jahr 1955 im Theater an der Wien. Die Nachkriegsinszenierungen mußten sich wegen Materialknappheit mit einer schlichten Ausstattung bescheiden. Aber auf den Schwan wurde nicht verzichtet. Regie: Stephan Beinl, Bühnenbild und Kostüme: Robert Kautsky, Dirigent: Hans Knappertsbusch, Elsa: Maria Reining, Lohengrin: Julius Patzak

fahrungen mit diesem Sänger ablehnte. Dann bestand der König auf dem jungen Tenor Franz Nachbaur. Für Wagner aber gab es nur einen Sänger: Josef Tichatschek, seinen Dresdner Rienzi und Tannhäuser, inzwischen aber 60 Jahre alt. Die »poetische Natur des Königs ... sträubt sich vor Zerstörung eines Ideals«, schrieb Hofrat Lorenz von Düfflipp an Wagner, der sich aber nicht beeindrucken ließ. So kam es nach der Generalprobe zum Eklat.
Wagner hatte den König vergebens gewarnt, sein Opernglas zu benutzen. Ludwig war empört, als er den greisen Tichatschek, auf eine eigens angebrachte Stange gestützt, im Kahn stehen sah, sein Traum war zerstört. In einer für Wagner bisher ungewohnten herrscherlichen Art, die jeden Widerspruch ausschloß, ordnete er an, er wolle diesen »Ritter von der traurigen Gestalt« nie mehr sehen, auch Ortrud, die wie eine Furie über die Bühne gerast sei, habe zu verschwinden. Wagner, in einer Mischung aus Gekränktheit und Aufsässigkeit, hielt dem König diese »Marionettenaufführung« und seine »unwürdige Theaterwirtschaft« (25. 6. 1867, nur zwei Jahre nach der

Königliches Opernhaus Kopenhagen
Lohengrin als romantische Märchenoper. In der Mitte der silberne Ritter. So haben Generationen von Opernbesuchern *Lohengrin* erlebt und geliebt.

idealen Uraufführung von *Tristan und Isolde*) vor. Der König reiste ab! Tichatschek reiste ab! Wagner reiste ab! Für die Premiere mußte in aller Eile Heinrich Vogl die Titelpartie studieren. Die junge Mathilde Mallinger sang die Elsa, Franz Betz, der erste Bayreuther Wotan, den Telramund. Auch mit Franz Nachbaur konnte sich der König doch noch durchsetzen, er sang die Vorstellung am 29. September. Und sogar die Pferde, auf die Wagner doch so großen Wert gelegt hatte, wurden auf Befehl des Königs nach der Premiere weggelassen, da sie das Publikum aus der künstlerischen Stimmung rissen und in einen »Circus-Humor« versetzten. Wagner strich sofort auch die entsprechende Musik. Eine Genugtuung aber blieb Richard Wagner: Zum ersten und einzigen Male war der musikalische Teil seines Werkes seinen »Intentionen vollkommen gemäß« zu hören. Um so größer war seine Verwunderung darüber, daß es dem Publikum völlig gleichgültig war, »ob es den ›Lohengrin‹ so oder anders vorgeführt erhielt; ward die Oper späterhin wieder nach der alten Routine gegeben, so blieb der Eindruck immer derselbe« (Brief an einen italienischen Freund, 7. 11. 1871). Das stimmte zwar den Theaterdirektor »behaglich«, der Wagners Bemühungen nur als Störung seines Betriebes empfand, der Komponist aber verlor mehr und mehr das Interesse am Publikum. Er brauchte eben sein eigenes Theater mit einem eigenen, engagierten und kundigen Publikum.

Ein bedeutsames Ereignis war die Inszenierung im Teatro Comunale in Bologna am 1. November 1871, die erste Wagner-Aufführung in Italien. Bühnenmeister, Bühnen- und Kostümbildner machten eine Informationsreise nach München, und ein deutscher Regisseur, Ernst Frank, wurde verpflichtet, um eine möglichst authentische Vorstellung zu gewährleisten. Angelo Mariani dirigierte, die Titelrolle sang Italo Campanini, die Elsa Bianca Blume, die Ortrud Maria Destin-Löwe. Die Veranstalter sahen sich genötigt, in der Presse zu erklären, es handle sich bei dieser Aufführung keineswegs um einen Affront gegen italienische Komponisten oder die italienische Opernmusik. Das Publikum war sich bewußt, einem Ereignis beizuwohnen, im vollbesetzten Zuschauerraum summte es wie in einem Bienenkorb. Von der Galerie wurde »Viva Verdi« und »Viva Rossini« gerufen. Um 8 Uhr begann die Vorstellung. Der 1. und 2. Akt gefielen großenteils, die lange Szene Ortrud-Telramund kam beim Publikum nicht an. Dagegen mußte das Vorspiel zum 3. Akt wiederholt werden. In der Brautgemachszene sank das Interesse wiederum, man fand die

Musik zwar gut, aber für ein italienisches Publikum zu philosophisch. Der Schluß wiederum gefiel. Applaus und Pfiffe nach Fallen des Vorhangs, im großen und ganzen aber ein bedeutender Erfolg, auch wenn die Musik mehr Bewunderung als Rührung weckte, mehr Überraschung als Vergnügen. Richard Wagner erhielt 1872 das Ehrenbürgerrecht der Stadt Bologna.
In der Vorstellung vom 19. November saß ein ganz besonderer Besucher im Hintergrund der Loge Nr. 23 und versuchte vergeblich, unerkannt zu bleiben: Giuseppe Verdi. Das Publikum brach in den Ruf »Viva Verdi« aus. Er las in der Partitur mit und machte sich Notizen über die Musik und die Aufführung, die mehr negativ als positiv sind. Sänger und Orchester waren angeblich verwirrt durch die Anwesenheit des berühmten Komponisten und lieferten eine schlechte Vorstellung. Verdi fand das Vorspiel schön, die ständige hohe Lage der Violinen aber ermüdend, den 2. Akt banal und kreuzlangweilig, vom Brautchor hätte er sich eigentlich einen besseren Effekt erwartet, die Gralserzählung erschien ihm wiederum schön und interessant. Von dem ganzen Bologneser »Lohengrin-Rummel« fühlte er sich, wie er schrieb, abgestoßen.
Die Titelrolle in der Erstaufführung an der Mailänder Scala am 20. März 1873 sang wiederum Campanini. Als die Tore des Opernhauses geöffnet wurden, war der Andrang so gewaltig, daß eine der großen Marmorplatten der Antisala in die Brüche ging. Auch die Vorstellung selbst wurde beeinträchtigt durch das ständige Hin und Her von Applaus und lautstarker Ablehnung; die Ruhe und Konzentration, die zum Kennenlernen des neuen Werkes notwendig waren, konnten sich nicht einstellen. Während *Lohengrin* sich in Bologna von Vorstellung zu Vorstellung mehr durchsetzen konnte, schrie man in Mailand schon in der zweiten Aufführung, die einem Fiasko gleichkam, im 2. Akt »Basta«. Die dritte Vorstellung wurde zusammengestrichen und mit dem Ballett *Le due Gemelli* gegeben, um das Publikum zu versöhnen. Offensichtlich hat bei der Meinungsbildung auch der mächtige Milaneser Verleger Ricordi seinen Einfluß und seine Mittel eingesetzt gegen seine Konkurrentin Giovanna Lucca, die Wagners Agentin in Italien war.

Schon zu Lebzeiten Richard Wagners landete Lohengrin mit seinem Schwan in fast allen größeren Städten Europas und auch in Übersee. Im Jahr 1866 fand die Erstaufführung in ungarischer Sprache in Budapest statt, 1870 in Kopenhagen in Dänisch, und im gleichen Jahr begann in Brüssel die glanzvolle Reihe der Erstaufführungen in französischer Sprache. 1874 folgte Stockholm mit einer schwedischen Übersetzung, und das Publikum war so ergriffen, daß es zu applaudieren vergaß; im nächsten Jahr folgten Dublin und London, zunächst in Italienisch, 1880 dann auch in Englisch. 1876 fand die schweizerische Erstaufführung in Basel statt, 1877 wurde *Lohengrin* in Lemberg in polnischer Sprache vorgestellt. In Rom war das Werk erstmals 1878 zu sehen, es dirigierte Amilcare Ponchielli, der Komponist der *Gioconda,* Antwerpen und Madrid folgten 1881, im nächsten Jahr Barcelona und Lissabon 1883. Am kaiserlichen Theater in Sankt Petersburg fand 1868 die Erstaufführung in russischer Sprache statt, in Moskau wurde *Lohengrin* 1881 als Silvesterpremiere gegeben. In New York war das Werk erstmals 1871 zu sehen, und an der Metropolitan Opera hielt er sich seit 1883 ständig im Repertoire; auch in Boston fanden

Théâtre de la Monnaie Brüssel, Mai 1949
Das Brautgemach im 3. Akt in einer Mischung aus naiver Malerei, russischer Ikonenmalerei, Folklore und belgischem Jugendstil. Exotismus als optischer Reiz für das Märchenstück.

Finnische Nationaloper Helsinki, 1952
Das Brautgemach aus Tüchern und Schleiern. Gerade in den Nachkriegsjahren haben sich viele Theater mit solch einer einfachen Lösung begnügen müssen, die aber durchaus Intimität und Charme haben konnte.
Bühnenbild: Max Bignens, Elsa: Irja Aholainen, Lohengrin: Alfons Almi

1875 Aufführungen statt, 1877 in New Orleans, San Francisco und Philadelphia. Die erste Aufführung in Australien soll am 7. Oktober 1877 in Melbourne über die Bühne gegangen sein. Im Todesjahr Richard Wagners, 1883, wurde *Lohengrin* in Buenos Aires und Rio de Janeiro, gespielt, 1897 in Alexandria, 1896 in Malta, 1902 in Korfu und 1905 in Johannesburg. Reisende Operntruppen erreichten im Zeitalter vor Film und Fernsehen die entlegensten Weltgegenden und spielten mit viel Mut und Improvisationsgabe unter oft völlig unzureichenden Bedingungen.

Die Zahl der Ritter im silbernen Kettenhemd und mit Schwanenhelm, die seit der Uraufführung das Publikum verzaubert haben, ist Legion. Hier nur einige Namen, neben den schon genannten: Italo Campanini, nicht nur der erste Lohengrin in Italien, sondern auch an der Met in New York, den der Dirigent Anton Seidl wegen seines mächtigen, langen blauen Federbusches am Helm und seines prachtvollen Mantels als die Verkörperung der italienischen Oper bezeichnete, Ernest van Dyck, jahrelang zwischen Wien, Brüssel, Paris, London, Bayreuth und New York der bedeutendste Wagner-Tenor, Jean de Reské, der »göttliche Jean« des Pariser Publikums, der in der Met-Saison 1891/92 sein Wagner-Debüt in dieser Rolle gab, Charles Dalmorès, der Bayreuther Lohengrin von 1908, ein knabenhafter Schwanenritter, der sich seine internationalen Gastspiele sehr teuer bezahlen ließ, dann Jacques Urlus, Walter Kirchhoff, Heinrich Knote, Erik Schmedes und Leo Slezak, mit dessen Namen die Lohengrin-Rolle verbunden ist, nach dem Ersten Weltkrieg dann Lauritz Melchior, Franz Völker, Set Svanholm und Max Lorenz.

In den 50er und 60er Jahren war Wolfgang Windgassen weltweit *der* Lohengrin, neben und nach ihm Jess Thomas, Sándor Kónya und Jean Cox, in den letzten Jahren dann René Kollo, Peter Hofmann und Siegfried Jerusalem. 1957 unternahm Mario del Monaco an der Scala einen Ausflug ins Wagner-Fach, und Nicolai Gedda hat 1966 in Stockholm den Lohengrin gesungen.

Unter den Vertreterinnen der Elsa finden sich Namen wie Lilian Nordica, die erste Bayreuther Elsa und einige Jahre führend an der Met in dieser Rolle, Nellie Melba, die Primadonna assoluta der Jahrhundertwende, die die Elsa in Stockholm, London und an der Met sang, Louise Grandjean, die erste Sopranistin der Grand Opéra in Paris und dortige Elsa 1896, Christine Nilsson, eine damalige Starsängerin und erste Elsa an der Met, die große tschechische Sängerin Emmy Destinn, Olive Fremstad, die sich 1913 von der Bühne der Met in dieser Rolle verabschiedete und eine der außergewöhnlichsten Beifallsbezeugungen in der Geschichte dieses Hauses erhielt, Germaine Lubin, die Pariser Elsa von 1922, Delia Reinhardt und Elisabeth Rethberg, Maria Jeritza, die in einer polyglotten Vorstellung an der Met 1922 in Deutsch sang, während der Chor in Englisch begleitete, Helen Traubel und die junge Kirsten Flagstad, Lotte Lehmann und Maria Müller, die mädchenhafte Elsa in Bayreuth 1936, in Paris und New York. Auch Renata Tebaldi sang die Rolle in einer Neuinszenierung 1946 an der Scala, und Birgit Nilsson debütierte mit dieser Partie 1954 in Wolfgang Wagners Inszenierung in Bayreuth, Elisabeth Grümmer und Leonie Rysanek sangen in Wieland Wagners Inszenierungen, Elisabeth Schwarzkopf, Ingrid Bjoner, Régine Crespin in Paris 1959, Hannelore Bode schließlich in Bayreuth und Wien, usw.

Schwierig war es, *Lohengrin* in Frankreich durchzusetzen. Zwar waren bedeutende französische Geister Anhänger des *wagnérisme*, aber Wagners wachsende antifranzösische Haltung in seinen späteren Schriften und vor allem seine unsägliche Satire *Eine Kapitulation. Lustspiel in antiker Manier* hatten nach der Niederlage von 1871 die öffentliche Meinung gegen ihn aufgebracht. Der Orchesterleiter Charles Lamoureux, ein Pionier der Wagnerschen Musik in Paris, hatte trotz heftigen Widerstands und nur unter dem Schutz der Bajonette der Polizei schon am 30. April 1887 im Eden-Théâtre die Erstaufführung zustande gebracht. Er dirigierte selbst, die Ti-

Teatro alla Scala Mailand, 10. Januar 1953
Diesen Typ des Brautgemachs hat Emil Preetorius, mit kleinen Änderungen im Detail, in allen seinen *Lohengrin*-Ausstattungen, zum Beispiel in Bayreuth 1936 oder in München 1938, verwendet. Nach Preetorius' Meinung erforderten die Frühwerke Richard Wagners »historische Bestimmtheit« und »mehr einzelhafte Durchbildung«.
Regie und musikalische Leitung: Herbert von Karajan, Elsa: Elisabeth Schwarzkopf, Lohengrin: Wolfgang Windgassen

Bayerische Staatsoper München, 21. Dezember 1954
Szene Telramund – Ortrud zu Beginn des 2. Aktes. Fast der gesamte Bühnenraum wird von einer Treppe eingenommen, wie sie Leopold Jessner in seinen Schauspielinszenierungen in den 20er Jahren in Berlin eingeführt hatte.
Regie: Rudolf Hartmann,
Bühnenbild: Helmut Jürgens,
Dirigent: Hans Knappertsbusch,
Ortrud: Marianne Schech,
Telramund: Hermann Uhde

telrolle sang Ernest van Dyck. Cosima, die er vorher konsultierte, hatte ihn vor dieser Unternehmung gewarnt. Mit einem Anschlag vom 5. Mai verkündete Lamoureux, daß er keine weiteren Aufführungen stattfinden lassen werde. Der neue Direktor im Palais Garnier, der ehemalige Sänger Pierre Gailhard, setzte *Lohengrin* 1891 auf den Spielplan, nicht weil er ein besonderer Anhänger dieser Musik gewesen wäre, sondern weil er dringend einen Publikumserfolg brauchte. Er hatte ebenfalls Cosimas Rat wegen des Bühnenbildes eingeholt und ihr die Skizzen geschickt. Mit souveräner Gelassenheit nahm sie ihre Korrekturen vor.

Die Premiere am 16. September war ein Politikum und von den wohl größten Demonstrationen in der Geschichte des europäischen Theaters begleitet. Den Patrioten galt sie als Landesverrat, als Rache Deutschlands an Frankreich. Die Zeitungen waren voll von politischen Karikaturen dieser Art. Am Abend der Premiere sollen sich 20 000 Demonstranten vor der Oper versammelt haben, es kam zu 1 000 Verhaftungen, bei der zweiten Aufführung sollen es immerhin noch 700 gewesen sein. Der Einsatzplan der Polizeidirektion hat sich erhalten: Eine Escadron der Kavallerie der Garde Republicaine wurde um das Theatergebäude und in der Avenue de l'Opéra stationiert; die Ordnung im Opernhaus selbst hatten 112 Mann der Infanterie der Garde übernommen, die Elektriker mußten ihr Atelier räumen, das für die Polizeikommissare reserviert wurde. Nur mit besonderen Passierscheinen durfte das Opernpersonal die speziell festgelegten Eingänge benutzen. Der Dirigent war übrigens wieder Lamoureux, und auch Ernest van Dyck sang hier die Titelrolle, Rose Caron die Elsa. Die neuen Dekorationen hatten Lavastre, Carpezat, Amable und Gardy entworfen, Charles Bianchini die Kostüme. Trotz der Protestaktionen wurde *Lohengrin* ein überwältigender Publikumserfolg und konnte schon 1894 seine 100. Aufführung erleben.

»Lohengrin ist neu zu erfinden« schrieb Cosima Wagner in ihrem Festspielprogramm im Herbst 1883. Wagner hatte niemals eine ideale Inszenierung erleben können. Weder die Münchner von 1867 noch die Wiener vom Jahr 1875, bei der er zwar selbst Regie führte, aber keinen Einfluß auf den Stil der Ausstattung hatte, konnten ihn zufriedenstellen. Gestützt auf Äußerungen Wagners und auf das ihr eigene Verständnis von Werktreue entschied sich Cosima für den Stil des 10. Jahrhunderts, in dem die Lohengrin-Fabel spielt, und nicht für das bisher übliche 13. Jahrhundert, das Hochmittelalter, in dem das Lohengrin-Epos niedergeschrieben wurde. Statt der »Doppeladler- und Schwan-Wappenwirtschaft«, die »dem armen ›Lohengrin‹ ein solches Gepräge von Opernhaftigkeit auferlegt haben«, legte sie das Schwergewicht auf die »strenge Gottesfürchtigkeit« (an Hermann Levi, 12. 12. 1886).

Teatro alla Scala Mailand,
11. Dezember 1957
Szene aus dem 1. Akt. Plastische Dekoration, immer noch in der traditionellen Anordnung. Charakteristisch für den bühnenbildnerischen Stil der Scala in den 50er Jahren.
Regie: Mario Frigerio, Bühnenbild: Georges Wakhevitch, Dirigent: Antonino Votto, Lohengrin: Mario del Monaco

Teatro alla Scala Mailand,
11. Dezember 1957
Szene aus dem 2. Akt. Der Schauplatz ist nicht Brabant, sondern Italien. Etwas konventioneller Stil der Großen Oper.
Regie: Mario Frigerio, Bühnenbild: Georges Wakhevitch, Dirigent: Antonino Votto

Die Festlegung auf das 10. Jahrhundert geschah auch, um dem für Cosima zentralen Aspekt der Handlung, dem Konflikt zwischen Christentum und Heidentum, den exakten historischen Rahmen zu geben. Wiederum waren die Vorbereitungsarbeiten intensiv; diesmal bediente sie sich der Mithilfe des Schriftstellers Wilhelm Hertz und des jungen Germanisten Wolfgang Golther. Allerdings waren Dokumente aus der Zeit, die sie ins Auge gefaßt hatte, nur spärlich zu finden. Wie im *Tannhäuser* suchte man nach Namen für die Grafen und Edlen und nach »Zeichen für Schild und Banner«. Man fand heraus, daß Sachsen und Brabanter das Schwert verschieden gebrauchten. Statt des Adlerbanners für den König verwendete man jetzt die ältere Michaelsfahne. Die Edlen trugen keine Wappen, da diese erst im 12. Jahrhundert aufkamen, und nur im 3. Akt beim Aufbruch zum Kampf wurden neben der Königsfahne auch Banner getragen.

In der ganzen, historisch möglichst korrekten Ausstattung sollte sich *Lohengrin* von *Tannhäuser* durch größere Schlichtheit und Altertümlichkeit unterscheiden. Im Bühnenbild des 1. Aktes verlangte Cosima von den Gebrüdern Brückner an der rechten Seite, gegenüber der Eiche, der germanischen Rechts- und Thingstätte, eine Art heidnischen Steinaltar, an dem der König sein christliches Gebet sprach. Ortrud sang ihren Triumph im 3. Akt unter der Eiche, dem Gerichtssitz des Königs. Erstmals wurde auf die Ansicht der Burg von Antwerpen im Hintergrund verzichtet, denn Richard Wagner hatte bei seinem Besuch im Jahr 1860 feststellen müssen, daß die Lage der Zitadelle ganz anders war als in seinen szenischen Vorschriften. Auch den 2. Akt und das Brautgemach entwarfen die Brückners in einem dunklen, schweren romanischen Stil. Wie in Paris sang Ernest van Dyck den Lohengrin; für die Rolle der Elsa hatte Cosima die junge Lilian Nordica verpflichtet, die danach in der ganzen Welt Karriere machte. George Bernard Shaw, ein äußerst kritischer Besucher der Festspiele, hat sich über die intelligente, genau auf die Musik abgestimmte Regieführung sehr lobend geäußert.

Heftige Auseinandersetzungen gab es mit der Intendanz des Münchner Hoftheaters, die ebenfalls 1894, und zwar schon vor den Bayreuther Festspielen, eine Neuinszenierung im Stil des 10. Jahrhunderts plante. Cosima beanspruchte jedoch dafür das Urheberrecht. Da man den Kostümbildner Flüggen, den Regisseur Anton Fuchs und die Brüder Brückner, die ebenfalls für München engagiert waren, nicht verpflichten konnte, Cosimas Angaben außer acht zu lassen, bat sie darum, die Münchner Aufführung bis nach den Festspielen zu verschieben oder sich im Ausstattungsstil an das bisher übliche 13. Jahrhundert zu halten. München aber ließ nicht mit sich handeln und brachte seine Premiere vor Bayreuth heraus. So neu und exklusiv war allerdings der Stil des 10. Jahrhunderts doch nicht. In der Budapester Inszenierung von 1889 war zum Beispiel das Brautgemach eine schlichte, intime romanische Krypta.

Cosimas *Lohengrin*-Inszenierung hatte nicht die szenische Reformwirkung wie ihr *Tannhäuser*. Das lag nicht an der mangelnden Qualität, sondern an der ungeheuren Popularität, die *Lohengrin* sich inzwischen auf allen internationalen Bühnen erworben hatte und die die Inszenierungen bestimmten Erwartungszwängen des Publikums unterwarf. Man ließ sich das schönere Bild des Hochmittelalters, wie es durch die Münchner Inszenierung von 1867 überall Verbreitung gefunden hatte, nur ungern nehmen. Wagners *Lohengrin* war, nach Nietzsches Worten, die Oper der gefühlvollen Damen geworden. Der Traumprinz in seiner silbernen Gloriole, das war es, was man sehen wollte. Um Wagners tiefgründige Überlegungen vom tragischen Konflikt scherte man sich wenig. Daß der Ritter wieder entschwand, daß das schöne Märchen

kein Happy-End nahm, empfand man als zusätzlichen traurigen Reiz. Tragik wurde zur Sentimentalität.

Das ist wohl auch einer der Hauptgründe dafür, daß Lohengrin mit seinem Schwan wie keine andere Figur Wagners zum Gegenstand für Kitsch und Karikatur geworden ist. Geradezu sprichwörtlich wurde der Schwan: »Mein lieber Schwan« war ein Lieblingszitat Bert Brechts, und das Bonmot des Sängers Leo Slezak, »Wann geht der nächste Schwan?«, ist in die Umgangssprache eingegangen. Das Erscheinen des Schwans war der überall mit Spannung erwartete Hauptmoment der Oper; wenn er mißglückte, was zum Leidwesen der Bühnentechniker öfters geschah, konnte die Szene leicht vom Erhabenen ins Lächerliche umkippen. Andererseits

Opernhaus Kiel, 1958
Szene aus dem 2. Akt. Bogen und Kreise als raumgliedernde Elemente. Der romanische Pfeiler als Hinweis auf die Zeit der Handlung.

Metropolitan Opera New York, 1958
Lohengrin noch ganz im Stil einer großen Ausstattungsoper. Bühnenbild: Charles Elson, Dirigent: Thomas Schippers, Elsa: Lisa della Casa, Lohengrin: Brian Sullivan, König Heinrich: Otto Edelmann

Bayreuther Festspiele 1958 Wieland Wagners blausilberne *Lohengrin*-Inszenierung. Der Schwan ein Kunstobjekt, entworfen von Ewald Mataré. Um die Orchestra des antiken griechischen Theaters der Chor in seiner griechischen Bedeutung.
Regie und Bühnenbild: Wieland Wagner, Dirigent: André Cluytens, Elsa: Leonie Rysanek, Lohengrin: Sándor Kónya, König Heinrich: Kieth Engen, Ortrud: Astrid Varnay, Telramund: Ernest Blanc, Heerrufer: Eberhard Waechter, Chorleitung: Wilhelm Pitz

wurde der Schwan, als der schöne, stolze, einsame weiße Vogel zum Lieblingstier der Dichtung und bildenden Kunst des Jugendstils, was sicherlich auch zu erklären ist durch *Lohengrin* und den Schwanenkult König Ludwigs II. Die Identifikation des Königs mit dem sagenhaften Schwanenritter ging so weit, daß er sich kurz vor Ausbruch des österreichisch-preußischen Krieges von 1866 auf die Roseninsel im Starnberger See zurückzog und sich dort, unerreichbar für seine Minister und die Politik, mit seinen Begleitern bei künstlichem Mondschein als Barbarossa und Lohengrin kostümierte. Im Jahr davor hatte er Wagner zu einer nächtlichen Vorstellung am Alpsee bei Hohenschwangau eingeladen: Lohengrin, dargestellt von dem Prinzen Paul von Taxis, fuhr auf einem Schwanenboot über den See. Das Boot war ein mechanisches Wunderwerk, der Schwan trug eine elektrisch beleuchtete Krone.

Schon bei Franz Liszt, der den *Lohengrin* ein »einziges, unteilbares Wunder« genannt hatte, findet sich der Ton der Verzückung, der so charakteristisch für eine Richtung der *Lohengrin*-Rezeption geworden ist. Man vergleiche nur Wagners eigene Erklärung des Vorspiels mit der von Franz Liszt, in der vom glänzenden Tempel mit »Säulen von Opal« und »mit Edelsteinen gepflasterten Vorhöfen« die Rede ist. Unzählige Schriftsteller haben das Wunder der *Lohengrin*-Musik in Worte zu fassen versucht. Charles Baudelaire hat sie »eine Ekstase aus Wollust und Erkenntnis, weit und hoch über der natürlichen Welt schwebend« genannt. Und Thomas

Mann schrieb noch nach dem Zweiten Weltkrieg, als er schon lange kritischen Abstand zu Wagners Werk gewonnen hatte, an Emil Preetorius, daß er den *Lohengrin* »in seiner blausilbernen Schönheit wohl immer noch am innigsten liebe ... Es ist eine echte, bleibende, bei jedem Kontakt sich erneuernde Jugendliebe ... Wenn es heißt: In lichter Waffen Scheine – ein Ritter nahte da bin ich jedes Mal helles Entzücken wie mit achtzehn Jahren – es ist der Gipfel der Romantik!«

Wie kaum eine andere Musik Wagners vermochte *Lohengrin* inspirative Kräfte in manchen Künstlern freizusetzen. Als der junge Wassily Kandinsky 1889 das Werk hörte, löste das bei ihm die Assoziation: Moskau im Sonnenuntergang aus: »Lohengrin schien mir aber eine vollkommene Verwirklichung dieses Moskaus zu sein. Die Geigen, die tiefen Baßtöne und ganz besonders die Blasinstrumente verkörperten damals für mich die ganze Kraft der Vorabendstunde. Ich sah alle meine Farben im Geiste, sie standen vor meinen Augen. Wilde, fast tolle Linien zeichneten sich vor mir. Ich traute mich nicht, den Ausdruck zu gebrauchen, Wagner habe musikalisch ›meine Stunde‹ gemalt. Ganz klar wurde mir aber, daß ... die Malerei ebensolche Kräfte, wie die Musik besitzt, entwickeln könnte« (*Rückblicke*, 1913).

Für ganze Generationen von Opernbesuchern war das erste Theatererlebnis eine Aufführung des *Lohengrin,* und dieses Erlebnis ist oft genug beschrieben worden. Am bekanntesten ist die Schilderung des ersten Theaterbesuchs von Hanno Buddenbrook in Thomas Manns Roman: »Und dann war das Glück zur Wirklichkeit geworden. Es war über ihn gekommen mit seinen Weihen und Entzückungen, seinem heimlichen Erschauern und Erbeben, seinem plötzlichen innerlichen Schluchzen, seinem ganzen überschwenglichen und unersättlichen Rausche ... Freilich, die billigen Geigen des Orchesters hatten beim Vorspiel ein wenig versagt, und ein dicker, eingebildeter Mensch mit rotblondem Vollbarte war im Nachen ein wenig ruckweise herangeschwommen ... Aber darüber hatte ihn die süße und verklärte Herrlichkeit, auf die er lauschte, hinweggehoben.«

Es ist nur allzu verständlich, daß die szenischen Reformer nach dem Ersten Weltkrieg, besonders in Mitteleuropa und Rußland, dem *Lohengrin* die Romantik gründlich ausgetrieben haben. Ihre Bemühungen aber retteten das Werk für ihre Gegenwart. Denn bis dahin hatte man sich an der Münchner oder Bayreuther Inszenierung orientiert, und die Dekorationen, die die Theaterateliers lieferten,

hatten eine Normierung des Bühnenbildes zur Folge. Bei den Intellektuellen war Wagner überdies, nach dem Zuviel vor 1914, aus der Mode gekommen. Kühne konstruktivistische Gebilde entwarfen Theodor Komisarjewsky 1918 und W. Lassky 1923 (Regie: Fedorowsky) für das Bolschoi-Theater in Moskau. Sie basierten auf einem System von Treppen, Schrägen, die eine gestaffelte Gruppierung des Chores erlaubten. Fedorowskys Regie hatte ihre Höhepunkte in den großen Chorszenen, wobei allerdings, wie so oft bei szenischen Reformen, die Kostüme im Vergleich zum Bühnenbild konventioneller ausgefallen sind. In seiner Gesamtkonzeption hatte die Lichtregie, wie schon von Adolphe Appia gefordert, eine besondere Bedeutung. Fedorowsky versuchte, die Musik der Ouvertüre und der Zwischen- und Vorspiele mit wechselnder Beleuchtung auf der Bühne zu interpretieren.

Erwähnenswert sind noch die streng stilisierten und rhythmisch gegliederten Bilder von Leo Pasetti für eine Münchner Neuinszenierung von 1929, von Emil Pirchan für das deutsche Theater in Prag 1933 und von Lothar Schenck von Trapp für Darmstadt 1928. In Darmstadt, einem der Zentren des Jugendstils, hatte Kurt Kempin schon 1913 eines der seltenen Bühnenbilder in dieser Stilrichtung entworfen. Italien und Spanien gingen andere Wege, gerade bei der topographischen Fixierung des Schauplatzes im 2. Akt. Vittorio Rota schuf für die Scala 1922 einen Burghof im Stil eines römischen Kastells. Für das Teatro Costanzi in Rom baute Duilio Cambelletti 1928 eine stilisierte Landschaft von hohen, schlanken, zinnenbewehrten Türmen wie in San Gimignano. Und der große katalanische Bühnenbildner José Mestres Cabanes entwarf für das Liceo in Barcelona einen Burghof mit einer wuchernden, dabei luftigen und zartfarbigen Arkaden, Säulen- und Balustraden-Architektur, der maurisch-lusitanische Assoziationen weckt.

Hatten die Ästheten, die Sensiblen und die Vertreter der Décadence sich an der »blausilbernen Schönheit« des *Lohengrin* entzückt, so interpretierten die deutschen Nationalisten nach der Reichsgründung von 1871 die historische Handlungsebene des Werkes als Bestätigung für ihre eigene säbelrasselnde und kaisertreue Ideologie. Die Sehnsucht der Generation von 1848 nach einer deutschen Einigung und nach der mittelalterlichen Reichsherrlichkeit, in der sich regressive und fortschrittliche Gesinnungen noch trafen, wurde jetzt als verwirklicht erklärt. Die Träume von 1848 aber waren anders als die Wirklichkeit von 1871 und später. Die nationale Bewegung

Bayerische Staatsoper München, 17. Juli 1964
Rudolf Heinrichs Versuch, nach der Phase der Abstraktion einen neuen, zeitlich genauer definierten Stil für *Lohengrin* zu entwickeln, der auf dem Mittelalterbild des 19. Jahrhunderts gründet. Keine waffenstarrende, sondern eine zarte, filigranhafte Welt. Der 2. Akt spielte vor der Fassade eines Münsters im Stil der romantisierenden Gotik des 19. Jahrhunderts.
Regie: Hans Hartleb, Dirigent: Joseph Keilberth, Elsa: Ingrid Bjoner, Lohengrin: Jess Thomas

Staatsoper Wien, 15. Mai 1965
Wieland Wagners *Lohengrin*-Inszenierung als Mysterienspiel vor dem blaugrundigen Glasgemälde mit einer mittelalterlichen Madonnendarstellung. Auch der Schwan wurde auf diese Glaswand projiziert. Nach dem Bayreuther Konzept von 1958.
Regie und Bühnenbild: Wieland Wagner, Dirigent: Karl Böhm, Elsa: Claire Watson, Lohengrin: Jess Thomas, König Heinrich: Martti Talvela, Ortrud: Christa Ludwig, Telramund: Walter Berry

Bayreuther Festspiele 1968
Nach dem abstrakten Raum eine neue Dreidimensionalität in Bayreuth. In den hohen, fest geschlossenen Backsteinwänden nur wenige romanische Architektur-Ornamente. Ein vom Außerirdischen, in der Gestalt Lohengrins, abgegrenzter Raum für die menschlichen Auseinandersetzungen in diesem 2. Akt. Die architektonische Strukturierung ist auch auf die Kostüme übertragen.
Regie und Bühnenbild: Wolfgang Wagner, Dirigent: Alberto Erede, Elsa: Heather Harper, Lohengrin: James King, König Heinrich: Karl Ridderbusch, Ortrud: Ludmila Dvorakova, Telramund: Donald McIntyre, Heerrufer: Thomas Stewart

war damals gegen Fürsten und Aristokratie gerichtet und getragen von den besten liberalen Geistern der Zeit, die oft genug für ihre Ideen Gefängnis oder Verbannung in Kauf nahmen. Nach der Reichsgründung aber gab sich die herrschende Schicht als Garant des nationalen Gedankens aus. Nationale Gesinnung wurde jetzt dem Volk von oben her verordnet, es durfte nur noch zustimmen und hatte zu allem »Hurra« oder »Heil« zu rufen. In seinem Roman *Der Untertan* hat Heinrich Mann beschrieben, wie der gesinnungstreue Untertan Diederich Heßling mit seiner Verlobten seine erste *Lohengrin*-Vorstellung besucht. In der Satire wird kenntlich, wie der Wilhelminismus *Lohengrin* für sich auslegte: »Der König unter der Eiche ... Sein Auftreten wirkte nicht besonders schneidig ..., aber was er äußerte, war vom nationalen Standpunkt aus zu begrüßen. ›Des Reiches Ehr zu wahren, ob Ost, ob West.‹ Bravo! So oft er das Wort deutsch sang, reckte er die Hand hinauf, und die Musik bekräftigte es ihrerseits ... Überhaupt ward Diederich gewahr, daß man sich in dieser Oper sogleich wie zu Hause fühlte. Schilder und Schwerter, viel rasselndes Blech, kaisertreue Gesinnung, Ha und Heil und hochgehaltene Banner, und die deutsche Eiche: man hätte mitspielen mögen ... Denn hier erschienen ihm, in Text und Musik, alle nationalen Forderungen erfüllt. Empörung war hier dasselbe wie Verbrechen, das Bestehende, Legitime ward glanzvoll gefeiert, auf Adel und Gottesgnadentum der höchste Wert gelegt, und das Volk, ein von den Ereignissen ewig überraschter Chor, schlug sich willig gegen die Feinde seiner Herren. Der kriegerische Unterbau und die mystischen Spitzen, beides war gewahrt ... Tausend Aufführungen einer solchen Oper, und es gab niemanden, der nicht national war.«

Diederich Heßling wird der Schwanenhelm Lohengrins zum Adlerhelm des Kaisers, des anderen Gottgesandten. Für seinen Einzug in Hamburg zum Beispiel wurde Wilhelm II. ein von einem Schwan gezogenes Motorboot bereitgestellt. Die Identifikation mit dem Schwanenritter, bei König Ludwig noch harmlose, schwärmerische Theaterspielerei, dient hier der offiziellen Ideologie. Der Kitsch ist ernst gemeint. In seinem Aufsatz aus dem Kriegsjahr 1915 mit dem Titel *Was ist uns Richard Wagner in dieser Zeit* nannte Hugo Dinger *Lohengrin* neben der *Hermannschlacht* und dem *Prinzen von Homburg* Heinrich von Kleists *das* Drama der Zeit. »Wie ein Prophetenwort in Flammenschrift« leuchten an »Deutschlands Grenzmauern« die Verse vom drohenden Feind. Und das deutsche

Staatsoper Hamburg,
22. Februar 1977
Zwischen den auseinandergefahrenen Faschinen, die Land und Wasser trennen, erscheint der lichte Schwanenritter ohne Schwan.
Regie: August Everding,
Bühnenbild: Jürgen Rose,
Dirigent: Horst Stein,
Lohengrin: René Kollo

Bayerische Staatsoper München,
28. Juli 1978
Der Schwan als Engel, der die Wundererscheinung Lohengrin bringt. Die farbenbunten Bühnenbilder und Kostüme von Ernst Fuchs betonen das phantastische Märchen. Die Umsetzung der Entwürfe ins dreidimensionale Bild ist nicht immer gelungen.
Regie: August Everding,
Dirigent: Wolfgang Sawallisch,
Elsa: Catarina Ligendza, Lohengrin: René Kollo

Volk spricht in Andacht und Begeisterung mit, wenn sein Kaiser und Feldherr die Worte des Königsgebetes an den »Lenker der Schlachten« richtet. Die Weissagung des Gottgesandten, daß des Ostens Horden nimmer siegreich nach Deutschland ziehen werden, das alles war jetzt, im Jahre 1915, so aktuell, als wäre es eigens für diese Zeit geschrieben worden.
Und schon stand der nächste Gottgesandte in den Kulissen. Als zwölfjähriger Junge hatte Adolf Hitler erstmals den *Lohengrin* gesehen und war »mit einem Schlage gefesselt. Die jugendliche Begeisterung für den Bayreuther

Opera San Francisco, 1978
Wie schon zuvor ist auch hier das Brautgemach im 3. Akt nur mit Tüchern angedeutet.

Meister kannte keine Grenzen« *(Mein Kampf)*. Von der nationalsozialistischen Propaganda wurde umstandslos und für die Massen sehr eingängig der »Führer von Brabant« mit dem des Dritten Reiches gleichgesetzt. Jetzt hatte Richard Wagner in seinem *Lohengrin* das »Sinnbild reinsten Heldentums, das nur für eine gute Sache, für die Idee und nicht für die eigene Person existiert, verherrlicht« (Karl Hermann Müller). Daß es in diesen Jahren auf den Bühnen Mode wurde, am Schluß des 1. Aktes Lohengrin auf die Schultern oder die Schilde zu heben und im Triumph über die Bühne zu tragen (O. F. Schuh hatte das schon 1922 vorgeschlagen), ist durchaus zeitgerecht.

In diesem Zusammenhang wird der Bayreuther Inszenierung von 1936 immer wieder eine Schlüsselstellung eingeräumt, schon ihres besonderen Anlasses wegen: 60jähriges Bestehen der Festspiele, 1000. Todestag König Heinrichs und nicht zuletzt Olympische Spiele in Berlin. Betrachtet man diese Inszenierung nicht isoliert, sondern vergleicht sie mit dem in Deutschland damals Üblichen, so überrascht ihre stilistische Eigenständigkeit, ihr lyrisch-romantischer Grundton ohne Säbelrasseln und Waffengeklirr. Man mag nun einwenden, daß das Dritte Reich bei seiner kulturellen Selbstdarstellung gerade in diesem Jahr und vor einem (noch) internationalen Publikum sich gewisse Rücksichten auferlegt hat, und daß die Identifikation, da sie schon fest etabliert war, nicht noch einmal vor aller Welt demonstriert werden mußte. Das mag durchaus richtig sein, unbestreitbar ist aber, daß es sich bei dieser Inszenierung nicht um eine Propagandaveranstaltung der

NS-Partei gehandelt hat und daß die künstlerisch Verantwortlichen sich ihre Unabhängigkeit zu bewahren wußten, soweit dies in einem totalitären Staat möglich war. Es ist hier bewußt nur von der Inszenierung die Rede, und nicht von den unsäglichen Schreibereien linientreuer Berichterstatter, die ja immer wieder zitiert worden sind.

Die Bühnenbilder von Emil Preetorius waren weicher und geglätteter als die strengen, harten, wenn man so will: wehrhaften, die er für die Berliner Städtische Oper 1928 entworfen hatte. In ihnen sind weder die für das Kunstverständnis jener Jahre charakteristischen germanisch-romanischen Stilhinweise zu finden, wie in den Bildern von Max Elten für die Leipziger Inszenierung von 1937, noch die altdeutsche Folklore des Dritten Reiches wie bei Wilhelm Reinking in Hamburg 1933, nicht zu reden von den fragwürdigen Lösungen von Alexander Spring in Köln 1934 oder Benno von Arents Ausstattung an der Deutschen Oper Berlin 1935. Zeittypisch sind die Massenaufzüge; es waren zeitweilig mehr als 300 Chorleute auf der Bühne, dazu kamen noch 70 Statisten als Edelknaben. Die Kostüme, insgesamt über 800, waren nicht mehr historisch detailgetreu, sondern setzten mittelalterliche Stilhinweise frei um. Im 2. Akt herrschten die Farben Weiß und Silber vor. Der künstlerische Gesamteindruck war der eines »romantischen Heldendramas« (Dietrich Mack), das nicht einer tagespolitischen Aktualisierung unterworfen worden war.

Der Anschluß Österreichs wurde mit einer *Lohengrin*-Vorstellung in der Wiener Staatsoper gefeiert, bei der die vereinigten Opernchöre von Berlin und Wien mitwirkten. Auch bei der Münchner Festvorstellung zum Tag der deutschen Kunst im Jahr 1938 verpflichtete Clemens Krauß zusätzlich zu seinen eigenen Chorsängern den Wiener Opernchor. Allen Aufwand aber übertraf ein Spektakel, das sich in Rom am 3. und 8. Mai 1938 im Foro Mussolini anläßlich des Besuches Adolf Hitlers abspielte. Zur Aufführung kam der zweite Teil des 2. Aktes *Lohengrin*. Die Bühne war 120 Meter breit, sie wurde von einem Mittelturm von 40 Meter Höhe überragt. Allein 10 000 Mitwirkende sangen im Chor, die Zahl der Zuschauer soll 100 000 betragen haben. Unter den Sängern waren so berühmte Namen wie Maria Caniglia und Ebe Stignani.

War nun deshalb das Deutsche Reich, das 1871 zur Welt kam und 1945 zerstört und begraben wurde, auch Richard Wagners Geistes Kind? Wagner hat sich nach anfänglicher Begeisterung 1871 bald sehr bitter über die Öde des preußischen Staatsgedankens beklagt, und Hitlers These von der Kunst als der Dienerin des Staates hätte er niemals akzeptiert. Wagner war ein Teil der Hoffnung auf eine Einheit der deutschen Nation ebenso wie ein Teil der Tragödie des deutschen Nationalismus. »Wenn irgendwo in Wagners musikdramatischem Werk die Gefährdung, die Pervertierung des nationalen Gedankens angelegt ist, dann ... im Lohengrin ... Er enthält wohl Wagners ungeschützteste Formulierungen des nationalen Pathos« (Reinhold Brinkmann).

Als hoch stilisiertes Mysterienspiel strengen, zeremoniellen Charakters hat Wieland Wagner *Lohengrin* 1958 in Bayreuth inszeniert. Wie im griechischen Amphitheater stiegen um die runde Mittelfläche, seinem szenischen Grundelement, Stufen und in der Hintergrundmitte eine Treppe hoch, darüber auf dem Rundhorizont die zarten Umrisse eines mittelalterlichen Glasgemäldes. Antike und Mittelalter nur als Hinweise auf einen Sinnzusammenhang, nicht als Schauplatz. Denn »Wunder sind ... nicht zu lokalisieren, sondern geistige Ereignisse«. Sie sind nur durch Kunst darstellbar. Lohengrins Schwan war eine Plastik von Ewald Mataré, ein Kunstobjekt. Berühmt geworden ist die strenge, zeremonielle Bewegungsregie der Solisten und des Chores, einer »Gemeinschaft von Wundergläubigen« (Wieland Wagner). Was in kalter Mechanik und steifer Geometrie hätte erstarren können, war in Wirklichkeit durchglüht von einer zugleich rationalen und zarttraumhaften, mystischen Atmosphäre. Wieland Wagner hat nach seinem grundsätzlichen Bayreuther Konzept auch seine Inszenierungen in Stuttgart 1960, Berlin 1961 und Wien 1965 gestaltet, und Peter Lehmann, sein Bayreuther Assistent, der nach seinem Tod die Neuinszenierung an der Met in New York übernahm, hat sich auch an dieser Interpretation orientiert.

Stilisierung war in den beiden Nachkriegsjahrzehnten allgemein die Zauberformel an den Theatern für die Inszenierung des romantischen Märchens *Lohengrin*. Für die Erscheinung des Schwanenritters wurden jetzt vorzugsweise Lichteffekte benutzt, und die Frage: mit oder ohne Schwan wurde eine grundsätzliche.

Einen Neuansatz bedeutete die Inszenierung von Joachim Herz in den Bühnenbildern von Reinhart Zimmermann am Opernhaus Leipzig 1965, die zu ihrer Zeit noch als realistisch und historisch gescholten wurde. Herz berief sich auf Brecht, und zwar auf den *Guten Menschen von Sezuan:* »Vorschwebte uns: die Goldene Legende. / Unter der Hand nahm sie ein bittres Ende.« Er ging von der historischen

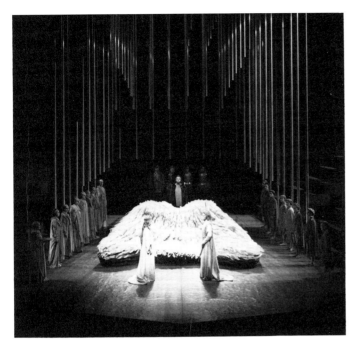

Bayreuther Festspiele 1980
Günther Ueckers Brautgemach als »Liebeskathedrale« (Uecker), von 100 unterschiedlich langen Metallstäben gebildet. In der Mitte das Brautbett, ein Kunstobjekt, aus einem mächtigen Paar Schwanenflügeln geformt.
Regie: Götz Friedrich, Dirigent: Woldemar Nelsson, Elsa: Karan Armstrong, Lohengrin: Peter Hofmann, König Heinrich: Hans Sotin

Teatro alla Scala Mailand, 7. Dezember 1981
Szene Elsa – Ortrud aus dem 2. Akt. In dem Lichtspalt oben in der Mitte Elsa, unten, vor den Säulen, Ortrud. Die schwarzglänzenden Säulen, die verschoben werden konnten, blieben in allen drei Akten.
Regie: Giorgio Strehler, Bühnenbild: Ezio Frigerio, Dirigent: Claudio Abbado, Elsa: Anna Tomowa-Sintow, Ortrud: Elizabeth Connell

Situation von 933 aus. Erstmals ist die reale Welt als hart, unfreundlich, gar nicht traumhaft geschildert. Das Historische mußte da sein, um die Konfrontation des Wunders mit der Geschichte darstellbar zu machen. Aber Brecht-Parabel und Historie gingen nicht recht zusammen. Präziser konnte er seine Vorstellungen an der Wiener Staatsoper 1975 zusammen mit dem Bühnenbildner Rudolf Heinrich verwirklichen. Das Spiel entwickelte sich auf zwei Bedeutungsebenen: in der historischen Realität und in der Psychologie der Figuren. Lohengrin ist Elsas Traumgeburt, das Wunder das Erzeugnis einer schlimmen Wirklichkeit. Schlammige Ufer, Fischerkarren, Faschinen und die steinern-ausdrucksstarke frühromanische Architektur des Münsters und der Burg bestimmten präzise Zeit und Ort. Aus der aufgeregt auseinanderstiebenden Volksmenge taucht – Wunder und Schrecken zugleich – Lohengrin auf. Laut Joachim Herz zerstört Elsa am Schluß »ihren Traum, schickt den Lohengrin wieder zurück in seine Eisregion, träumt ihn als widerwärtig sich aufspielend, sie richtend«.

Rudolf Heinrich hatte schon 1964 in München *Lohengrin* ausgestattet, und zwar im Stil der romantisierenden Gotik des 19. Jahrhunderts, also der Entstehungszeit der Oper. Der Regisseur Hans Hartleb plädierte für »das eminent Opernhafte« dieses Werkes, seinen »ganz speziellen theatralischen Elan«. »Reinigende Abstraktion« und »vereinfachende Rückführung« auf das Wesentliche hätten zwar Wagners Opernwerk mit Erfolg in eine neue, veränderte Zeit hinübergeführt, aber dieser Kreis sei jetzt ausgeschritten.

In Bayreuth erschloß Wolfgang Wagners Inszenierung von 1967 nach der Phase der Abstraktion eine neue Dreidimensionalität, in der die konkrete Architektur, mit romanischen Stilzitaten von Sankt Zeno in Verona und dem Baptisterium in Pisa, einen »menschlichen Handlungsraum« abgrenzt. Er bildet die Spielfläche, die als »Spannungsfeld menschlicher Auseinandersetzungen« deutlich abgehoben ist von der außerirdischen Welt in der Gestalt Lohengrins. Die Realität wird konfrontiert mit dem Wunder. Es ging Wolfgang Wagner darum, in der Personenregie und mit den entsprechenden optischen Hinweisen »den mythopoetischen Kern« des Werkes erkennbar zu machen.

Als pessimistische Geschichte einer in einer schwarz-kalten, kriegerischen Welt nicht realisierbaren Liebe erzählten Götz Friedrich in Bayreuth 1979 und Giorgio Strehler an der Mailänder Scala 1981 den *Lohengrin*. Günther Ueckers Brabant in Bayreuth ist auf einem bleiernen Schild aufgebaut, der den ganzen Bühnenboden bedeckt. Der allgemeine »Weh«-Ruf am Schluß des Werkes, das letzte Wort, erhält eine erschreckende Bedeutung. Ezio Frigerios aufwendige Mailänder Ausstattung ist in ihrem düsteren Glanz, mit glitzernden Rüstungen und Rossen, Große Oper in Schwarz. Elsa wird am Schluß ausgesperrt, isoliert. Bestand hat nicht das Wunder, sondern die waffenglänzende Männerwelt.

Insgesamt ist bei den neueren Inszenierungen der Versuch erkennbar, sich wieder dem anzunähern, was Richard Wagner als den eigentlichen tragischen Konflikt im *Lohengrin* beschrieben hat.

München.
Königl. Hof- und National-Theater.

Samstag den 10. Juni 1865.
Außer Abonnement:
Zum ersten Male:

Tristan und Isolde
von
Richard Wagner.

Personen der Handlung:

Tristan	Herr Schnorr von Carolsfeld.
König Marke	Herr Zottmayer.
Isolde	Frau Schnorr von Carolsfeld.
Kurwenal	Herr Mitterwurzer.
Melot	Herr Heinrich.
Brangäne	Fräulein Deinet.
Ein Hirt	Herr Simons.
Ein Steuermann	Herr Hartmann.

Schiffsvolk. Ritter und Knappen. Isolde's Frauen.

Textbücher sind, das Stück zu 12 kr., an der Kasse zu haben.

Regie: Herr Sigl.

Neue Decorationen:
Im ersten Aufzuge: Zeltartiges Gemach auf dem Verdeck eines Seeschiffes, vom K. Hoftheatermaler Herrn Angelo Quaglio.
Im zweiten Aufzuge: Park vor Isolde's Gemach, vom K. Hoftheatermaler Herrn Döll.
Im dritten Aufzuge: Burg und Burghof, vom K. Hoftheatermaler Herrn Angelo Quaglio.

Neue Costüme
nach Angabe des K. Hoftheater-Costümiers Herrn Seitz.

Der erste Aufzug beginnt um sechs Uhr, der zweite nach halb acht Uhr, der dritte nach neun Uhr.

Preise der Plätze:

Eine Loge im I. und II. Rang	15 fl. — kr.	Eine Loge im IV. Rang	9 fl. — kr.
Ein Vorderplatz	2 fl. 24 kr.	Ein Vorderplatz	1 fl. 24 kr.
Ein Rückplatz	2 fl. — kr.	Ein Rückplatz	1 fl. 12 kr.
Eine Loge im III. Rang	12 fl. — kr.	Ein Galerienoble-Sitz	2 fl. 24 kr.
Ein Vorderplatz	2 fl. — kr.	Ein Parketsitz	2 fl. — kr.
Ein Rückplatz	1 fl. 36 kr.	Parterre	— fl. 48 kr.
		Galerie	— fl. 24 kr.

Heute sind alle bereits früher zur ersten Vorstellung von Tristan und Isolde gelösten Billets giltig.

Die Kasse wird um fünf Uhr geöffnet.

Anfang um sechs Uhr, Ende nach zehn Uhr.

Der freie Eintritt ist ohne alle Ausnahme aufgehoben und wird ohne Kassabillet Niemand eingelassen.

Repertoire:

Sonntag den 11. Juni: (Im K. Hof- und National-Theater) Martha, Oper von Flotow.
Montag den 12. „ : (Im K. Hof- und National-Theater) Elisabeth Charlotte, Schauspiel von Paul Heyse.
Dienstag den 13. „ : (Im K. Hof- und National-Theater) Mit aufgehobenem Abonnement: Zum ersten Male wiederholt: Tristan und Isolde, von Richard Wagner.
Donnerstag den 15. „ : (Im K. Hof- und National-Theater) Laila Rookh, Oper von Felicien David.

Tristan und Isolde

»Da ich nun aber doch im Leben nie das eigentliche Glück der Liebe genossen habe, so will ich diesem schönsten aller Träume noch ein Denkmal setzen, in dem vom Anfang bis zum Ende diese Liebe sich einmal so recht sättigen soll: ich habe im Kopfe einen ›Tristan und Isolde‹ entworfen, die einfachste, aber vollblutigste musikalische Conception; mit der ›schwarzen Flagge‹, die am Ende weht, will ich mich dann zudecken, um – zu sterben.« Als Richard Wagner diese Sätze an Franz Liszt schrieb (16. 12. 1854), war er gerade mitten in der Komposition des 3. Aktes der *Walküre*. Ein Ende des *Ring des Nibelungen* war, der riesenhaften Dimensionen wegen, noch nicht abzusehen. Zudem war dieses Werk in einem Repertoiretheater nicht unterzubringen, eine eventuelle Aufführung bedurfte außergewöhnlicher Voraussetzungen, das stand schon fest. Aber das Problem der Finanzierung seines Lebensunterhalts stellte sich für den Emigranten immer dringender. Geld konnten ihm nur Aufführungen seiner Werke einbringen. Was lag also näher als ein leicht spielbares Werk mit kleiner Besetzung zu verfassen, das sich schnell über die Theater verbreiten konnte?

Der Tristan-Stoff war ihm schon bei seinen Dresdner Studien begegnet. In seiner Bibliothek besaß er eine Ausgabe des *Tristan* von Gottfried von Straßburg in der neuhochdeutschen Übertragung von Hermann Kurtz (1844), weiterhin von H. F. Maßmann und F. H. von der Hagen besorgte mittelhochdeutsche Ausgaben, die auch die (späteren) Fortsetzungen von Ulrich von Türheim und Heinrich von Freiberg enthielten. Um dem mittelhochdeutschen Text folgen zu können, besorgte er sich das große mittelhochdeutsche Wörterbuch von Adolf Ziemann mit einer Einführung in die Grammatik. An fremdsprachigen Versionen besaß er den altfranzösischen Tristan-Roman, das altenglische Gedicht *Sir Tristrem*, den walisischen *Trystan* (mit einer englischen Paralleleübersetzung) und einen von F. H. von der Hagen edierten Band mit Textproben aller europäischen Formungen des Tristan-Motivs. Gründlicher konnte er sich nicht vorbereiten.

In seiner Autobiographie gibt Wagner drei Beweggründe für sein plötzliches Befassen mit dem Tristan-Stoff an. Erstens stellte sich ihm bei anhaltender musikalischer Beschäftigung gewöhnlich »der Trieb zur dichterischen Konzeption« wieder ein. Zweitens habe die ernste Stimmung, in die ihn die Lektüre Schopenhauers versetzt habe, »nach einem ekstatischen Ausdrucke ihrer Grundzüge« gedrängt. Im Oktober 1854 hatte er Schopenhauers Hauptwerk *Die Welt als Wille und Vorstellung* mit Begeisterung gelesen. Der dritte Grund war eher trivialer Natur. Der junge Karl Ritter hatte ihm seinen Plan für ein Tristan-Drama gezeigt, in dem das Hauptgewicht vor allem auf den burlesken Situationen liegen sollte. Wagner aber war von der tiefen Tragik des Stoffes angetan und wollte es anders machen; alles von dieser Haupttendenz ablenkende Beiwerk dachte er sich weg. Ausschlaggebend war sicher auch die Absage des Verlages Breitkopf und Härtel vom Mai 1854, den *Ring des Nibelungen* zu verlegen. Allen seinen Bekannten, die er in sein Vorhaben einweiht, legt er strengstes Stillschweigen auf. Fürchtete er, daß man den Abbruch der *Ring*-Komposition als Versagen deuten würde?

Im Oktober 1854 entstand das erste Konzept: »Von einem Spaziergange heimkehrend, zeichnete ich eines Tages mir den Inhalt der 3 Akte auf, in welche zusammengedrängt ich mir den Stoff für künftige Verarbeitung vorbehielt. Im letzten Akte flocht ich hierbei eine, jedoch später nicht ausgeführte Episode ein: nämlich einen Besuch des nach dem Gral umherirrenden Parzival an Tristans Siechbette. Dieser an der empfangenen Wunde siechende und nicht sterben könnende Tristan, identifizierte sich in mir nämlich mit dem Amfortas im Gral-Roman. – Für jetzt konnte ich mir die Gewalt antun, dieser Konzeption nicht weiter nachzuhängen, um mich in meiner großen musikalischen Arbeit nicht stören zu lassen« *(Mein Leben)*. Neben der Kompo-

Hoftheater München,
10. Juni 1865
Programmzettel der
Uraufführung

sitionsarbeit aber beschäftigte sich seine Phantasie lebhaft mit dem neuen Stoff. Anfälle von Gesichtsrose unterbrachen die Komposition der *Walküre*, aber in dieser »leidvollen Zeit« bildete das Gedicht von Tristan sich immer deutlicher in ihm aus, wie er schreibt. Während jenes turbulenten Besuches der Fürstin Caroline Wittgenstein, der Freundin Franz Liszts, in Zürich im Herbst 1856 kam es eines Abends in Wagners Wohnung – man hatte musiziert und dann eine »nicht unanmutige, halb sitzende, halb gelagerte Gruppe« um ihn gebildet – zum ersten Vortrag des »neukonzipierten Dichtungsstoffes«. Am 26. Juni 1857 unterbrach er die Komposition des 2. Aktes von *Siegfried* an der Stelle, an der sich Siegfried unter der Linde ausstreckt. Dort wollte er ihn ein Jahr liegen lassen und inzwischen *Tristan und Isolde* schaffen. »Tristan bereits beschlossen« vermerkte er auf dem Titelblatt der Orchesterskizze des 2. Aktes von *Siegfried*. Er empfand plötzlich »einen sonderbaren Widerwillen« gegen die Fortsetzung der Komposition des *Ring* und ein dringendes Verlangen, sofort mit *Tristan* zu beginnen. Trotzdem schloß er zunächst die Komposition des 2. Aktes von *Siegfried* ab. Mit der Niederschrift des Prosa-Entwurfs fing er am 20. August im Asyl an, seinem neuen, von den Wesendoncks zur Verfügung gestellten Heim. Wesendoncks selbst bezogen ihre Villa in unmittelbarer Nachbarschaft am 22. August. Am 31. August trafen Hans von Bülow und seine Frau Cosima, Tochter von Franz Liszt, auf ihrer Hochzeitsreise in Zürich ein und wurden Wagners Hausgäste. Vormittags mußte sich alles im Asyl still verhalten, denn da saß Wagner über der Dichtung von *Tristan und Isolde,* die er abends dann aktweise den Freunden vorlas. Am 18. September war die Dichtung schon fertig, und eine Gesamtlesung im kleinen Kreis wurde veranstaltet. Martin Gregor-Dellin hat auf die besondere Konstellation aufmerksam gemacht, denn bei dieser Dichterlesung Richard Wagners waren seine Frau Minna, Mathilde Wesendonck und Cosima anwesend. Unterschiedlich und sehr aufschlußreich die Reaktion der drei Damen: »Da Frau Wesendonck von dem letzten Akte besonders ergriffen schien, sagte ich tröstend, daß man hierüber nicht zu trauern habe, da es im allerbesten Falle bei so ernster Angelegenheit diese Art von Wendung nähme, worin mir Cosima recht gab« *(Mein Leben).* Minna fand den Text »abscheulich, fast unanständig liebesglühend«.

Im Winter veranstaltete Wagner noch eine Lesung vor einem größeren Kreis. Gottfried Keller »erfreute namentlich die knappe Form des Ganzen, welches eigentlich nur drei ausgebildete Szenen enthielt«. Gottfried Semper aber war böse und warf ihm vor, »alles zu ernst zu nehmen; das Wohltätige der künstlerischen Bildung eines solchen Stoffes bestünde eben darin, daß der Ernst desselben gebrochen würde, um selbst an dem Tieferregendsten einen Genuß gewinnen zu lassen ... Im Grunde schüttelte jeder den Kopf« *(Mein Leben).* Ganz so, wie es Beethoven 1840 vorausgesagt hatte.

Wagner verfuhr mit seinen mittelalterlichen Vorlagen im Fall von *Tristan und Isolde* noch radikaler als bei *Tannhäuser* und *Lohengrin*. Hatten die beiden letztgenannten Werke dem mittelalterlichen Kolorit noch viel von ihrer szenischen Wirkung und ihrem Erfolg beim Publikum zu verdanken, so bedurfte es dessen beim *Tristan* nicht mehr. Wie schon bei den vorhergehenden Dichtungen ließ Wagner das reiche epische Beiwerk seiner Vorlagen beiseite, die bunten ritterlichen Episoden, die höfischen Intrigen, die Hindernisse, die Tristans und Isoldes Liebe in den Weg gelegt werden, und die Listen, diese zu umgehen. Seine dramaturgische Grundkonstellation ist von äußerster Konzentration auf das Wesentliche: Isolde bietet Tristan, der sie als Brautführer zu seinem Oheim, König Marke, nach Cornwall bringt, zur Sühne für seine Schuld, die Erschlagung ihres Verlobten Morold, den vermeintlichen Todestrank, den Brangäne, Isoldes Begleiterin, mit dem Liebestrank vertauscht hat. Im 2. Akt treffen sich Tristan und Isolde im Burggarten zur Feier ihrer Liebesnacht. Sie werden von Melot, Tristans Freund, an König Marke verraten. Beim Kampf erhält Tristan eine todbringende Wunde. Im 3. Akt liegt der todkranke Tristan, von Fieberphantasien und Sehnsucht nach Isolde geplagt, im Hof seiner Burg Kareol. Als Isoldes Ankunft angekündigt wird, reißt Tristan seine Wunde auf und stirbt.

Und nun Wagners eigene Erklärung des Schlusses: »Was das Schicksal für das Leben trennte, lebt nun verklärt im Tode auf: die Pforte der Vereinigung ist geöffnet. Über Tristans Leiche gewahrt die sterbende Isolde die seligste Erfüllung des glühenden Sehnens, ewige Vereinigung in ungemessenen Räumen, ohne Schranken, ohne Banden, unzertrennbar.« Eine »Handlung« hat Wagner *Tristan und Isolde* genannt. Das ist eine Übersetzung ins Deutsche des griechischen *Drama* ebenso wie des spanischen *auto* Calderóns, der in der *Tristan*-Zeit Wagners wichtigste Lektüre wurde. Wie in der griechischen Tragödie konstituiert sich die Handlung nicht in dem, was wir Bühnenaktion nennen würden, sondern im Wort. Und dieses Wort ist bei

Hoftheater München, 10. Juni 1865
Die Schlußszene, Isoldes Liebestod, nach der Uraufführung gemalt von Michael Echter

Wagner Ausdrucksmittel für die eigentliche Handlung, die inneren Vorgänge. »Mit voller Zuversicht versenkte ich mich hier nur noch in die Tiefe der inneren Seelenvorgänge, und gestaltete zaglos aus diesem intimsten Zentrum der Welt ihre äußere Form.« Die ausführliche historische Bestimmtheit, die vom Dichter zur Erklärung eines äußeren Handlungszusammenhanges gefordert wird, und auf die er im *Lohengrin* noch so sorgfältig bedacht war, sie war hier nicht mehr von Bedeutung. »Leben und Tod, die ganze Bedeutung und Existenz der äußeren Welt, hängt hier allein von der inneren Seelenbewegung ab. Die ganze ergreifende Handlung kommt nur dadurch zum Vorschein, daß die innerste Seele sie fordert, und sie tritt so ans Licht, wie sie von innen vorgebildet ist.« So Wagners eigene Erklärungen in seinem Aufsatz *Zukunftsmusik*.

Dieses Zurücknehmen der äußeren Handlung hat *Tristan und Isolde* den Vorwurf eingebracht – der auch heute noch gelegentlich begegnet –, in diesem Werk passiere ja eigentlich nichts. Was der gängigen Erwartung von einer Opernhandlung entsprochen hätte, hat Wagner in seinem Aufsatz *Über die Benennung Musikdrama* am Beispiel des 2. Aktes geschildert. Man warf ihm vor, er habe es versäumt, »ein glänzendes Ballfest vor sich gehen zu lassen, während welches sich das unselige Liebespaar zur rechten Zeit in ein Boskett verloren hätte, wo dann ihre Entdeckung einen gehörig skandalösen Eindruck und alles dazu sonst noch Passende veranlaßt haben würde; statt dessen geht nun in diesem Akte fast gar nichts wie Musik vor sich..., was um so schlimmer ist, da ich dabei fast gar nichts zu sehen biete.« Nach seiner Auffassung von Musikdrama mußten alle äußeren Handlungsmomente logisch und konsequent aus der Psychologie der dramatischen Personen und aus ihren Beweggründen entwickelt sein und diese zur Erscheinung bringen. Eine Ballszene wäre nur von äußerlichem Reiz gewesen. Er konnte mit Recht behaupten: »An dieses Werk nun erlaube ich die strengsten, aus meinen theoretischen Behauptungen flie-

Städtisches Theater Leipzig, 1882
Die Entdeckung des Liebespaares im Burggarten (2. Akt). Nach einer Aufführung des Leipziger Städtischen Theaters gezeichnet von F. Waibler. Von links König Marke, der verräterische Melot, Tristan, Isolde und Brangäne.

ßenden Anforderungen zu stellen: nicht weil ich es nach einem System geformt hätte, ... sondern weil ich hier endlich mit der vollsten Freiheit ... gegen jedes theoretische Bedenken in einer Weise mich bewegte, daß ich während der Ausführung selbst innward, wie ich mein System weit überflügelte.« Das war aber nur möglich, weil der Ausführung eine lange Periode der Reflexion voranging (Zukunftsmusik). Ein episches Drama hat man *Tristan und Isolde* genannt. Melot zum Beispiel, dessen Verrat im 2. Akt die äußerliche Katastrophe im Sinne der klassischen Dramaturgie auslöst, berichtet nur knappe neun Verszeilen. Der Hauptteil der Szene aber gehört Marke und seiner langen, erschütternden Anklage.

Tag – Nacht – Tag: Auch die Zeitangaben für die drei Akte sind Sinnbild für eine »innere Seelenbewegung«. Tristan sehnt sich aus dem »öden Tag« in das »Wunderreich der Nacht«. Der Tag, das ist für Tristan die ritterliche Welt mit ihrem Tugendsystem von Ehre, Ruhm, Treue – die Welt, in der er ein »Held« war. Durch seine in den Augen dieser Welt illegitime Liebe zu Isolde hat er dieses Wertsystem hinter sich gelassen, er sehnt sich nach der Nacht, nach dem Tod, in dem einzig seine Liebe »ewig einig« bestehen kann. »Was träumte mir von Tristans Ehre« singt er, nachdem er Isoldes Liebes-/Todestrank erfahren hat. Nur in der Nacht können die Liebenden ganz sie selbst sein. Melots Verrat im 2. Akt verscheucht das Wunderreich der Nacht: »Tagesgespenster!/Morgenträume!-/täuschend und wüst -!/Entschwebt! Entweicht!« Im 3. Akt muß Tristan todwund der Nacht enttauchen in den verfluchten Tag, denn Isolde ist noch »im Reich der Sonne«, sie hat ihn »aus der Nacht« gerufen. Der Liebestrank als vermeintlicher Todestrank setzte zwar das Bekenntnis ihrer Liebe frei, wirft sie aber wieder dem verhaßten Tag zurück, verhindert den Tod, die endliche Vereinigung. Deshalb muß Tristan im 3. Akt den Trank verfluchen. Der Tag mit seinem Licht blendet sein Bewußtsein.

Die Sehnsucht nach der Nacht gibt dem Werk seine eigentümliche Grundierung. Thomas Mann hat auf Parallelen zwischen *Tristan und Isolde,* Novalis' *Hymnen an die Nacht* und Schlegels *Lucinde* aufmerksam gemacht. Die Nacht war ein großes Thema der romantischen und empfindsamen Dichtung. Wagner steht zwar in dieser Tradition, läßt sie aber weit hinter sich, ähnlich wie bei seinem frei gestaltenden Umgang mit den mittelalterlichen Epen. Wagners Nacht ist nicht mehr die »mondbeglänzte Zaubernacht« Eichendorffs, obwohl auch er die Stimmungsmittel Hörnerschall und das Rauschen der Quelle verwendet. Sie ist auch mehr als die Nacht, die Novalis in seinen Hymnen feiert. Sie ist, wie in der Antike, der Bruder und die Pforte des Todes, der Eingang zum Nichtmehrsein, zum Vergehen, zum Hades, zur endlichen Auflösung und Erlösung dieser Liebe. Deshalb muß Isolde im 2. Akt gegen den Widerstand Brangänes die Fackel löschen, ein anderer Todesengel. Deshalb fie-

Bayreuther Festspiele 1886
Figurine der Isolde von Joseph Flüggen. Auf Cosimas Anweisung hielt sich der Künstler genau an den Entwurf von Franz Seitz für die Uraufführung, den Richard Wagner noch selbst korrigiert hatte.

bert Tristan im 3. Akt: »Ach Isolde.../ Wann endlich,/ Wann, ach wann?/ löschest du die Zünde?« Tristan war schon in diesem »weiten Reich der Weltennacht«. Das, was er erfahren hat, verliert sich ins Unsagbare, entzieht sich jeder Mitteilung. Er kann es Marke und Kurwenal nicht sagen. Und hier sind Wagner wohl die schönsten Verse in seinem *Tristan* geglückt, der auch als Sprachkunstwerk sicher seine bedeutendste Leistung ist. »Sagen« kann es nur die Musik. Die »tiefste Kunst des tönenden Schweigens« hat Wagner das genannt. Er bezeichnete sein Textbuch als »ein Gedicht, das ganz für die Musik bestimmt ist« (an Mathilde Wesendonck, 15. 4. 1859). Im Gedicht sei die musikalische Form bereits vollständig vorgebildet, der Reichtum und die Unerschöpflichkeit der Musik sei schon ganz in ihm enthalten. Er hielt es deswegen für unüberlegt, daß er das Textbuch schon vor der Beendigung der Komposition veröffentlichte, denn ein Musikdrama sei eben kein Theaterstück, sondern werde erst in der Musik vollendet.

Über den Einfluß von Schopenhauers Philosophie auf *Tristan und Isolde* ist endlos geschrieben und diskutiert worden. Heute neigt man eher der Meinung zu, daß »Richard Wagners kühnstes Werk sehr wohl unabhängig von Schopenhauers philosophischem Pessimismus gedacht werden kann« (M. Gregor-Dellin). Wagner fand vieles bei Schopenhauer bestätigt, was seiner eigenen Gedankenwelt entsprach, und dieses Wiedererkennen war wohl verblüffend für ihn. An Franz Liszt hatte er geschrieben: »Sein Hauptgedanke, die endliche Verneinung des Willens zum Leben, ist von furchtbarem Ernste, aber einzig erlösend. Mir kam er natürlich nicht neu, und niemand kann ihn überhaupt denken, in dem er nicht bereits lebte« (16. 12. 1854). Schopenhauers pessimistische Philosophie entsprach Wagners eigenem psychischem Zustand in diesem Jahr 1854. Er hat später aber, als er in Venedig am 2. Akt arbeitete, Mathilde Wesendonck mitgeteilt, daß Schopenhauers System einer Berichtigung bedürfe. Denn mit seiner »Metaphysik der Geschlechtsliebe«, die auch die Liebe zu den zu negierenden Begierden rechnet und sie auf einen Instinkt zur Erhaltung der Gattung reduziert, konnte er sich nicht einverstanden erklären. Nach Wagners Meinung hat Schopenhauer den »Heilsweg zur vollkommenen Beruhigung des Willens durch die Liebe, und zwar nicht einer abstrakten Menschenliebe, sondern der wirklich, aus dem Grunde der Geschlechtsliebe, d.h. der Neigung zwischen Mann und Weib keimenden Liebe nicht erkannt (Tagebuch, 1. 12. 1858).

Was er aber bei Schopenhauer finden konnte, war eine Metaphysik der Musik. Sätze wie diese mußten Wagner ansprechen: »Zeigt ... die Tonkunst ihre Macht und höhere Befähigung, indem sie jetzt über die in Worten ausgedrückte Empfindung oder die in der Oper dargestellte Handlung die tiefsten, geheimsten Aufschlüsse gibt, das eigentliche und wahre Wesen derselben ausspricht und uns die innerste Seele der Vorgänge und Begebenheiten kennen lehrt, deren bloße Hülle und Leib die Bühne darbietet ... Diese Musik aber, da sie mit Rücksicht auf das Drama komponiert wurde, ist gleichsam die Seele desselben, indem sie, in ihrer Verbindung mit den Vorgängen, Personen und Worten, zum Ausdruck der inneren Bedeutung und der auf dieser beruhenden, letzten und geheimen Notwendigkeit aller jener Vorgänge wird.«

Am 1. Oktober 1857 fing Wagner mit der Kompositionsskizze des 1. Aktes an und schrieb jenen berühmten »Tristan-Akkord« nieder, der als Beginn der musikalischen Moderne gewertet wird. Die Kompositionsskizze dieses Aktes wurde am 31. Dezember abgeschlossen, die Komposition der Partitur am 3. April 1858. »Das ist ein merkwürdiges Stück Musik«, schrieb er Franz Liszt (Januar 1858). Er fühlte sich müde und überarbeitet und klagte über die »Anspannung« seiner »Seelenkräfte« *(Mein Leben)*. Er ahnte nicht, welche Kraft ihn diese Komposition noch kosten sollte. »Noch im Asyl« hatte er in die Kompositionsskizze des 2. Aktes eingetragen, mit der er am 4. Mai 1858 begann. Am Tag zuvor war sein neuer Flügel eingetroffen, ein Geschenk von Madame Erard. Erst jetzt ging ihm auf, mit welchem »tonlosen Instrumente«, seinem »alten Kapellmeisterflügel«, er sich bisher behelfen mußte. »Der neue Flügel schmeichelte meiner musikalischen Empfindung ungemein, und ganz von selbst geriet ich beim Phantasieren auf die weichen Nachtklänge des 2. Aktes von Tristan« *(Mein Leben)*.

Die Kompositionsskizze des 2. Aktes, die er noch als flüchtig bezeichnet, wurde am 1. Juli abgeschlossen. Das Idyll im Asyl hatte durch Minnas Eifersucht auf Mathilde und ständige Zwistigkeiten ein jähes Ende gefunden. Der Hausstand wurde aufgelöst, wieder einmal war Wagner heimatlos geworden. Im August zog er nach Venedig. Für Mathilde führte er ein Tagebuch, in dem er schreibt: »Hier wird der Tristan vollendet – allem Wüthen der Welt zum Trotz! ... Nun wohlan! Held Tristan, Heldin Isolde! Helft mir! ... Hier sollt ihr ausbluten, hier sollen die Wunden heilen und sich schließen. Von hier soll die Welt die erhabene, edle Noth der höchsten Liebe er-

Carlo Brioschi, Bühnenbildentwurf zum 1. Akt, undatiert Das Schiff als Brautschiff hell und festlich, mit Blumengirlanden geschmückt. Cosima verwendete in ihrer Bayreuther Inszenierung von 1886 eine schwere dunkelrote Draperie. Erst 1927 brachte Siegfried Wagner helle Farben in dieses Bild. Brioschis Atelier führte den hier gezeigten Entwurf verschiedene Male aus, so für die Erstaufführung an der Stadsschouwburg in Amsterdam 1896, veranstaltet von der holländischen Wagner-Vereinigung.

fahren, die Klagen der leidenvollsten Wonne« (3. 9. 1858). Am 15. Oktober nahm er die Arbeit an der Orchesterskizze des 2. Aktes wieder auf, mit der er aber nicht so schnell vorankam, wie er geplant hatte. »Aber – was wird das für Musik! Ich könnte mein ganzes Leben nur noch an dieser Musik arbeiten. O, es wird tief und schön; und die erhabensten Wunder fügen sich so geschmeidig dem Sinn. So etwas habe ich denn doch noch nicht gemacht.« So am 8. Dezember, wiederum im Tagebuch. Und wie recht sollte er behalten, wenn er Minna schrieb: »Habt nur Vertrauen auf mich: wenn ich komponiere, wirds auch nichts Gewöhnliches« (16. 1. 1859). Er ist sich sicher: Diese Musik wird der Gipfel seiner Kunst, dieser Akt wird geraten wie noch nie etwas. Am 18. März konnte er die Partitur des 2. Aktes abschließen.

Den 3. Akt komponierte er in Luzern, im Hotel »Schweizerhof«. Er begann damit am 9. April. Schon am nächsten Tag schrieb er Mathilde den berühmt gewordenen Brief: »Dieser ›Tristan‹ wird was *Furchtbares!* Dieser letzte Akt!!! – – ... Ich fürchte, die Oper wird verboten – falls durch schlechte Aufführung nicht das Ganze parodiert wird –: nur mittelmäßige Aufführungen können mich retten! Vollständig *gute* müssen die Leute verrückt machen, – ich kann mir's nicht anders denken! So weit hat's noch mit mir kommen müssen!! O weh! – ... Es ist eine ungeheure Tragik! Alles überwältigend!« (10. 4. 1859). Viele seiner Briefe aus dieser Zeit sprechen von der Gespanntheit und der Erregung, der physischen Erschöpfung bei der Kompositionsarbeit. Sie strengte ihn so sehr an, daß er befürchten mußte, das Werk nicht mehr fertig-

Opernfestspiele Köln, 1911
Anstelle des von Richard Wagner vorgeschriebenen dunklen Parks, der im 19. Jahrhundert allgemein üblich war, ein weiter nachtblauer Sternenhimmel, unerläßlich für die von Appia geforderte Dramaturgie des Lichtes im 2. Akt. Nur an den beiden äußersten Seiten rahmende plastische Dekorationsteile. In der Mitte Isolde, die – nach Adolphe Appia – »unwiderlegbare« Fackel dramatisch hocherhoben. Regie und Bühnenbild: Hans Wildermann, Isolde: Edith Walker

stellen zu können. Um sich etwas zu erholen, unternahm er einen Ausflug auf den Rigi. Dort weckte ihn der Knecht morgens mit einer Melodie auf dem Alphorn. Sie ging ihm nicht aus dem Kopf, und er formte daraus die lustige Weise des Hirten, mit der er Isoldes Schiff ankündigt. Am 6. August 1859, um halb 5 Uhr nachmittags im »Schweizerhof«, vollendete er die *Tristan*-Partitur, setzte er »unter alle Romantik mit dem schönst instrumentierten H-Dur-Akkord der Musikgeschichte den göttlichen Schlußpunkt« (Richard Strauss).

Schon bevor auch nur eine Zeile des Prosa-Entwurfs geschrieben war, machte Wagner sich Gedanken darüber, wo die Uraufführung stattfinden sollte. Er glaubte durchaus an einen Erfolg, und er brauchte dringend wieder einen Bühnenerfolg. Seit 1853 fanden seine älteren Werke, gestützt durch Liszts Autorität und seine vielbeachteten Weimarer Aufführungen, ihren Weg auf die deutschen Theater. Die Chancen für ein neues Werk schienen also nicht schlecht zu stehen.

Wagner dachte zuerst an Straßburg. Hat die Herkunft des Tristan-Dichters Gottfried von Straßburg ihm diesen Gedanken eingegeben? Straßburg lag nahe an Deutschland, das er nicht betreten durfte. Das Orchester gedachte er sich aus Karlsruhe auszuleihen, die Hauptrollen sollten Albert Niemann und Luise Dustmann übernehmen. Alles andere schien, damals noch, relativ einfach zu bewältigen. Denn, so unglaublich uns das heute auch klingen mag, Wagner war der Meinung, *Tristan und Isolde* böte für eine gute Bühne keine besonderen Schwierigkeiten. »Das hoffe ich wohl annehmen zu dürfen, daß ein durchaus praktikables Opus – wie der *Tristan* werden wird – mir bald und schnell gute Revenuen abwerfen und für einige Zeit mich flott erhalten wird.« Das war noch vor der Abfassung des Textbuches an Franz Liszt geschrieben (28. 6. 1857). Aber auch als das Textbuch fertig vorlag, war er immer noch überzeugt, daß sich das »Sujet ... in einen sehr bescheidenen äußeren Rahmen bringen ließ, so daß es bei fast gar keinen Schwierigkeiten für Dekoration und Chor und bei seiner einzigen Anforderung eines guten Sängerpaares für die beiden Hauptpartien ... die leichte Möglichkeit einer vollendet guten ersten Aufführung und die Aussicht auf eine sehr schnelle ... Verbreitung über die Theater bietet« (30. 9. 1857). Es besteht kein Grund, diese Äußerungen Wagners an seinen Verleger Breitkopf als Zweckoptimismus auszulegen, denn auch seinem alten Freund Wilhelm Fischer, Chordirektor in Dresden, schrieb er im Oktober 1857 von einer leicht zu überwindenden Aufgabe, und noch im Januar 1858 hoffte er auf eine erste Aufführung gegen Ende des Jahres. Wie sehr sollte er sich wieder einmal täuschen.

Ein Kuriosum muß hier noch angeführt werden: die projektierte Uraufführung von *Tristan und Isolde* in Rio de Janeiro. Im März 1857 erbot sich ein brasilianischer Konsul, im

Ernst Gutzeit, Bühnenbildentwurf für den 3. Akt, für eine Aufführung in London 1916
Die radikalste Verwirklichung von Appias Idee, den 3. Akt solle eine »versengende Sonne« beherrschen. Das Bild aus der Psychologie der Tristan-Figur in diesem Akt entwickelt: das Zurückgeworfensein aus der Nacht in den brennend hellen Tag, die Leuchte, die nicht verlischt, Fieberphantasien und das »Licht«, das Tristan zu »hören« glaubt.

Auftrag des Kaisers Dom Pedro, Wagners Werke in italienischer Sprache in Rio aufzuführen. Auf Wagner wirkte dieser Vorschlag »sehr angenehm«, und er hielt es durchaus für möglich, »ein leidenschaftliches Musikgedicht zustande bringen zu können, welches sich im Italienischen ganz trefflich ausnehmen sollte« *(Mein Leben)*. Nach ersten Kontakten und nachdem er mit kostbar gebundenen Klavierauszügen beschenkt worden war (nur Minna blieb realistisch und meinte, das Geld für den Buchbinder sei zum Fenster hinausgeworfen), ließ der Konsul nichts mehr von sich hören.

Konkrete Formen nahmen die Pläne für Karlsruhe an. Eduard Devrient, Direktor des dortigen Hoftheaters, hatte Wagner Anfang Juli 1857 in Zürich besucht und ihm ein Angebot gemacht. Das großherzogliche Paar war musikinteressiert und schätzte Wagners Werke. Außerdem konnte Devrient für die Besetzung der Hauptrolle auf einen begabten

Nationaltheater Prag, 18. Dezember 1924
Bühnenbild des 2. Aktes in der klassischen Anordnung: Wald, links Burgtor und Turm mit Fackel, aber im Stil der Neuen Sachlichkeit der 20er Jahre.
Regie: Ferdinand Pusman, Bühnenbild: Vlastislav Hofman

Sänger in seinem Ensemble aufmerksam machen, auf Ludwig Schnorr von Carolsfeld. Aber als die Partitur fertig war und Wagner auf seiner Mitwirkung bei den Proben bestand, zögerte Devrient und lehnte schließlich die Aufführung ab. Er befürchtete, Wagner mit seinen hochgesteckten künstlerischen Ansprüchen würde sein Theater nur überfordern und durcheinanderbringen. Die offizielle Begründung war aber: Keine der Sängerinnen wage sich an die Partie der Isolde, und selbst Schnorr verzweifle »an der Ausführbarkeit des letzten Teiles seiner Aufgabe«. Im übrigen sei das Werk sowieso unaufführbar. Im September 1859 zog Wagner nach Paris, um dort Konzertaufführungen seiner Werke und die Uraufführung von *Tristan und Isolde* zu betreiben. In einem Konzert im Théâtre Italien am 25. Januar 1860 kam es zwar zur Erstaufführung des *Tristan*-Vorspiels (unter den Zuhörern: Hector Berlioz, Giacomo Meyerbeer, François Auber), und im Mai wurde im Hause von Pauline Viardot-Garcia der 2. Akt vor einem privaten Kreis gespielt, wobei die berühmte Sängerin die Partien der Isolde und Brangäne, Wagner selbst die des Tristan und Marke übernommen hatte; eine weitere Probe war bei einer Soirée in der preußischen Gesandtschaft zu hören, bei der die neapolitanische Fürstin Campo-Reale, begleitet von Camille Saint-Saëns, den Liebestod zu Wagners Verblüffung sehr schön sang. Aber der *Tannhäuser*-Skandal machte alle Hoffnungen auf eine Uraufführung des *Tristan* in Paris zunichte.

Da Wagner die Erlaubnis erhalten hatte, Deutschland wieder zu betreten, sondierte er im Herbst 1862 am Dresdner Theater, aber dort war er immer noch persona non grata. Der Berliner Generalintendant Botho von Hülsen verbat sich seinen Besuch.
Besser standen die Chancen in Wien. Als Wagner dort um Beurlaubung der Sänger für Karlsruhe nachsuchte, bot ihm Oberhofmeister Graf Lanckoronski die Uraufführung an der Hofoper zum 1. Oktober 1861 an. Wagner war anfangs ganz enthusiastisch, aber die Enttäuschung ließ nicht lange auf sich warten. Wegen Heiserkeit des Tenors Alois Ander, der den Tristan studieren sollte, wurde der Probenbeginn zunächst verschoben. Wagner mußte ihm zudem seine Aufgabe durch Striche und »Punktuation der tieferen Lage« erleichtern. Anders' Heiserkeit hielt an, und die Proben wurden im November abgebrochen. Erst ein Jahr später nahm man sie überraschenderweise wieder auf, gab sie aber im April 1863 endgültig auf; das Unternehmen mußte nach 77 Proben als gescheitert gelten. *Tristan und Isolde* erhielt das Stigma der Unaufführbarkeit. Eine Berliner Zeitung nannte *Tristan* sarkastisch das einzige Kunstwerk der Zukunft, da es in der Gegenwart nicht darzustellen sei. Wagners Prophe-

Adolphe Appia, Bühnenbildentwurf für den 3. Akt aus dem Jahr 1896, verwendet für Mailand 1923
Der Burghof von Kareol ein Innenraum, die Außenwelt nur in einem Ausschnitt sichtbar, wie auf Gemälden altniederländischer Maler.

Leo Pasetti, Bühnenbildentwurf für den 3. Akt, München 1927
Anders als bei Appia ist dieses Bild von einer Atmosphäre der Melancholie und der Verlassenheit, eher lyrisch geprägt. Wohl der folgenreichste Entwurf Pasettis. In diesem Stil hat auch Emil Preetorius 1938 für Bayreuth und für verschiedene Opernhäuser den 3. Akt entworfen.

zeiung vom August 1860 hatte sich bewahrheitet: »Wie schrecklich werde ich für dieses Werk einmal büßen müssen, wenn ich es mir vollständig aufführen will: ganz deutlich sehe ich die unerhörtesten Leiden voraus; denn, verhehle ich es mir nicht, ich habe da alles weit überschritten, was im Gebiet der Möglichkeit unserer Leistungen liegt.« (an Mathilde Wesendonck). Er hatte es »satt«, sein *Tristan* war ihm »zur Fabel« geworden, und 1864 schien es mit dem Werk aus zu sein (an Friedrich Uhl, 18. 4. 1865).

Aber da trat dieses oft beschriebene »Wunder« in sein Leben, König Ludwig II. Der König wünschte die Uraufführung an seinem Hoftheater und gab Wagner Vollmachten, die besten Kräfte für eine mustergültige Vorstellung zu engagieren. Er selbst erwirkte vom König von Sachsen die Erlaubnis für die Mitwirkung der Dresdner Sänger Ludwig und Malwina Schnorr von Carolsfeld für die Hauptpartien, und von Anton Mitterwurzer für die Rolle des Kurwenal. Da Wagner mit dem Regieführen voll ausgelastet war und nicht auch selbst dirigieren konnte, wurde Hans von Bülow auf seinen Rat hin mit der musikalischen Leitung beauftragt. Am 5. April 1865 begannen die Proben. Trotz intensiver Arbeit war Wagner ausgelassen und alberte mit den Sängern, offensichtlich glücklich, endlich wieder einmal Theaterpraktiker sein zu dürfen. Seine letzte Uraufführung lag inzwischen 15 Jahre zurück. Auch später noch hat Wagner diese Probenwochen zu seinen schönsten Erlebnissen gezählt. Aber ohne Kontroversen schien es bei ihm einfach nicht zu gehen, die Neugier der Münchner war offensichtlich groß, und Gerüchte schwirrten durch die Stadt. »Ich sage Ihnen, es ist toll, wie das hier getrieben wird, für und gegen Wagner. – Die Fama wächst zu einem hundertköpfigen Ungeheuer, der Wagner-Cultus wird zu einem Ekel; der junge König tauft jetzt alles, was ihn umgiebt, in Tristan und Isolde um ...« berichtet Josephine von Kaulbach. Eine in der Überlastung der Probenarbeit unbedacht abgegebene Äußerung von Bülows wurde, obwohl er sich öffentlich entschuldigte, zum aufsehenerregenden Skandal aufgebauscht. Man forderte den preußischen Junker auf, die Stadt zu verlassen.

Endlich fand am 11. Mai vormittags die Generalprobe vor 600 geladenen Gästen statt. Wagner, sehr bewegt, hielt eine Ansprache, ebenso Bülow. Der Komponist sagte u. a.: »Schwierigkeiten, wie sie noch nie geboten wurden, sind überwunden: die Aufgabe ist gelöst ... Das Schönste ist erreicht, der Künstler darf über seinem Kunstwerk vergessen werden!« Die Premiere war auf den 15. Mai angesetzt. »Wonnevoller Tag! – Tristan – Wie freue ich mich auf den Abend! – Käm er doch bald! Wann weicht der Tag der Nacht?« Diese Zeilen des Königs wurden Wagner am Morgen überbracht. Die internationale Presse war angereist, und natürlich Wagners Freunde und Anhänger. »Die Umgebung des Hoftheaters war zum europäischen Marktplatz geworden, auf dem in allen Zungen geredet wurde. In den Kaffeehäusern der Maximilianstraße ging es zu, wie in Zeiten hochgradiger politischer Erregung« (Robert von Hornstein).

Aber das Verhängnis, das über *Tristan und Isolde* lag, zeigte sich nochmals. Es begann damit, daß an diesem *Tristan*-Morgen Wagner ein Wechsel über 2400 Gulden aus seiner Pariser Zeit präsentiert wurde. Wer das veranlaßt hatte, konnte niemals geklärt werden. Da Wagner nicht zahlen konnte, wurden seine Möbel provisorisch gepfändet, bis die königliche Kabinettskasse einsprang. Die nächste Unglücksbotschaft brachte Schnorr: Seine Frau hatte eine plötzliche Heiserkeit befallen, ein Auftreten am Abend war deshalb unmöglich. Die erst am Nachmittag per Anschlag bekannt gemachte Absage der Premiere gab den abenteuerlichsten Vermutungen Nahrung: Wagners Zukunftsmusik habe Malwinas Stimme ruiniert, Bülow weigere sich, zu dirigieren, da Studenten gedroht hatten, ihn mit faulen Eiern zu bewerfen, noch dazu sei ein Mordanschlag auf ihn bekannt geworden, das Orchester streike, usw. Der Uraufführungstermin mußte auf den 26. Mai verschoben werden, was dem »Münchner Volksboten« Anlaß für folgende Meldung gab: »Nächsten Freitag soll der ›Ehebruch unter Pauken und Trompeten‹ mit vollständiger Zukunftsmusik über das Hof- und Nationaltheater ziehen. Viele sind freilich so frei zu sagen, es sei weder höflich noch national, den Bruch des 6. Gebotes mit Glanz und Gloria zu verherrlichen« (23. Mai). Eine weitere Verschiebung war notwendig, da Malwinas Krankheit anhielt; die Premiere wurde jetzt endgültig auf den 10. Juni angesetzt.

Eine andere Uraufführung hatte inzwischen planmäßig stattgefunden: Das »Isar-Vorstadt-Theater« führte am 29. Mai »Zum allerersten und schon oft verschobenen Male: Tristanderl und Süßholde« auf, eine Parodie, in der auf alle die Ereignisse angespielt wurde, die die Vorbereitung der Uraufführung begleitet und so hohe Wellen geschlagen hatten. Am 10. Juni um 6 Uhr also begann die Vorstellung. Sie war zwar offiziell ausverkauft, aber viele Plätze im Parterre und auf der Galerie waren leer, und füllten sich erst während des Vorspiels. Die Polizei, die Demonstratio-

Teatro alla Scala Mailand,
11. Dezember 1930
In diesem Stil wurde seit dem 19. Jahrhundert der 2. Akt traditionell gestaltet. Die realistischen Bühnenbilder von Edoardo Marchioro lösten die abstrakten von Adolphe Appia aus dem Jahr 1923 ab, die den Mailändern zu streng gewesen waren.

nen gegen Bülow befürchtet hatte, hielt diese Vorsichtsmaßnahme für nötig. Die Folge war, daß das Vorspiel unter dem Lärm der Zuspätkommenden litt. König Ludwig und die Mitglieder der königlichen Familie, darunter auch der abgedankte König Ludwig I., waren erschienen. Trotz der Anwesenheit des Königshauses kam es zu Beifallsäußerungen und Zischen. König Ludwig II. war im 3. Akt zu Tränen gerührt. Wagner war überglücklich: »Eines ist gewonnen, dieser wunderliche Tristan ist vollendet. Sie wissen, wer noch am Tristan dichtete, hinterließ ihn unvollendet – von Gottfried von Straßburg an. Fast schien das alte Mißgeschick sich auf mein Werk ausdehnen zu wollen: denn vollendet war es erst, wenn es ganz und leibhaftig als Drama vor uns lebte und unmittelbar zu Herzen und Sinnen sprach; dies war erreicht« (an Ludwig II., 13. 6. 1865).

Wagner selbst hat die Inszenierung als vollendet bezeichnet, sein Ideal schien erreicht zu sein. Dekorationen, Kostüme, die Leistungen der Sänger und des Orchesters, alles war gelungen. Die Skizzen zu den Dekorationen wurden genau nach Wagners Anweisungen und in Zusammenarbeit mit ihm ausgeführt. Den 1. und 3. Akt entwarf Angelo Quaglio, den 2. Akt Heinrich Döll, ein Spezialist für Landschaftsmalerei. Isoldes zeltartiges Gemach im 1. Akt war eine reichgefaltete rote Draperie. Der eigentliche Dekorationseffekt war das Aufziehen dieser Vorhänge durch Brangäne (Isolde: Luft! Luft! / Mir erstickt das Herz! / Öffne! Öffne dort weit!), das den Blick auf das in einen Tierkopf auslaufende Schiffsverdeck freigab; auf dem Deck die Mannschaft und oben am Steuer Tristan. Bei der Ankunft in Cornwall am Ende des Aktes schob sich die Silhouette der bergigen Küste mit der Burg Markes ins Bild. Die Architekturteile in den Bildern des 2. und 3. Aktes waren in einem frühen romanischen Stil gehalten und sollten auf Wagners Wunsch weniger mittelalterlich als archaisch wirken. Auch die Kostüme von Franz Seitz, deren Entwurfskizzen Wagner mit korrigierenden Bemerkungen versehen hatte, orientierten sich an einem germanisch-romanischen Mischstil.

In Ludwig Schnorr von Carolsfeld stand Wagner ein Sänger-Darsteller zur Verfügung, wie er ihn noch nie erlebt hatte, und wie er ihm nie wieder begegnen sollte. Über keinen seiner Künstler hat Wagner so ausschließlich Bewunderndes geäußert wie über

Salzburger Festspiele 1933
Alfred Roller hatte 1903 in Wien erstmals das bühnenbildnerische Problem des 1. Aktes – die Trennung der intimen Szenen in Isoldes Gemach von den Chorszenen des Schiffsvolks – durch ein doppeltes Verdeck gelöst. Unten spielten die Szenen zwischen Isolde, Brangäne und Tristan, oben die Chorszenen. Nach diesem Prinzip baute auch Oskar Strnad sein Bühnenbild des 1. Aktes in Salzburg.
Regie: Otto Erhardt, Dirigent: Bruno Walter, Isolde: Dorothee Manski, Tristan: Hans Grahl, Kurwenal: Josef von Manowarda, Brangäne: Gertrude Rünger

Staatsoper Stuttgart, 1938
Einfacher und auch billiger als Rollers aufwendiges Doppeldeck war der Vorhang, der Isoldes Gemach vom Schiffsdeck abgrenzte. Das Stoffmuster ist hier ähnlich wie in Wsewolod Meyerholds Sankt Petersburger Inszenierung von 1909.
Bühnenbild: Felix Cziossek

Schnorr. In Karlsruhe hatte er ihn zum ersten Mal 1862 als Lohengrin gesehen; er hatte zunächst starke Vorbehalte, da ihm berichtet worden war, der junge Sänger leide an Fettsucht. Doch als er ihn auf der Bühne sah, war er sofort gefangen von seiner ungeheuren gestalterischen Begabung: »Bot mir der Anblick des im kleinen Nachen landenden Schwanenritters den immerhin für das erste etwas befremdenden Eindruck der Erscheinung eines jugendlichen Herakles, so wirkte aber auch zugleich mit seinem Auftreten der ganz bestimmte Zauber des gottgesandten, sagenhaften Helden auf mich, in dessen Begriff man sich nicht fragt: wie ist er, sondern sich sagt: so ist er!« *(Mein Leben)*. Seine Gestaltung der Qualen und Fieberphantasien Tristans im 3. Akt muß so überwältigend gewesen sein, daß es sogar Wagner unmöglich war, sich darüber auszusprechen. In der vierten und letzten Vorstellung soll Wagner »nach dem Liebesfluch von einem wahrhaften Entsetzen über die an Frevel grenzende unerhörte Leistung seines Freundes Schnorr erfaßt worden sein« (Michael Petzet). Als Ludwig Schnorr von Carolsfeld am 21. Juli 1865 plötzlich starb, wollte Wagner den *Tristan* niemals mehr aufführen lassen, er sollte Schnorrs Denkmal bleiben.

Die öffentliche Meinung gab der kühnen, neuen Musik keine allzu großen Zukunftschancen, abgesehen davon, daß manche allein schon das Sujet unmoralisch fanden. Und wenn Josephine von Kaulbach nach der Premiere ihrem Mann schrieb, Tristan und Isolde werden sich wohl jetzt wieder ins Privatleben zurückziehen müssen, so war sie mit diesem Urteil nicht allein (11. 5. 1865).

Es dauerte neun Jahre, bis sich ein zweites Theater an eine Inszenierung wagte, und wiederum war es das kleine Weimar. Der Berliner Intendant Botho von Hülsen sträubte sich lange gegen eine Aufführung und konnte erst durch einen kaiserlichen Befehl dazu bewogen werden. Wagner reiste selbst zu den Proben nach Berlin. Albert Niemann sang den Tristan, Vilma von Voggenhuber die Isolde, Marianne Brandt die Brangäne, Franz Betz den König Marke. Die Premiere fand am 20. März 1876 bei erhöhten Preisen und vor überfülltem Hause statt, der Erfolg aber war umstritten. Frau von Hülsen gestand, daß sie trotz der vorzüglichen Darbietung niemals eine Vorstellung bis zum Ende durchhalten konnte, da sie die auf ihre »Nerven wirkende Instrumentation« unerträglich fand. Ihr Mann war sowieso der Meinung, in 50 Jahren werde man schwerlich noch vom *Tristan* sprechen oder ihn auf dem Repertoire finden.

Nach Richard Wagners Tod im Jahr 1883 war *Tristan und Isolde* die erste Inszenierung, die Cosima in Bayreuth im Festspieljahr 1886 selbständig leitete. Die Wahl fiel gerade auf dieses Werk, weil seine Realisierung keine außergewöhnlichen Kosten verursachte. Der Besuch aber war äußerst spärlich; für eine Vorstellung wurden nur zwölf Karten verkauft. Cosima versuchte die Uraufführung zu reproduzieren, die nach Wagners Aussage Modellcharakter beanspruchen konnte. Die Gebrüder Brückner schufen Kopien der Münchner Dekorationen, anstelle von Franz Seitz entwarf jetzt Joseph Flüggen die Kostüme, beraten von Cosima. Sie sollten nicht an Kleists *Hermannschlacht* erinnern oder an den *Ring des Nibelungen;* »Irlands, Cornwallis und Bretagne dürfen keinen so absolut wilden, nordischen Charakter haben!« So Cosimas Anweisungen an den Kostümbildner (9./10. 9. 1885). Die Sänger der Hauptpartien, Heinrich Vogl und Rosa Sucher, wurden angehalten, in Bewegung und Gebärde maßvoll zu sein, keine rasenden Leidenschaften auszuspielen. Das geschah aus der Einsicht in die ungeheuren Schwierigkeiten der Darstellung in *Tristan und Isolde,* »wo das verzweigteste Seelenleben durch die Musik kundgegeben« ist, und »wo kaum ein Physiognomiespiel der Gewalt der Töne« entsprechen kann, ohne in Absurdität zu verfallen. Ein »gut gemeinter Realismus« sei hier »das Allerfremdartigste«, während »die Ruhe, welche gleichsam die Hülle scheint, mit welcher die vom Orchester angegebene Gemütsbewegung umschleiert wird, wenigstens unschädlich ist, wenn auch durchaus nicht entsprechend« (an Hermann Levi, 8. 9. 1886). Der Dirigent Felix Mottl hatte den Orchesterklang so zu-

Staatsoper Wien, 1. Januar 1943
Bei der *Tristan*-Inszenierung vom 1. Januar 1943 hatte der Dirigent Wilhelm Furtwängler erstmals auch Regie geführt. Er bestand darauf, daß die Bühnenbilder Alfred Rollers aus dem Jahr 1903 benutzt wurden. Gegen das Meer und den weiten Horizont bildete im 3. Akt der mächtige Block des Burgtors einen vertikalen Akzent.
Tristan: Max Lorenz, Kurwenal: Georg Monthy

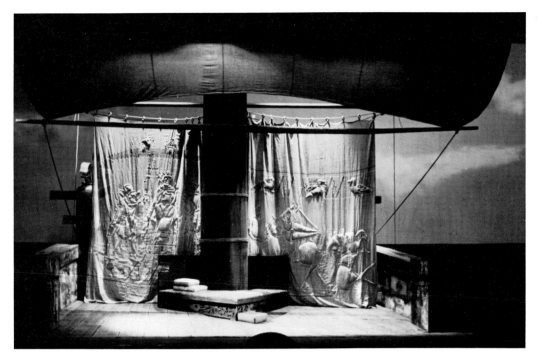

Staatsoper Berlin, 1947
Auch im Bühnenbild des
1. Aktes von Lothar Schenck
von Trapp das alles
überspannende Segel und die
trennenden Vorhänge von
Isoldes Gemach, die hier mit
archaisierenden Applikationen
versehen sind. Regie führte bei
dieser Inszenierung Frida
Leider, selbst in den 30er Jahren
eine weltberühmte Isolde; es
dirigierte Wilhelm Furtwängler.

rückzunehmen, daß dem Publikum auch der Text verständlich werden konnte.

Erst in den 80er Jahren hat sich *Tristan und Isolde* auf den Theatern weitgehend durchgesetzt. Er wurde in 21 Städten erstaufgeführt, darunter London (1882, Dirigent Hans Richter), Wien (1883), Prag (1886), New York (ebenfalls 1886), Straßburg und Rotterdam (beide 1890). Die Rezeptionsgeschichte des *Tristan* ist die »Geschichte einer Faszination« genannt worden. Nur die wenigen kritischen Geister sprachen von einer gefährlichen Faszination. Wie kein anderes Werk Wagners hat *Tristan* die Literatur, die bildende Kunst und die Musik beeinflußt. Von den Komponisten des 20. Jahrhunderts wurde er als einziges Werk Wagners geradezu für »sakrosankt« erklärt.

Bei der französischen Intelligenz um die Jahrhundertwende konnte man nicht nur von *wagnérisme*, sondern von einem speziellen *tristanisme* sprechen. Claude Debussy, Emmanuel Chabrier und der junge Komponist Guillaume Lekeu, ein Schüler von César Franck, besuchten den Bayreuther *Tristan* im Jahr 1889. Lekeu fiel schon beim Vorspiel in Ohnmacht und mußte aus dem Zuschauerraum getragen werden, Emmanuel Chabrier brach in Tränen aus. Odilon Redon und Fantin-Latour haben ebenso wie in England Aubrey Beardsley Wagner-Themen gemalt. Paul Cézanne war wie Emile Zola Mitglied der Wagner-Gesellschaft von Marseille. Eine spezielle *Tristan*-Literatur gab es auch in Italien (d'Annunzio), Deutschland (Thomas Mann) und England. Da die großen Bühnen der französischen Hauptstadt den Werken Wagners noch verschlossen blieben, ging man im die Sonntagskonzerte von Charles Lamoureux, Jules Pasdeloup und Edouard Colonne. Man feierte diese besonderen »heroischen Sonntage«. Stéphane Mallarmé machte sich Notizen während der Konzerte und träumte zu Hause die Werke in nie erreichbarer Vollkommenheit. Wagner war das Thema der Salons, der gesellschaftlich und künstlerisch tonangebenden Klasse. Marcel Prousts Madame Cambremer war ebenso Wagnerianerin wie seine Madame Verdurin, für die schon »ein bißchen Liebestod« ihrer sensiblen Nerven wegen gefährlich war. Es wurde fashionabel, nach Bayreuth zu reisen; für viele dieser Herrschaften waren die Festspiele so etwas wie das exklusive Kurtheater von Karlsbad oder Marienbad. »Bayreuth drohte zum Rendezvous-Platz der Snobs zu werden«, schrieb Siegfried Wagner. Dem allem machte der Erste Weltkrieg ein Ende.

Für die Bühnengeschichte von *Tristan und Isolde* aber wurde ein Besucher der Festspiele von 1886 von entscheidender Bedeutung: Adolphe Appia. Er war tief enttäuscht über die Inszenierung. Ihm schienen die traditionellen illusionistischen Dekorationen aus perspektivisch bemalten, flachen Leinwänden und die Gasbeleuchtung, besonders die Rampenlichter, unangemessen für die Visionen von Raum und Licht, die die *Tristan*-Musik in ihm wachgerufen hatte. Diese Musik wollte er optisch interpretieren und nicht weiter historisch mehr oder weniger exakte Schauplätze entwerfen. Stilisierung und Abstraktion, die wichtigsten Errungenschaften für Inszenierung und Bühnenbild im 20. Jahrhundert, gingen von ihm aus. Der plastische Bühnenraum mit verschieden hohen Spielflächen als Aktionsraum für den dreidimensionalen Darsteller, das wechselnde Licht als visuelle Interpretation der musikalischen Vorgänge, das waren seine Grundforderungen. Er verstand sich nicht als Bühnenmaler im traditionellen Sinn, sondern mehr als Architekt, der seine Raumkompositionen für den agierenden Darsteller entwarf.

Im Anhang zu seinem grundlegenden Werk *Die Musik und die Inszenierung* (geschrieben in Französisch zwischen 1892 und 1897, erschienen in Deutsch 1899) hat Appia seine Ideen zu einer *Tristan*-Inszenierung, mit Illustrationen versehen, dargelegt. Es ist erforderlich, die »innere Handlung« in *Tristan und Isolde* zu inszenieren; leitendes Prinzip für den Regisseur und den Bühnenbildner muß sein, »dem Publikum die gleiche Art zu sehen zu verleihen, wie sie den Helden des Dramas zu eigen ist«. Daher hat die Außenwelt nur eine geringe Bedeutung, sie ist Trug für Tristan und Isolde. Im 1. Akt haben »einige Linien charakteristischen Tauwerks« zu genügen, auf keinen Fall solle »eine Häufung maritimer Zeichen« das Bild beherrschen. Äußerste Vereinfachung ist für das Bühnenbild des 2. Aktes notwendig. Isolde, die auf Tristan wartet, empfindet nicht die »laue Sommernacht«, sondern den »grausamen Raum, der sie von Tristan trennt«. Alles soll verschwommen wirken, nur die Fackel »bleibt unwiderlegbar, ein Zeichen, welches den von ihr entfernt hält, den sie liebt«. Indem sie die Fackel löscht, läßt sie die Zeit stillstehen. Man soll jetzt nichts mehr sehen als ihr »Beieinandersein, ... die Zeit, der Raum, die erklingende Natur, die drohende Fackel – alles ist versunken«. Der Zuschauer soll sich »rückhaltlos ... an den inneren Vorgang hingeben«. Der 3. Akt wird beherrscht von der »versengenden Sonne«, dem »kaltfarbigen« Licht des verhaßten Tages, das beim Liebestod langsam ins Meer hinabsinkt und seinen »letzten Schein gleich einem blutigen Strahlenkranz auf die vereinigten Helden« wirft. Vergleicht man Appias Beschreibung mit der allgemeinen *Tristan*-Rezeption jener Jahre, so ist auffallend, daß bei ihm niemals von Rausch die Rede ist, dafür aber öfters von »Härte«.

Das »Journal de Genève« appellierte 1899 an die Direktion des Grand Théâtre, Appia bei der Neuinszenierung von *Tristan und Isolde* heranzuziehen, aber vergebens.

Auch Cosima war bei ihrer Inszenierung zur Einsicht gekommen, daß es sich bei *Tristan und Isolde* um ein Psychodrama handelt, wie die oben angeführte Briefstelle an Hermann Levi beweist. Sie fand für sich die Kompromißlösung, die Sänger möglichst wenig gestikulieren zu lassen. An Hermann Graf Keyserling, der ihr Appia empfohlen hatte, schrieb sie zwar, daß sie an Appias Theorien interessiert sei, daß sie aber für Bayreuth nicht in Frage kämen (11. 4. 1903). »Das Zelt der Isolde, der Meerprospekt für Tristan im III. Akt, kurz und gut, alles hat zu bleiben, wie es von dem dramatischen Schöpfer angegeben wurde.« Eine subjektive Interpretation war für sie Willkür und damit nach ihrem Verständnis ein Frevel am Werk. Sie verstand sich als Erbwalterin; ihre Aufgabe war der ideale Nachvollzug der Ideen und Wünsche und die Erfüllung dessen, was der Meister in seinem eigenen Theater nicht selbst hatte verwirklichen können. Daher waren seine szenischen Angaben unantastbar. Es ging ihr in keiner Weise darum, inszenatorisch führend im Sinne von »modern« zu sein, sondern »richtig« im Sinne des Meisters. Das Andere überließ sie den gewöhnlichen Theatern. »Hier ist nichts zu erfinden, sondern nur im einzelnen zu vervollkommen.« Eine Reform des Bühnenbildes und des Inszenierungsstils von ihr zu verlangen, hieße ihre Absichten völlig verkennen und hätte vermutlich auch außerhalb ihrer künstlerischen Möglichkeiten gelegen. Worin Cosima Bahnbrechendes leisten wollte, das war die sorgfältige musika-

Opera San Francisco,
22. Mai 1951
Das legendäre Paar Kirsten Flagstad als Isolde und Lauritz Melchior als Tristan in einer Aufführung in San Francisco.

lische Einstudierung, die intensive Erarbeitung einer Rolle, die Verwirklichung des Musikdramas. Sie schrieb an Keyserling, sie wüßte eine schöne Aufgabe für Appia, bei der er Großes, Unvergängliches leisten könne: Shakespeare und Goethe zu inszenieren, denn die hätten keine Musteraufführungen hinterlassen.

Im gleichen Jahr 1903, in dem Appia zusammen mit Mariano Fortuny im Pariser Privattheater der Comtesse de Béarn erstmals Proben seines neuen Stils zeigen konnte, fand an der Wiener Hofoper die berühmt gewordene *Tristan*-Inszenierung unter Gustav Mahler in den Bühnenbildern von Alfred Roller statt, aus Anlaß des 20. Todestages Richard Wagners. Für das an den historischen Ausstattungsprunk der Brioschi, Burghart und Kautsky gewöhnte Wiener Opernpublikum waren die Bilder Rollers im modernen Stil der Secession noch ungewohnt. Roller, ein Freund Gustav Klimts und Präsident der Secession, beherrschte die subtile Farb- und Formkomposition dieser Stilrichtung meisterhaft. Für das Schiffsdeck im 1. Akt erfand er eine Art Doppeldeck, das eine klare Trennung der Chorszenen von den intimen Szenen in Isoldes Zelt ermöglichte. Das Schiff stand leicht schräg auf der Bühne, so daß erstmals ein Spiel des Lichtes auf der Meeresoberfläche sichtbar war. Das flammende Orangerot des Segels beherrschte als stärkste Farbe dieses Bild. Auch der 2. Akt hatte ein neues Raumkonzept: statt des gewohnten dichten Laubwaldes ein weiter, nachtblauer Sternenhimmel. Die glatten Marmormauern der Burg strahlten im bleichen Mondlicht. An zentraler Stelle auch hier die Fackel. Der 3. Akt spielte auf einer Felsenanhöhe über dem Meer. Die Mauern und das mächtige Tor der Burg, aus grauen Bruchsteinen gefügt, und eine Linde waren in ein helles Licht getaucht, schufen eine Atmosphäre der Öde und Verlassenheit. Als besonders eindrucksvoll wurde immer wieder die Lichtdramaturgie des 2. Aktes beschrieben: zunächst das flammende Rot der Fackel, beim Zwiegesang dann tiefblaue, bis ins Violett schimmernde Nacht, und nach Melots Verrat die fahlen, schweflig gelben Strahlen der Morgendämmerung.

Gustav Mahler dirigierte einen leidenschaftlichen, gespannt-erregten *Tristan*. Die Hauptrollen sangen Anna Bahr-Mildenburg (sie war im Jahr 1900 eigens nach Bayreuth gereist, um die Rolle mit Cosima zu studieren) und Erik Schmedes sowie Richard Mayr als König Marke. Es war eine Inszenierung, die »die Wahrheit der Theorie bewies, daß das Experiment von heute das Gesetz von morgen ist« (Marcel Prawy).

Angemerkt sei noch, daß gerade den neuen Entwicklungen auf dem Gebiet der Bühnentechnik, wie zum Beispiel dem Rundhorizont und der variierbaren elektrischen Beleuchtung, ein entscheidender Anteil zukam bei der Realisierung von Appias Ideen.

Mit einer *Tristan*-Inszenierung debütierte Wsewolod Meyerhold am Marinski Theater in St. Petersburg im Jahr 1909 als Opernregisseur. Seine grundsätzlichen Überlegungen, als Vorbereitung für die Regiearbeit, sind typisch für die Appia-Rezeption dieser Jahre. Meyerhold als Schauspielregisseur mußte sich zunächst über die besonderen Bedingungen einer Operninszenierung klar werden, die von der Musik diktiert werden. Nicht im Inszenieren des Librettos, sondern »in der

Metropolitan Opera New York, 23. Februar 1953
Szene aus dem 2. Akt. Die Bühnenbilder für diese Inszenierung stammten noch aus dem Jahr 1920, der ersten Neuinszenierung von *Tristan und Isolde* an der Met nach dem Ersten Weltkrieg. Gerade an Opernhäusern wie der Met oder der Pariser Grand Opéra war es nicht ungewöhnlich, daß Dekorationen über Jahrzehnte hin nicht erneuert wurden.
Bühnenbild: Joseph Urban, Dirigent: Fritz Stiedry, Marke: Hans Hotter, Tristan: Ramon Vinay, Isolde: Margaret Harshaw

Opernhaus Düsseldorf, 1953
So wie in dieser Düsseldorfer Aufführung von 1953 wurde in vielen Inszenierungen der frühen 50er Jahre der 1. Akt gestaltet, u. a. auch von Wieland Wagner in Bayreuth 1952.

Teatro alla Scala Mailand,
28. März 1957
Tristans Schiff (1. Akt) als
Wikingerboot in einer
ungewöhnlichen Perspektive.
Regie: Rudolf Hartmann,
Bühnenbild: Nicola Benois,
Dirigent: Hans Knappertsbusch,
Isolde: Astrid Varnay, Tristan:
Hans Beirer, Brangäne: Ira
Malaniuk

Teatro alla Scala Mailand,
28. März 1957
Szene aus dem 3. Akt mit einem
der bedeutendsten Wagner-
Bühnenbilder von Nicola
Benois. Die traditionellen
Bildelemente in der Art der
pittura metafisica aufgefaßt;
ähnlich dem Bild, das Orlando
di Collalto im gleichen Jahr für
den Maggio Musicale in
Florenz entwarf.
Regie: Rudolf Hartmann,
Dirigent: Hans Knappertsbusch,
Isolde: Astrid Varnay, Tristan:
Hans Beirer

Versenkung in jene emotionale Welt der Musik« sieht er den einzig gangbaren Weg. Der Schauspielstil der Opernsänger darf weder naturalistisch noch stilisiert sein, er muß den »Gesetzen des allmächtigen Rhythmus« folgen. »Der Rhythmus der Oper hat nichts mit dem des Alltagslebens gemein.« Er zitiert dazu Anton Tschechow: »Ein Leben, anders als es ist, anders als es sein soll, ein Leben, wie es in den Träumen erscheint.« Der Sänger-Darsteller muß »das Wesen der Partitur erfassen und alle Nuancen des Orchesters in das dreidimensionale Bild der Szene« übertragen; »... koordiniert mit dem Bühnenbild und ko-rhythmisiert mit der Musik verwandelt sich der Mensch in ein Kunstwerk«. So verstand Meyerhold Wagners Wort von den Musikdramen als »ersichtlich gewordenen Taten der Musik«. Denn nur in der Aufführung kann Musik aus der Zeit in den Raum übertragen werden. Im Konzert entwirft die Musik ein imaginäres Bild in der Zeit. In der Aufführung aber ist das Imaginierte Wirklichkeit, ist es im Raum realisiert.
Meyerhold versteht *Tristan und Isolde* nicht als »historisches Sujet«, sondern als einen Mythos. Daher findet er den historischen Stil, den Bayreuth autorisiert hatte, falsch. Der Historismus der »metallenen Helme und Schilde, die wie Samowars glänzen«, ist ein

»Historismus ohne Geheimnis«, der den Zuschauer nur dazu verführt herauszufinden, in welchem Jahrhundert und in welchem Land die Handlung spielt. Bühnenbildner und Regisseur müssen sich bemühen, »das Märchenhafte dieses Stücks zu wahren, so daß der Zuschauer sich ganz in dieser Atmosphäre eingesponnen fühlt«. Denn historische Requisiten genügen nicht, »eine Atmosphäre zu erzeugen; diese Atmosphäre spiegelt sich weit mehr im Sprachrhythmus der Dichter und den Farben und Linien der großen Maler... Wie Giotto, Memling, Brueghel oder Fouquet uns besser in die Atmosphäre eines Zeitalters versetzen können als ein Historiker, so wirkt auch der Künstler, der Gewänder und Requisiten nach seiner Phantasie entwirft, überzeugender und glaubwürdiger als der Bühnenbildner, der Gewänder und Requisiten aus Museen auf die Bühne trägt... Bühnenbildner und Regisseur... sollen die Motive ihrer Tableaus dem Orchester ablauschen.«

Im 1. Akt genügt Meyerhold »ein einziges Segel,... um ein Schiff in der Phantasie des Zuschauers entstehen zu lassen«. Im 2. Akt malt das Orchester den Garten und das Rauschen der Blätter; es wäre also eine »schrille Geschmacklosigkeit«, das Laub der Bäume auch noch auf der Bühne zu zeigen. Meyerhold beschränkt sich auf gewaltige Schloßmauern, die sich in der Höhe verlieren, »davor in der Mitte der Bühne brennt die mystische Fakkel«. Der 3. Akt zeigt nur einen weiten, trostlosen Horizont und die nackten Felsen der Bretagne. Das Bühnenbild für Meyerholds Inszenierung hat Alexander Konstantinowitsch Scherwaschidse entworfen. Meyerhold verweist in seinen stilistischen Überlegungen auch auf das Nô-Spiel und die japanische Kunst, die mit einem einzigen blühenden Zweig den ganzen Frühling auszudrücken vermag.

Arturo Toscanini gab im Jahr 1923 Adolphe Appia die Möglichkeit, *Tristan und Isolde* an der Scala zu inszenieren. Leider ist von diesen Aufführungen kein Fotomaterial erhalten. Grundlage für das Bühnenbild sollen Appias Entwürfe aus *Die Musik und die Inszenierung* gewesen sein, in noch größerer Vereinfachung. Appia befand sich damals schon in seiner abstrakten Phase. Ein unerbittlicher Kalvinist ist er von den Mailändern genannt worden. Das Publikum der Scala, dem die malerischen Künste der großen milaneser Szenographen als Qualitätsmaßstab galten, war von den zwar suggestiven, aber antiillusionistischen Bühnenbildern tief befremdet. Der Garten im 2. Akt habe eher einem Gefängnishof geglichen, in den das kalte, weiße Licht wie Schnee fiel, und die beiden einsamen Zypressen genügten nicht für einen Park. Der Lindenbaum des 3. Aktes habe wie ein kranker, sterbender Baum ausgesehen, war also »richtig« in der Optik Appias, aber »falsch« für ein Publikum, das ihn lediglich als Baum ansah. Trotz der Opposition hielt Toscanini an dieser Inszenierung fest. Die junge Skandinavierin Nanny Larsén-Todsen sang die Isolde, Ezio Pinza den König Marke. In der Geschichte der Scala ist diese Inszenierung eine Episode geblieben. Appias Bedeutung lag mehr in den prinzipiellen Überlegungen, die die Bühnenbildner und Regisseure ange-

Maggio Musicale Florenz, 1957
Der Zwiegesang Tristans und Isoldes (2. Akt) in einem nächtlichen Wald ohne Burg. Plastische Dekoration von Orlando di Collalto.
Regie: Frank de Quell, Dirigent: Artur Rodzinski, Isolde: Birgit Nilsson, Tristan: Wolfgang Windgassen

Staatsoper Stuttgart,
4. Mai 1958
Szene aus dem 3. Akt. Diese Inszenierung war die Vorstufe von Wieland Wagners legendärer Bayreuther Inszenierung von 1962.
Dirigent: Ferdinand Leitner,
Tristan: Wolfgang Windgassen,
Kurwenal: Gustav Neidlinger

regt und das Theater verändert haben, als in seinen eigenen szenischen Realisierungen (zumindest bei Wagner), die überraschenderweise ohne Folgen geblieben sind. Schon in der nächsten Inszenierung an der Scala im Jahr 1930, für die Edoardo Marchioro die Bühnenbilder entwarf, kehrte man zur realistischen Szenerie zurück.

Erst 39 Jahre nach der Erstaufführung des *Tristan*-Vorspiels in Paris kam dort auch eine Inszenierung zustande, und zwar am 28. Oktober 1899. Charles Lamoureux hatte die Initiative ergriffen, das Nouveau Théâtre gemietet, Felia Litvinne als Isolde und die Bayreuther Brangäne Marie Brema verpflichtet. Unglücklicherweise lag der Theatersaal neben einem Café-Concert, und während der Aufführung mischten sich die Refrains der Caféhaus-Musik mit den Tristan-Klängen. In den zehn Vorstellungen fielen vor allem die Pariser Snobs auf. Alfred Cortot, der Pianist, hat 1902 im Théâtre du Château-d'Eau eine Serie von Aufführungen ebenfalls mit Litvinne und Charles Dalmorès als Tristan dirigiert. Erst im Jahr 1904 fand *Tristan und Isolde* Eingang ins Palais Garnier, es sangen Louise Grandjean und Albert Alvarez. Zum Vergleich: Die Erstaufführungen in Buenos Aires (unter Toscanini) und in Kairo waren drei Jahre vorher, die in São Paulo hatte sogar schon 1886, im gleichen Jahr wie die Bayreuther, stattgefunden (allerdings ohne Erfolg, man bevorzugte leichtere Opern), und in Berlin fand schon 1907 die 100. Vorstellung statt (in Paris 1938). Die Dekorationen von Jambon und Bailly blieben bis 1958 in Gebrauch, nur die Regie wurde 1936 überarbeitet. Erst 1966 erfolgte eine vollständige Neuinszenierung durch Wieland Wagner, die auf seinem Bayreuther Konzept von 1962 basierte.

An der Metropolitan Opera in New York dagegen war *Tristan und Isolde* von 1886 bis 1890 und von 1895 bis 1916, also bis zum Eintritt Amerikas in den Ersten Weltkrieg, ständig auf dem Programm; im Jahr 1909 zum Beispiel haben Gustav Mahler und Arturo Toscanini dieses Werk an der Met dirigiert. Und als 1920 der Bann, der auf den deutschen

Staatsoper Budapest, 1960
Der 1. Akt wurde an der Budapester Staatsoper ebenfalls mit einem großen Segel und dem üblichen Vorhang gestaltet.

Staatsoper Budapest, 1960
Das Bühnenbild für den 3. Akt ist den Bayreuther Entwürfen Wolfgang Wagners aus dem Jahr 1957 verwandt.

Bayreuther Festspiele 1966 (Premiere 1962)
Der 3. Akt in der Inszenierung und dem Bühnenbild Wieland Wagners. Über Wieland Wagners magische Zeichen, die jeden Akt prägten, wurde viel gerätselt. Dieses Zeichen im 3. Akt wurde »Haifischflosse« mit einem »Fischauge« genannt. Auf dem nackten Bühnenboden, ohne Lager, Tristan, ausgestreckt wie ein Gekreuzigter. Aufnahme aus dem Jahr 1966, dem Todesjahr Wieland Wagners.
Dirigent: Karl Böhm, Tristan: Wolfgang Windgassen, Hirt: Erwin Wohlfahrt, Kurwenal: Eberhard Waechter

Opern lag, wieder aufgehoben wurde, erschien *Tristan und Isolde* in den folgenden Jahren in jeder Saison auf dem Spielplan. Besonders in den 80er und 90er Jahren war die Met eine Hochburg der Wagner-Opern, man sprach sogar von den Wagner-Dekaden. Wenn man auch dort auf die großen Gaststars, unter anderem aus Bayreuth, setzte und manche Vorstellungen in Italienisch oder von einem zusammengewürfelten Ensemble in verschiedenen Sprachen gesungen wurden, so hatte sich doch durch die Verpflichtung von Anton Seidl als Dirigent das musikalische Niveau bedeutend verbessert. Seidl war Assistent bei den ersten Bayreuther Festspielen 1876 gewesen und hat 1897 dort auch den *Parsifal* dirigiert. Überhaupt waren alle großen Bühnen darauf bedacht, sich mit dem Markenzeichen Bayreuth zu schmücken, Sänger und Dirigenten einzuladen, die in Bayreuth gearbeitet hatten. Hingewiesen sei nur auf die Londoner Erstaufführung von *Tristan und Isolde* im Drury Lane Theatre unter Hans Richter mit Hermann Winkelmann als Tristan, Rosa Sucher als Isolde, Marianne Brandt als Brangäne und Eugen Gura als Marke. Es ist ein nicht gering zu schätzendes Verdienst Bayreuths, daß von diesen Künstlern eine erzieherische Wirkung ausging, die für den musikalischen Standard Maßstäbe setzte.

Mehr zur Rundfunk- als zur Bühnengeschichte gehört die erste Live-Weltsendung des Rundfunks am 18. August 1931 aus dem Bayreuther Festspielhaus. Übertragen wurde *Tristan und Isolde* unter Wilhelm Furtwängler mit Lauritz Melchior als Tristan und Nanny Larsén-Todsen als Isolde. Die Aufnahme erfolgte durch vier Mikrophone, von denen zwei auf der Bühne und zwei im Orchestergraben angebracht waren. Angeschlossen waren insgesamt 200 Sender in Europa, Amerika und Nordafrika.

Voller Verehrung, wie eine Litanei, werden immer wieder die großen Sängernamen aufgezählt, die wie Monumente in der Aufführungsgeschichte von *Tristan und Isolde* stehen, und sie sollen auch hier nicht fehlen: Lilli Lehmann, die diese Rolle international durchgesetzt hat, Amelia Pinto, Toscaninis Isolde, Ada Adini, erste Isolde am Liceo in Barcelona, Felia Litvinne, die die Partie in fünf Sprachen beherrschte, Olive Fremstad, Lilian Nordica, Milka Ternina, Nanny Larsén-Todsen, Gertrude Kappel, Elisabeth Ohms, Helen Traubel, Anny Konetzni bei den Salzburger Festspielen, Kirsten Flagstad, die vielen als »Isolde des Jahrhunderts« gilt, Frida Leider, Germaine Lubin, Astrid Varnay und Martha Mödl, legendär in Bayreuth und auf allen bedeutenden Bühnen der Welt, Bir-

git Nilsson, die die Rolle 208mal im Laufe ihrer Karriere gesungen hat, was ein absoluter Rekord ist, Catarina Ligendza, Hildegard Behrens, usw. Birgit Nilsson war übrigens die erste Opernsängerin, die auf der ansonsten politischen Ereignissen vorbehaltenen Titelseite der »New York Times« Schlagzeilen machte, als sie 1961 an der Met in einer Vorstellung mit drei verschiedenen Tristans (pro Akt einem) singen mußte. Von den Tristan-Darstellern wären zu nennen: Ernest van Dyck, Jean de Reské, Charles Dalmorès, Giuseppe Borgatti an der Scala, Carl Burrian, Jacques Urlus, Gotthelf Pistor, Gunnar Graarud, Set Svanholm, Lauritz Melchior, Max Lorenz, Ludwig Suthaus, Ramon Vinay, Wolfgang Windgassen, Hans Beirer, Jon Vikkers, Jess Thomas, Jean Cox, Spas Wenkoff.

Im Lauf der Aufführungsgeschichte ist *Tristan und Isolde* aber mehr und mehr die Oper der großen Isolden geworden, und auch der großen Dirigenten, denn unter den Wagnerschen Werken bot *Tristan* neben dem *Ring des Nibelungen* und *Parsifal* für einen Orchesterleiter die bedeutendsten Möglichkeiten einer persönlichen Interpretation. Namen wie Hans von Bülow, Felix Mottl, Gustav Mahler und Arturo Toscanini sind schon gefallen, Thomas Beecham, Bruno Walter, Fritz Busch, Fritz Reiner, Erich Kleiber und heute sein Sohn Carlos, Clemens Krauß, Wilhelm Furtwängler, Herbert von Karajan, Hans Knappertsbusch, Wolfgang Sawallisch und Karl Böhm seien zumindest erwähnt. Der Dirigent Joseph Keilberth brach bei einer *Tristan*-Aufführung der Münchner Festspiele 1968 im 2. Akt bei der Stelle »So starben Wir, um ungetrennt...« zusammen und verschied noch in der gleichen Nacht. Sein Wunsch, während einer *Tristan*-Aufführung zu sterben, war in Erfüllung gegangen.

Die frühen Bemühungen, *Tristan und Isolde* aus dem Geist der Musik zu inszenieren, dürfen nicht zu dem Schluß verleiten, daß bei diesem Werk der Kulissenstil eher einer allgemeinen szenischen Reform gewichen sei. Im gleichen Jahr 1903 wie Alfred Roller in Wien entwarf Eugen Quaglio für die Hofoper in Berlin neue Bühnenbilder ganz in der malerischen Tradition des 19. Jahrhunderts. Trotzdem hatten Rollers Stil und Appias Inszenierungsvorschläge eine Signalwirkung bei den jungen Bühnenbildnern, die sich dem Ästhetizismus des Jugendstils auch in ihren Arbeiten für das Theater zuwandten. Darmstadt ist hier wieder zu nennen mit den Entwürfen von Kurt Kempin 1913 und von Ernst Gutzeit 1923, dann Heinrich Lefler an der Wiener Volksoper 1914, Hans Wildermann in Köln 1911 und Johannes Schröder in Hannover 1924. Auch die von seinem sehr persönlichen Stil geprägten malerischen Bühnenbilder von Panos Aravantinos an der Staatsoper Berlin 1920 weisen in diese Richtung.

Zu der Strenge Appias konnten sich diese Künstler nicht durchringen, sie war nach ihrem Empfinden zu unpoetisch für ein romantisches Werk wie *Tristan und Isolde* mit seiner weichen, lyrischen Grundstimmung. Deswegen dominiert in ihren Bildern des 2. Aktes der weite Sternenhimmel, am äußersten Bühnenrand nur begrenzt von einer Ecke des Turmes, links und rechts von einzelnen hohen Bäumen. Auch im Skizzenbuch des verhinderten Künstlers Adolf Hitlers fand sich eine Entwurfszeichnung für den 2. Akt in diesem Stil, eine Kopie nach Alfred Roller. Den 3. Akt stimmten sie auf den melancholischen Grundton der traurigen Weise des Hirten ab: auf einer Felsenanhöhe mit einem weiten Ausblick auf Himmel und Meer ein einzelner Baum, unter dem Tristan liegt; kein Burgtor, keine Mauern. Der offene, nur vom Rundhorizont begrenzte Raum mit einer subtilen Beleuchtungsregie konnte besser als das alte System der Himmels-Soffitten und gestaffelten Kulissen die frei schwingende, unendliche

Staatsoper Wien, 17. Dezember 1967
Die Bühne nach Everdings Definition als »Raum für Kosmos«. Isoldes Liebestod als Aufgehen im All. Regie: August Everding, Bühnenbild: Günther Schneider-Siemssen, Isolde: Birgit Nilsson

Covent Garden Opera London,
14. Juni 1971
Nicht in der Weite der Bühne verloren, sondern geborgen in der Kreisform: Tristans Lager (3. Akt).
Regie: Peter Hall, Bühnenbild: John Bury, Dirigent: Georg Solti, Tristan: Jess Thomas, Kurwenal: Donald McIntyre, Hirt: John Lanigan

Bayreuther Festspiele 1974
Szene aus dem 2. Akt. Auf die senkrecht gespannten, gläsern wirkenden Plastikschnüre wurde grünes Laub projiziert. Beim Zwiegesang veränderten sich die Farben bis zum dunklen Blau. Im Schatten der Turm für Brangänes Wachgesang. Die Plastikschnüre schlossen den Raum, konnten ihm aber auch eine gläserne Durchsichtigkeit und Weite geben. Gegenüber dem Rundhorizont als Projektionsfläche hatten diese Schnüre den Vorteil, den Projektionen Plastizität zu geben.
Regie: August Everding, Bühnenbild: Josef Svoboda, Dirigent: Carlos Kleiber, Isolde: Catarina Ligendza, Melot: Heribert Steinbach, Tristan: Helge Brilioth, Marke: Kurt Moll, Kurwenal: Donald McIntyre

Melodie der *Tristan*-Musik im szenischen Bild anschaulich machen. Diese auf Appia zurückgehende Erkenntnis leitet auch heute noch Regisseure und Bühnenbildner, die sich mit einer Realisierung von *Tristan und Isolde* befassen.

Die *Tristan*-Inszenierungen an den großen Opernhäusern wurden oft jahrzehntelang in den gleichen Dekorationen gespielt. Wilhelm Furtwängler zum Beispiel bestand darauf, daß bei der Wiederaufnahme an der Wiener Staatsoper im Mai 1943, die er szenisch und musikalisch betreute, die alten Bühnenbilder Alfred Rollers verwendet wurden.

Neue Impulse gingen erst wieder von Emil Preetorius und von den Inszenierungen Wieland und Wolfgang Wagners 1952 und 1957 in Bayreuth und auf ihren Gastspielen aus. Preetorius hat *Tristan und Isolde* insgesamt siebenmal ausgestattet: in Paris (Théâtre des Champs-Elisées) 1936, in Bayreuth 1938, in Florenz 1941, in Rom 1943, in Amsterdam 1948, in München 1958 und in Wien 1959. Preetorius' graphisch konzipierte Bilder orientierten sich, in einer gemäßigten Stilisierung in großen, ruhigen Formen, an Wagners präzisen Angaben für die Schauplätze. Er behielt lange den Laubwald im 2. Akt bei; auch das Bild des 1. Aktes mit dem weit geschwungenen Segel und das des 3. Aktes, eine Felsenanhöhe mit weitem Horizont, blieben im Aufbau konstant. Durch die internationale Tätigkeit von Preetorius kam eine Art Standardisierung des *Tristan*-Bühnenbildes auf. Seine Bilder waren plausibel und geschmackvoll. Günther Schneider-Siemssens Wagner-Bühnenbilder, beispielsweise dasjenige für die *Tristan*-Inszenierung Herbert von Karajans bei den Salzburger Osterfestspielen 1972, und die Arbeiten von Roberto Oswald in Buenos Aires und Chicago (1979) stehen heute in der besten Tradition von Preetorius.

In Wieland und Wolfgang Wagners ersten Bayreuther *Tristan*-Inszenierungen fiel die beschränkte finanzielle Situation der Festspiele in den Nachkriegsjahren mit dem künstlerischen Wunsch nach einer einfachen, klaren, unaufwendigen Ausdrucksform zusammen. Ihr Konzept basierte auf dem System von Grundfläche und Rundhorizont mit Projektionen. Den 1. Akt legten beide als einen Innenraum ohne Segel oder sonstige nautische Requisiten an, dessen Intimität in bewußtem Gegensatz zur Weiträumigkeit des 2. und 3. Aktes stand. In Wolfgangs Inszenierung beherrschte den 2. Akt ein Nachthimmel, in dem Tristan und Isolde, erstmals gesungen von dem »Traumpaar« Wolfgang Windgassen und Birgit Nilsson, wie ein Liebespaar von Marc Chagall zu schweben schie-

nen. Wielands 3. Akt war ein Bild der Einsamkeit und der Verlorenheit in der Leere, wie in den späteren Stücken von Samuel Beckett. Der »entrümpelte«, einer Neudeutung von Werk und Wiedergabe entsprungene Stil entsprach dem Empfinden der Zeit. Außerdem war das System von Grundfläche und Rundhorizont auch für kleinere Theater praktikabel, die nach diesem Prinzip *Tristan und Isolde* ohne besonderen finanziellen Aufwand realisieren konnten.

Daneben waren aber auch die großen Architektur- und Landschaftsbilder weiterhin in Gebrauch, wie sie etwa Teo Otto für die Met in New York (besonders die Ruinenarchitektur im 3. Akt) oder Nicola Benois für die Mailänder Scala 1957 entworfen haben.

Nationaltheater Mannheim, 1978
Wiederaufnahme der Inszenierung von Hans Schüler in den Bühnenbildern von Paul Walter. Er verlagerte das Geschehen des 1. Aktes in den Bauch des Schiffes. Für die Chorszenen konnte der Vorhang aufgezogen werden.

◁ Staatsoper Dresden,
12. Oktober 1975
Isoldes Gemach (1. Akt) als Boudoir im Wahnfried-Stil, mit Blattpflanzen und Zierpalmen, geschlossen durch eine am Mast befestigte rosafarbene Draperie, die sich am Schluß hob. König Marke trat hier am Ende des 1. Aktes auf. Sein Blick ist, über die zusammengesunkene Isolde hinweg, auf Tristan gerichtet.
Regie: Harry Kupfer, Bühnenbild: Peter Sykora, Dirigent: Marek Janowski, Isolde: Ingeborg Zobel, Tristan: Spas Wenkoff, Marke: Theo Adam

Staatsoper Stuttgart,
21. März 1981
Die Anklage König Markes (2. Akt) wie ein Verhör unter Wachtürmen mit Scheinwerfern und in einem Wald wie aus Stacheldraht. Eine hohe gefängnishafte Mauer umgibt das Bild.
Regie: Götz Friedrich, Bühnenbild: Günther Uecker, Dirigent: Dennis Russell Davies, Tristan: Manfred Jung, Marke: Peter Meven, Melot: Jörn W. Wilsing

Staatsoper Stuttgart,
21. März 1981
Tristans Sterben im 3. Akt. Der Handlungsort als Chiffre für Kälte, Härte und gnadenlose Qual. Tristans Lager ein Stück armierter Beton.
Regie: Götz Friedrich, Bühnenbild: Günther Uecker, Dirigent: Dennis Russell Davies, Tristan: Manfred Jung, Kurwenal: Raymond Wolansky

Bayreuther Festspiele 1981
Die Liebesszene im 2. Akt an einer Quelle, in der sich Tristan und Isolde narzißtisch bespiegeln. Die ganze Bühne überwölbt von einem mächtigen Baum, zu Beginn von Isoldes Fackel flammend rot beleuchtet, dann in sanften Goldtönen schimmernd, bis er beim Auftritt Markes im fahlen, grauen Morgenlicht des verhaßten Tages seinen Zauber verliert. Regie und Bühnenbild: Jean-Pierre Ponnelle, Dirigent: Daniel Barenboim, Isolde: Johanna Meier, Tristan: René Kollo

Mit seiner Bayreuther Neuinszenierung von 1962, die bis 1970 gespielt wurde, gelang Wieland Wagner eine der bedeutungsvollsten Interpretationen dieses Werkes. Er transzendierte die tragische Liebesgeschichte zum Mysterienspiel von der Macht des Eros thanatos, des tödlichen Eros. Für Wieland ist auch *Tristan und Isolde* ein mythisches Werk. »Der Mythos ist immer aktuell, gleichgültig, ob es sich um die längst vergangene Moral und die Ordnungen der Welt des Rittertums, das sich um die heutige, angeblich so emanzipierte Gesellschaft handelt. Jede Leidenschaft stellt sich gegen die errungene Ordnung und bedeutet eine tödliche Gefahr für die Gesellschaft ... Es war im geheimsten Grunde nichts anderes als der Wille zum Tod, die Leidenschaft zur Nacht, die alle Entschlüsse Tristans und auch Isoldes diktierten« (Wieland Wagner).

Wiederum war Wieland auch sein eigener Bühnenbildner. Jeder Akt wurde von einem großen plastischen Zeichen beherrscht, magischen Zeichen von sozusagen totemistischer Kraft. Die Faszination der Bilder beruhte wesentlich auf der geheimnisvollen Vieldeutigkeit dieser Zeichen, die sich einer genauen Definition entzogen. Ihnen entsprach eine subtil durchgearbeitete Lichtdramaturgie in intensiven Grün-, Blau- und Rottönen, die der szenisch-musikalischen Interpretation vollkommen angepaßt war. Das 1. Bild markierte ein angedeuteter, mächtig aufragender Schiffsbug, hinter dem grün-gelbes Licht aufleuchtete. Schon in diesem Akt ist die Weltennacht hereingebrochen. Nach Wielands Deutung ist Tristans und Isoldes Fahrt von Irland nach Cornwall eigentlich eine Fahrt über den Fluß der Unterwelt und des Vergessens ins Totenreich, ist Tristans Schiff auch der Nachen des Charon, des Fährmanns im Hades.

Den 2. Akt beherrschte eine riesige Stele, keltischer Monolith, Brangänes Wachtturm, Tristans Totensäule (nach dem Stein bei Fowey in Cornwall mit der Aufschrift: Hier liegt, Tristan, Markes Sohn – ein Satz, der Wieland sehr bewegt und beschäftigt hat) und ein Phallussymbol in einem. Am Fuß dieser Säule versinken die beiden dem Tod verfallenen Liebenden in das unendliche Blau der Weltennacht. Stehend singen sie ihren Zwiegesang, es ist keine Liebesszene im herkömmlichen Sinn, sondern »Verkündigung«. Erst im Sterben wird Tristan frei zur »mystischen Schau der ›ewigen Frau‹, ... zu dem ekstatischen Erlebnis des kosmogonischen Eros«. Und Isolde, mit ausgebreiteten Armen allein auf der Bühne stehend, gelangt in ihrem Liebestod zur »unio mystica mit der Tristanseele ... Vollendung der Leidenschaft im Tod: dieses mystische Moment deckt die tiefe Bedeutung des Tristan-Mythos auf« (Wieland Wagner). In ihrer nahtlosen Verbindung von szenischer und musikalischer Interpretation (Dirigent: Karl Böhm, Tristan: Wolfgang

Bayreuther Festspiele 1981
Die Burg Kareol im 3. Akt als felsiges, schiefergraues, ins Meer vorgeschobenes Riff, der Baum des 1. und 2. Aktes schwarzglänzend und wie von einem Blitz gespalten. Im Spalt erscheint Isolde als Vision Tristans.
Regie und Bühnenbild: Jean-Pierre Ponnelle, Dirigent: Daniel Barenboim, Hirt: Helmut Pampuch, Tristan: René Kollo, Kurwenal: Hermann Becht

Windgassen, Isolde: Birgit Nilsson) hat dieser *Tristan* sieben Festspielzeiten lang das Bayreuther Publikum fasziniert.

Nach Wieland kamen die kosmischen Romantiker in Mode, die für die Liebesnacht und den Liebestod ganze Milchstraßen von Sternen auf den Rundhorizont projizierten. August Everding, der *Tristan und Isolde* insgesamt fünfmal inszeniert hat (1967 und 1971 in Wien, 1971 an der Met, 1974 in Bayreuth, 1980 in München), ein Rekord in der Theatergeschichte, hat zusammen mit seinem Bühnenbildner Günther Schneider-Siemssen für seine New Yorker Inszenierung die Bühne als »Raum für Kosmos« definiert (zwei Jahre vorher hatte die erste Mondlandung stattgefunden). Beim Zwiegesang im 2. Akt fuhren die Liebenden, der Welt entrückt, in die Höhe und leuchteten »wie zwei Sterne im All« (Everding), auch der Liebestod war eine Himmelfahrt Isoldens in die Sternenwelt. Überhaupt wurde in diesen Jahren mit verschiedenen Lösungen für den Schluß experimentiert; man war es offensichtlich leid, Isolde beim Liebestod einfach im Dunkel versinken zu lassen wie bisher und probierte nun auch das andere Extrem: Isolde durfte im gleißenden Licht sterben.

Neue Anstöße zu einer realistischen *Tristan*-Interpretation gingen wiederum von der Felsenstein-Schule aus. Götz Friedrich hat das Werk 1974 in Amsterdam (Bühnenbild: Heinrich Wendel), 1980 in Berlin (Bühnenbild: Günther Schneider-Siemssen) und 1981 in Stuttgart inszeniert (Bühnenbild: Günther Uecker). Er sieht Isoldes Brautfahrt als eine »luxuriöse Deportation« und stellt (in Stuttgart) die Frage: »Kann Cornwall für Isolde die Bedeutung von Auschwitz haben?« In allen drei Inszenierungen gleicht die Entdeckung der Liebenden im 2. Akt einem Verhör: Batterien von Scheinwerfern auf Wachtürmen blenden die Angeklagten. Dorngestrüpp (in Berlin) und Lianen wie Stacheldraht (in Stuttgart) assoziieren Gefängnis und Folter. Harry Kupfer hat in Dresden 1975 die Oper in ihre Entstehungszeit versetzt und in ihr auch Züge aus Wagners Biographie dieser Jahre gesehen und mitinszeniert.

Generell führen die Tendenzen der letzten Jahre weg vom Mythos und in die Richtung eines szenischen Realismus. Wolfgang Wagners Mailänder Inszenierung von 1978 aus Anlaß des 200jährigen Bestehens der Scala verzichtete bewußt auf alle Symbolträchtigkeit. Bühnenraum und Bühnenaktion sind angelegt in der »Spannung zwischen Realität und Transzendenz« (Wolfgang Wagner). Claus Helmut Drese setzte 1980 in Zürich die romantische Oper in ihr Recht. Die Laube im 2. Akt erinnerte an Gottfried von Straßburgs Minnegrotte. Jean-Pierre Ponnelle hat in Bayreuth 1981 im 2. Akt ein Lichtwunder auf die Bühne gezaubert und den Schluß als Vision Tristans inszeniert.

Die Inszenierungsgeschichte von *Tristan und Isolde* verlief großräumiger und auch einheitlicher als die der anderen Wagnerschen Werke. Sie bewegte sich im Grunde genommen immer zwischen den beiden Polen einer romantischen oder streng-abstrakten Interpretation, wobei die romantische beim Publikum den größeren Zuspruch fand, das *Tristan und Isolde* vorzüglich als tiefes emotionales Erlebnis schätzt.

München.

Königl. Hof- und National-Theater.

Sonntag den 21. Juni 1868.

Mit aufgehobenem Abonnement.

Zum ersten Male:

Die Meistersinger von Nürnberg.

Oper in drei Aufzügen von Richard Wagner.

Regie: Herr Dr. Hallwachs.

Personen:

Hans Sachs, Schuster		Herr Betz.
Veit Pogner, Goldschmied		Herr Bausewein.
Kunz Vogelgesang, Kürschner		Herr Heinrich.
Konrad Nachtigall, Spängler		Herr Sigl.
Sixtus Beckmesser, Schreiber		Herr Hölzel.
Fritz Kothner, Bäcker	Meistersinger	Herr Fischer.
Balthasar Zorn, Zinngießer		Herr Weixlstorfer.
Ulrich Eißlinger, Würzkrämer		Herr Hoppe.
Augustin Moser, Schneider		Herr Pöppl.
Hermann Ortel, Seifensieder		Herr Thoms.
Hans Schwarz, Strumpfwirker		Herr Graffer.
Hans Foltz, Kupferschmied		Herr Hayn.
Walther von Stolzing, ein junger Ritter aus Franken		Herr Nachbaur.
David, Sachsen's Lehrbube		Herr Schlosser.
Eva, Pogner's Tochter		Fräulein Mallinger.
Magdalene, Eva's Amme		Frau Diez.
Ein Nachtwächter		Herr Ferdinand Lang.

Bürger und Frauen aller Zünfte. Gesellen. Lehrbuben. Mädchen. Volk.

Nürnberg.
Um die Mitte des 16. Jahrhunderts.

Textbücher sind zu 18 kr. an der Kasse zu haben.

Neue Decorationen:

Im ersten Aufzuge: Das Innere der Katharinenkirche in Nürnberg,
Im zweiten Aufzuge: Straße in Nürnberg,
     von den k. Hoftheatermalern Herrn Angelo Quaglio und Christian Jank.
Im dritten Aufzuge: Erste Dekoration: Werkstätte des Hans Sachs,
                    Zweite Dekoration: Freier Wiesenplan bei Nürnberg, vom k. Hoftheatermaler Herrn Heinrich Döll.

Neue Costüme
nach Angabe des k. technischen Direktors Herrn Franz Seitz.

Preise der Plätze:

Eine Loge im I. und II. Rang für 7 Personen	21 fl. — kr.	Ein Galerienoble-Sitz . . . 3 fl. 30 kr.
Ein Logenplatz	3 fl. — kr.	Ein Parketsitz . . . 3 fl. — kr.
Eine Loge im III. Rang für 7 Personen	17 fl. 30 kr.	Parterre . . . 1 fl. — kr.
Ein Logenplatz	2 fl. 30 kr.	Galerie . . . — fl. 30 kr.
Eine Loge im IV. Rang für 7 Personen	14 fl. — kr.	
Ein Logenplatz	2 fl. — kr.	

Die Kasse wird um fünf Uhr geöffnet.

Anfang um 6 Uhr, Ende um halb elf Uhr.

Der freie Eintritt ist ohne alle Ausnahme aufgehoben und wird ohne Kassenbillet Niemand eingelassen.

Auf die gefälligen Bestellungen der verehrlichen Abonnenten wird bis Sonntag den 21. Juni Vormittags 10 Uhr gewartet, dann aber über die nicht beibehaltenen Logen und Plätze anderweitig verfügt.

Beurlaubt: Frau Possart.

Repertoire:

Montag den 22. Juni: (Im k. Hof- und National-Theater) **Minister und Seidenhändler,** Lustspiel von Scribe, übersetzt von Heinrich Marr. (Graf von Ranzau — Herr Marr, Oberregisseur des Thaliatheaters in Hamburg, als letzte Gastrolle.)
Dienstag den 23. „ : (Im k. Residenz-Theater) **Minna von Barnhelm,** Lustspiel von Lessing.
Mittwoch den 24. „ : (Im k. Hof- und National-Theater) Zum ersten Male wiederholt: **Die Meistersinger,** Oper von Richard Wagner.
Donnerstag den 25. „ : (Im k. Hof- und National-Theater) Neu einstudirt: **Die Einfalt vom Lande,** Lustspiel von Töpfer.
Freitag den 26. „ : (Im k. Hof- und National-Theater) **König Heinrich IV.,** zweiter Theil, Schauspiel von Shakspeare.
Sonntag den 28. „ : (Im k. Hof- und National-Theater) **Die Meistersinger,** Oper von Richard Wagner.

Der einzelne Zettel kostet 2 kr.   Kgl. Hofbuchdruckerei von Dr. C. Wolf & Sohn.

Die Meistersinger von Nürnberg

Hoftheater München,
21. Juni 1868
Programmzettel der
Uraufführung

Die Konzeption der *Meistersinger von Nürnberg* geht ebenfalls auf jenen bedeutsamen Sommer 1845 in Marienbad zurück. Wagner hatte sich vorgenommen, als nächstes eine komische Oper zu schreiben, nicht zuletzt auf den Rat seiner Freunde hin, die sich, nach *Fliegendem Holländer* und *Tannhäuser*, mit einer Oper »leichteren Genres« einen besseren Erfolg beim Publikum versprachen. Und einen solchen Erfolg brauchte er jetzt dringend. Bis dahin waren, Dresden einmal ausgenommen, lediglich *Rienzi* in Hamburg und Königsberg und *Fliegender Holländer* in Riga, Kassel und Berlin aufgeführt worden.

In der *Geschichte der poetischen National-Literatur der Deutschen* von Georg Gottfried Gervinus, die er sich nach Marienbad mitgenommen hatte, fand er im Kapitel vom »Verfall der ritterlichen Dichtung und Übergang zur Volkspoesie« eine Abhandlung über den Meistergesang und über Hans Sachs. Verwunderlich ist, daß er sich sofort vom Namen und der Funktion des »Merkers« angezogen fühlte, obwohl dieser bei Gervinus nur nebenbei Erwähnung findet. Noch ohne die poetischen Werke des Hans Sachs oder seiner Zeitgenossen überhaupt zu kennen, erfand er sich auf einem Spaziergang eine Szene, »in welcher der Schuster mit dem Hammer auf den Leisten, dem zum Singen genötigten Merker zur Revanche für von diesem verübte pedantische Untaten als populär handwerklicher Dichter eine Lektion gibt. Alles konzentrierte sich vor mir in die zwei Pointen des Vorzeigens der mit Kreidestrichen bedeckten Tafel von seiten des Merkers und des die mit Merkerzeichen gefertigten Schuhe in die Luft haltenden Hans Sachs.« Dazu konstruierte sich Wagner eine enge, krumme Gasse mit einer Straßenprügelei, wie er sie selbst 1835 in Nürnberg erlebt hatte. Zu diesem Zeitpunkt dachte er sich die *Meistersinger von Nürnberg* als »beziehungsvolles Satyrspiel« zu seinem »Sängerkriege auf der Wartburg«. Sachs faßte er in diesem ersten Prosa-Entwurf als »letzte Erscheinung des künstlerisch produktiven Volksgeistes« auf und stellte ihn der »meistersingerlichen Spießbürgerschaft« entgegen, deren »durchaus drolligem, tabulaturpoetischen Pedantismus« er in der Person des Merkers schon »seinen ganz persönlichen Ausdruck« gab. Der Ureinfall für die *Meistersinger* war also eine Parodie des Merker-Amtes.

Wagner legte den Entwurf beiseite und kam erst wieder bei der Niederschrift seiner *Mitteilung an meine Freunde* 1851 auf ihn zu sprechen. Der in dieser Schrift veröffentlichte Plan zu den *Meistersingern von Nürnberg* enthält schon die wichtigsten Züge der Handlung im endgültigen Textbuch: »Der Älteste der Zunft bot nun die Hand seiner jungen Tochter demjenigen Meister an, der bei einem bevorstehenden öffentlichen Wettsingen den Preis gewinnen würde. Dem Merker, der bereits um das Mädchen freit, entsteht ein Nebenbuhler in der Person eines jungen Rittersohnes, der, von der Lektüre des Heldenbuches und der alten Minnesänger begeistert, sein verarmtes und verfallenes Ahnenschloß verläßt, um in Nürnberg die Meistersingerkunst zu erlernen. Er meldet sich zur Aufnahme in die Zunft, hiezu namentlich durch eine schnell entflammte Liebe zu dem Preismädchen bestimmt, ›das nur ein Meister der Zunft gewinnen soll‹; zur Prüfung bestellt, singt er ein enthusiastisches Lied zum Lobe der Frauen, das bei dem Merker aber unaufhörlichen Anstoß erregt, so daß der Aspirant schon mit der Hälfte seines Liedes ›versungen‹ hat. Sachs, dem der junge Mann gefällt, vereitelt dann – in guter Absicht für ihn – einen verzweiflungsvollen Versuch das Mädchen zu entführen; hierbei findet er aber zugleich Gelegenheit, den Merker entsetzlich zu ärgern. Dieser nämlich, der Sachs zuvor wegen eines immer noch nicht fertigen Paares Schuhe, mit der Absicht ihn zu demütigen, grob angelassen hatte, stellt sich in der Nacht vor dem Fenster des Mädchens auf, um ihr das Lied, mit dem er sie zu gewinnen hofft, als Ständchen zur Probe vorzusingen, da es ihm darum zu tun ist, sich ihrer bei der Preissprechung entscheidenden Stimme dafür zu versichern. Sachs, dessen Schusterwerkstatt dem besungenen Hause gegenüber liegt, fängt beim Beginne des Merker's ebenfalls laut zu singen an, weil ihm – wie er dem darüber Erbosten erklärt – dies nötig sei, wenn er so spät sich noch zur Arbeit wach erhalten wolle: daß die Arbeit aber dränge, wisse Niemand besser als eben der Merker, der ihn um seine Schuhe so hart gemahnt habe. Endlich verspricht er dem Unglücklichen einzuhalten, nur solle er ihm gestatten, die Fehler, die er nach *seinem* Gefühle in dem Liede des Merker's finden würde, auch auf *seine* Art – als Schuster – anzumerken, nämlich jedesmal mit einem Hammerschlage auf den Schuh überm Leisten. Der Merker singt nun: Sachs klopft oft und wiederholt auf den Leisten. Wütend springt der Merker auf; jener frägt ihn gelassen, ob er mit seinem Liede fertig sei? ›Noch lange nicht‹ schreit Dieser. Sachs hält nun lachend die Schuhe zum Laden heraus, und erklärt, sie seien just von den ›Merkerzeichen‹ fertig geworden.

Mit dem Reste seines Gesanges ... fällt der Merker vor der heftig kopfschüttelnden Frauengestalt am Fenster jämmerlich durch. Trostlos hierüber fordert er am andern Tage von Sachs ein neues Lied zu seiner Brautwerbung; Dieser gibt ihm ein Gedicht des jungen Ritters, von dem er vorgibt nicht zu wissen, woher es ihm gekommen sei: nur ermahnt er ihn, genau auf die passende ›Weise‹ zu achten, nach der es gesungen werden müsse. Der eitle Merker hält sich hierin für vollkommen sicher, und singt nun vor dem öffentlichen Meister- und Volksgerichte das Gedicht nach einer gänzlich unpassenden und entstellenden Weise ab, so daß er abermals, und diesmal entscheidend durchfällt. Wütend hierüber wirft er Sachs, der ihm ein schändliches Gedicht aufgehängt habe, Betrug vor; Dieser erklärt, das Gedicht sei durchaus gut, nur müsse es nach einer entsprechenden Weise gesungen werden. Es wird festgesetzt, wer die richtige Weise wisse, solle Sieger sein. Der junge Ritter leistet dies, und gewinnt die Braut; den Eintritt in die Zunft, die ihm nun angeboten wird, verschmäht er aber. Sachs verteidigt da die Meistersingerschaft mit Humor, und schließt mit dem Reime:

›Zerging' das heil'ge römische Reich in Dunst,
Uns bliebe doch die heil'ge deutsche Kunst.‹ – «

Warum hat Wagner diesen Plan nicht gleich ausgeführt, sondern noch ein Jahrzehnt ruhen lassen? Als Grund für sein Zögern gibt er in der *Mitteilung* an, daß sich ihm die Heiterkeit, deren ein solcher Stoff bedurfte, bis jetzt nur in der Form der Ironie aussprach. Diese Ironie bezog sich auf das formell Künstlerische seiner Richtung und seines Wesens und nicht auf deren Kern, der im Leben selbst wurzelt. Die Ironie ist für Wagner damals die einzige Form des Heiteren, die der Öffentlichkeit verständlich ist. Sie greift das Naturwidrige der öffentlichen Zustände bei der Form an, denn nur diese Form als das Einleuchtende ist auch das Verständliche. Deshalb werden wir gedrängt, uns in gerade der Form zu äußern, die wir ironisch verspotten. Die Heiterkeit kann also nicht zu ihrer eigentlichen, hellen Äußerung als wirkliche Lebenskraft kommen. Um die Heiterkeit als Lebenskraft wiederzugewinnen, bedarf es des Widerstandes gegen das Lebenselement, das die Heiterkeit daran hemmt, sich rein kundzugeben. Aber dieser Widerstand kann sich dem modernen Leben gegenüber nur als Sehnsucht, schließlich als Empörung, und somit nur in tragischen Zügen kundtun. Seine Natur reagierte gegen den »unvollkommenen Versuch«, sich durch Ironie der »Kraft« des »Heiterkeitstriebes zu entäußern«, und er mußte diesen Versuch werten als »die letzte Äußerung des genußsüchtigen Verlangens ..., das mit der Umgebung der Trivialität sich aussöhnen wollte«. Nach seiner Erkenntnis ist das »wirklich und einzig heitere Element des Lebens und der Kunst der Zukunft« nach deren höchstem Vermögen die »volle Einheit von Geist und Sinnlichkeit«.

Aber auch im Prosa-Entwurf von 1861 und im endgültigen Textbuch ist Wagner nicht zu der erstrebten hellen, souveränen, schlackenreinen, »apollinischen« Heiterkeit durchgedrungen, die er an Mozart sein Leben lang bewunderte. Die *Meistersinger von Nürnberg* sind kein Satyrspiel geworden und auch kein Lustspiel. Wagners *Meistersinger*-Heiterkeit ist Widerständen abgerungen, sie kann die Anstrengungen nicht verleugnen und ist auch von Verletzungen gezeichnet. Auf dem ersten Blatt der Orchesterskizze des 2. Aktes vermerkte er: »Hoch am Abgrund – wie gewohnt (8. 6. 1866)«. In den Prosa-Entwürfen hat er das Werk noch eine »komische Oper« genannt, in der endgültigen Textfassung nicht mehr. Aber gerade die schwebende, einer genauen Terminologie sich entziehende, in Zwischentönen sich äußernde Grundstimmung der *Meistersinger von Nürnberg* gibt ihnen nach unserem heutigen Verständnis ihren besonderen Rang und sichert ihnen unser Interesse.

Erst im katastrophenreichen Jahr 1861 nahm Richard Wagner den alten Meistersingerplan wieder auf. Er hatte im Sommer Nürnberg

Hoftheater München, 21. Juni 1868
Turbulente Szene im 1. Akt, nach der Uraufführung gemalt von Michael Echter. Der Junker Walther von Stolzing hat versungen. Aus dem Gemerk schaut der Merker Sixtus Beckmesser, und die Meister zeigen einander die Tafel mit den Kreidestrichen, die die Anzahl der Fehler in Walthers Lied markieren. Die Lehrbuben umtanzen den Junker. Was an der Uraufführung so gerühmt wurde – die lebenswahre Darstellung, das Ineinandergreifen der bis ins Detail ausgefeilten Aktion, die stilistische Einheit von Bühnenbild und Kostümen –, wird an diesem Bild deutlich. Regie: Richard Wagner, Reinhard Hallwachs, Bühnenbild: Angelo Quaglio, Heinrich Döll, Christian Jank, Kostüme: Franz Seitz, Dirigent: Hans von Bülow, Hans Sachs: Franz Betz, Walther: Franz Nachbaur, Beckmesser: Georg Hölzel

Hofoper Wien, 27. Februar 1870
Entwurf für das 2. Bild des 3. Aktes – Festwiese – von Carlo Brioschi. Seit der Uraufführung in München war dieser Bildaufbau kanonisiert und blieb es bis weit ins 20. Jahrhundert hinein.

besucht und gefunden, daß es dort »viel Hübsches zu sehen« gibt (an Mathilde Wesendonck, 21. 12. 1861). Nach Wien zurückgekehrt, schrieb er an seine Frau Minna: »Mit meinen neuen Werken stoße ich auf fast unüberwindliche Schwierigkeiten, kein Mensch frägt nach mir ... Wenn es so fort geht, bin ich am Ende« (19. 10. 1861). Und wiederum taucht der Wunsch nach einer weniger anstrengenden, schnell zu beendenden Arbeit auf, die ihn aus seiner verfahrenen Situation retten könnte. Seinem Verleger Schott teilte er am 30. Oktober mit: »Bereits habe ich ... einen vollständigen Entwurf verfaßt. Die Oper heißt: ›Die Meistersinger von Nürnberg‹ und der – jovialpoetische – Haupthleld ist ›Hans Sachs‹ ... Der Styl derselben, in Gedicht wie Musik, soll durchaus leicht populär sein, und für seine schnellste Verbreitung über alle Theater soll mir namentlich auch der Umstand bürgen, daß ich diesmal weder eines sogenannten ersten Tenors noch einer großen tragischen Sängerin bedarf« (wie bei *Tristan und Isolde*).

In Venedig, im November 1861, übte Tizians *Assunta* eine »Wirkung erhabenster Art« auf ihn aus, und seit dieser »Empfängnis« fühlte er seine »alte Kraft wie urplötzlich wieder belebt« (*Mein Leben*). Nach Wien zurückgekehrt, begann er sofort mit der Materialsuche und der Ausarbeitung eines großen Prosa-Entwurfs. Aus der kaiserlichen Hofbibliothek entlieh er sich Johann Christoph Wagenseils Nürnberger Chronik mit dem Anhang *Von der Meistersinger holdseligen Kunst*, die auch schon Gervinus für seine Literaturgeschichte herangezogen hatte. Wagners handschriftliche Exzerpte umfassen vier Seiten. Sie betreffen hauptsächlich technische Informationen wie die Regeln der Meistersinger-Poetik, die Namen der Meister und ihrer Weisen, den Ablauf einer Singschule usw. Bekannt waren ihm die Abhandlung *Über den altdeutschen Meistergesang* von Jacob Grimm und die Lebensbeschreibung des Hans Sachs von Friedrich Furchau, denn er besaß diese Bände in seiner Dresdner Bibliothek.

Anfang Dezember zog er sich in die Abgeschiedenheit eines kleinen Hotelzimmers am Quai Voltaire in Paris zurück (er besaß seit dem Auszug aus dem Asyl nirgendwo eine eigene Wohnung), um das Textbuch zu verfassen. Einen »ganz drolligen Reiz« hatte es für ihn, mit den Meistersingern, diesem »eckigen, derben Volk«, diesen »echt deutschen Käuzen« sich gerade in Paris eingeschlossen zu wissen (an Mathilde Wesendonck, 21. 12. 1861, an Betty Schott, 10. 12. 1861). Manchmal mußte er sich »die Augen reiben«, wenn er sich des »drolligen Kontrastes« seines Vorhabens »mit dem Orte der Ausführung« inne wurde (an Peter Cornelius, 11. 12. 1861). Und öfters mußte er, von der Arbeit aufblickend, lachen, wenn er auf die Tuilerien und den Louvre sah, den ungeheuren Verkehr auf den Quais und den Brücken, und sich überlegte, »wie sich Hans Sachs in Paris ausnimmt« (ebenda). Freude und Behagen fand er in seiner Abgeschiedenheit nur in der Arbeit. Auf dem Weg zur Taverne Anglaise, wo er gewöhnlich zu Abend aß, fiel ihm in der Galerie des Palais-Royal das Thema zum »Wach auf«-Chor ein. Seinen Verleger Schott hatte er gebeten, ihm ein Buch über alte Choräle, besonders aus der Reformationszeit, und eine Sammlung deutscher Volkslieder zu schicken. Er war in Paris nicht mit Literatur zu seinem Thema versorgt. Die protestantischen, deutschen *Meistersinger* in Paris sind *auch* geschrieben gegen »Katholizismus und Südlichkeit«, wie es Hans Mayer ausgedrückt hat. Der Wille, dem Romanischen (ein dreiviertel Jahr nach dem *Tannhäuser*-Skandal) etwas Deutsches entgegenzusetzen, ist in dem Werk *auch* zu spüren, und nicht zuletzt eine Sehnsucht, eine Art Heimweh nach einer Einheit von Heimat, Volk und Kunst.

Am 25. Januar 1862 konnte er das Textbuch abschließen. An der ursprünglichen Fassung hat er bei der Kompositionsarbeit in den nächsten Jahren mehrmals Änderungen vorgenommen. Am 5. Februar gab Wagner eine vollständige Lesung im Hause Schott in Mainz. Anfang März trug er dem großherzoglichen Paar in Karlsruhe seine Dichtung vor. Schon seit Beginn seiner Arbeit in Paris war Wagner überzeugt, daß die *Meistersinger von Nürnberg* sein genialstes Produkt, sein populärstes Werk werden würden. Wenn er an Mathilde Wesendonck schreibt, sie solle sich nicht irre machen lassen, alles in dem neuen Werk sei von ihm selbst erfunden mit Ausnahme des »Wach auf«-Chores, eines Zitats aus Hans Sachsens Hymnus auf Martin Luther, so kann man dem nicht widersprechen; denn es bringt im Fall der *Meistersinger* nicht viel, auf die verschiedenen literarischen Bearbeitungen des Stoffes hinzuweisen, die Wagner bekannt waren und deren Handlungsmuster auch bei ihm durchscheint. Aus der Fülle der Hans Sachs-Literatur seien wenigstens zwei Beispiele kurz erwähnt: Ludwig Franz Deinhardsteins *Hans Sachs* aus dem Jahr 1827 und die komische Oper *Hans Sachs* von Albert Lortzing, uraufgeführt in Leipzig 1840, beides beliebte und vielgespielte Werke. Nach Deinhardsteins Muster richteten sich die meisten: Der junge Hans Sachs freit um die Tochter eines reichen Goldschmieds. Sein Nebenbuhler ist ein geckenhafter Rats-

Bayreuther Festspiele 1888 Bühnenbildentwurf für den 2. Akt – Straße in Nürnberg – von Max und Gotthold Brückner. Auf Cosimas Anweisung kopierten die Brüder Brückner das Bühnenbild der Münchner Uraufführung. Es blieb für Jahrzehnte Vorbild für alle *Meistersinger*-Inszenierungen.

herr; Mißverständnis und Konflikt, der von Kaiser Maximilian I. gelöst wird. Höhepunkt des anschließenden Festes ist die Krönung des Hans Sachs mit dem Dichterlorbeer. Auch Lortzings Oper verläuft nach diesem Schema. Die Bedeutung von Wagners eigener Fassung liegt nicht in den Gemeinsamkeiten, sondern in den Unterschieden.

Im Textbuch ist der Merker nicht mehr, wie im ersten Entwurf, die zentrale Figur; Wagner hat die Gewichte der Handlung verschoben zugunsten von Sachs und Walther. In der Figur des Hans Sachs ist ihm eine seiner komplexesten und schönsten Gestalten gelungen, und das Bild, das wir uns von dem historischen Schuhmacher und Poeten des 16. Jahrhunderts machen, ist noch heute wesentlich von Wagners Opernfigur geprägt. In den literarischen Vorlagen waren schon wichtige Züge bereitgestellt, mit denen auch Wagner seinen Sachs ausstattet: Bonhomie, Wackerkeit, Biedersinn, das Gemüthafte und das Gefühlvolle ebenso wie das Schelmische und Schalkhafte. Wagners Sachs aber ist zuerst und vor allem Künstler. Sachsens Dicht- und Sangeskunst entspricht dem, was Wagner selbst von der Kunst fordert: Sie kommt »an einem bestimmten Ort, zu einer bestimmten Zeit und unter bestimmten Umständen« zur Erscheinung und ist deshalb von »lebendigster Wirkungsfähigkeit«. Ihr Thema ist das »Universal-Menschliche«. Sie wurzelt im Leben wie die Dichtkunst der alten Griechen und die Shakespeares (*Mitteilung*).
Damit ist sie das Gegenteil dessen, was Wagner als absolute Kunst oder auch als Kunst des Monumentalen (d. i. Denkmalhaften) definiert und ablehnt. Die wirkliche, von Wagner erstrebte und an Hans Sachs dargestellte Kunst kann nur im Leben in Erscheinung treten, und zwar im »allerrealsten, sinnlichsten Leben« (*Mitteilung*). Diese Kunst verhält sich zur monumentalen Kunst wie ein lebender Mensch zu einer griechischen Statue (als Beispiel nennt Wagner das griechische Drama, das eigentlich für die athenische Demokratie vor 2000 Jahren gedichtet wurde und heute

vor dem preußischen Hof in Potsdam aufgeführt wird). Sachs dichtet, wie Beckmesser höhnisch bemerkt, Gassenhauer, Historien, Spiele und Schwänke für das Nürnberger Volk. Er will, daß man das Volk einmal im Jahr über die Kunstleistungen der Meistersinger richten lasse, ob sie »in der Gewohnheit trägem Gleise« nicht »Kraft und Leben« verloren haben; er will, daß »Volk und Kunst gleich blüh und wachs«. Seine Leistung besteht darin, daß er das zwar regellose, aber einem echten Gefühl entsprungene Lied Walthers (1. Akt) nicht ablehnt, daß er es zu verstehen versucht und den jungen Sänger in seiner Schusterstube in die Lehre nimmt, ihm die Regeln beibringt und ihn zum Meister macht. Nach Sachsens Kunstauffassung müssen sich Regel und Genie verschränken. Regel ohne Genie, verkörpert in Beckmesser, ist unschöpferisch, philisterhaft, Genie ohne Regel aber verströmt sich ohne Form, ist willkürlich und zufällig. Die Verschränkung beider ist die wahre Kunst. Das ist der Sinn von Sachsens Lehrstunde.

Eine fruchtbare dramaturgische Idee Wagners ist die zarte Liebesregung zwischen Sachs und Eva. Sachsens Verzicht auf Eva ist nicht eine mild lächelnde Resignation, wie es so gerne dargestellt wird, sondern es ist ein Akt der Klugheit und Einsicht (»Hans Sachs war klug und wollte nichts von Herrn Markes Glück«). Er will nicht dem Wahn verfallen, ein Schicksal sich zu erzwingen, das nicht für ihn bestimmt ist. Diese Einsicht gewinnt er nicht leicht und heiter, sondern unter Schmerzen und auch mit Empörung. Seine Schusterlieder im 2. Akt mit ihren Anspielungen auf Eva und ihre schlimme Rolle im Paradies sprechen sehr deutlich davon. Er ist zwar auch dem Wahn unterworfen, aber er erkennt ihn und versteht es, ihn »fein zu lenken«, ein »edler Werk zu tun«.

Beckmessers Widerpart ist nicht sein Nebenbuhler Stolzing, wie es nach dem Lustspielschema sein müßte, sondern Hans Sachs. Denn es geht nur vordergründig darum, wer die Braut bekommt. Die eigentliche Auseinandersetzung zwischen Sachs und Beckmesser geht um ihre unterschiedlichen Kunstauffassungen. Beckmessers Kunst ist eine Regelkunst ohne Inspiration. Das Amt des Merkers ist für ihn wie geschaffen. Seine Kunst entspricht nicht einem persönlichen Erlebnis oder einem Gefühl, sie ist, um mit Wagner zu sprechen, »Reflexion«, ist dem Kalkül entsprungen. Beckmesser, der einzige Nicht-Handwerker unter den Meistern, betreibt sein Meistersingergeschäft als Teil seiner Karriere, zu der auch eine standesgemäße Heirat gehört. Es geht hier nicht um »Liebesgeschichten«, sondern um »Heiratssachen«, um mit Johann Nestroy zu sprechen. Mit seinem Werbelied, das durchaus kein Liebeslied ist, verfolgt er einen Zweck. Er muß mit dem gestohlenen Lied Walthers scheitern, denn dieses Lied ist aus einem echten Gefühl heraus entstanden und paßt nur für Walther. Beckmesser kann gar nicht wissen, worum es darin geht, er muß den Text durcheinander bringen. Daß er es trotzdem versucht, verrät seine Auffassung von Kunst. Auch er bekommt seine Lehrstunde von Sachs (im 2. Akt), aber im Gegensatz zu Walther bleibt er verbohrt und rechthaberisch.

Die Parodie des Merkeramtes, Wagners Grundeinfall von 1845, steht auch in der endgültigen Fassung in der Mitte des Werkes. Sachs macht die Regeln nicht prinzipiell lächerlich, sondern nur ihre mechanische, leblose Anwendung. Beckmesser seinerseits unternimmt das Ständchen, weil er Pogner nicht ausreden konnte, seiner Tochter beim Wettsingen am nächsten Tag die ausschlaggebende Stimme zu überlassen. Er will sicher gehen, denn er ist es gewohnt zu planen, zu regeln und nichts dem Zufall zu überlassen. Das Ständchen ist die Probe fürs Wettsingen. Gefällt Eva sein Lied, so hat er gewonnen, und das ist noch in der Nacht zu klären. Daß die Meister auf seiner Seite sein werden, daran hat er als ihr Merker keinen Zweifel, und das Volk zählt für ihn sowieso nicht. Er erfaßt nicht, daß das Ständchen für die Auserkorene in dieser Situation, mit dem (vermeintlichen) Nebenbuhler Sachs als Zeugen, daneben gehen muß. Er läßt sich darauf ein, daß sein Ständchen sich zum Kunststreit mit Sachs verkehrt. Zwanghaft singt er weiter, weil er recht behalten muß, jetzt nicht mehr mit seiner Werbung, sondern mit seiner Kunstauffassung. Schadenfreude und Spott, die sich über Beckmesser ergießen, mögen für unser Empfinden eher derb und herzlos als komisch sein, aber sie sind ein altes, legitimes Mittel der Komik. Die Dummen werden hereingelegt, Uneinsichtigkeit und Aufgeblasenheit gehören bestraft. Das war in den Fastnachtspielen des Hans Sachs das gängige komische Motiv.

Im Wiener Prosa-Entwurf hieß Sixtus Beckmesser noch Hanslich, eine überdeutliche Anspielung auf den einflußreichen und gefürchteten Wiener Kritiker Eduard Hanslick. Als Wagner am 23. November 1862 in Wien eine Lesung der *Meistersinger*-Dichtung gab, verließ Hanslick empört die Gesellschaft. Wagner dachte bei Beckmesser zweifellos auch an einen »boshaften Rezensenten« (vgl. seinen Brief an den Sänger Rudolf Freny, 25. 10. 1872). Diese Figur ist auch Ausdruck

Franz Angelo Rottonara, Bühnenbildentwurf für den 1. Akt, um 1890
Die Architektonik des Kirchenraumes ist etwas verworren, eine Kompilation verschiedener, als malerisches 16. Jahrhundert empfundener Architektur-Elemente. Reich ausgestattet mit Bildern, Fahnen, Statuen, Leuchtern und Kirchenmobiliar. Vorne die für Wiener Ausstattungen charakteristische Draperie. Die Entwürfe der Wiener Bühnenbild-Ateliers waren wegen ihrer schweren Pracht gesucht. Ihr Markt erstreckte sich bis nach Übersee.

Teatro alla Scala Mailand, 26. Dezember 1898
Bühnenbildentwurf für den 2. Akt – Straße in Nürnberg – von Carlo Ferrario. Nürnberg in einem gotischen »Zuckerbäckerstil«. Das Haus des Hans Sachs dem Dürerhaus in Nürnberg nachgebildet, das Stadttor mit spanisch-portugiesischen Architektur-Elementen. Carlo Ferrario, der letzte der großen mailänser Bühnenmaler eines späten, manieristischen Historismus, hat in diesem Entwurf seiner üppigen Phantasie freien Lauf gelassen.
Dirigent: Arturo Toscanini

Teatro alla Scala Mailand, 26. Dezember 1898
Bühnenbildentwurf für das 1. Bild des 3. Aktes – Sachsens Werkstatt – von Carlo Ferrario. Eine großbürgerliche Wohnhalle, in der, wie aus einem Stilmusterbuch kopiert, alle Elemente altdeutscher Wohnkultur wie Tellerbord, Stehpult, Bücherschrank, Kachelofen usw. versammelt sind. Trotz der Überladenheit von einer naiven und charmanten Erzählfreude.
Dirigent: Arturo Toscanini

Nationaltheater Prag, 1926
Bühnenbild des 1. Aktes,
Inneres der Katharinenkirche.
Am Prager Nationaltheater sind
gerade in den 20er Jahren eine
ganze Reihe sehr moderner, an
der zeitgenössischen Kunst sich
orientierender Ausstattungen
entstanden.

Staatsoper Berlin, 1932 ▷
Die Prügelszene im 2. Akt. In
Otto Pankoks Nürnberg gibt es
nur versteckt Fachwerk, ansonsten rauh verputzte Häuserfassaden, deren Fensterformen und glatte Wände dem Bauhaus näherstehen als dem 16. Jahrhundert.
Regie: Heinz Tietjen, Dirigent: Wilhelm Furtwängler

des persönlichen Verletztseins Richard Wagners. Er hatte unter großen Anstrengungen und gegen die Widerstände auch der Kritiker Kunstwerke geschaffen, die nicht den herkömmlichen Regeln folgten; daß er jetzt einem Regelfanatiker, der mißt, was nicht nach seinen Regeln ist, dem Spott preisgibt, ist sicher keine souveräne, gelassene Reaktion, ist aber ohne Zweifel verständlich.

In der Prügelszene verarbeitete Wagner ein Erlebnis, das er im Jahr 1835 in Nürnberg hatte: eine nächtliche Prügelei vor einem Gasthaus, ohne erkennbaren Anlaß entstanden und wie ein Spuk wieder zerstoben. Diesen Ausbruch eines Massenwahns konnte er sich niemals rational erklären. Er steht in den *Meistersingern von Nürnberg* am Schluß des 2. Aktes, an der Stelle also, an der nach der klassischen Dramaturgie die Katastrophe zu erfolgen hatte. Wagner entwarf zwar das Harmoniemodell eines idealen, intakten Stadtganzen, aber er zog auch dessen Tragfähigkeit in Zweifel. Die Harmonie ist brüchig und gefährdet. Nürnberg ist zwar »friedsam treuer Sitten«, aber das schützt nicht vor dem elementaren Ausbruch des Wahns. Schon bei Gervinus konnte Wagner lesen, daß es im 16. Jahrhundert in den unteren Ständen gärte, daß unter den Zünften Mißgunst, Anfeindung und Verfolgung herrschten und die bürgerliche Gesellschaft entstellten. Da hatten die Meistersinger mit ihrer Kunst einen mäßigenden Einfluß, sie stellten die »Würde der Sitten« wieder her. Wagner kannte in der Prügelszene aber auch, nach Friedrich Nietzsches Worten, »einen Klang für jene heimlich-unheimlichen Mitternächte der Seele, wo Ursache und Wirkung aus den Fugen gekommen zu sein scheinen und jeden Augenblick etwas ›aus dem Nichts‹ entstehen kann«. »Und wann wäre jemals eine ›neue Weise‹ geschaffen worden ohne ›viel Lärm auf der Gassen‹, ohne heillose Verwirrung kluger Köpfe, ohne nächtliche Prügelei der aktiven und passiven ›Geburtshelfer‹ – kurz ohne jenen ›Wahn‹, dem der fünfzigjährige, gereifte und wissende Kunstphilosoph Wagner einen sehr wesentlichen Anteil an der Entstehung des Kunstwerkes beimißt?« (Wieland Wagner). Dies mit der Prügelszene dargestellt zu haben, werten wir heute als Wagners psychologisch einsichtsvollste Leistung.

Die Schauplätze: Katharinenkirche, Nürnberger Gasse, Schusterstube und Festwiese haben nicht wenig zum späteren Erfolg der *Meistersinger von Nürnberg* beigetragen. Seit Goethes *Faust* waren altdeutsche Szenerien mit den Stimmungswerten des Vertrauten und Heimeligen belegt. In der Unwohnlichkeit der modernen Städte mit ihrer entfremdeten, industriellen Arbeitswelt glaubte man in ihnen etwas von Heimat wiederzufinden, eine Kinderbuchwelt, wie sie niemals in der Realität, aber desto heftiger in der Sehnsucht

Deutsches Opernhaus Berlin, 17. November 1935
Die Festwiese des 3. Aktes als Reichsparteitag mit der charakteristischen Fahnenstraße. Die Ausstattungen des Reichsbühnenbildners Benno von Arent waren von Hitler selbst autorisiert.

existiert hatte als Traum von einer zwar beschränkten, aber heilen Welt, und wie sie weiterlebte in der Idee von der guten alten Zeit, die gerade in Deutschland so gerne herbeigeseufzt worden ist. Die jungen Romantiker hatten Nürnberg als ideales Gebilde von deutscher Art und Kunst entdeckt, und das ganze Jahrhundert folgte ihnen in dieser Beurteilung. Auch bei Wagner wächst Nürnberg vom Idyllischen ins Bedeutende, er sieht in dieser Stadt eine Synthese von deutscher Kunst und deutschem Leben, etwas Glanzvolles, das er in seiner Musik feiert. Denn »in der Kunst sah Wagner noch die ›ästhetische Erziehung‹ zum Volk und zum Staat, sein Werk sollte im allerhöchsten Sinne politisch sein: die Politeia bildend« (Bernhard Diebold). Er war der Ansicht, mit seinen *Meistersingern* dem deutschen Publikum das »Abbild seiner eigenen, wahren Natur« gegeben zu haben. Was Richard Wagner als deutsche Eigenart empfand, läßt sich am besten erläutern am Bild des Pastors Riemann bei einer Leipziger Burschenschaftsversammlung im Jahr 1865. Wagner schreibt: »Das ist deutsche Idealität. Wenig Bewegung, keine ungarische, polnische oder französische Gelenkigkeit, etwas schwer, unzierlich: aber, diess sinnende Gemüth! Der naive Blick, der wunderliche Glaube drin, die Schwärmerei! ... Alles streift so hart an das Lächerliche: und nun – da giebt es ruhige, fast philisterhafte Männer – die glauben daran! Und wir dürfen sie nicht verspotten« (*Das Braune Buch*). Auch sein Hans Sachs forderte am Schluß Achtung vor den kauzigen und beschränkten Meistersingern, drang darauf, die Belächelnswerten ernst zu nehmen. Sein Sachs verkörpert den »deutschen Typus, etwas derb, wenn man so wolle, aber etwas, im Gegensatz zum Romanischen« (Cosima-Tagebuch, 21. 3. 1881). »In dieser Form, mit einem Volksdichter, ... einem enthusiastischen Jüngling ... mit der ehrwürdigen Pedanterei«, dachte er sich »den Deutschen in seinem wahren Wesen, in seinem besten Licht. So weit bringt er es im Leben, alles übrige, zumal die Eleganz, ist bei ihm affektiert; und sonst hat er noch das höchste Pathos« (Cosima-Tagebuch, 16. 3. 1873). Trotz aller Einschränkungen schwingen in diesem Bild doch auch Liebe und Stolz mit. Und Wagner war der festen Überzeugung, daß Deutschland seinem populärsten Werk »zujauchzen« würde (Cosima-Tagebuch, 15. 2. 1881).

Die *Meistersinger von Nürnberg* folgen nur ganz vordergründig dem Lustspielschema: Liebespaar trifft sich, ein Nebenbuhler tritt auf, man wird getrennt, und zum guten Ende kommt man doch zusammen. Hier ist schon zu Beginn alles entschieden. »Euch oder keinen« versichert Eva in der Kirchenszene im 1. Akt Walther von Stolzing. Der Verlauf der Handlung expliziert nun einerseits die Schwierigkeiten der beiden Liebenden, ihre Liebesgeschichte zu einem guten Ende zu bringen – das ist die bittere, manchmal das Tragische streifende Seite –, und andererseits die aufwendigen und irrwitzigen Bemühungen der übrigen, der Geschichte eine andere Wendung zu geben – und das ist die komische Seite. In diesem Spannungsfeld suchte Wagner etwas von dem zu fassen, was er immer wieder »das realste, sinnliche Leben« genannt hat, das Leben, das nicht säuberlich trennt zwischen Komik und Tragik, sondern das

Grand Opéra Paris, Juni 1948
Szenenfoto in der Dekoration der Pariser Erstaufführung vom 10. November 1897. Gutes Beispiel für die hohe Kunst des Dekorationsstils von Amable, einem der bedeutendsten Bühnenmaler gegen Ende des vorigen Jahrhunderts, der in Paris die Tradition des Ausstattungsstils der Großen Oper weiterpflegte.
Walther: René Verdière

Staatsoper Wien im Theater an der Wien, 30. November 1949
Das klassische Festwiesenbild mit dem Stadtprospekt von Nürnberg als Hintergrund. Dieser Pospekt wurde meist nach Vorlagen der verschiedenen Nürnberger Stadtansichten aus dem 16. Jahrhundert gemalt. Auch für kleinere Bühnen war dies eine Möglichkeit, das Festwiesenbild ohne großen Aufwand zu gestalten.
Regie: Rudolf Hartmann, Bühnenbild: Robert Kautsky, Hans Sachs: Paul Schöffler, Beckmesser: Erich Kunz, Veit Pogner: Ludwig Weber, Eva: Trude Eipperle, Magdalena: Rosette Anday, David: Anton Dermota

vom Wahn bestimmt wird. »Das Thema des 3. Aktes ... heißt: ›Wahn, Wahn, überall Wahn!‹ überall lasse ich es durchklingen ... Es ist das Thema, ... welches mein und aller Edlen Leben beherrscht: hätten wir zu kämpfen, zu leiden und zu entsagen, wenn der ›Wahn‹ nicht die Welt regierte?«, schrieb er an König Ludwig II. (22. 11. 1866). Und nach der Generalprobe, ebenfalls an den König:

»Unmöglich, daß Er durch die wunderlichen Hüllen des volksthümlichen Humores durch nicht die tiefe Wehmuth, die Klage, den Nothschrei der gefesselten Poesie, ihre neue Menschwerdung, Wiedergeburt, ihren unwiderstehlichen Machtzauber durch Bewältigung der Gemeinheit herausgefühlt und deutlich erkannt hätte« (20. 6. 1868). Nichts jedoch haben die *Meistersinger von Nürnberg* zu

New York City Opera, New York, 14. März 1951
Die Schusterstube, das 1. Bild des 3. Aktes, wie sie in den 30er und 40er Jahren überall aussah: ein niedriger Raum mit Balkendecke und kleinem Rundbogenfester. Seit Benno von Arents Ausstattungen in den 30er Jahren war der Kachelofen zum festen Requisit altdeutscher Gemütlichkeit geworden.
David: David Lloyd, Magdalena: Margery Mayer, Hans Sachs: James Pease, Eva: Frances Yeed

Teatro dell'Opera Rom, 1956
Die Sitzung der Meistersinger im 1. Akt in Wolfgang Wagners Regie und Bühnenbild. Ein intimer, hell gekalkter Raum, abgetrennt vom Kirchenschiff, in das die drei Spitzbögen führen. Keine offiziöse, eine eher private Atmosphäre.
Dirigent: Rudolf Moralt, Walther: Sebastian Feiersinger, Hans Sachs: Gustav Neidlinger, Beckmesser: Erich Kunz

tun mit jener »schwapperigen, niederträchtigen Gemüthlichkeit, die sich vom Anblick der menschlichen Leiden in der Umgebung eigensüchtig zurückwendet, um sich ein Privathimmelchen im blauen Dunste der Naturallgemeinheit zu miethen. Alles hören und sehen diese Gemüthlichen gern, nur nicht den wirklichen, unentstellten Menschen, der mahnend am Ausgange ihrer Träume steht« (*Das Kunstwerk der Zukunft*). Das also wollte Wagner schildern: den unentstellten Menschen, die Not und den Wahn des Lebens, und die Rettung durch die Kunst.

Die Schlußworte des Hans Sachs waren die ersten Verse, die Wagner seinem Prosa-Entwurf von 1845 nachträglich einfügte. Sie haben sich in der Endfassung ausgeweitet zur großen Schlußansprache. Nach der Dramaturgie des Lustspiels könnte der Vorhang fallen, nachdem das Paar zusammengegeben ist. Sachsens Anrede ist zunächst eine Zurechtweisung Stolzings, der die Mitgliedschaft in der Meistersingerzunft ablehnt. Er hat sein Preislied verfaßt, um Eva zu gewinnen, nicht um Meistersinger zu werden. Dann ist sie eine Klarstellung der historischen Leistungen der Meistersinger. Sie haben die deutsche Kunst auch in schlimmen Zeiten bewahrt, wenn auch nur »grad recht nach ihrer Art«, aber diese Kunst wird Politik und Reich überdauern.

Doch die »Habt Acht!«-Verse fallen aus dem Handlungsrahmen, sie sind ein Appell auch an das Publikum, eine Verteidigung des Nationalen in der Kunst, die so nicht notwendig war in diesem Moment der Bühnenhandlung. Wagner war sich der Gefahr eines Mißverständnisses bewußt. Cosima berichtete dem König Anfang Februar 1867, sie habe mit Richard den ganzen Tag über den Schluß, speziell über die »Habt Acht!«-Verse, diskutiert. Wagner wollte die Schlußansprache weglassen, denn er glaubte, »die große Rede Sachs' gehöre nicht zur Sache, sei mehr eine Anrede des Dichters an das Publikum, er würde wohl gut daran tun, sie ganz auszulassen«. Cosima war entschieden dagegen, und Wagner ließ die Verse stehen. Der Grund dafür dürfte gerade ihr politischer Appellcharakter gewesen sein. Die *Meistersinger* sollten in Nürnberg uraufgeführt werden. Bayern stand im Preußisch-Österreichischen Krieg auf der Seite der Verlierer. Die erhoffte deutsche Einigung hatte nach diesem Bruderkrieg wieder nicht stattgefunden. Wagner war von den politischen Zuständen so enttäuscht wie nach 1848, die »wildesten Sorgen um das verrathene, unrettbar verdorbene Vaterland« plagten ihn (an Ludwig II., 14. 7. 1866). Der Tag der Uraufführung der *Meistersinger* soll »ein harter Tag für Bismarck und den Norddeutschen Bund« werden (an Ludwig II., 25. 10. 1866). Wagner verstand diese Verse als Ausdruck seiner Sorge um die aktuelle deutsche Politik, wie schon im *Lohengrin*. Was er von der Kunst gefordert hatte: daß sie an einem bestimmten Ort zu einer bestimmten Zeit und unter bestimmten Umständen in Erscheinung trete und deshalb lebendigste Wirkungsfähigkeit entfalte, vielleicht schien es ihm mit diesen mahnenden Versen erfüllt? Gerade die Schlußansprache hat wie kein anderer Operntext Anlaß zu Mißverständnis und Mißbrauch gegeben. Wagner selbst konnte das ja nicht ganz ausschließen.

»Wie man das Ding komponieren könne, welches Wagner eine komische Oper nennt, ist uns allen ein Rätsel, dessen Auflösung durch den Komponisten wir ruhig abwarten müssen.« So schrieb der Kapellmeister Heinrich Esser an Franz Schott nach der Wiener Lesung vom 23. November 1861. Sofort nach Beendigung des Textbuches wollte Wagner mit der Komposition beginnen. Sein neuer Verleger, Franz Schott in Mainz, sollte die einzelnen Lieferungen des Manuskripts der Partitur gleich stechen lassen, damit für die erste Aufführung keine Verzögerung entstünde. Im Februar 1862 richtete er sich in Biebrich ein, mit dem Blick auf den Rhein und auf Mainz, ließ den Erard-Flügel aus Paris kommen und wollte sich nicht vom Fleck rühren, bis die Komposition beendigt ist.

In der Entstehungsgeschichte der *Meistersinger*-Komposition spiegelt sich die Lebens- und Schaffenskrise wider, in der sich Wagner um sein 50. Lebensjahr herum befand, nach der Vollendung des *Tristan*. Die Orchesterskizze des Vorspiels trägt das Anfangsdatum »Biebrich 13. April 1862«, und das Schlußdatum »1. Osterfeiertag«; das war der 20. April. Wagner war noch recht hoffnungsfroh und glaubte schon für die Theatersaison 1862/63 an eine erste Aufführung. An welchem Tag er mit der Komposition des 1. Aktes begonnen hat, vermerkte er nicht. Widrigen Umständen schrieb er es zu, daß er nicht richtig vorwärtskam: Krankheit, das Zögern Schotts, ihm weitere Vorschüsse auf das unfertige Projekt zu gewähren. Im September war er immer noch im 1. Akt. Er setzte sich jetzt das Ziel, ja er schwor sich, die *Meistersinger von Nürnberg* bis zu seinem 50. Geburtstag am 22. Mai 1863 fertig zu haben. Mit äußerster Anstrengung zwang er sich zur Arbeit. Verbittert schrieb er im Oktober an Schott: »Glauben Sie, wenn mich des Nachts die Sorgen nicht schlafen ließen, werde ich des Tags Heiterkeit und gute Einfälle für meine Arbeit haben?« Vom 21. Oktober datiert dann jener berühmte Brief von Schott, der für Wagner das vorläufige Ende seiner kontinuierlichen Arbeit an den *Meistersingern* bedeutete: »Überhaupt kann ein Musikverleger Ihre Bedürfnisse nicht bestreiten; dies kann nur ein enorm reicher Bankier oder ein Fürst, der über Millionen zu verfügen hat. Findet sich dieser nicht, so müßte man an das *deutsche Volk* appellieren.« Ein Fiasko wurde die Uraufführung des Vorspiels in einem Konzert im Leipziger Gewandhaus am 1. November 1862. Wagner trat erstmals seit seiner Flucht wieder in Sachsen auf. Der Saal war halbleer, keine Hand rührte sich, als Wagner an das Dirigentenpult trat. Zwar mußte er das Vorspiel wiederholen, aber der Start seines populärsten Werkes fiel alles andere als populär aus.

Bayreuther Festspiele 1956
Wieland Wagners berühmtestes Bühnenbild, »ein irreales Nocturno, koboldisch-unwirklich, aber auch ›wahnhaft‹-verschattet« (Walter Erich Schäfer). Zwei Holunderdolden, die im Nachtblau zu schweben scheinen. Die Spielfläche als vielgelästerte »Niere«, eine in der »Nierentischzeit« moderne Form. Nach W. E. Schäfer eine »Jahrhundertlösung, traumhaft sicher in der duftenden ›Süße‹ der Stimmung, unentrinnbar in der die Aufmerksamkeit ganz auf das Geschehen konzentrierenden Wirkung«.
Dirigent: André Cluytens, Hans Sachs: Hans Hotter

Zur Wiederaufnahme der *Tristan*-Proben übersiedelte Richard Wagner im November 1862 nach Wien. Der Hofoper machte er den Vorschlag, die *Meistersinger von Nürnberg* für das Wiener Opernpersonal auszuführen und mit ihm einzustudieren. Das wurde nicht akzeptiert. Um Geld für seinen Lebensunterhalt zu verdienen, unternahm er längere Konzertreisen, die ihn bis nach Moskau führten. Im Mai oder Juni 1863 schrieb er der Gräfin Pourtalès, daß sein Erard-Flügel in seiner Wohnung in Penzing (bei Wien) eingetroffen sei und daß die *Meistersinger* auf dem Pult liegen. In der 1. Szene des 1. Aktes findet sich in der Partitur der Datumsvermerk: »Penzing 8. Juni 1863«. Er begann jetzt mit der Instrumentierung des 1. Aktes, noch bevor er die Orchesterskizze abgeschlossen hatte, wohl weil das Instrumentieren für ihn eine mechanische Tätigkeit war, die keiner besonderen Inspiration oder Stimmung bedurfte. Am 10. Juli schrieb er an Wendelin Weißheimer: »Es will nicht mehr gehen! ... Ich habe keine Lust mehr ... Von mir gilt einfach der Ausdruck, – das Leben satt haben ... Bisher habe ich wieder an den ›Meistersingern‹ instrumentiert. Aber es geht sehr langsam; ich bekenne, der üppige Quell der Laune und des Lebensmutes ... ist jetzt in mir versiegt.« Wenn es jetzt endlich zu einer Aufführung des *Tristan* käme, würde sich die Arbeitsfreude wieder einstellen.

Diese Stimmungslage scheint kein momentaner Trübsinn gewesen zu sein, ähnliche Wendungen begegnen in allen Briefen aus diesen Monaten. Besonders bedeutsam war für ihn der Umstand, daß er an seinem 50. Geburtstag keinerlei Aussicht mehr für sich und sein Werk sah. Erst im Januar 1864 konnte er wieder berichten, daß er mit Liebe an den *Meistersingern* arbeitet. Im Februar setzte er sich wieder einen endgültigen Termin: Fertigstel-

Bayreuther Festspiele 1957
Der berühmte »Hörsaal« Wieland Wagners. Der amphitheatralische Aufbau hatte sein Gegenüber im amphitheatralischen Zuschauerraum, dazwischen die runde Spielfläche. Nach dem Zeitalter der Massenchöre auf der Festwiese eine klare Gliederung, die den Einzelnen als Teil des Ganzen erkennen läßt. Im Jahr der Premiere hatte es keinen Stadtprospekt gegeben. Viele Zuschauer empfanden die Anreicherungen der Jahre 1957 und 1958 als Kompromiß und als Konzession an das Publikum, das diese »Meistersinger ohne Nürnberg« nicht akzeptieren wollte.
Dirigent: André Cluytens,
Chorleitung: Wilhelm Pitz

lung bis nächsten Winter. Am 23. März floh er aus Wien, um der Schuldhaft zu entgehen, und suchte bei seinen Freunden Wille in Mariafeld bei Zürich eine Bleibe, um bis zum Ende des Sommers ungestört arbeiten zu können. »Ich muß mir völlig Gewalt anthun, und es hängt jetzt Alles von der Gestaltung meiner Lage ab, ob die Meistersinger je zum Leben gelangen werden: – denn, lege ich sie jetzt beiseite, so ist's für immer darum gethan!« So am 29. März an Mathilde Maier. Dann, am 12. April an Dr. Standhartner: »An Meistersinger – !! gar nicht zu denken. Nie! Nie!« Wohl nur, um Schott zu beruhigen und ihn für einen weiteren Vorschuß geneigt zu stimmen, schrieb er am 25. April, er habe eine feste Abmachung mit der Wiener Oper für den Januar 1865, und fuhr fort: »Ich verpflichte mich auf meine Ehre, nicht von dieser Arbeit, die mir jetzt das Wichtigste ist, zu weichen, und sie bis Ende dieses Jahres vollkommen fertig und zur Aufführung fähig zu liefern.«

In den Programmen für die Aufführungen seiner Werke in München, nach seiner Berufung durch König Ludwig II., war die Uraufführung zunächst für 1865, und dann für 1869, nach der Vollendung des *Ring des Nibelungen*, geplant. Nachdem Wagner auch München hatte verlassen müssen, beschäftigte er sich in Genf wieder mit dem 1. Akt.

Am Mittwoch, den 21. Februar 1866, konnte er endlich die Orchesterskizze des 1. Aktes abschließen, und am 23. März war auch die Partitur fertig. Erst in Tribschen, das er am 15. April bezog, fand er wieder zur stetigen Arbeit zurück. Mit der Arbeit an der Kompositionskizze des 2. Aktes begann er am 15. Mai, und am 23. September war auch die Orchesterskizze fertig. Sie trägt den Vermerk: »Diesen zweiten Akt habe ich wirklich in diesem Sommer 1866 (siehe Biographie) in Musik gesetzt ...« Inzwischen hatte sich Cosima von Hans von Bülow getrennt, und das hieß Aufregungen, Rechtfertigungen, Zeitungskampagnen. Mit dem 3. Akt begann er am 8. Oktober, am 5. März 1867 konnte er die Orchesterskizze abschließen. Es folgte die Instrumentierung des 2. und 3. Aktes. Am 24. Oktober telegrafierte er an Hans von Bülow: »Heute abend Schlag 8 Uhr wird das letzte C niedergeschrieben. Bitte um stille Mitfeier. Sachs.« Seit der ersten Konzeption in jenem Marienbader Sommer waren fast 22 Jahre vergangen.

Wagner hat in seinen *Meistersingern von Nürnberg* keine Elemente der Musik der Hans Sachs-Zeit verarbeitet, was bei einem historischen Stoff nahegelegen hätte. Aber die *Meistersinger*-Musik spielt an »auf eine ältere Zeit, und die Absicht dieses Anspielens ist selbstverständlich, eine Art Alt-Nürnber-

Städtisches Theater Leipzig, 8. Oktober 1960 Eröffnungsvorstellung im neuen Opernhaus. Die Festwiese des 3. Aktes. Die Meistersinger ohne die »Nürnberg-Ideologie« des 19. Jahrhunderts, als »Renaissancekomödie« des 16. Jahrhunderts. Das Spielgerüst der Hans-Sachs-Bühne, keine Illusion, sondern Spielmöglichkeiten, ein Appell an die Phantasie. Die Aufführung war heftig umstritten. Regie: Joachim Herz, Bühnenbild: Rudolf Heinrich

ger Lokalkolorit zu erzeugen und eine Atmosphäre des Altdeutschen überhaupt. Der Hörer assoziiert freilich nicht die Zeit Dürers und Hans Sachs', sondern die Bachzeit mit ihren figurativen Themen, ihren Ornamenten und Kadenzen.« Wichtig ist, daß Wagner »auf den protestantischen Choral und vor allem auf das Volkslied, spezifisch deutsche Formen«, zurückgreift (Egon Voss). In seiner Charakterisierung des *Meistersinger*-Vorspiels in *Jenseits von Gut und Böse* hat Friedrich Nietzsche diese Musik bezeichnet als eine »prachtvolle, schwere und späte Kunst, welche den Stolz hat, zu ihrem Verständnis zwei Jahrhunderte Musik als noch lebendig vorauszusetzen ... Etwas Deutsches, im besten und schlimmsten Sinn des Wortes« habe sie an sich, »etwas auf deutsche Art Vielfaches, Unförmliches und Unausschöpfliches; eine gewisse deutsche Mächtigkeit und Überfülle der Seele, welche keine Furcht hat, sich unter die Raffinements des Verfalls zu verstecken«. Diese Musik drücke am besten aus, was er von den Deutschen halte: »Sie sind von vorgestern und von übermorgen, – sie haben kein Heute.«

Den Gedanken, die *Meistersinger von Nürnberg* nicht in München, sondern an ihrem Originalschauplatz Nürnberg uraufzuführen, hat Wagner erstmals am 23. Dezember 1865 Hans von Bülow mitgeteilt. Auch der König, der 1866 bei seiner Reise zu den bayerischen Truppen Nürnberg besucht und sich in seinem gotischen Zimmer auf der Burg wie Hans Sachs gefühlt hatte, hielt Nürnberg für den einzig richtigen Ort. Da aber das Nürnberger Theater zu Ehren des königlichen Besuches ausgerechnet Meyerbeers *Afrikanerin* und Verdis *Troubadour* spielte, kamen Wagner doch starke Bedenken, ob sich sein Plan für eine Mustervorstellung gerade an einem solchen Theater realisieren ließe. Der König beauftragte zwar Hans von Bülow, nach Nürnberg zu reisen und sich mit den angesehensten Bürgern und Patriziern ins Benehmen zu setzen über die Möglichkeiten eines außerordentlichen Theaterunternehmens. Das Projekt wurde aber nicht weiter verfolgt, da man nach der Verlobung des Königs die Uraufführung der *Meistersinger* als offizielle Vermählungsoper in Aussicht nahm. Das Datum war schon auf den 12. Oktober 1867 festgesetzt, obwohl Bülow die neue Oper für diesen Zweck nicht gerade geeignet hielt. Als der König seine Verlobung wieder löste, wurde auch aus diesem Plan nichts. Endlich faßte man als Termin das Frühjahr 1868 ins Auge. Die Dekorationsmaler Angelo Quaglio und Heinrich Döll wurden im Juni 1867 nach Nürnberg geschickt, um Architekturstudien für den 1. und 2. Akt anzufertigen. Wagner, im fernen Tribschen, war sehr aufgebracht, weil er glaubte, man würde über seinen Kopf hinweg entscheiden und seine Wünsche nicht berücksichtigen. Im November/Dezember reisten dann die Bühnenbildner und der Kostümbildner Franz Seitz nach Tribschen, um ihre Entwürfe vorzulegen. Wagner brachte Korrekturen an, und alles wurde exakt nach seinen Vorstellungen ausgeführt. Er verlangte zum Beispiel im 2. Akt praktikable Häuser, die nicht auf flache Kulissenteile aufgemalt sein sollten, ebenfalls, soweit das möglich war, praktikable Architekturteile in der Kirche des 1. Aktes.

Schwierigkeiten gab es mit dem neuen Intendanten Karl Freiherr von Perfall wegen des Engagements auswärtiger Sänger, da Wagner eine hauseigene Besetzung ablehnte. Er machte der Intendanz heftige Vorwürfe wegen ihrer schlechten Geschäftsführung; der Intendant dagegen wies auf die hohen Gagen hin und den Unmut, den die Verpflichtung teurer auswärtiger Gäste in seinem Ensemble hervorrief. Schließlich erhielt Wagner doch eine Besetzung, die er als ideal bezeichnen konnte: Franz Betz aus Berlin sang den Hans Sachs, Franz Nachbaur aus Darmstadt den Stolzing, Georg Hölzel aus Wien den Beckmesser, Max Schlosser aus Augsburg den David, Eva, Mathilde Mallinger, war eine junge Nachwuchssängerin aus dem Münchner Ensemble. Die musikalische Leitung hatte Hans von Bülow. Aus Stuttgart wurde Dr. Reinhard Hallwachs als Regisseur engagiert, obwohl Wagner selbst die Leitung bei den Proben übernahm und dieses Engagement für Herrn von Perfall nur eine überflüssige Ausgabe bedeutete.

Die Proben waren zwar anstrengend, auch für Wagner, aber er hatte schon bald den Eindruck, es könnte etwas Außerordentliches und Mustergültiges zustande kommen. Schon die Generalprobe in Anwesenheit des Königs war ein beachtetes Ereignis, dem viele Theaterdirektoren, Kapellmeister, Regisseure und Sänger beiwohnten. Man war der einhelligen Meinung, daß hier etwas Bedeutendes geleistet worden war.

Die Uraufführung am 21. Juni war überwiegend für auswärtige Gäste reserviert, die zum Teil von weither angereist kamen. Die Münchener boten Überpreise für eine Karte. Um 6 Uhr betrat der König seine Loge, die Vorstellung begann. Ludwig II. lud den Komponisten ein, neben ihm in der Königsloge Platz zu nehmen. Von dort aus durfte er auch nach dem 2. und 3. Akt sich vor dem Publikum verbeugen, eine bis dahin unerhörte Auszeichnung, von der die »Kemptener Zeitung« berichtet: »Der Eindruck, den die kgl. Huld auf

das hiesige Publikum machte, war ein überwältigender: man verstummte, man blickte empor zum glänzenden Plafond des Riesenhauses, ob er nicht Miene mache, einzustürzen ob solcher nie dagewesener Gunstbezeugung. Wagner, der Verketzerte, Verbannte ... ist rehabilitiert in unsagbarer Weise ... Kein Wunder, wenn einige Fräulein aus hochadeligem Geblüte sich in das hohe Näschen zwickten, ob sie es denn auch selbst noch seien, die solchem nie erlebten Schauspiel beiwohnten.« Für Wagner war es der größte Theatererfolg seines Lebens. Das Presse-Echo war zwar gemischt, aber über die Qualität der Aufführung selbst war nur Lobendes zu hören. Überwältigend muß die Pracht der Dekorationen und Kostüme gewesen sein. Man glaubte sich ins wirkliche Leben des 16. Jahrhunderts versetzt. Eine gotische Kirche oder eine altdeutsche Straßenszene waren zwar nichts unbedingt Neues, aber an den Münchner Dekorationen bestachen ihre stilistische Treue und ihre Praktikabilität.

»Die Ausstattung, mit der die Meistersinger bedacht werden, geht ins Fabelhafte ... Noch nie Dagewesenes wird in decorativer Hinsicht geleistet werden. Zu dem Acte, welcher in den Straßen Nürnbergs spielt, verschwinden die althergebrachten Coulissen, um der verkörperten Stadt Nürnberg mit Häusern, Giebeln und Vorsprüngen Platz zu machen. Hier sieht man keine gemalten Häuser, sondern vollständige, die Wirklichkeit imitierende Pappgebäude und bis zur Täuschung imitierte Straßen, Plätze und Perspectiven«, heißt es in einem Vorbericht der »Neuen Berliner Musikzeitung«. Auch die Regie wird gelobt: »Es war ein Leben, ein Ineinandergreifen, eine Wahrheit der Darstellung erreicht, wie wir sie nie gesehen haben ... nur das innigste Kunstverständnis, die vollste Hingebung aller Mit-

Metropolitan Opera New York, 1962
Die Schusterstube, das 1. Bild des 3. Aktes, mehr Gelehrtenstudio mit Schreibtisch und Globus. Das Schustergerät seitlich in der Ecke.

Bayreuther Festspiele 1963
Eingangschoral im 1. Akt. Wieland Wagners *Meistersinger* auf der Shakespeare-Bühne als Einheitsdekoration. Der Chor singt mit dem Rücken zum Publikum. Der Flügelaltar ist eine Kopie von Lukas Cranachs Altargemälde in Neustadt an der Orla.
Dirigent: Thomas Schippers, Chorleitung: Wilhelm Pitz

Bayerische Staatsoper München, 21. November 1963
Eröffnungsvorstellung im wiederaufgebauten Nationaltheater. Szene aus dem 1. Akt. Charakteristisch für viele Inszenierungen der 50er und 60er Jahre sind die hohen, hellen Glasfenster des Kirchenschiffes.
Regie: Rudolf Hartmann, Bühnenbild: Helmut Jürgens, Dirigent: Joseph Keilberth, Eva: Claire Watson, Magdalena: Lilian Benningsen, Walther: Jess Thomas

Bayreuther Festspiele 1969
Neuinszenierung im Jahr 1968 zum hundertjährigen Jubiläum der Uraufführung. Prügelszene im 2. Akt. Die fachwerkartig strukturierten Häuserwände, Sinnbild für »Maß und Zahl«, die beim Fliedermonolog durchscheinend wie bunte Glasfenster wurden, sind in der derben, handfesten Prügelszene wieder geschlossen.
Regie und Bühnenbild: Wolfgang Wagner, Dirigent: Berislav Klobucar, Chorleitung: Wilhelm Pitz

wirkenden, riesiger Fleiß und unerschütterliche Ausdauer konnten ein solches Gesamtresultat erzielen« (»Signale für die musikalische Welt«).

Wagner war rückhaltlos zufrieden und beglückt, mit einer Ausnahme: Georg Hölzel aus Wien hatte aus dem Beckmesser eine Karikatur gemacht, einen »Wiener Possenreißer«. Für Wagner war Beckmesser »kein Komiker; er ist gerade so ernst als alle übrigen Meister. Nur seine Lage, und die Situationen, in welche er gerät, lassen ihn lächerlich erscheinen« (an Heinrich Esser, 18. 7. 1868). Aber Hölzel hatte damit eine unausrottbare Rollentradition begründet; unausrottbar deshalb, weil diese komisch-karikierende Gestaltung beim Publikum auf Anhieb Erfolg fand und deshalb immer wieder nachgeahmt wurde.

Wieder waren es zunächst die mittleren Theater, die den Mut hatten, die neue Oper nachzuspielen. Sie wurde im folgenden Jahr 1869 in Dessau, Karlsruhe, Dresden, Mannheim und Weimar auf den Spielplan gesetzt. Die großen Hofopern in Wien und Berlin folgten erst 1870. Die Erstaufführung in Wien war auf dreieinhalb Stunden zusammengestrichen, was Wagner sehr erboste. Es wurde jetzt allgemein üblich, in der Szene des David im 1. Akt und in der Schusterstube rigoros zu streichen. Man berichtete Wagner, es sei kein Wort zu verstehen gewesen; als Nachtwächterhorn habe eine Posaune und als Laute des Beckmesser eine Gitarre herhalten müssen. »Das erheitert Richard eben nicht« vermerkte Cosima in ihrem Tagebuch (20. 3. 1870).

Beim Ständchen im 2. Akt war der Tumult im Publikum so groß, daß Johannes Beck, der Sänger des Sachs, aus dem Konzept geriet und der Dirigent Johann Herbeck ihm laut seine Einsätze vorsingen mußte. Daniel Spitzer informierte die Leser seiner *Wiener Spaziergänge*, daß das neue Produkt der Zukunftsmusik klinge »wie der Schwanengesang des gesunden Menschenverstandes«. Besonders mokierte man sich über Handschuhmacher, Schneider und Seifensieder als Opernhelden, also über Wagners vielgeliebtes Volk. Daß neben dem »Gesindel« auch noch einige Honoratioren zu Wort kamen, war nur einigermaßen beruhigend.

Auch in Berlin und Mannheim kam es beim Ständchen und bei der Prügelszene, die beide als Auswüchse der modernen Musik verdammt wurden, zum Tumult. Franz Bittong, der spätere Hamburger Theaterleiter, verdrosch in Mannheim die Protestierenden mit seiner Partitur, die dabei völlig zerrissen wurde, so daß ihm der anwesende Verleger Schott ein neues Exemplar versprach. In Berlin hatte die Sängerin der Magdalene, Marianne Brandt, den Eindruck, daß bei der Prügelszene »die Keilerei im Publikum« ärger war als die auf der Bühne, und daß nach dem Aktschluß das Theater einstürzen müsse, »solch ein Gejohle, Gezische, lautes Schreien, Lachen, Mit-den-Füßen-trampeln und Beckmesser-Rufen ging los«. Auch der 3. Akt konnte die Katastrophe nicht mehr abwenden. Einig war man sich wieder über die Qualität der Aufführung und die Leistungen der Sänger, darunter besonders Franz Betz und Mathilde Mallinger, wie schon in München,

Salzburger Festspiele 1974
Sachsens Fliedermonolog im 2. Akt. Alt-Nürnberg vollständig rekonstruiert auf der Bühne des Großen Festspielhauses, mit Schindeldächern, Fachwerk, Türmen, Erkern und beleuchteten Fenstern. Für die breite Bühne des Festspielhauses mußte die Nürnberger Gasse zur Straßenkreuzung erweitert werden.
Regie und musikalische Leitung: Herbert von Karajan, Bühnenbild: Günther Schneider-Siemssen, Kostüme: Georges Wakhevitch, Hans Sachs: Karl Ridderbusch

sowie Albert Niemann als Stolzing. Die Kritiken waren vernichtend, ihr aggressiver Tonfall klingt für uns heute unglaublich. Einige Beispiele: »Ein Chaos, ein Tohuwabohu«, »Schusterbubenoper«, »ein Berg von Albernheit und Plattheit«, »eine grauenvollere Katzenmusik könnte nicht erzielt werden, ... und wenn sämtliche Leiermänner Berlins in den Renz'schen Zirkus gesperrt würden und jeder eine andere Walze drehte«, »ein musikalischer Wechselbalg«, »ein ohrenzerreißender Wirrwarr«, »wenn Musik stinken könnte, so würde man sich bei dieser ›Ecorcherie nach Noten‹ die Nase zuhalten müssen«.

Trotz aller Proteste haben die *Meistersinger von Nürnberg* langsam aber stetig mehr und mehr Anhänger gefunden und konnten sich schon in den 80er Jahren auf den internationalen Bühnen verbreiten. Ein Berliner Leserbriefschreiber hatte richtig prophezeit: »Wie Epidemien sich unwiderstehlich von Ort zu Ort verbreiten, so werden wir es ruhig erdulden müssen, daß auch diese *Meistersinger* allmählich von Bühne zu Bühne die Runde machen!« In deutscher Sprache wurden die *Meistersinger* in Prag 1871, in London 1882 und in Amsterdam 1883 erstmals gespielt. Auch die amerikanische Erstaufführung an der New Yorker Met am 4. Januar 1886 unter Anton Seidl fand in deutscher Sprache statt. In dänischer Sprache wurde das Werk 1872 in Kopenhagen erstaufgeführt, in Ungarisch 1883 in Budapest und in Italienisch 1889 an der Scala. Besonders glanzvoll war die Erstaufführung in französischer Sprache 1885 in Brüssel, bei der die belgische Königin anwesend war, und zu der »Tout Paris« anreiste, da die *Meistersinger* an ihrem Entstehungsort Paris wegen der politischen Verhältnisse erst 1897 ins Palais Garnier einziehen konnten.

Cosima Wagner nahm die *Meistersinger von Nürnberg* 1888 in den Bayreuther Spielplan auf. Bühnenbild und Kostüme ließ sie nach der Münchner Uraufführung kopieren. Nur das Bild des 1. Aktes wurde geändert. Es war jetzt eine schlichte, niedrige und ziemlich dunkle Bürgerkirche. Erstmals seit ihrem Bestehen waren die Festspiele ausverkauft.

Der von München und Bayreuth autorisierte Dekorationstypus wurde überall beibehalten und hat sich auch nach Jahrzehnten nicht wesentlich geändert. Noch in den 20er Jahren hat man die *Meistersinger von Nürnberg* als realistische Oper eigens von allen Stilisierungsbemühungen ausgenommen. Auffallend ist aber, daß viele Bühnenbildner besonders seit den 80er Jahren exakte Nürnberger Ortshinweise geben, daß sie genauer zu sein versuchen als München und Bayreuth; sie zeigten die bekannten Rundtürme der Stadtmauer oder besonders gerne die Doppeltürme von Sankt Sebald oder Sankt Lorenz als Abschluß der Gasse.

Als Musik-Fest und Festfeier der Musik sind die *Meistersinger von Nürnberg* die Festoper des Repertoires, zumindest der deutschen Opernhäuser, geworden. Gerade im jungen Kaiserreich nach 1871 bestand, bei der Vielzahl von Gedenktagen, Denkmalseinweihungen und nationalen Festtagen, ein großer Bedarf an vaterländischen Festspielen, die von beflissenen Dichtern auch fleißig produziert wurden. Aber wenn es etwas gehobener zugehen sollte, dann waren die *Meistersinger* dran, oft nur auszugsweise, das Vorspiel etwa, die Festwiese oder die Schlußansprache. Und bei den Einweihungen der zahlreichen Theaterneubauten bis zum Ersten Weltkrieg (und auch später noch) waren die *Meistersinger von Nürnberg* die obligate Eröffnungsoper, oft gekoppelt mit Beethovens *Weihe des Hauses* oder Goethes *Prolog auf dem Theater*. So wurden zum Beispiel bei der Eröffnung des neuen Hauses in Köln bei Hans Sachsens Versen »Ehrt eure deutschen Meister« der Baumeister und der Theaterleiter hervorgerufen. Zur Einweihung des Wagner-Denkmals in Berlin 1903 wurden selbstverständlich die *Meistersinger* neuinszeniert, mit Theodor Bertram als Sachs, Emmy Destinn als Eva und Ernst Kraus als Stolzing. Sehr beliebt war es auch, den Reinerlös von besonderen »Meistersingervorstellungen« dem Berliner Denkmalfond zu übergeben.

Den Wagnerianern von der strengen Observanz, die ausschließlich den Mythos gelten ließen, waren die *Meistersinger von Nürnberg* das gesunde, diesseitige Werk, das auch noch untragisch endete, etwas genierlich. Man riß sich nicht gerade darum und überließ sie gerne denen, die genügsam genug waren, sich mit Realismus, Gemütlichkeit und nationalem Pathos zufriedenzugeben. Bei Regisseuren und Bühnenbildnern galten sie als unproblematisch, ein Werk, das von alleine lief. Appia hat sich bei den *Meistersingern* nicht lange aufgehalten. Die ambitionierten Bühnenbildner kapitulierten vor den Realismus-Forderungen des Stückes und vor den Erwartungen eines Publikums, das sein vertrautes Nürnberg-Bild gerade hier immer wieder zu sehen wünschte. Als Folge dessen rissen schlimme Inszenierungsgewohnheiten ein. Beckmesser wurde mehr und mehr zur Karikatur, trotz Cosimas Bemühungen; für die Sänger war die Hauptsache, daß sie damit die Lacher auf ihrer Seite hatten. Und aus Hans Sachs machten die Bassisten, glücklich über eine »philosophische« Rolle in ihrem Fach, einen bedächtigen, gravitätischen und bedeutungs-

Königliches Theater Stockholm, 1. Oktober 1977
Götz Friedrichs Festwiese begann turbulent. Aber mit dem Volk zogen auch Komödianten in mittelalterlichen Totenkopfmasken auf die Festwiese, denn die heitere und scheinbare Nürnberg-Fassade ist gefährdet: »Man ist eben nie sicher – in keiner Stadt, keinem Modell, keiner Utopie« (Götz Friedrich). Der offene Schluß endete mit einer Frage: »Mit den so völlig unmythologischen *Meistersingern* rang Wagner nichtsdestoweniger um eine Art von Mythos: die Integration von Kunst und Volk, von Kultur und Demokratie. Eine Utopie?«
Bühnenbild: Günther Schneider-Siemssen, Dirigent: Berislav Klobucar, Hans Sachs: Leif Roar, Walther: Sven-Olof Eliasson, David: Gösta Winbergh, Eva: Helena Döse

schweren Graubart. Den national und völkisch Gesinnten jedoch, die in diesen Jahrzehnten ihre Ideologie entwickelten, kam die wachsende Popularität des Werkes gerade gelegen, und sie machten sie ihrer Ideologie entschlossen zunutze. Die Schlußansprache, besonders die »Habt Acht«-Verse, dienten ihnen als Bestätigung ihres herausfordernden großdeutschen Überlegenheitsdenkens und als Aufruf zu dauernder Wachsamkeit vor dem Feind.

Als 1898 das zehnjährige Bestehen des Neuen Deutschen Theaters in Prag gefeiert wurde, standen neben einem eigens gedichteten Festspiel auch zwei Akte *Meistersinger* auf dem Programm. Sie erhielten ihr ganz besonderes Gewicht als Manifestation des Deutschtums durch die heftigen Auseinandersetzungen zwischen der tschechischen und deutschen Bevölkerung, bei denen es einige Wochen zuvor zu Tätlichkeiten gekommen war. Infanterieposten mit Bajonetten bewachten das Gebäude und spähten besonders nach dem Viertel in den Weinbergen, wo das national gesinnte tschechische Bürgertum wohnte. Im Innern waren alle Türen mit Militärs besetzt; das Theater glich, wie Rudolf Fürst schrieb, einem »Feldlager«. Die Glasscheiben der Eingangstüren waren zertrümmert und notdürftig mit Pappe ersetzt, denn die »slavischen Pöpelhorden« hatten in den »fluchwürdigen Novembertagen von 1897« das Theater »zum ersten Angriffsobjekt erkoren«. Fürst schloß seinen Bericht mit den Versen: »Zergingen auch fast alle politischen Wünsche und Bestrebungen der Deutschen Prags im Dunst, so blieb uns eines noch – die deutsche Kunst« (*Bühne und Welt* 1899).

Richard Wagner hat in seinen *Meistersingern von Nürnberg* neben anderem auch den Versuch gemacht, Anhaltspunkte für eine nationale Identität als Voraussetzung einer nationalen Einigung anzubieten. Die völkischen Nationalisten aber stellten sich als die einzigen Garanten und Retter der nationalen Identität dar und bemächtigten sich des Werkes mit seinen gefährdeten Textstellen. Und niemand wehrte ihnen, auch nicht in Bayreuth und seinen publizistischen Organen. Ganz im Gegenteil. Die Drachensaat der Schriftsteller und Publizisten, die sich als »Bayreuther Kreis« oder in dessen engerem Zirkel auch als »Wahnfriedler« bezeichneten und die das ideologische Vorfeld bereitet und die Politisierung Bayreuths vorangetrieben hatten, ging auf. Der Prozeß begann schon vor dem Ersten Weltkrieg. In den Bayreuther Blättern wurde 1896 das Festspielhaus als »Arierburg« tituliert, und der Hausschriftsteller von Wahnfried, Hans von Wolzogen, forderte, die »große Sache« Richard Wagners zur »nationalen Sache« zu machen. Nach 1933 konnte man dann zufrieden feststellen, daß dieses Ziel erreicht war. Die Begriffe »Bayreuth« und »Wahnfried« standen nicht mehr nur für die Festspiele und ihre künstlerischen Intentionen, sondern für eine beschränkte Ideologie des Deutschtums, nationalkonservativ und antidemokratisch. Die »Bayreuther Blätter« wurden mehr und mehr zum publizistischen Organ der Deutschtumsideologen.

Maximilian Harden hatte 1914 gewarnt: »Lasset endlich von dem Versuch, es (Bayreuth) in das Zion, die Hochburg, das himmelan ragende Heiligtum deutscher Volkheit umzufälschen, von dessen Zinne der Wille des Meisters spricht.« Und Paul Bekker schrieb in seinen *Kritischen Zeitbildern* 1921: »Verhängnisvoll ... und für die geistige Einstellung namentlich der Deutschen in mancher Beziehung geradezu katastrophal ist die innerlich unwahrhaftige ethische und nationalistische Aufmachung geworden, die aus der ursprünglichen Kunststätte Bayreuth mit immer stärkerer Betonung außerkünstlerischer Momente eine Kultstätte ... mißverstandenen Deutschtums machte ... Nicht nur die ästhetische, auch die politische Reaktion, schlechter Teutonismus, Frömmelei, Rassenhaß und beschränkter Nationalismus finden hier ihren Rückhalt und glauben von hier aus – man denke nur an Chamberlain – die imposante Erscheinung des großen Künstlers Wagner für sich in Anspruch nehmen, aus ihm die eigene Rechtfertigung ableiten zu dürfen.«

Houston Stewart Chamberlain, der gelehrte Universaldilettant und Verfasser der *Grundlagen des 19. Jahrhunderts*, hatte seit 1888 mit Cosima Wagner korrespondiert, dann seit 1901 mit Kaiser Wilhelm II., den er im Ersten Weltkrieg in seinem Kreuzzugsdenken unterstützte; er heiratete Cosimas Tochter Eva 1908 und stellte 1923 den ersten Kontakt zwischen dem Haus Wahnfried und Adolf Hitler her. Diese Stationen markieren nicht nur das Abdriften Bayreuths in das Lager der politischen Reaktion, sondern im weiteren Sinne auch den Weg der deutschen Geschichte in die Katastrophe. Als 1924 die Festspiele – nach zehnjähriger Pause, bedingt durch den Ersten Weltkrieg – wiedereröffnet wurden, konnte Adolf Rapp in seinem Aufsatz »Wagner als Führer zu deutscher Art« im Festspielführer behaupten: »Heute darf man sagen, daß die Bayreuther Gemeinde auch politisch in dem Lager versammelt ist, in dem mehr und mehr alles, was entschieden deutsch sein will, sich zusammenfindet.« Ludendorff war schon bei den Proben anwesend. In der Eröffnungsvorstellung der *Meistersinger*, die Fritz Busch dirigierte, erhob sich das Publikum bei der Schlußansprache von den Sitzen und sang am Ende der Vorstellung das Deutschlandlied, auch vereinzelte »Heil«-Rufe sollen zu hören gewesen sein.

Der Festspielleiter Siegfried Wagner bemerkte »bleich und entrüstet: Nach der ›Götterdämmerung‹ werden sie wohl die ›Wacht am Rhein‹ singen« (Franz Stassen). Aber auf dem Dach des Festspielhauses ließ Siegfried Wagner die schwarz-weiß-rote Flagge neben der bayerischen hissen, und das war ein Bekenntnis in der Weimarer Republik. Im Jahre 1925 wiederholten sich die Ausschreitungen, und Siegfried ließ den Anschlag anbringen: »Wir bitten, alles noch so gut gemeinte Singen zu unterlassen: hier gilt's der Kunst!« Siegfried hatte 1921 einen von August Püringer geforderten Boykott der Juden bei den Festspielen kategorisch als Angriff auf die Toleranz abgelehnt und 1925 geschrieben: »Von meiner Seite aus ist alles geschehen, um sicherzustellen, daß die Bayreuther Tage frei von jedem politischen Einschlag bleiben, und es wird jeder, welchen Glaubens und welcher Abstammung er auch sei, in Bayreuth willkommen sein, der dort Erbauung und Erlebnis finden will. Niemand braucht zu besorgen, daß irgendwelche Vorfälle unangenehmer Art sich abspielen« (Berliner 8-Uhr-Abendblatt, 9. 3. 1925).

Aber es war zu spät. Man konnte jetzt nicht mehr das eine wollen und das andere verhindern. Bernhard Diebold, der die Festspiele 1928 besucht hatte, fragte: »Wo sind die libe-

Nationaltheater Prag im Smetana-Theater, 2. November 1978
Der 1. Akt in Josef Svobodas Bühnenbild. Das Gebälk blieb in allen drei Akten. Einen Hinweis auf die Katharinenkirche gab die Rosette aus Holz. Dieses Material war der Ausdruck des Handwerklichen und eines schlichten, herben Mittelalters. Auch die Kostüme waren nicht reich oder prächtig, sondern aus einfachen, groben Stoffen in gebrochenen Weiß-, Beige- und Brauntönen.
Regie: Václav Kašlik, Kostüme: Jarmila Konečna, Dirigent: Milos Konvalinka

ralen Köpfe für das liberale Kunstwerk? Wo bleibt das Volk der ›Meistersinger‹? Wo die Fein-Nervigen mit der Tristanseele? Ist man zu schick für die Musik von gestern? Ist man so grenzenlos politisch-klug, daß man den Wagner mit dem Chamberlain ausschüttet? Was ist geschehen? ... Statt die ›Meistersinger‹ zum demokratischen Festspiel zu proklamieren, ... überließ der Parteigeist den ganzen Richard Wagner kampf- und harmlos den Nationalisten ... Der nationalistischen Entstellung sei begegnet mit der Liberalität des Wagnerschen Werkes.« Aber solche Stimmen konnten sich jetzt nicht mehr durchsetzen. »Die Deutschen haben sich einen Wagner zurechtgemacht, den sie verehren können: sie waren noch nie Psychologen, sie sind damit dankbar, daß sie mißverstehn.« Friedrich Nietzsches Wort erhielt eine neue Aktualität. Wolfgang Wagner hatte recht, als er in seiner Rede bei der Wiedereröffnung des im Krieg zerstörten Hauses Wahnfried als Museum 1976 sagte: »Ich glaube, die Bombe mußte fallen.« Erst als es »Wahnfried« als Institution nicht mehr gab, war die neue Entdeckung Wagners für unsere Zeit möglich.
Es war nur folgerichtig, daß der »Tag von Potsdam« am 22. März 1933 mit einer Aufführung der *Meistersinger von Nürnberg* in der Staatsoper Unter den Linden begangen wurde, und daß die *Meistersinger* dann zur Festoper der Nürnberger Reichsparteitage erhoben (oder besser erniedrigt) wurden. Hans Sachsens Verse aus der »Wittenbergisch Nachtigall«, geschrieben in der Reformationszeit und von Wagner als »Wach Auf«-Chor in seine *Meistersinger* eingefügt, bezeichnete Joseph Goebbels in seiner Rede bei der Rundfunkübertragung des Werkes aus dem Festspielhaus 1933 als den »Aufschrei eines Volkes« (was hätte der Chorleiter wohl dazu gesagt) und als »greifbares Symbol des Wiedererwachens des deutschen Volkes aus der tiefen politischen und seelischen Narkose des November 1918«.
Auf dem »Reichsparteitag der Freiheit« wurden die *Meistersinger von Nürnberg* erstmals in der neuen Ausstattung des Reichsbühnenbildners Benno von Arent gegeben. Den Auftrag hatte ihm Hitler persönlich erteilt, der auch die Entwürfe prüfte, bevor sie ausgeführt wurden. Die Schusterstube war bei Arent nicht mehr die gute bürgerliche Stube, sondern die Kammer eines Handwerkers, die ausdrücken sollte: »Ehrt die Arbeit, achtet die Arbeiter« (B. v. Arent). Das einzige Bild, das aus dem historisierenden altdeutschen Rahmen fiel, war die Festwiese, die mit ihrer Fahnenstraße dem Reichsparteitagsgelände glich. Sie war also wirklich zur »nationalen Sache« geworden. Seine von Hitler autorisierte Ausstattung lieferte Benno von Arent auch für die Wiedereröffnung des Deutschen Opernhauses in Berlin am 17. November 1935, für die Reichstheaterfestwoche in München 1936, für Danzig 1938, für die »Festspiele der

Bayreuther Festspiele 1981
Die Festwiese des 3. Aktes in Wolfgang Wagners Neuinszenierung. Die Stadtpfeifer spielen, und das Volk tanzt um und in der fränkischen Tanzlinde. Die Festwiese als sommerliches, improvisiertes Volksfest, in das erst beim Wettsingen Programm und Ordnung kommt, die aber auch wieder vom Volk durchbrochen werden. Die Tanzlinde ist szenisches Requisit, Lebensbaum und Wunderbaum, den Walther in seinem Preislied besingt.
Dirigent: Mark Elder, Kostüme: Reinhard Heinrich, Chorleitung: Norbert Balatsch

Deutschen Jugend« im Nationaltheater Weimar 1939 und für die Neuinszenierung am Theater in Linz 1941, für die Hitler aus seinem Privatfond einen Zuschuß spendierte. In Abwandlung eines Slogans dieser Jahre könnte man von einem Volk, einem Reich und einem Bühnenbild sprechen. Es ist das Kennzeichen der Kulturpolitik aller totalitären Regimes, daß man versucht, die individuellen Gefühle der Untertanen zu einer Einheit im Denken und Erleben zu konditionieren. Ein weiteres Charakteristikum sind die Massen, die jetzt besonders auf der Festwiese aufgeboten wurden. Auffallend war das schon bei der Neuinszenierung an der Städtischen Oper Berlin im Mai 1933 und dann bei den Bayreuther Festspielen dieses Jahres. Bei der Festaufführung zum Reichsparteitag 1939, die Wilhelm Furtwängler dirigierte, wirkten die vereinigten Opernchöre von Nürnberg und Wien mit.
Die Auffassung von der hohen, heiligen deutschen Kunst machte man sich dienstbar und münzte sie um in eine Abwehr des Fremden, in die Pflicht zur Reinerhaltung von »Besudelungen« durch fremdrassige Kunsteinflüsse. Von da war der Weg zur Unterdrückung und zur Ausschaltung des Fremden, zu Terror und Barbarei auch im Namen der Kunst nicht mehr weit. Das 1936 gegründete Israelische Philharmonische Orchester, das noch im April 1938 unter Arturo Toscanini das Vorspiel zum 1. und 3. Akt *Lohengrin* gespielt hatte, setzte nach der Reichskristallnacht das *Meistersinger*-Vorspiel von seinem Programm ab. Seitdem ist die Musik Wagners in Israel und besonders bei diesem Orchester geächtet, obwohl ein amtliches Verbot nie erlassen wurde. Zubin Mehta versuchte im Herbst 1981 in einem Konzert, diesen Bann aufzuheben.
Bei den sogenannten Kriegsfestspielen in Bayreuth, die die NS-Gemeinschaft »Kraft durch Freude« organisierte, wurden 1943 und 1944 nur noch die *Meistersinger von Nürnberg* gespielt. Die Eintrittskarten verteilte man an Soldaten, Verwundete, Rüstungsarbeiter und Pflegepersonal als Anerkennung für den Kriegseinsatz. Während die deutschen Städte in Schutt und Asche sanken, wurde im Festspielhaus noch einmal der Traum von der großen Vergangenheit einer deutschen Stadtkultur beschworen. Konnte gerade dieses Publikum jetzt noch hoffen, daß, während das Reich in der Zerstörung versank, wenigstens eine deutsche Kunst übrigbleiben würde?

In seinem Vortrag *Die Wurzeln des Nazismus* hatte Ernst Bloch 1939 kritisiert, daß den »gebildeten Antifaschisten« der Name Wagner »fast nur noch im Nazizusammenhang« über die Zunge gehe und festgestellt: »Die Musik der Nazis ist nicht das Vorspiel zu den Meistersingern, sondern das Horst-Wessel-Lied; andere Ehre haben sie nicht, andere kann und soll ihnen nicht gegeben werden.«
Aber die Generation derer, die den Krieg überlebt hatten, mußte gerade dieses mißbrauchte Werk im Lichte ihrer Erfahrungen

Komische Oper Berlin,
3. Oktober 1981
Szene auf der Festwiese. Ein Baum als Einheitsbühnenbild: im 1. Akt, Katharinenkirche, wie eine Riemenschneider-Schnitzerei, im 2. Akt, der Johannisnacht, mit Blüten behängt, im 3. Akt, Festwiese, als Festbaum geschmückt. Die Zünfte ziehen mit ihren Requisiten um den sich drehenden Baum, das Volk umtanzt ihn. Ein naives Volksvergnügen, mit Elementen eines mittelalterlichen Totentanzes.
Regie: Harry Kupfer, Bühnenbild: Wilfried Wertz, Dirigent: Rolf Reuter

sehen. Für Theodor W. Adorno war 1937/38 (veröffentlicht 1952) Beckmesser der »Jude im Dorn« des bösen Grimmschen Märchens, und die Prügelszene hat man als Pogrom empfunden. »Können Sie Hans Sachsens Theatersinnigkeit noch recht vertragen, die Gans, Evchen traut?« fragte selbst Thomas Mann 1949 Emil Preetorius. Trotzdem blieben die *Meistersinger von Nürnberg* lebendig. Sie versanken nicht dorthin, wohin die Dramatik eines Emil Ludwig vom gleichen Geburtsjahrgang 1813 wie Richard Wagner versunken ist, wie Hans Mayer bemerkte, und sie versanken auch nicht in die Bedeutungslosigkeit wie die Kunstleistungen des Dritten Reiches, denn sie waren eben doch keine Schöpfung dieser Art. »Das hat natürlich mit dem ungeheuren Musiker Richard Wagner zu tun: aber nicht allein mit ihm. Auch die geistigen Widersprüche erwiesen sich – sonderbarer Fall – als fruchtbar« (Hans Mayer). Mehr als in den Jahrzehnten vorher konnten die *Meistersinger* in den Inszenierungen der letzten 30 Jahre, die diesen Sachverhalt nicht geleugnet haben, ihr Eigenleben entfalten.
Viele Theater aber taten so, als sei da nichts gewesen. Und wo der Fundus über den Krieg hinübergerettet werden konnte, spielte man auch noch in den alten Ausstattungen. Im Ausland war man überraschenderweise dem Werk gegenüber ziemlich unbefangen. Man strich einfach die ominösen Stellen.
In Paris wurden die *Meistersinger von Nürnberg* 1948, 1949 und 1952 gespielt, in Kopenhagen 1951; die Mailänder Scala hat zwei Tage nach Kriegsende, am 10. Mai 1945, auf einer Ausweichbühne (die Scala war zerstört) eine Neuinszenierung herausgebracht, die nächste folgte schon 1947 im wiedereröffneten Haus. Guido Marussig hatte 1945 wunderbar klare, helle Bühnenbilder von wohltuender Nüchternheit entworfen, die auf Nürnberger Lokalkolorit verzichten konnten. In Budapest dirigierte Otto Klemperer 1949 eine ungekürzte Neuinszenierung in Anwesenheit des ungarischen Staatspräsidenten, der ihn mit einem Orden auszeichnete. Während die kargen Behelfsbühnen der Nachkriegsjahre meist mit unverfänglicher Klassik wie Goethes *Iphigenie auf Tauris*, Lessings *Nathan der Weise* oder Beethovens *Fidelio* eröffnet wurden, mit Appellen an die Humanität also, zu denen man die *Meistersinger von Nürnberg* nicht mehr (oder noch nicht wieder) zählte, so durfte es bei den Einweihungen der zahlreichen repräsentativen Theaterneubauten, die in den 50er und 60er Jahren in allen deutschen Städten entstanden, schon wieder etwas festlicher hergehen. Wieder wurden die *Meistersinger* die beliebteste Eröffnungsoper, ob in Berlin (Lindenoper) 1955, in Mönchengladbach 1959, in München (Nationaltheater) 1963, in Würzburg 1966 oder in Wiesbaden 1978.
Auffallend bei den Bühnenbildern des 1. Aktes sind in diesen Jahren die hohen, hellen Kirchenschiffe, deren große Fensterflächen ganze Fluten von Licht hereinlassen. Auch beim Wiederaufbau gotischer Kirchen bevorzugte man damals weißes oder durchsichtiges

Glas anstelle bunter Malereien. Das mutet heute wie ein Versuch der Aufklärung nach finsterer Zeit an. Im 2. Akt und besonders im Festwiesenbild aber rekonstruierte man das zerstörte Nürnberg und die vertraute Stadtsilhouette. Der Wiederaufbau fand auch auf der Bühne statt, ebenso wie die Verdrängung der jüngsten Vergangenheit, die so typisch für diese Jahre ist.

Wieland Wagners Inszenierung 1956 in Bayreuth mußte in der Atmosphäre der beginnenden Wirtschaftswunderjahre als ein Ärgernis wirken, weil sie die schmerzliche Wahrheit aussprach, daß es das Nürnberg der *Meistersinger* nicht mehr gab; »das Symbol verbrannte« (Hans Mayer). »Die Meistersinger ohne Nürnberg« hat man seine Inszenierung genannt. Nach den Erfahrungen dieser Generation stand der Name Nürnberg für Reichsparteitage, Nürnberger Gesetze, für den Nürnberger Prozeß und totale Zerstörung. Nach Wielands Überzeugung waren die *Meistersinger* keineswegs ein bloßes »Milieulustspiel«. Milieu bot er nur als Zitat, nur insoweit, als »das Allgemeine, Sinnbildliche, vom Milieu Gelöste« hindurchleuchtete; denn »Richard Wagner hat nie etwas Menschlicheres geschaffen«. Seine Szene war eine »Sängerbühne«, ein »kleines Kunsttheater«. Er stellte sich die Frage, ob denn »diese Spitzweg-Atmosphäre das Wesentliche« sei, die noch Theodor W. Adorno als »funktionell in der Sache« bezeichnet hatte, und kam zu dem Schluß, daß im 2. Akt »die romantische Ironie einer Shakespearschen Sommernacht« vorherrsche. Wieland erkannte auch genau den Grund des ungeheuren Widerspruches, den diese Neudeutung beim Publikum hervorrief (zum erstenmal wurde im Festspielhaus laut gebuht): Er hatte die altgewohnte »sentimentale Gemütlichkeit« weggenommen, von der er, wie Richard Wagner selbst, in diesem Werk nichts spürte. Die *Meistersinger von Nürnberg* sind für ihn »ein Werk der großen Vergangenheit der Musik und ihrer großen Zukunft nach Richard Wagner, etwa zwischen Bach und Debussy, auch zwischen ›Figaro‹ und ›Rosenkavalier‹.«

Als Satyrspiel im ursprünglichen Sinne Richard Wagners legte Wieland seine zweite Bayreuther Inszenierung 1963 an. Gespielt wurde »auf dem Brettergerüst des Shakespeare- und Hans Sachs-Theaters ... als Theater auf dem Theater«. Denn die *Meistersinger*-Komödie »bedarf nicht der Konventionen des illusionistischen Operntheaters«. »Denken Sie bitte so ein bißchen in Richtung Brecht« schrieb er dem Kostümbildner Curt Palm (18. 9. 1962). Es war ein »heiteres Spiel unter Handwerkern, Schustern, Bäckern, Seifensiedern, Goldschmieden, Lehrbuben, Köchinnen, Backfischen, Rittern und Nachtwächtern«. Seine Begründung dafür war, daß echte Meisterwerke »der verschiedensten Interpretationen fähig« sind, daß sie »zu immer neuen Versuchen« herausfordern. Diese Inszenierung war Anlaß für eine Debatte über Möglichkeiten und Grenzen der aktuellen Wagner-Interpretation. Während Hans Mayer dafür eintrat, daß in dieser Interpretation Nürnberg nicht mehr als »Kulisse«, sondern als »Substanz« wirksam war, sprach Marcel Reich-Ranicki davon, daß Hans Sachs entnazifiziert werden solle und aus der »repräsentativen Festoper« eine »Hanswurstiade« gemacht würde. Er forderte, nicht das Nürnberg des 16. Jahrhunderts, sondern das der Entstehungszeit des Werkes einer Neuinszenierung zugrunde zu legen, was in der Folgezeit von einigen Regisseuren und Bühnenbildnern gemacht wurde.

Auch Joachim Herz hatte zur Eröffnung des Leipziger Opernhauses 1960 die *Meistersinger von Nürnberg* als Kunstkomödie auf dem anti-illusionistischen Spielgerüst der Sachs-Bühne inszeniert (Bühnenbild: Rudolf Heinrich), mit hölzernen Galerien auf beiden Seiten der Bühne, getrennt vom Fluß Pegnitz, der nach Brecht-Manier durch eine Inschrift gekennzeichnet war. Herz und Heinrich stellten die »Kunstdiskussion« in den Mittelpunkt ihrer Interpretation. Austragungsort war die »Kulturlandschaft einer spätmittelalterlichen Stadt«. Sie wollten »das Abbild einer Wirklichkeit, ablesbar und anwendbar« vorzeigen, ein Volksstück und keine Festoper. Ihre *Meistersinger* spielten in der deutschen Renaissance, in der mit der Reformation ein neues Zeitalter anbrach. Die Tragikomik des Beckmesser, der für Herz »die deutsche Gestalt dieser deutschen Oper« ist, lag darin, daß er »die Tradition hochhielt, aber sie nicht in der richtigen Weise zu bewahren versteht und Reformen verhindert« (Joachim Herz). Auf der Festwiese sang Beckmesser nicht den verballhornten Preisliedtext, sondern den ursprünglichen, den Sachs in der Schusterstube niedergeschrieben hatte, aber in der nach moll versetzten Melodie seines Ständchens. Im Sinne der »Kunstkomödie« paßten also Wort und Ton nicht zusammen. Beckmesser wurde zwar mit Spott davongejagt, mischte sich aber bei Walthers Preislied-Vortrag wieder unters Volk und hörte sich an, wie das Lied richtig zu singen sei. Der Möglichkeit, ähnlich wie bei der Sachs-Bühne den Chor auf hölzernen Galerien unterzubringen und dadurch seine Klangwirkung zu verbessern, hatte sich schon Robert Kautsky 1955 in Wien bedient, und Günther Schneider-Siemssen hat sie 1977 im Königlichen Theater in Stockholm angewendet.

Bei der Wiedereröffnung des Münchner Nationaltheaters im Jahre 1963 konnte Rudolf Hartmann im sonnenhellen Festwiesenbild erstmals dem staunenden Publikum die riesige neue Bühne vorführen. Die Aufzüge der Zünfte entwickelten sich locker aus der Bühnentiefe. Helmut Jürgens als Bühnenbildner verzichtete auf den Stadtprospekt im Hintergrund; die plastischen Zunftzeichen mit architektonischen Motiven formten als Ganzes das Relief einer Stadt. Fruchtbar sollte sich die Idee erweisen, den Vordergrund durch ein hohes Zeltdach zu gliedern. Jürgen Rose nahm diese Idee in Wien 1977 auf; in München baute er dann 1979 ein richtiges Bierzelt, in dem sich das Volk in fränkischer Tracht tummelte. Schon 1936 hatte Robert Kautsky bei den Salzburger Festspielen Zelte auf der Festwiese als gliederndes Element eingesetzt. Die seit den 20er Jahren gebräuchliche Variante, das Geschehen vor der Stadtmauer spielen zu lassen, konnte man in San Francisco noch 1951 und in Stockholm 1956 sehen. Der traditionelle Stadtprospekt blieb weiterhin in Gebrauch. Die einfachste, auf kleineren Bühnen übliche Lösung war immer noch der leere, mit Fahnen, Standarten oder Girlanden dekorierte Bühnenraum. Es wurden auch, gerade in den 60er Jahren, Versuche gemacht, die *Meistersinger* in einem Einheitsbühnenbild zu spielen, oder dem Realismus Alt-Nürnbergs durch die Technik der Collage oder durch einzelne Zitate spätmittelalterlichen Kunsthandwerks zu entkommen. Es spricht für die Kontinuität der Auseinandersetzung mit Wagners Werk in Neubayreuth, daß Wolfgang Wagner bei seiner Inszenierung zum 100. Jahrestag der Uraufführung 1968 an Wielands grundsätzliche Einsichten anknüpfte und sie mit seinen eigenen stilistischen Mitteln in einen neuen Interpretationszusammenhang brachte. Charakteristisch für diese Inszenierung war der Schwebezustand zwischen Diesseitigkeit und Transparenz. Maß und Zahl war das Motto für die Grundstruktur des Bühnenbildes, ein System holzschnittartiger Konturen, an Fachwerkgebälk erinnernd, dessen farbige Zwischenflächen durch Xenon-Projektionen durchscheinend gemacht werden konnten und den Raum in Licht auflösten. Auf einer zweiten Bedeutungsebene war damit der Grundkonflikt zwischen gesetzmäßiger, den Regeln verpflichteter Form und der schöpferischen Phantasie optisch vermittelt. Nach den Architekturbildern war die Festwiese ein Stück freier Natur, ein offener Platz für ein heiteres und festliches Treiben mit den derbfröhlichen Auftritten der Zünfte, mit Stadtpfeifern, Pantomimen und Akrobaten.

In einem Gespräch mit Walter Jens hat Wolfgang Wagner 1973 einen schon bei Joachim Herz angedeuteten Gedanken entwickelt, der in die versöhnliche und tolerante Atmosphäre dieses Festwiesenbildes paßte, und ihn im gleichen Jahr auch verwirklicht: Beckmesser blieb nach seinem Reinfall auf der Bühne und wurde nicht aus Amt und Würden gejagt; Regel und Genie benötigen des gegenseitigen Korrektivs. Diesem Gedanken sind dann Michael Hampe 1980 in Köln und Götz Friedrich 1977 in Stockholm gefolgt.

In seiner zweiten Inszenierung in Bayreuth ging es Wolfgang Wagner um eine stärkere Akzentuierung der psychologischen Einsichten, die Richard Wagner gerade in diesem Werk gelungen sind, und um den unpathetischen Appell an Humanität und Toleranz, den er als der *Meistersinger* bestes Teil erkannte. Der jugendliche Hans Sachs, der romantisch-sensible, vom Minnesang träumende Ritter Stolzing und der selbstbewußte, elegante Stadtschreiber Beckmesser, der es »zwar nicht zum Professor in Altdorf gebracht hatte« (Wolfgang Wagner), der aber seine Machtposition zielstrebig für seine Karriere ausnützt: Diese Dreierkonstellation kreist um Eva, für die schon von Anfang an alles entschieden ist. Dem Wahn, der das Leben der Menschen beherrscht, sind sie alle verfallen. Daß die *Meistersinger von Nürnberg* solche Einsichten in die Schwächen und Widersprüche der menschlichen Natur zu vermitteln vermögen, und zwar nicht verletzend oder verurteilend, sondern mit einem der Skepsis abgewonnenen Humor des »Nichts Menschliches ist mir fremd« und mit einem gelassenen, verständnisvollen Lächeln, das weist sie für uns heute als ein wahres Meisterwerk aus.

Bühnenfestspielhaus in Bayreuth.

Aufführungen am 13.–17., 20.–24. u. 27.–30. August

von

Richard Wagner's Tetralogie
Der Ring des Nibelungen.

Erster Abend: Rheingold.

Personen:

Wotan,		Herr Betz von Berlin.
Donner,		„ Eilers v. Coburg.
Froh,	Götter	„ Unger v. Bayreuth.
Loge,		„ Vogl v. München.
Fasolt,	Riesen	„ Eilers v. Coburg.
Fafner,		„ Reichenberg v. Stettin.
Alberich,	Nibelungen	„ Hill v. Schwerin.
Mime,		„ Schlosser v. München.
Fricka,		Fr. Grün von Coburg.
Freia,	Göttinnen	Frl. Haupt von Cassel.
Erda,		Fr. Jaide v. Darmstadt.
Woglinde,		Frl. Lehmann I v. Berlin.
Wellgunde,	Rheintöchter	„ Lehmann II v. Berlin.
Flosshilde,		„ Lammert v. Berlin.

Nibelungen.

Ort der Handlung: 1. In die Tiefe des Rheines.
2. Freie Gegend auf Bergeshöhen a. Rhein.
3. Die unterirdischen Klüfte Nibelheims.

Zweiter Abend: Walküre.

Personen:

Siegmund	Herr Niemann von Berlin.
Hunding	„ Niering von Darmstadt.
Wotan	„ Betz von Berlin.
Sieglinde	Frl. Scheffsky von Berlin.
Brünnhilde	Fr. Materna von Wien.
Fricka	Fr. Grün von Coburg.

Acht Walküren.

Ort der Handlung: 1. Das Innere der Wohnung Hundings.
2. Wildes Felsengebirge.
3. Auf dem Brunhildenstein.

Dritter Abend: Siegfried.

Personen:

Siegfried	Herr Unger v. Bayreuth.
Mime	„ Schlosser v. München.
Der Wanderer	
Alberich	„ Hill v. Schwerin.
Fafner	„ Reichenberg v. Stettin.
Erda	Fr. Jaide v. Darmstadt.
Brünnhilde	Fr. Materna von Wien.

Ort der Handlung: 1. Eine Felsenhöhle im Walde.
2. Tiefer Wald.
3. Wilde Gegend am Felsenberg.

Vierter Abend: Götterdämmerung.

Personen:

Siegfried	Herr Unger v. Bayreuth.
Gunther	„ Gura von Leipzig.
Hagen	„ Kögl v. Hamburg.
Alberich	„ Hill v. Schwerin.
Brünnhilde	Fr. Materna von Wien.
Gutrune	Frl. Wiederlin v. ...
Waltraute	Fr. Jaide v. Darmstadt.
Die Nornen	
Die Rheintöchter	
Mannen. Frauen.	

Ort der Handlung: 1. Auf dem Felsen der Walküren.
2. Gunther's Hofhalle am Rhein.
Der Walkürenfelsen.
3. Vor Gunther's Halle.
4. Waldige Gegend am Rhein.
Gunther's Halle.

Eintritts-Karten (½ Patronatschein) zu beziehen durch den

Kölner Richard Wagner-Verein.

Der Ring des Nibelungen

Bayreuther Festspiele 1876
Programmzettel der ersten
Gesamtaufführung von *Der
Ring des Nibelungen,* mit der die
Bayreuther Festspiele am
13. August 1876 eröffnet
wurden

Hoftheater München,
22. September 1869
Das Rheingold
Die 1. Szene der Uraufführung
in München. Sie spielt, nach der
Szenenanweisung, in der Tiefe
des Rheines. Hinter einem mit
Wellen bemalten Portalschleier
das Riff mit dem Rheingold,
das die Rheintöchter umschwimmen. Die dafür
erforderlichen Schwimmapparate oder Schwimmwagen
stellten immer ein Problem für
die Bühnentechniker und die
Sängerinnen dar, und unzählige
Anekdoten über den schwierigen Umgang mit diesen
tückischen Vorrichtungen sind
überliefert.
Regie: Reinhard Hallwachs,
Bühnenbild: Heinrich Döll,
Christian Jank, Angelo Quaglio,
Kostüme: Franz Seitz, Dirigent:
Franz Wüllner

Der Ring des Nibelungen. Ein Bühnenfestspiel aufzuführen in drei Tagen und einem Vorabend, Richard Wagners opus magnum, besteht aus den vier Einzelwerken: *Das Rheingold* (Vorabend), *Die Walküre* (Erster Tag), *Siegfried* (Zweiter Tag) und *Götterdämmerung* (Dritter Tag). Vom ersten Prosa-Entwurf 1848 bis zur endgültigen Fertigstellung der Komposition 1874 vergingen 26 Jahre. Rechnet man die zwölfjährige Unterbrechung nach dem 2. Akt *Siegfried* ab, so bleiben immerhin noch 14 Jahre für die Ausführung der Tetralogie, seines »Weltgedichtes«, das der »Welt Anfang und Untergang« enthält (an Franz Liszt, 11. 2. 1853).

Ein solches Vorhaben mußte alles weit hinter sich lassen, was das europäische Operntheater bisher, auch in seinen kühnsten Leistungen, zustande zu bringen vermochte. Wie eine Abwehr klingt Wagners Beteuerung, er habe bei der Konzeption niemals an eine Aufführung gedacht, und auch seinen Freunden mutete er den Plan in seinem ganzen Umfang zunächst nur zögernd und sehr vertraulich zu. Es war nur folgerichtig, daß Wagner bei der Ausführung die Möglichkeiten der gewöhnlichen Operntheater außer acht ließ, und daß der Gedanke Gestalt gewann, für das außerordentliche Werk auch ein eigenes Theater zu erfinden. Für den »gesunden Menschenverstand« war ein Unternehmen wie dieses, Anfang und Ende der Welt in vier Opern auf die Bühne zu bringen, sowieso nichts anderes als Größenwahn. Wie es zum *Ring des Nibelungen* kam, erzählt Wagner in seiner *Mitteilung an meine Freunde*: Nach der Rückkehr aus Paris war sein Lieblingsstudium das des deutschen Altertums. Seine Sehnsucht nach Heimat konnte die »gegenwärtige Wirklichkeit« in ihrer feindseligen Kälte nicht stillen. Es drängte ihn, das »urheimische Element« zu ergründen, das in den Dichtungen der Vergangenheit uns entgegentritt. »Alle unsre Wünsche und heißen Triebe, die in Wahrheit uns in die *Zukunft* hinübertragen, suchen wir aus den Bildern der Vergangenheit zu sinnlicher Erkennbarkeit zu gestalten.« In seinem Forscherdrang gelangte er »Schritt für Schritt in das tiefere Altertum hinein, ... durch die Dichtungen des Mittelalters hindurch bis auf den Grund des alten urdeutschen Mythos«. Und hier stieß er auf »den jugendlich schönen *Menschen* in der üppigsten Frische seiner Kraft«. Er war nicht mehr die »historisch konventionelle Figur, an der uns das Gewand mehr als die wirkliche Gestalt interessieren muß; sondern der wirkliche, nackte Mensch, an dem ich jede Wallung des Blutes, jedes Zucken der kräftigen Muskeln in uneingeengter, freiester Bewegung erkennen durfte: der *wahre Mensch* überhaupt«. Erst jetzt ging ihm auf, daß dieser wahre Mensch des Nibelungen-Mythos, Siegfried, der Held eines Dramas sein könne, was ihm bei der Lektüre des Nibelungenliedes niemals eingefallen wäre.

Das Ergebnis seiner Überlegungen ist der Aufsatz *Die Wibelungen. Weltgeschichte aus der Sage* vom Spätsommer 1848. In einer sehr kühnen, sehr persönlichen Sicht der Menschheitsgeschichte und insbesondere der Geschichte der Franken entwickelt Wagner seine

183

Bayreuther Festspiele 1876
Das Rheingold
Entwurf für das Schlußbild –
Einzug der Götter in Walhall –
von Joseph Hoffmann

Johann Kautsky, Wien, Entwurf
für das Schlußbild von
Rheingold
Walhall als barbareskes
architektonisches Prachtstück.
Gerade in den 80er und 90er
Jahren des vorigen Jahrhunderts
wurden die verschiedensten
exotischen Stile von Assyrisch,
Babylonisch bis zu Byzantinisch
für die Darstellung von Walhall
bemüht. Die praktikabel
gebaute Regenbogenbrücke,
meist ein schwer zu bewegendes
Ungetüm, wurde niemals
technisch perfekt bewältigt.

Geschichtsphilosophie. Die Geschichtsschreibung, die sich allein mit der »Herren- und Fürstengeschichte« befaßte anstatt auch mit der »Volksgeschichte«, hält sich nur an die »pragmatische Oberfläche der Vorfallenheiten«. Aufschluß über die Beweggründe der Menschen geben Religion und Sage, sie sind die gestaltete Anschauung des Volkes »vom Wesen der Dinge und Menschen ... Das Volk ist in seinem Dichten und Schaffen durchaus genial und wahrhaftig, während der gelehrte Geschichtsschreiber ... pedantisch unwahrhaftig ist.« Das ist im gleichen Jahr 1848 geschrieben, in dem die Partitur des *Lohengrin* vollendet wurde. Während er im *Lohengrin* die Geschichte noch als realen Hintergrund für den Mythos benötigte, spielt bei seinen jetzigen Überlegungen, die ihn zum Urgrund

Deutsche Oper
Berlin-Charlottenburg, 1914
Das Rheingold
Entwurf für das 2. und 4. Bild –
freie Gegend auf Bergeshöhen –
von Gustav Wunderwald. Eine
moderne Naturauffassung, die
den Bühnenmalern des
19. Jahrhunderts und ihren
Epigonen fremd war. Im Stil der
Landschaftsbilder von Giovanni
Segantini.

Bayreuther Festspiele 1876
Das Rheingold
Figurine des Wotan von Carl Emil Doepler. Verständlich, daß Cosima von »Indianerhäuptlingen« sprach. Der blaue Mantel, auf dem Richard Wagner bestanden hatte, war jahrzehntelang das Kennzeichen Wotans.

Grand Opéra Paris, 14. November 1909
Das Rheingold
Figurine des Wotan von Joseph Porphyre Pinchon für die Pariser Erstaufführung. Immer noch das halblange, tunika-artige Gewand und der Mantel, aber der Schmuck beschränkt auf den breiten Gürtel. Als germanische Gottheit trägt Wotan einen Kranz von Eichenlaub. Angefertigt wurde das Kostüm für den Sänger Jean-François Delmas.

Metropolitan Opera New York, 1912
Das Rheingold
Donner erhebt seinen Hammer gegen die Riesen Fasolt und Fafner, Wotan hindert ihn am Zuschlagen. Typisch für den Darstellungsstil vor dem Ersten Weltkrieg, ein Stil, der das Klischee von Wagners »Bärenfellgermanen« geprägt hat.
Dirigent: Alfred Hertz, Donner: William Hanshaw, Wotan: Hermann Weil, Fasolt: Putnam Griswold, Fafner: Paul Ruysdael

des Mythos führen sollen, das Historische keine Rolle mehr. Der Plan zu einer Barbarossa-Oper (1846) wird aufgegeben.

Zum Verständnis des gedanklichen Hintergrundes der Tetralogie ist es notwendig, die den *Ring* berührenden Überlegungen Wagners im *Wibelungen*-Aufsatz kurz nachzuvollziehen; denn Wagner versuchte sich darin über den Nibelungen-Mythos klar zu werden, den Lauf der Weltgeschichte als naturhaften Wandel im Wechsel zu erklären, der im Tod die Welt erhält. Wotan, Siegfrieds Drachenkampf und der Nibelungenhort werden als Symbole von Macht und Herrschaft gedeutet. In der Uranschauung der Menschen hat das Licht, der Tag als der Grund des Daseins, als das Erzeugende, der Vater, der Gott selbst gegolten; die Finsternis, die Nacht aber war das Unfreundliche und Grauenerregende. Als gemeinschaftliche Grundlage der Religionen aller Völker hatte sich ein sittliches Bewußtsein entwickelt, das im Gegensatz Nacht – Tag die Unterscheidung des Nützlichen und Schädlichen, des Freundlichen und Feindlichen, des Guten und Bösen herausbildete.

Die Sage von den Nibelungen ist die Stammsage des Geschlechtes der Franken. Im »religiösen Mythos der Skandinaven« sind die Schwarzalben, die Nibelungen, der Gegensatz zu den Lichtalben, die einen himmlischen Wohnort haben. Die Schwarzalben sind unterirdische Wesen, »Kinder der Nacht und des Todes«, sie durchwühlen die Erde nach Metallen, schmelzen und schmieden sich Schmuck und Waffen, den Hort der Nibelungen. In seinem Naturzustand besteht der Hort aus den »metallenen Eingeweiden der Erde, ... er ist die Erde mit all ihrer Herrlichkeit selbst, die wir beim Anbruch des Tages, beim hohen Leuchten der Sonne als unser Eigentum erkennen und genießen, nachdem die Nacht verjagt, die ihre düsteren Drachenflügel über die reichen Schätze der Welt gespenstisch grauenhaft ausgebreitet hielt.« Durch die Schmiedetätigkeit der Nibelungen wird der Hort verwandelt in »Waffen, Herrscherreif und Schätze des Goldes«, er wird zum Inbegriff aller irdischen Macht, denn er schließt »die Mittel, Herrschaft zu gewinnen und sich ihrer zu versichern, sowie das Wahrzeichen der Herrschaft selbst« in sich ein. Siegfried, der »individualisierte Licht- oder Sonnengott«, gewinnt, als er den Drachen erschlägt, auch den Hort, den dieser bewachte. Aber dieser Gewinn ist auch der Grund seines Todes, denn die Erben des Drachen streben nach seinem Besitz. Der Kampf zwischen Licht und Finsternis geht weiter. Die Besiegung des »Ungetüms der chaotischen Urmacht« ist die ursprüngliche Bedeutung von Siegfrieds Drachenkampf, »einem Kampfe, wie ihn Apollon gegen den Drachen Python stritt«. Aber wie der Tag der Nacht weicht, ein Naturgesetz, wird der Drachenbezwinger selbst erlegt, der Gott wird sterblicher

Nationaltheater Prag,
13. März 1915
Das Rheingold
Frühes Beispiel einer plastischen Dekoration, Walhall im Schlußbild als Projektion. Nach all den verschiedenen Versuchen war Walhall für viele Jahre überall ein von einer Kuppel überwölbtes, turmartiges architektonisches Gebilde.
Regie: Robert Polak, Wotan: Otakar Chmel, Loge: Antonín Lebeda

Mensch. Das ist ein Sinnbild für den Kampf des menschlichen Geschlechts, »welches vom Leben zum Tod, vom Sieg zur Niederlage, von Freud zu Leid sich fort und fort bewegt, und so in steter Verjüngung das ewige Wesen des Menschen und der Natur ... tatvoll sich zum Bewußtsein bringt«. Der »Inbegriff dieser ewigen Bewegung, also des Lebens«, ist Wotan (Zeus), der höchste Gott. Sein Dasein entsprang »einem neueren, erhöhteren Bewußtsein des Menschen von sich selbst«. Er ist somit »abstrakter« als die alten Naturgötter.

Das Streben nach dem Nibelungenhort ist das Streben nach Gesamtherrschaft. Im Bild des Hortes ist die Ambivalenz der Begriffe Macht und Herrschaft enthalten: Herrschaft als die natürliche sittliche Verantwortung des Einzelnen für die ihm Anvertrauten, geschichtlich gesehen im Stammvater, der König und Priester, »Pontifex Maximus«, ist; und Herrschaft als »egoistisch-tierische Leidenschaft im Menschen«, als Unterdrückung und Knechtung anderer Völker. »Die Sage von einer Urstadt oder Urburg, die von Kyklopen gebaut wurde (wie in Troja) als Herrschaftszeichen und Heiligtum, und als Wohnung des Priesterkönigs, findet sich bei allen Völkern. Die Griechen nannten sie Olymp, Asgard die Skandinaven, das Kapitol der Römer mag ursprünglich so etwas gewesen sein.

In der weiteren Entwicklung entfalteten diese Städte ihre Herrschaft über weniger bedeutende Städte, oft mit »verletzender Willkür« und Unterdrückung, bis es zum Aufstand und zur Zerstörung der Urburg kam. »Es mag dies der erste allgemeine Streit um den Hort der Nibelungen gewesen sein.« Im Laufe der Geschichte hat sich der Nibelungenhort »in das Reich der Dichtung und der Idee verflüchtigt: nur ein erdiger Niederschlag war als Bodensatz von ihm zurückgeblieben: *der reale Besitz.*« Im Nibelungenmythos waren die Ansichten der Menschen »von dem Wesen des Besitzes, des Eigentums« zu erkennen. War der Hort in den ältesten religiösen Vorstellungen noch »die durch das Tageslicht allen erschlossene Herrlichkeit der Erde« und später »die machtgebende Beute des Helden, der ihn als Lohn ... einem überwundenen

Adolphe Appia, Entwurf für das 1. Bild Rheingold, 1924
In der Tiefe des Rheines. Verzicht auf naturalistische Stilmittel. Der Rheingrund mit Treppen und Podesten gegliedert. In der Mitte statt des Felsenriffs ein Altar, auf dem das Gold ruht. Deutlich hervorgehoben das »Hieratische«, das Appia als der einzige dem *Rheingold* adäquate Stil galt. Verwirklicht wurde dieser Entwurf 1924 in Basel. Auch der Bühnenbildner Karl-Ernst Herrmann baute für Peter Steins Inszenierung an der Pariser Grand Opéra im Dezember 1976 einen solchen Block.

Gegner abgewann«, so wird er jetzt als Besitz und Eigentum verstanden und als solcher verteidigt und erkämpft: »Wir sehen also das Blut, die Leidenschaft, die Liebe, den Haß, kurz – sinnlich und geistig – rein menschliche Bestimmungen und Beweggründe bei dem Erwerbe des Hortes tätig, den Menschen, den rastlosen und leidenden, den durch seine Tat, seinen Sieg, vor allem auch – seinen Besitz dem von ihm gewußten Tod geweihten, an der Spitze aller Vorstellungen von dem Urverhältnisse des Eigentumserwerbes.« Der Wert verlagert sich vom Menschen auf den Besitz: Nicht die Tugend der Person ist von Bedeutung, sondern die »immer steigende Hochschätzung des Besitzes«. Der menschliche Adel tritt in der Wertschätzung zurück hinter dem tatsächlichen Besitz. »Der Besitz gab nun den Menschen das Recht, das bisher der Mensch von sich aus auf den Besitz übertragen (hat) ... Wer sich am Besitz beteiligt hatte, und wer sich ihn zu erwerben wußte, galt, *aber erst von da ab*, als die natürliche Stütze der öffentlichen Macht.« Und was tat das »arme Volk«, besitzlos und daher ausgeschlossen von der Macht? Es sang, druckte und las die Nibelungenlieder, das war »sein einziges ihm verbliebenes Erbteil vom Horte«.

Gleich im Anschluß an die *Wibelungen* schrieb Wagner *Die Nibelungensage (Mythus)* nieder, die er später unter dem Titel *Der Nibelungenmythus/Als Entwurf zu einem Drama* veröffentlicht hat. Darin erzählt er den ganzen Handlungsverlauf der Tetralogie, obwohl er zu diesem Zeitpunkt nur an der Dramatisierung des letzten Teils, *Siegfrieds Tod*, interessiert war.
Das Geschlecht der Nibelungen keimte aus dem Schoße der Nacht und des Todes und lebt in unterirdischen Klüften, Metalle schürfend und schmiedend. Der Nibelung Alberich raubt das Rheingold und schmiedet daraus einen Ring, der ihm die oberste Gewalt über die Nibelungen verschafft. Er sammelt den Nibelungenhort, dessen größtes Kleinod der Tarnhelm ist, durch den er jede Gestalt annehmen kann. Den hat ihm sein Bruder Mime geschmiedet. Das Geschlecht der Riesen ist durch Alberichs Machtgelüste bedroht. »Diesen Zwiespalt benutzt das zur Allherrschaft erwachsende Geschlecht der Götter.« Wotan verpflichtet die Riesen, den Göttern eine Burg zu bauen, »von der aus sie sicher die Welt zu ordnen und zu beherrschen vermögen«. Als Lohn fordern die Riesen den Nibelungenhort. »Der höchsten Klugheit der Götter gelingt es, Alberich zu fangen; er muß ih-

Städtische Bühnen Frankfurt am Main, 1925
Das Rheingold
Entwurf für die Erda-Szene von Ludwig Sievert. Die Göttin Erda riesenhaft aus der Erde emporgewachsen. Technisch war das nicht besonders kompliziert; man hob ein weites Tuch hoch, in dem sich die große Gesichtsmaske befand. Die Idee war allerdings grandioser als die Realisierung, da die Sängerin an der Seite des Bildes plaziert werden mußte und die Göttin selbst stumm blieb, was die Illusion empfindlich störte.

Städtische Bühnen Duisburg, 1922/23
Das Rheingold
Entwurf für das Schlußbild von Johannes Schröder. Das Bühnenbild nicht als Schauplatz, sondern als Vision Walhall als projizierter kristallener Bau. Keine praktikable Regenbogenbrücke; der Regenbogen überspannt das ganze Bild. Schröder scheute nicht die Monumentalität, seine Bilder sollten »gewaltig groß, so wie die Musik« wirken.
Regie: Saladin Schmitt

nen sein Leben mit dem Horte lösen.« Einzig den Ring will er behalten. Die Götter, die die Macht des Ringes kennen, entreißen ihn Alberich. Der verflucht ihn: »Er soll das Verderben aller sein, die ihn besitzen.« Die Riesen ertrotzen den Ring von Wotan, der weicht, da ihn die drei Nornen vor dem Untergang der Götter warnen, und lassen den Hort von einem ungeheuren Wurm bewachen. Die Nibelungen sind unterdrückt, und Alberich »brütet ohne Rast über die Wiedererlangung des Ringes«. Die Riesen jedoch »verstehen nicht, ihre Macht zu nützen«, der Wurm liegt »seit uralten Zeiten in träger Furchtbarkeit über dem Hort«.

In neuem Glanz herrschen die Götter. Sie ordnen die Welt, binden die Elemente durch weise Gesetze und widmen sich der Pflege des Menschengeschlechts. »Doch der Friede, durch den sie zur Herrschaft gelangten, gründet sich nicht auf Versöhnung: er ist durch Gewalt und List vollbracht.« Sittliches Bewußtsein ist die Absicht ihrer höheren Weltordnung, aber das Unrecht, das sie verfolgen, haftet an ihnen selber. Wotan kann das Unrecht nicht tilgen, ohne ein neues zu begehen: »Nur ein, von den Göttern selbst unabhängiger, freier Wille, der alle Schuld auf sich selbst zu laden und zu büßen imstande ist, kann den Zauber lösen, und in dem Men-

Nationaltheater München, Juni 1922
Das Rheingold
Entwurf für das 3. Bild – Nibelheim – von Leo Pasetti. Ein dunkler, nicht abgegrenzter Raum, nur von den mächtigen Strahlen erhellt, die von dem gleißenden Gold der Nibelungen, dem Symbol für Herrschaft und Besitzgier, ausgehen. Diese Bildgestaltung war in den 20er Jahren in Deutschland häufig anzutreffen.

Bayreuther Festspiele 1951
Das Rheingold
Entwurf für das 2. und 4. Bild – freie Gegend auf Bergeshöhen – von Wieland Wagner. Konsequente Anwendung der Ideen Appias. Walhall ein mächtiger, sich in der Höhe verlierender Block, kaum architektonisch gegliedert und keinem Baustil verpflichtet. Davor der Abgrund des Rheins, aus dem der Nebel aufsteigt, und die kreisrunde Spielfläche.

Stadttheater Zürich, 1957/58
Das Rheingold
Das 3. Bild, Nibelheim: kein abstrakter Raum, keine Höhle und kein Bergwerkschacht. Die Dreiteilung der Welt – Oberwelt der Götter, Erdscheibe und Unterwelt – auch in dieser Szene, als ein Teil des Weltgeschehens, präsent.
Regie: Karl Heinz Krahl, Bühnenbild: Philipp Blessing, Dirigent: Robert F. Denzler

Staatsoper Wien,
23. Dezember 1958
Das Rheingold
Für die Neuinszenierung Herbert von Karajans hatte Emil Preetorius letztmals Bühnenbilder zum *Ring des Nibelungen* entworfen. Er hatte dieses Werk schon 1933 in Bayreuth, 1936 an der Berliner Staatsoper, 1938 an der Scala und 1953/54 in Rom ausgestattet und dabei seinen Stil nur unwesentlich verändert. Für Jahrzehnte war die Bildaufteilung: vorne Spielfläche, dann der tiefergelegene Rhein, auf dem Hintergrundprospekt die Projektion der aus Blöcken aufgetürmten Burg Walhall, verbindlich; sie geht letztlich auf Appia zurück.

Bayreuther Festspiele 1965 ▷
Das Rheingold
Die Riesen erhalten als Ersatz für Freia das Gold der Nibelungen. Wieland Wagner gestaltete dieses Gold, üblicherweise Barren oder Blöcke, als weibliche Idolfigur, Ersatzfigur für Freia. Afrikanische Fetische, prähistorische Fruchtbarkeitssymbole und die berühmte Venus von Willendorf waren die Vorbilder für diesen Archetyp.
Dirigent: Karl Böhm, Wotan: Theo Adam, Loge: Wolfgang Windgassen, Fasolt: Martti Talvela, Fafner: Kurt Böhme

schen ersehen die Götter die Fähigkeit zu solchem freien Willen.« Sie übertragen ihre eigene Göttlichkeit auf die Menschen, die des göttlichen Schutzes jetzt nicht mehr bedürfen und nach freiem Willen leben. Die Absicht der Götter, die Menschen zu Tilgern ihrer eigenen Schuld zu erziehen, wäre erreicht, wenn sie »in dieser Menschenschöpfung sich selbst vernichteten«.

Schließlich soll aus dem Geschlecht der Wälsungen der »rechte Held« erstehen, »in dem die selbständige Kraft zum vollen Bewußtsein gelangen soll, so daß er fähig ist, aus freiem Willen, die Todesbüßung vor den Augen, seine kühnste Tat sein eigen zu nennen«. Siegmund und Sieglinde, das Zwillingspaar, verfallen in Liebe zueinander und zeugen einen Sohn. Hunding, Sieglindes Gemahl, zieht aus, um das Verbrechen zu rächen. Wotan muß Siegmund dem Untergang bestimmen. Brünnhilde, die Walküre, Wotans Tochter, schützt, entgegen dem Befehl ihres Vaters, Siegmund im Kampf. Mit seinem Speer zerschmettert Wotan das Schwert, das er einst Siegmund selbst geschenkt. Brünnhilde wird zur Strafe für ihren Ungehorsam aus der Schar der Walküren verstoßen und auf einen Felsen verbannt, auf dem sie Wotan in Schlaf versenkt. Sie soll dem Mann gehören, der sie aus dem Schlaf erweckt. Brünnhilde »erfleht sich als Gnade, Wotan möge den Felsen mit Schrecken des Feuers umgeben, damit sie sicher sei, daß sie nur der kühnste Held gewinnen können würde«.

Sieglinde gebiert in der Wildnis Siegfried, »der durch Sieg Friede bringen soll«, und stirbt. Mime, Alberichs Bruder, erzieht das Kind und übergibt dem Herangewachsenen die Stücke des zerbrochenen Schwertes seines Vaters, die Siegfried zu einer neuen Waffe schmiedet. Mime verlockt ihn, den Wurm zu erlegen, der den Hort der Nibelungen bewacht. Siegfried erschlägt den Drachen, und »als er seine vom Blut des Wurmes erhitzten Finger zur Kühlung in den Mund führt, kostet er unwillkürlich von dem Blute und versteht dadurch plötzlich die Sprache der Waldvögel, welche um ihn herum singen«. Sie weisen ihn auf den Nibelungenhort hin und warnen ihn vor Mime, der ihm nach dem Leben trachtet, um den Hort allein zu besitzen. Siegfried erschlägt Mime und entnimmt dem Hort den Ring und den Tarnhelm. Die Vögel raten ihm, Brünnhilde, das herrlichste Weib, zu gewinnen. Siegfried zieht los, erreicht den Felsen, durchdringt das Feuer und erweckt Brünnhilde. »Er vermählt sich ihr durch den Ring Alberichs, den er ihr an den Finger steckt.« Dann aber treibt es Siegfried zu neuen Taten fort; Brünnhilde teilt ihm »ihr

geheimes Wissen in hohen Lehren mit, warnt ihn vor den Gefahren des Truges und der Untreue«.

Das Geschlecht der Gibichungen, Gunther und Gudrun, stammt ebenfalls von den Göttern ab. Ihre Mutter »ward einst von Alberich überwältigt, und sie gebar von ihm einen unehelichen Sohn, Hagen«. Wie die Wünsche und Hoffnungen der Götter auf Siegfried beruhen, setzt Alberich seine Hoffnung, den Ring wiederzuerlangen, auf Hagen. Er soll Siegfrieds Verderben herbeiführen. Siegfried kommt zu den Gibichungen an den Rhein. Hagen läßt ihm durch Gudrun einen Willkommenstrank anbieten »von der Wirksamkeit, daß er Siegfried seiner Erlebnisse mit Brünnhilde und seiner Vermählung mit ihr vergessen macht«. Siegfried begehrt Gudrun zum Weib. Gunther sagt sie ihm zu unter der Bedingung, daß Siegfried ihm zu Brünnhilde verhelfe. »Sie schließen Blutsbrüderschaft und schwören sich Eide.« Siegfried benutzt »zum ersten und einzigen Male seine Macht als Herr der Nibelungen«, indem er sich mit Hilfe des Tarnhelms in Gunthers Gestalt verwandelt und für ihn Brünnhilde freit. Dabei entreißt er ihr den Ring. Gunther kommt mit Brünnhilde vor der Burg der Gibichungen an, wo sie von Siegfried und Gudrun empfangen werden. Brünnhilde ist entsetzt, als sie Siegfried als Gudruns Gemahl erblickt. Sie erkennt ihren Ring an seinem Finger und »schreit laut auf über den Betrug, der ihr gespielt; der fürchterlichste Rachedurst erfüllt sie gegen Siegfried.« Hagen bietet sich ihr

191

Städtisches Theater Leipzig,
7. April 1973
Das Rheingold
Die Rheintöchter umfliegen in Hängematten das leuchtende Gold. Ähnlich sahen auch die um die Jahrhundertwende gebräuchlichen Schwimmkörbe aus.
Regie: Joachim Herz, Bühnenbild: Rudolf Heinrich, Dirigent: Gert Bahner

Städtisches Theater Leipzig,
7. April 1973
Das Rheingold
Schlußbild, Einzug der Götter in Walhall als Akt der Selbstfeier. »Prachtvoll erstrahlt für den Wotans-Stamm Walhall, die mit geraubtem Gold gewonnene Burg. Hochwandelnd im Prunk ziehen die Lichtalben ein und spotten der Rheintöchter Klage. Loge, der schweifende Gott, weiß, was sich vollzieht: Ihrem Ende eilen die Lichtalben zu« (J. Herz). Die Brigade der Bauarbeiter, die Walhall errichtet haben, sieht dem Schauspiel zu. Sozialkritischer Aspekt in der Konfrontierung zwischen herrschender und arbeitender Klasse.
Regie: Joachim Herz, Bühnenbild und Kostüme: Rudolf Heinrich, Dirigent: Gert Bahner

Covent Garden Opera London,
30. September 1974
Das Rheingold
Schlußbild, Einzug der Götter
in Walhall. *Der Ring des
Nibelungen* weder als zeitloses
Dokument begriffen noch auf
das 19. Jahrhundert und in ihm
festgelegt. Mythologie als
Verfremdung und Identi-
fizierung zugleich. Die
Ring-Fabel als permanente
Suche nach dem Prinzip, das die
Divergenz von Macht,
Revolution und Liebe auf-
zuheben vermag. Das szenische
Bild in *Rheingold* gliedert die
Welt hierarchisch: oben die
Götter, in der Mitte der Rhein,
unten die Nibelungen.
Vergleichbar dem
Theater der mittelalterlichen
Mysterienspiele und der frühen
sowjetrussischen Revolutions-
stücke. Schauplatz ist nicht das
Rund der griechischen
Tragödie, sondern das Geviert
der Mimusbühne für eine
comédie humaine.
Regie: Götz Friedrich, Bühnen-
bild: Josef Svoboda, Kostüme:
Ingrid Rosell, Dirigent: Colin
Davis

Grand Théâtre Genf,
16. Januar 1975
Das Rheingold
Josef Svobodas abstraktes,
metallisch glänzendes Bühnenbild. Raum- und lichtästhetische
Gestaltungsformen, die
sinnfällig machen sollen, daß
Musik, Sprache und Szene ein
synästhetisches Ganzes bilden.
Ausgangspunkt ist wie in
Wagners *Wibelungen*-Aufsatz
der Sonnenmythos. Der Frage
»Mythos aus der Retorte?«
begegnete der Regisseur
Jean-Claude Riber mit dem
Hinweis, er wolle keine
bestimmte historische Situation,
kein Programm und keine
Ideologie inszenieren, sondern
Bedingungen aufzeigen, die
zwar unseren Wirklichkeits-
erfahrungen entsprechen, aber
auch das menschliche Vermögen
übersteigen. Nicht eine
konkret-historische Deutung,
sondern eine solche der
Phantasie.

Bayerische Staatsoper München, 5. Februar 1975
Das Rheingold
Nibelheim als mächtiger, stählerner Tresor für das Gold der Nibelungen. Die Stahltore konnten sich heben und senken. In der Mitter Alberich, der die Macht des Ringes an den Nibelungen erprobt.
Regie: Günther Rennert, Bühnenbild und Kostüme: Jan Brazda, Dirigent: Wolfgang Sawallisch, Alberich: Klaus Hirte

Bayreuther Festspiele 1976
Das Rheingold
Der Rheingrund in der Neuinszenierung zum hundertjährigen Jubiläum der Festspiele, Richard Peduzzis berühmt-berüchtigter Staudamm. In Patrice Chéreaus Interpretation ist er eine »bedrohliche Konstruktion«, eine »Theatermaschinerie«, mit der das Element Wasser dargestellt werden kann, und eine Allegorie für Energie. Der Regisseur versuchte, eine »mythologische Präsenz« zu schaffen, indem er Mythologie in den emblematischen Bildern unserer Zeit darstellte.
Kostüme: Jacques Schmidt, Dirigent: Pierre Boulez

zum Rächer ihrer Ehre an. Zusammen mit Gunther beschließen sie Siegfrieds Tod.
Am folgenden Tag auf der Jagd trifft Siegfried am Rhein drei Meerfrauen, »weissagende Töchter der Wassertiefe, der einst von Alberich das klare Rheingold entrissen, um aus ihm den mächtigen, verhängnisvollen Ring zu schmieden«. Sie fordern von Siegfried den Ring, denn sein Fluch ist vernichtet, wenn er dem Wasser wiedergegeben »und somit in das ursprüngliche Element wieder aufgelöst würde«. Siegfried verweigert ihnen den Ring. »Er hat schuldlos die Schuld der Götter übernommen, ihr Unrecht büßt er an sich durch seinen Trotz, seine Selbständigkeit.« Die Rheintöchter verkünden ihm Unheil, aber Siegfried antwortet: »Drum lach ich eurem Drohen: der Ring bleibt mein, und so werfe ich das Leben hinter mich. (Er hebt eine Erdscholle auf, und wirft sie über sein Haupt hinter sich).«
Die Jagdgesellschaft, an ihrer Spitze Gunther und Hagen, versammelt sich um Siegfried. Der »erzählt in Liedern von seiner Jugend: sein Abenteuer mit Mime, die Erlegung des Wurmes, und wie er dazu gekommen, die Vö-

Opera San Francisco, 1977
Das Rheingold
Die moderne Projektionstechnik macht es möglich, die Illusion von fließendem Wasser zu erzeugen. Die Rheintöchter schwimmen allerdings nicht, sie umtanzen das Riff.
Bühnenbild: Wolfram Skalicki

gel zu verstehen«. Die Erinnerung an Brünnhilde dämmert ihm wieder auf. Hagen stößt seinen Speer in Siegfrieds Rücken. Gunther geht erst jetzt der »Zusammenhang der unbegreiflichen Vorgänge mit Brünnhilde« auf. Mit den Worten »Brünnhild! Brünnhild! Sei gegrüßt« stirbt Siegfried. Vor der Halle der Gibichungen wird sein Leichnam niedergesetzt. Hagen fordert als Beute den Ring und erschlägt Gunther, der ebenfalls den Ring beansprucht. »Da tritt Brünnhilde feierlich dazwischen: ›Schweigt euren Jammer ... Hier steht sein Weib, das ihr alle verrietet!‹« Sie läßt einen Scheiterhaufen am Ufer aufrichten, »Siegfrieds Leiche zu verbrennen..., sie will zu seiner Ehre ihren Leib den Göttern darbringen.« Den Ring, im Feuer gereinigt, sollen die Rheintöchter wiedererhalten, niemals soll er mehr andere zur Knechtschaft zwingen. Auch Alberich sei frei, wie die Götter. Aber: »Nur Einer herrsche, Allvater, herrlicher du!« Nachdem der Scheiterhaufen verglüht ist, überflutet der Rhein das Ufer, die Rheintöchter nehmen Ring und Tarnhelm an sich. Hagen stürzt »wie wahnsinnig« auf sie zu und wird von ihnen in die Tiefe gerissen.

Im letzten Teil, den Wagner noch im November als das Drama *Siegfrieds Tod* in Verse brachte, sind schon, wie in den früheren Prosa-Entwürfen, viele Textstellen in wörtlicher Rede aufgezeichnet. Im Juli 1850 schrieb ihm Franz Liszt in sein Zürcher Exil, daß die Weimarer Intendanz nach dem *Lohengrin* auch die große Heldenoper *Siegfrieds Tod* uraufführen möchte, und bot ihm einen Vertrag an. Wagner sagte zu, »aber nur für Dich und für Weimar!« (Juli 1850). Im August 1850 machte sich Wagner an die Komposition und skizzierte die Nornenszene und den Beginn von Siegfrieds Abschied, aber bald »entsank (ihm) aller Mut«, da er sich fragen mußte, »welche Sängerin im nächsten Jahr diese weibliche Heldengestalt ins Leben rufen sollte« (*Mein Leben*). Er mußte die Komposition abbrechen. Sein Versuch scheiterte aber nicht nur an der fehlenden Sänger-Darstellerin, sondern auch an seiner Sorge, ob seine dichterische Absicht einem Publikum sich erschließen könne, wenn er nur *einen* Hauptmoment des Mythos zur Darstellung brächte. Um sich über seine weitere künstlerische Richtung Klarheit zu verschaffen, verfaßte er 1850/51 sein theoretisches Hauptwerk *Oper und Drama*. Es geht darin um sein zentrales Anliegen, das Musikdrama, das Verhältnis von Wort und Ton, und einige Kapitel wie die über die Funktion des Mythos im Drama, über den Stabreim oder über die Sprache des Orchesters scheinen gezielt geschrieben zu sein unter dem Aspekt der Klärung der Probleme bei der Dichtung und der Komposition des *Ring*. Gleichsam entschuldigend äußerte er zu Franz Liszt, er habe jetzt »viel Stoff zum Nachdenken, ... leider zum Nachdenken!«, aber den müsse er »vollends ausdenken«, bevor er wieder »naiver, ganz zuversichtlicher Künstler« werden könne; denn die Arbeit an der Weimarer Heldenoper ging nicht weiter (2. 10. 1850). Den ganzen folgenden Winter über plagte ihn die Idee, *Siegfrieds Tod* ein selbständiges Drama voranzustellen, den *Jungen Siegfried*, um die zum Verständnis notwendige Vorgeschichte zu erzählen. Im Mai 1851 verfaßte er die erste Prosaskizze und dann den großen Prosa-Entwurf, im darauffolgenden Juni die Versdichtung.

Bayreuther Festspiele 1976
Das Rheingold
Einer der dramatischen Hauptmomente in der Inszenierung von Patrice Chéreau. Alberich verflucht den Ring, den Wotan ihm geraubt hat. Alberich dargestellt von dem inzwischen verstorbenen Zoltan Kelemen, einem der bedeutendsten Gestalter dieser wichtigen Rolle.
Kostüme: Jacques Schmidt, Dirigent: Pierre Boulez

Staatsoper Hamburg,
12. November 1980
Das Rheingold
Der Anfang des »Weltgedichts« nicht mehr als Uranfang der Welt, sondern auf den Trümmern einer untergegangenen Kultur, in »Atlantis« beginnend.
Regie: Götz Friedrich, Bühnenbild: Jürgen Rose, Dirigent: Christoph von Dohnanyi

Bayreuther Festspiele 1876
Die Walküre
Bühnenbildentwurf für den
1. Akt – Hundings Hütte – von
Joseph Hoffmann

Aber wie in seiner Studie *Der Nibelungenmythus* mußte er bis auf den Grund zurück, um den Gesamtzusammenhang der verwobenen Fabel zu erklären.

Im Oktober 1851 konzipierte Wagner den Nibelungenstoff als vierteiliges Werk. Franz Liszt teilte er am 20. November mit, daß aus der neuen Heldenoper für Weimar nichts würde. Feierlich eröffnete er ihm: »Erfahre hiermit, der strengsten Wahrheit gemäß, die Geschichte des künstlerischen Vorhabens, in welchem ich jetzt seit längerer Zeit begriffen bin, und die Wendung, die dieses notwendig nehmen mußte. Mir ist ... mein Vorhaben in seiner ganzen Folgerichtigkeit klargeworden. Höre mich!« Dann berichtete er ihm ausführlich, wie er zu dem Entschluß kam, von *Siegfrieds Tod* ausgehend und den Mythos zurückverfolgend, ein »vollständiges Ganzes« aus drei Dramen und einem Vorspiel zu entwerfen. Für die Ausführung veranschlagte er mindestens drei Jahre. »Möge Dir nun mein Plan noch so kühn, ungewöhnlich, ja vielleicht phantastisch vorkommen, so sei dennoch überzeugt, ... daß er sich mir als notwendige Konsequenz des Wesens und des Inhaltes des Stoffes aufgedrungen hat.« In diesem Brief gab er Liszt auch einen, noch zaghaften Hinweis auf seine Idee eines besonderen Theaterfestes: »Die Aufführung meiner Nibelungendramen muß an einem großen Feste stattfinden, welches vielleicht eigens zum Zwecke eben dieser Aufführung zu veranstalten ist ... Wo und unter welchen Umständen zunächst eine solche Aufführung zu ermöglichen sei, hat mich für jetzt gar nicht zu kümmern.« Offener und ausführlicher hatte er acht Tage vorher Theodor Uhlig seinen Festspielplan mitgeteilt: »Am Rhein schlage ich dann ein Theater auf, und lade zu einem großen dramatischen Feste ein: nach einem Jahr Vorbereitung führe ich dann im Laufe von vier Tagen mein ganzes Werk auf. So ausschweifend dieser Plan ist, so ist er doch der einzige, an den ich noch mein Leben, Dichten und Trachten setze.«

Noch im gleichen Monat November entwarf er in Albisbrunn die Prosaskizze zur *Walküre* und zum *Raub des Rheingoldes*, im März 1852 schrieb er in Zürich den Prosa-Entwurf zum *Rheingold*, und im Mai in der Pension Rinderknecht am Zürichberg den zur *Walküre* nieder. Die Versdichtung der *Walküre* war im Juni fertig, die des *Rheingold* im Oktober. Im November und Dezember überarbeitete er den *Jungen Siegfried* und *Siegfrieds Tod.* Am 15. Dezember 1852 ist die *Ring*-Dichtung abgeschlossen. Schon am 18. und 19. Dezember fand auf dem Gut Mariafeld, dem Wohnsitz des Ehepaares Wille, die erste private Vorlesung der Dichtung statt. Eine große öffentliche Lesung folgte im Februar 1853 an vier

Bayreuther Festspiele 1876
Die Walküre
Bühnenbildentwurf für den 2. Akt, mit der Szene der Todesverkündigung, von Joseph Hoffmann. In der Mitte das Joch, auf dem sich der Kampf Siegmund – Hunding abspielt.

Abenden im Saal des Hotels Baur au Lac in Zürich.
In der endgültigen Textfassung ist die tragische Grundkonstellation von Besitz – Macht – Liebe stärker herausgearbeitet als im Prosa-Entwurf, dargestellt in der Figur Wotans. Der *Ring des Nibelungen* ist das Drama Wotans, des höchsten Gottes, das Drama seiner Schuld, die in seinem Willen zur Macht, dem Raub des Ringes, liegt, seiner tragischen Verstrickung, als Herr der Verträge auch deren Knecht zu sein, seiner Resignation als Herrscher der Welt und seines bewußten Willens zum Ende. Die vier großen Szenen seiner Begegnungen mit Fricka und Brünnhilde im 2. Akt der *Walküre* und mit Erda und Siegfried im 3. Akt *Siegfried* sind die wesentlichen Stationen dieser Tragödie. Alberich, der der Liebe abschwört, um dafür mit dem Ring maßlose Macht einzutauschen, frevelt zwar, aber frei an sich selbst. Wotan jedoch, dem es nach Macht verlangte, als »junger Liebe Lust ihm verblich«, wird zum Dieb an Alberich und unterliegt dessen Fluch. Wie ein »Bauernprozeß« stellt das *Rheingold* »Wotans Schuld und Verhängnis [und] die zwingende Notwendigkeit seiner Weltentsagung« dar (Cosima-Tagebuch, 12. 12. 1870).
Wotan, der aus Einsicht seinen Untergang will, ist für Wagner »die Summe der Intelligenz der Gegenwart, wogegen Siegfried der von uns gewünschte, gewollte Mensch der Zukunft ist, der aber nicht durch uns gemacht werden kann, und der sich selbst schaffen muß durch unsere Vernichtung« (an Röckel, 25/26. 1. 1854). Siegfried reflektiert zwar nicht wie Wotan, er ist »nur Aktion«, aber er »kennt doch das Schicksal, das er über sich nimmt« (Cosima-Tagebuch, 21. 2. 1872). Denn auch Wotans Geschöpfe Brünnhilde, Siegmund, Sieglinde und schließlich Siegfried, die seinen Willen ausführen sollen, werden schuldlos schuldig, unterliegen dem Fluch und der Götterschuld, die die Welt verseucht. Auch Hagen ist nur das Werkzeug Alberichs; er soll den Frevel an seinem Vater rächen, ihm den Ring und damit sein Recht und seine Macht wiedergewinnen. Brünnhilde führt, sobald sie diese Zusammenhänge erkennt, in der endgültigen Textfassung freiwillig und bewußt das Ende dieser schuldverstrickten, machtgierigen Welt herbei, die die Liebe vernichtet, und gibt den Rheintöchtern ihren Besitz, den goldenen Ring, wieder zurück. Damit hat er seine verderbliche Kraft als Machtzeichen verloren. Das letzte Wort hat aber dann die Musik, mit einem Motiv der Verheißung und Hoffnung.
Selbstverständlich ist damit die Aussage des *Ring* nur in ganz groben Zügen skizziert. Wie kein anderes Werk Wagners bietet sein »Weltgedicht« die vielfältigsten Möglichkeiten der Interpretation. Denn seine Figuren sind Bedeutungsträger, in denen viele verschiedene Motive in einem Hauptmotiv aufgehen, das der unmittelbare Lebensausdruck dieser Figur ist (*Oper und Drama*). Als ein Beispiel dafür sei Thomas Manns Deutung der

Bayreuther Festspiele 1876
Die Walküre
Carl Emil Doepler, der Kostümbildner, hatte auf Glasplatten Bilder der reitenden Walküren gemalt, die nach dem Prinzip der Laterna magica projiziert wurden. Der Effekt litt darunter, daß diese Bilder auf Distanz nur schwach erkennbar waren.

Siegfried-Figur zitiert: »Die Perspektive reißt auf bis ans Erste und Früheste menschlichen Bildträumens, Tammuz, Adonis, die der Eber schlug, Osiris, Dionysos, die Zerrissenen, die wiederkehren als der Gekreuzigte, dem ein römischer Speer die Seitenwunde reißen muß, auf daß man ihn erkenne, – alles, was war und immer ist, die ganze Welt der geopferten, von Wintergram gemordeten Schönheit umfaßt dieser mythische Blick.« Wagner erzählt nicht einfach die alten Mythen nach; er schafft sie neu, indem er in seinem »Urmythos« bis zum Grund zurückgeht und im Erfassen des allen Kulturkreisen zugrundeliegenden Allgemeinen und Exemplarischen einen komplexen Weltzusammenhang entwirft, aber nicht in der Form einer abstrakten Theorie oder eines philosophischen Systems, sondern im sinnlichen Bild des Musikdramas. Mit Recht ist der *Ring des Nibelungen* die »Summe« des 19. Jahrhunderts genannt worden. Die existentiellen Erfahrungen gerade dieser Jahre des politischen und philanthropischen Engagements Richard Wagners und seines Scheiterns haben das Werk entscheidend mitgeformt. Aber das biographische Moment, aus dem seine Werke so gerne erklärt werden, kommt im *Ring* nicht zum Tragen.

Wie Wagner in *Oper und Drama* ausführlich begründete, hat der von ihm verwendete Stabreim gegenüber dem Endreim den Vorteil, daß er »Sprachwurzeln von entgegengesetztem Empfindungsausdruck« verbinden kann. Die musikalische Modulation vermag dann »solch eine Verbindung dem Gefühle anschaulich zu machen«. Im Stabreim bedingen sich Dichtung und Musik gegenseitig; er ist also das einzig geeignete Versmaß für den dichtenden Musiker, dem »absichtlichen Darsteller des Unwillkürlichen«, das allem Leben als Willen zugrunde liegt. Erst der Musiker kann die Absicht des Dichters voll verwirklichen »und zwar durch das Vermögen, die Urverwandtschaft der Töne für eine vollkommen einheitliche Kundgebung ureinheitlicher Empfindungen an das Gefühl zu verwenden«. Anspruchsvoll ist diese Theorie sicherlich, und anspruchsvoll war der Versuch Wagners, sie in die Praxis umzusetzen und für sein ungewöhnliches Werk auch ein ungewöhnliches Versmaß wiederzubeleben sowie eine urtümliche »mythische« Sprache zu erfinden. Daß dabei neben kühn Gelungenem auch Befremdliches zustande kam, ist nur selbstverständlich, und Wagners *Ring*-Stabreime haben denn auch, als Text nur für sich genommen, die Spottlust von Generationen erregt und sind überdies oft genug parodiert worden.

Nach dem Abschluß der *Ring*-Dichtung dauerte es fast ein ganzes Jahr, bis Wagner mit der Komposition begann. Ein Umzug, Dirigate, Besuche, Reisen füllten das Jahr 1853 aus. War es Unentschlossenheit, waren die musikalischen Ideen noch nicht ausgereift, war es ein Zurückschrecken vor der ungeheuren Aufgabe? Als er Franz Liszt schrieb: »Die Musik wird mir sehr leicht und schnell vonstatten gehen: denn sie ist nur Ausführung des bereits Fertigen«, hatte er die Schwierigkeiten sicher unterschätzt. Am 5. September 1853, nachmittags in La Spezia, kam es zum entscheidenden Anstoß. Wagners Bericht in *Mein Leben* ist der berühmteste seiner »Ursprungsmythen« (Carl Dahlhaus): »... streckte ich mich todmüde auf ein hartes Ruhebett aus ...; versank ich in eine Art von somnambulen Zustand, in welchem ich plötzlich die Empfindung, als ob ich in ein stark fließendes Wasser versänke, erhielt. Das Rauschen desselben stellte sich mir bald im musikalischen Klange des *Es-Dur*-Akkordes dar, welcher unaufhaltsam in figurierter Brechung dahinwogte ... Mit der Empfindung, als ob die Wogen jetzt hoch über mich dahinbrausten, erwachte ich in jähem Schreck aus meinem Halbschlaf. Sogleich erkannte ich, daß das Orchestervorspiel zum *Rheingold*, wie ich es in mir herumtrug, doch aber nicht genau hatte finden können, mir aufgegangen war.« Er reiste zwar noch am Abend nach Zürich zurück, um sofort mit der Komposition zu beginnen, ließ sich aber dann doch zwei Monate Zeit und fing die Kompositionsskizze am 1. November an.

Was Wagner mit sich herumgetragen hatte und was ihm dann plötzlich so deutlich aufgegangen war, ist nicht genau festzustellen. Es war wohl »die aufblitzende Erkenntnis, daß die Wassertiefe, in der die Handlung der Tetralogie beginnt und in die sie in gewissem Sinne am Ende zurückkehrt, durch eine Motivik dargestellt werden konnte, die den Ursprung und die Grundsubstanz unabsehbarer thematischer Ableitung zu bilden vermochte. Die musikalische Vision ... war zugleich eine musikdramaturgische, die ... im szenisch-musikalischen Bild des Anfangs, der sich als unerschöpflicher Ursprung erwies, eine Ahnung des Ganzen vor Augen stellte« (Carl Dahlhaus). In seinem *Epilogischen Bericht* hatte Wagner klargelegt, daß er zunächst »plastische Naturmotive« im *Rheingold* zu erfinden hatte, »welche in immer individuellerer Entwicklung zu den Trägern der Leidenschafts-Tendenzen der weitgegliederten Handlung und der in ihr sich aussprechenden Charaktere sich zu gestalten hatten«. Es galt, der Welt Anfang und Ende in Musik auszu-

Städtisches Theater Leipzig, 1878
Die Walküre
Szene mit Wotan, Brünnhilde und den Walküren in der Inszenierung von Angelo Neumann. Frühestes Szenenfoto des 3. Aktes. Da Neumann die Dekorationen nach dem Bayreuther Vorbild in Coburg bestellte und der Bayreuther Kostümbildner Carl Emil Doepler auch für ihn die Kostüme als Kopien seiner Bayreuther Arbeiten anfertigte, muß der optische Eindruck in Bayreuth ähnlich gewesen sein.

Grand Opéra Paris, 12. Mai 1893
Die Walküre
Ein Blick hinter die Kulissen der Pariser Oper. Der Walkürenritt wird gerne als große Effektnummer inszeniert. Meist führten ihn geübte Reiter in Walkürenkostümen aus, die auf ihren Pferden im Hintergrund vorübersprengten. In dieser Aufführung setzten die Walküren auf künstlichen Luftrössern über die Bühne. In der Mitte der Inspizient, der den Einsatz gab, rechts unten Wotan, der auf seinen Auftritt wartet.

drücken, das Organische der Natur, ihren Wandel und Wechsel. Wie der Chor im griechischen Drama ist das Orchester die kommentierende Stimme zum Bühnengeschehen und sein dramatischer Urgrund, es erinnert an Vergangenes, verrät das Kommende und deutet das sich Ereignende.

Als gliederndes Element bediente sich Wagner der Leitmotiv-Technik. Diese Leitmotive, oft genug als Wegweiser, Hinweisschilder oder gar Hundemarken verspottet, machen das Publikum »wissend« (Pierre Boulez). Wagner hat sie in knapper Form folgendermaßen charakterisiert: Auf die Versmelodie des Sängers bezieht sich »als *Ahnung* die vorbereitende, absolute Orchestermelodie; aus ihr leitet sich als *Erinnerung* der ›Gedanke‹ des Instrumentalmotivs her.« Wagner hat die Klang- und Ausdrucksmöglichkeiten des Orchesters erweitert und bereichert; Nietzsche schrieb, »daß er allem in der Natur, was bis jetzt nicht reden wollte, eine Sprache gegeben hat ... Er taucht auch in Morgenröte, Wald, Nebel, Kluft, Bergeshöhe, Nachtschauer, Mondesglanz hinein und merkt ihnen ein heimliches Begehren ab: sie wollen auch tönen.« Er gibt der stummen Natur »ein tönendes Dasein«.

Mit dem berühmten Es-Dur-Akkord begann Wagner am 1. November 1853 die Komposition des *Rheingold*-Vorspiels. »Freund! Ich bin im Wunder! ... Eine neue Welt legt sich mir offen ..., ich sehe einen Reichtum vor mir, wie ich ihn nicht zu ahnen wagte. Ich halte mein Vermögen jetzt für unermeßlich: alles wallt und musiziert in mir.« So berichtete er Franz Liszt. Nach fünf Jahren hatte er endlich wieder eine große Komposition begonnen. Und am 15. Januar 1854 teilte er wiederum Franz Liszt mit: »Das Rheingold ist fertig – aber auch ich bin fertig!!! ... Glaub' mir, so ist noch nicht komponiert worden: ich denke mir, meine Musik ist furchtbar; es ist ein Pfuhl von Schrecknissen und Hoheiten!« Das »blutig schwere Werk der Bildung einer unvorhandenen Welt« ist ihm gelungen. Und am 3. Juli, als er an der *Walküre* arbeitete, wiederum an Liszt: »Du, jetzt geht es doch erst los!« Am 1. September konnte er die Kompositionsskizze des 1. Aktes abschließen. Mit dem 2. Akt begann er am 4. September, in »sehr böser Laune«, wie er Hans von Bülow schrieb. Es bangte ihm vor der großen Szene Wotans mit Brünnhilde, und er überlegte schon, ob er sie nicht verwerfen solle. Die Weiterarbeit fiel ihm bei seinem »öden Leben« in Zürich sehr schwer. »Ganz krank« wurde er und »mußte gänzlich aussetzen« (an Fürstin Wittgenstein, November 1854). Unter den Schluß des 2. Aktes setzte er: »18. Nov. 54 (das war eine böse Zeit!!!)«. Schon am 20. November begann er mit dem 3. Akt, den er am 27. Dezember in der Kompositionsskizze abschloß. Die Arbeit an der Partitur füllte das ganze Jahr 1855 aus, am 20. März 1856 lag sie fertig vor.

Erst im September 1856 begann er mit dem 1. Akt *Siegfried*, am 22. Mai 1857, seinem 44. Geburtstag, mit dem 2. Akt. Da Härtel in Leipzig es ablehnte, den *Ring des Nibelungen* zu verlegen, weil er nicht rentabel sei und keine Publikumswirkung verspreche, und da Wagner zudem die Schwierigkeiten des neuen musikalischen und darstellerischen Stils, den das Werk bei einer Aufführung verlangte, immer bewußter wurden, aber auch weil er sich immer intensiver mit *Tristan und Isolde* beschäftigte, brach er die Komposition im 2. Akt bei der Stelle »Daß der mein Vater nicht ist« ab und schrieb auf das Notenblatt: »Wann seh'n wir uns wieder?« Um sich aber selbst »das Zeugnis zu geben, daß nicht etwa ein eingetretener Überdruß« ihn von der Fertigstellung abhielt, beendete er die Komposition dieses Aktes, bevor er mit dem *Tristan* begann.

Die Unterbrechung dauerte zwölf Jahre. In dieser Zeit hat er nur den 2. Akt in Partitur ausgeführt (1864/65). Am 1. März 1869

Metropolitan Opera New York, 1912
Die Walküre
Charakteristisch für das Kostüm und den Sängertyp vor dem Ersten Weltkrieg. Romain Rolland hat dazu das böse Wort von den »Hundert-Kilo-Gesten« geprägt.
Brünnhilde: Margarete Matzenauer, Wotan: Hermann Weil

Städtische Bühnen Frankfurt am Main, 1925
Die Walküre
Bühnenbildentwurf für den 2. Akt von Ludwig Sievert. Diese stilisierte Schlucht hat Sievert in allen seinen Ausstattungen des *Ring des Nibelungen* beibehalten. Sie wurde oft kopiert.

nahm er in Tribschen die Kompositionsarbeit wieder auf. »Wenn es sich nun zeigt, daß diese Unterbrechung nichts an der Frische meiner Conzeption ändern konnte, so darf ich dies wohl als Beweis dafür anrufen, daß diese Conzeptionen ein ewiges Leben haben«, schrieb er am 23. Februar an den König; und weiterhin, daß »ein wahres Genie« sich bewähre »nicht nur in der umfassenden Schnelligkeit der Conzeption eines großen Planes, sondern namentlich auch in der ... leidenschaftlichen, ja persönlichen Ausdauer ..., welche die volle Verwirklichung seines Planes erfordert«. Mit einem – »dunklen, erhabenen, furchtbaren Schauern« machte er sich an die Szene Wanderer-Erda. »Da treffen wir, wie die Hellenen in der dampfenden Erdspalte zu Delphi, auf den Mittelpunkt der großen Welttragödie: ein Weltuntergang steht bevor« (an König Ludwig II., 24. 2. 1869). Die Kompositionsskizze schloß er am 14. Juni 1869 ab. Mit der Ausarbeitung der Partitur aber ließ er sich Zeit, da er verhindern wollte, daß der König nach *Rheingold* und *Walküre* noch die Uraufführung dieses Werkes in München gegen seinen Willen anordnen würde. Erst am 5. Februar 1871 hat er sie fertiggestellt.

Adolphe Appia, Bühnenbildentwurf für den 1. Akt Walküre, 1924
Radikaler Gegensatz zum Bayreuther Stil. Ein zeitloser Handlungsort für ein zeitloses Geschehen. Der Entwurf diente Appia auch als Vorlage für die szenische Gestaltung 1925 in Basel.

Stadttheater Basel, 1925
Die Walküre
Adolphe Appias konstruktivistisches Bühnenbild für Oskar Wälterlins Basler Inszenierung. Die Kostüme im Gegensatz dazu konventionell.

Bayreuther Festspiele 1934/36
Die Walküre
Wotans Abschied aus dem 3. Akt. Emil Preetorius' klassischer Schicksalsfelsen. Links vorne die von Wagner vorgeschriebene Tanne, unter der Brünnhilde in den Schlaf sinkt.
Brünnhilde: Frida Leider, Wotan: Rudolf Bockelmann

Mit der Komposition des letzten Teils der Tetralogie begann Wagner am 2. Oktober 1869. Im Mai/Juni 1856 hatte er eine neue Fassung der Schlußworte Brünnhildes geschrieben und den Titel des Werkes in *Götterdämmerung* geändert. Am 5. Juni 1870 beendete er die Kompositionsskizze des 1. Aktes und unterbrach danach die Arbeit für ein Jahr. Am 12. Mai 1871 kündigte er in seiner Geburtsstadt Leipzig die Durchführung der ersten Festspiele in Bayreuth für das Jahr 1873 an. Zu diesem Zeitpunkt stand von dem neuen Festtheater noch kein Stein, und der 2. und 3. Akt der Tetralogie waren noch nicht komponiert. Ganz zu schweigen davon, daß für das Unternehmen kein Pfennig Geld vorhanden war. Zwischen dem 24. Juni und dem 25. Oktober 1871 zeichnete er die Kompositionsskizze des 2. Aktes auf, die des 3. Aktes zwischen dem 4. Januar und dem 9. April 1872. Am 22. April dieses Jahres übersiedelte er nach Bayreuth. Am 21. November 1874 war die Partitur des Riesenwerkes fertig. »Vollendet in Wahnfried. Ich sage nichts weiter.« schrieb er unter die letzten Noten.

»August 1867, Ring des Nibelungen. Im neu gebauten Festtheater.« So hieß es in Wagners Programm vom Januar 1865 für König Ludwig II., als er noch plante, den *Ring des Nibelungen* vor den *Meistersingern von Nürnberg* fertigzustellen. Zu seinen Geburtstagen 1865 und 1866 schenkte er dem König die Manuskripte der *Rheingold-* und *Walküre*-Partitur. Da der Wunsch nach einem Münchner Festspielhaus aufgegeben werden mußte, wollte der König nach der Uraufführung der *Meistersinger* endlich auch den *Ring* erleben, und ordnete die baldmöglichste erste Aufführung des *Rheingold* an. Wagner selbst hatte noch im Februar 1868 vorgeschlagen, Jahr für Jahr eines der *Ring*-Werke zur »vorläufigen« Aufführung in München zu bringen, wozu allerdings eine Modernisierung der veralteten bühnentechnischen Einrichtungen des Nationaltheaters notwendig sei. Der Umbau fand 1869 statt, u.a. vergrößerte man den Orchesterraum. Auf Vorschlag Wagners wurde wiederum Dr. Reinhard Hallwachs mit der Regie und Hans Richter mit der musikalischen Leitung betraut. Richter brachte eine sorgfältige Besetzung mit auswärtigen Gästen zusammen. Wagner aber war durch nichts zu bewegen, von Tribschen nach München zu kommen und sich an den Proben zu beteiligen. Im Frühjahr und Sommer reisten die Sänger, die Bühnenmaler, Maschinisten, der Regisseur und der Dirigent in die Schweiz, um sich von Wagner ihre Anweisungen zu holen. Wegen des Umbaues konnten die Dekorationsproben erst Anfang August beginnen. Einige der neuen Maschinen erwiesen sich für die offenen Verwandlungen mit ihren von der Musik vorgeschriebenen Umbauzeiten als zu langsam; von da an nahm die Katastrophe ihren Lauf.

Die Hauptprobe am 27. August konnte noch nach Wagners Wunsch unentgeltlich vor geladenem Publikum als eine Art Festaufführung, jedenfalls nicht als Routine-Opernaufführung, vonstatten gehen, aber sie war kein Erfolg. Zu dem weit beachteten Ereignis waren wiederum Gäste von überallher angereist,

205

Opera San Francisco, 1935
Die Walküre
Szene aus dem 1. Akt mit Elisabeth Rethberg als Sieglinde, Chose Baromeo als Hunding und Lauritz Melchior als Siegmund. Das blonde Geschwisterpaar und der schwarzbärtige Finsterling. Kein germanisches Requisit fehlt: Wolfsfelle, Hörnerhelm, wallendes Blondhaar, Trinkhorn.

Bolschoi-Theater Moskau, 21. November 1940
Die Walküre
In Sergej Eisensteins Inszenierung ist der Baum im 1. Akt das zentrale Bildsymbol. Er ist zunächst, nach Eisensteins Erklärung, Baum des Lebens, dann Gerüst eines bestimmten Privatlebens und Schema von Familien-Verästelungen und -Verflechtungen. Am Ende des Aktes wächst »das Bild des Baumes zu einem pantheistischen Sinnbild des Weltalls«. Der Baum verkörpert den »allesdurchdringenden Weltgeist«. Aus diesem Baum tritt Wotan heraus, denn was Sieglinde oben links Siegmund erzählt: »Der Männer Sippe saß hier im Saal, von Hunding zur Hochzeit geladen«, wird unten pantomimisch dargestellt. Die Pantomimengruppe, die Eisenstein einen »mimischen Chor« nennt, ist für ihn als »indifferente bewegliche Masse inmitten der unbeweglichen Masse der Raumdekoration und dem individualisierten, beweglichen Solisten ... das unerläßliche Bindeglied in der plastischen Einheit der Inszenierung«.

Bolschoi-Theater Moskau, 21. November 1940
Die Walküre
Szene mit Brünnhilde, Wotan und den Walküren aus dem 3. Akt. Für den Walkürenritt hatte Sergej Eisenstein wieder »mimische Chöre« eingesetzt. Ein »Massenflug« von Walküren umschwirrte die acht singenden Walküren. Nach Wotans Abschied bildeten sie einen Trauerzug.

unter ihnen Franz Liszt, Iwan Turgenjew, die Sängerin Pauline Viardot-Garcia, Camille Saint-Saëns, Jules Etienne Pasdeloup, Hermann Levi, Peter Cornelius. Besonderes Aufsehen erregte in den Cafés um das Opernhaus Judith Gautier-Mendès, eine Wagnerianerin der ersten Stunde. Eduard Hanslick klagte seinen Lesern, daß das *Rheingold* Stadtgespräch sei, man rede überall »von den schwimmenden Nixen, von den farbigen Dämpfen, der Götterburg und dem Regenbogen«, aber »nur selten von der Musik«. Es war nur allzu offensichtlich, daß die Probenzeit nicht ausgereicht hatte; alles machte einen unfertigen Eindruck, sowohl szenisch als auch musikalisch, und man war doch etwas enttäuscht, daß mit so bedeutenden Mitteln ein so geringes Resultat erzielt worden war. Die Premiere sollte am 29. August stattfinden. Schon vor der Hauptprobe hatte Franz Betz, der Sänger des Wotan, Wagner von dem »wahnsinnigen Chaos« unterrichtet; das Beste, was man noch erreichen könne, sei, nicht ausgelacht zu werden, das Fiasko unabwendbar. Wagner telegraphierte an den König und bat ihn, die Premiere zu verschieben. Richter sagte ab und wurde sofort seines Amtes als Hofmusikdirektor enthoben. Die Suche nach einem Dirigenten begann, aber niemand hatte den Mut, gegen Wagners Willen die Aufgabe zu übernehmen. Der König, empört über diese »Revolte« gegen seine Befehle, hielt eisern an der geplanten Aufführung fest; die Künstler hätten ihm und nicht Wagner zu gehorchen. »Wahrhaft verbrecherisch und schamlos ist das Gebahren von ›Wagner‹ und dem Theatergesindel ..., eine solche Frechheit ist mir noch nicht vorgekommen«, schrieb er an Lorenz von Düfflipp (30. 8.) und schloß mit Flüchen »für die Coterie der Gemeinheit und Frechheit«. Er erwog, Wagner sein Gehalt zu entziehen.
Diese ganze Affäre wird gerne als Beispiel für die Unbotmäßigkeit und die Selbstherrlichkeit Wagners seinem Wohltäter gegenüber angeführt. Aber ist es nicht in berechtigterem Maße ein Beispiel für den mutigen Emanzipationswillen eines Künstlers, der eben nicht mehr gefügiger Fürstendiener und »Theatergesindel« sein will, sondern seine eigenen künstlerischen Forderungen als berechtigt ansieht und sie auch durchzusetzen versucht? Wagner kam am 1. September selbst nach München, um eine Probe zu leiten, aber der König, der auf Wagners Telegramm überhaupt nicht reagierte, ließ das verhindern. Wagner reiste wieder ab. Daraufhin gab Betz seine Rolle zurück. Der Intendant Perfall drohte mit seinem Rücktritt. Die auswärtigen Sänger reisten ab. Pressekampagnen und offene Briefe begleiteten die Auseinandersetzungen, die sich zum Skandal und zur Staats-

207

Grand Opéra Paris, 1948
Die Walküre
Szene der Todesverkündigung im 2. Akt. Plastische Dekoration mit Wolkenprojektionen.
Bühnenbild: Olivier Rabaud, Dirigent: Georges Sebastian, Brünnhilde: Suzanne Juyol, Sieglinde: Marisa Ferrer, Siegmund: Charles Fronval

Metropolitan Opera New York, 1948
Die Walküre
Szene Brünnhilde – Wotan aus dem 2. Akt. Eine Felsenschlucht wie bei Ludwig Sievert. Plastische Dekoration mit guten Auftrittsmöglichkeiten.
Bühnenbild: Lee Simonson, Wotan: Herbert Janssen, Brünnhilde: Helen Traubel

affäre ausweiten. Schließlich fand man in Franz Wüllner einen Dirigenten. »Hand weg von meiner Partitur! Das rath ich Ihnen, Herr; sonst soll Sie der Teufel holen! – Taktiren Sie in Liedertafeln und Singevereinen«, schrieb ihm Wagner nach München. Aber Wüllner ließ sich dadurch nicht abschrecken. Münchner Kräfte übernahmen nun die Partien der Gastsänger. Die Premiere wurde auf den 22. September festgesetzt. Das Theater war brechend voll, die ganze Stadt neugierig auf die szenischen Wunder. Auch die schon obligate Parodie auf das in *Rhein Blech* umbenannte Werk hatte inzwischen im Marionettentheater stattgefunden.
Trotz aller Querelen wurde die Premiere ein Erfolg. Für die Bühnenbildner Heinrich Döll (1. Bild) und Christian Jank (2. und 3. Bild,

Bayreuther Festspiele 1953
Die Walküre
Wotan und Brünnhilde in der ersten Bayreuther *Ring*-Inszenierung von Wieland Wagner. Charakteristisch für den Kostümstil, der einfach, ungermanisch und an der griechischen Plastik orientiert war.
Dirigent: Joseph Keilberth, Brünnhilde: Martha Mödl, Wotan: Hans Hotter

Stadttheater Zürich, 1957/58
Die Walküre
Szene aus dem 1. Akt. Siegmund hat das Schwert aus dem Stamm der Esche gezogen. Über der Szene schwebt das Symbol des Weltkreises, das das individuelle Schicksal in einen Weltzusammenhang stellt.
Regie: Karl Heinz Krahl, Bühnenbild: Philipp Blessing, Dirigent: Robert F. Denzler, Sieglinde: Elsa Matheis, Siegmund: Franz Lechleitner

unterstützt von Angelo Quaglio) waren besonders die Götterburg Walhall und der Rheingrund ungewöhnliche Aufgaben. Die Maschinenmeister Carl und Friedrich Brandt hatten die offenen Verwandlungen mit Hilfe von farbig beleuchteten Dämpfen und die Schwimmapparate für die Rheintöchter zwar technisch gut gelöst, aber der praktikable Regenbogen, auf dem die Götter nach Walhall schritten, wirkte zu massiv und störte die Illusion. Wagner hatte zunächst daran gedacht, mit dem Entwurf der Kostüme eine Kommission von Wissenschaftlern und Künstlern zu betrauen. Den Auftrag erhielt aber dann Franz Seitz; Wagner prüfte seine Entwürfe und verbesserte in Einzelheiten. Sie fielen einfacher und charakteristischer aus als die der ersten Festspiele sieben Jahre später. Auch nach der Premiere gab es noch keine Ruhe. Der Tenor Heinrich Vogl, dessen Frau Therese eine Rheintochter gesungen hatte, strengte eine Beleidigungsklage gegen den Redakteur des »Bayerischen Vaterland« an, da dieser von einem »Hurenaquarium« geschrieben hatte, in dem die »unterwässrigen Weibsleut« angeblich splitternackt herumgeschwommen seien.

»Wollen Sie mein Werk wie ich es will, – oder: wollen Sie es nicht so?« fragte Wagner nach den ersten Aufführungen den König (20. 11. 1869). Er konnte nicht ahnen, daß Ludwig II. bereits den Befehl zur Uraufführung der *Walküre* gegeben hatte, die im Dezember stattfinden sollte. Mit der Leitung der Inszenierung wurden die schon im *Rheingold* erprobten Künstler beauftragt. Wagner wollte seine Mitarbeit davon abhängig machen, daß ihm wiederum, wie bei der *Tristan*-Uraufführung, Vollmacht über das Hoftheater eingeräumt würde. Der Intendant Freiherr von Perfall sollte in dieser Zeit auf Urlaub gehen. Aber das einstige Vertrauensverhältnis mit dem König war zerstört, und eine Rückkehr Wagners nach München war zu riskant, da er in Tribschen mit Cosima zusammenlebte, deren Scheidung von Hans von Bülow noch nicht vollzogen war. Wagner schlug dem König vor, es bei einer Generalprobe oder einer Separatvorstellung zu belassen und die öffentlichen Aufführungen abzusagen, aber alles Bitten war vergebens. Die »Schweinerei« nahm ihren Lauf, und die »Hinrichtung« seines neuen Werkes, wie er sich Franz Schott gegenüber ausdrückte (17. 4. 1870, Herbst 1870), fand am 26. Juni 1870 statt. Auch diesmal war der Komponist der Premiere ferngeblieben. Sie löste weniger Beachtung aus und trug nicht die Anzeichen des Sensationellen. Allgemein wurde das neue Werk als zu lang empfunden; besonders der 2. Akt mit seinen Monologen sei eine Wüste, vom Walkürenritt seien nur einige »Schreirufe« über dem Orchesterlärm zu hören gewesen. Mehrere Leute empfanden »sittlichen Ekel« angesichts der schlüpfrigen Geschichte, besonders vom Inzest fühlt man sich abgestoßen. Gelobt wurden allerseits die Künste der Gebrüder Brandt, und großen Eindruck machten die Sturm- und Gewitterszenen mit ihren neuartigen Beleuchtungseffekten und den dramatischen Wolkenzügen von Angelo Quaglio. Kostümierte Stallburschen auf echten Pferden führten einen waghalsigen Walkürenritt aus. Da die Gasflammen für den Feuerzauber zu blaß wirkten, verwendete man Spiritus in Eimern, dessen Flammen klafterhoch aufschlugen und eine ungeheure Hitze verbreiteten. Die Bewohner der umliegenden Häuser

Finnische Nationaloper Helsinki, 1959
Die Walküre
Bühnenbild des 1. Aktes. Bei »Winterstürme wichen dem Wonnemond« springt keine Türe auf und läßt das Mondlicht und die Frühlingsnacht herein, sondern die Hütte verwandelt sich in den Wald.
Bühnenbild: Paul Suominen

Covent Garden Opera London, 1964
Die Walküre
Schluß des 2. Aktes nach dem Kampf Hundings mit Siegmund. In der Mitte Wotan. Plastische Dekoration mit Hintergrundprojektionen. In seinen späteren *Ring*-Bühnenbildern entwarf Günther Schneider-Siemssen hauptsächlich durch Licht geformte archaisierende Räume.
Regie: Hans Hotter, Dirigent: Georg Solti

Deutsche Oper Berlin,
26. September 1967
Die Walküre
Szene Fricka – Wotan aus dem
2. Akt. Für seine *Ring*-Insze-
nierung engagierte Gustav
Rudolf Sellner, Regisseur des
Gegenwarttheaters und der
modernen Oper, den Bildhauer
Fritz Wotruba. Dieser schuf
blockhafte, abstrakte Räume,
die durch harte Licht- und
Schattenwirkungen eine starke
Plastizität gewannen.
Dirigent: Lorin Maazel, Fricka:
Patricia Johnson, Wotan:
William Dooley

Teatro alla Scala Mailand,
29. April 1968
Die Walküre
Letztmals an der Scala in der
klassischen Zweiteilung der
Szene: feste Spielfläche und
Projektionshintergrund.
Regie: Peter Lehmann, Bühnen-
bild: Jörg Zimmermann

hatten gegen diese gefährlichen Feuerkunststücke protestiert, und bei den Aufführungen empfand das Publikum soviel Angst und Schrecken, daß die ganze zarte Schlußwirkung verloren ging. In der Aufführung am 17. Juli applaudierte das Publikum demonstrativ bei den Stellen »bald entbrennt brünstiger Streit« und »denn wo kühn Kräfte sich regen, da rat ich offen zum Krieg« (2. Akt). Die Mobilmachung für den Krieg gegen Frankreich hatte gerade stattgefunden.

Wagner war inzwischen dahinter gekommen, daß sein »Allerdurchlauchtigster Protektor nur auf den Empfang der *Siegfried*-Partitur spannt, um mit ihr sofort die gleichen Experimente vorzunehmen« (an Franz Schott, Herbst 1870). Dem König schrieb er, ihm sei zumute wie einem Vater, »dem man sein Kind entrissen, um es der Prostitution preiszugeben« (1. 3. 1871). Aber der König erteilte inzwischen schon die Befehle zur szenischen Einrichtung des *Siegfried*. Wagner antwortete auf alle diesbezüglichen Anfragen aus München, daß die Komposition des *Siegfried* noch nicht abgeschlossen sei, was zumindest seit dem Februar 1871 nicht mehr der Wahrheit entsprach.

Am 22. Mai 1872, seinem 59. Geburtstag, fand die Grundsteinlegung des Festspielhauses statt. Der König war Wagners Einladung nicht gefolgt. Der Bau ging zunächst zügig voran, stockte aber dann mehrmals, weil das Geld ausging. Wagner hatte sich ein Finanzierungssystem durch Patronatscheine ausgedacht. Das waren Anteile, die man zeichnen konnte und mit denen man das Recht erwarb, als Patron der Festspiele an den Aufführungen teilzunehmen. Wagner mußte schließlich doch noch einmal den König um finanzielle Unterstützung angehen, und dieser schrieb ihm am 25. Januar 1874 den berühmten Brief, der die Wende bedeutete: »Nein, nein und wieder nein! so soll es nicht enden! Es muß da geholfen werden! Es darf Unser Plan nicht scheitern.«

Die Eröffnung des Hauses wurde auf den Sommer 1876 festgelegt. Schon am 1. Juli 1875 begannen die Vorproben, zunächst in Wahnfried mit den Sängern und dann auch schon mit Orchester im noch unfertigen Festspielhaus. Wagner als Regisseur unterzog sich der mühseligen Arbeit, den Sängern seinen neuen musikalischen und darstellerischen Stil beizubringen. Nicht die gewohnten Operngesten, sondern ein bis in Nuancen ausgefeilter dramatischer Ausdruck sollte erarbeitet werden. Wie schwierig dies war, zeigen die detaillierten Probenberichte von Julius Hey mit dem Sänger des Siegfried, Georg Unger. Probleme gab es ebenfalls mit den Bühnenbildern und den Kostümen. Wagner beauftragte bewußt keinen »routinierten Theaterdekorationsmaler«, sondern einen Landschaftsmaler mit etwas Bühnenerfahrung, Joseph Hoffmann aus Wien. Die Ausführung seiner Skizzen übernahm das Theateratelier der Brüder Brückner in Coburg. Wagner war von Hoffmanns Leistung insgesamt zwar angetan, bemängelte jedoch bezeichnenderweise die »Hintansetzung der dramatischen Intentionen zugunsten einer beliebigen landschaftlichen Detailführung«. Besonders die Halle der Gibichungen war ihm zu prachtvoll-historisierend ausgefallen. Er machte Hoffmann klar, daß er sich von der Periode des »ritterlichen Mittelalters« entfernt habe, um »den *Menschen* ohne diese konventionelle Zutat zu zeigen« (Malwida von Meysenbug an Emil Heckel, 1. 12. 1873). Von dem Kostümbildner Carl Emil Doepler erwartete Wagner sich ein »in einzelnen Figuren ausgeführtes, charakteristisches Gemälde«, das »persönliche Vorgänge aus einer, jeder Erfahrung ... fernliegenden Kulturepoche vorführen« sollte (17. 12. 1874). Ausdrücklich hob er hervor, daß die ikonographischen Muster, wie sie etwa die Maler Peter Cornelius oder Schnorr von Carolsfeld mit ihren Nibelungenzyklen aufgestellt hatten, für ihn ebensowenig in Frage kämen wie etwa »neuere Darstellungen der spezifisch nordischen Mythologie«. Wagners Hinweis, »Andeutungen der mit germanischen Völkern in Berührung gekommenen römischen Schriftsteller über die Trachten jener« seien noch nicht beachtet worden (er dachte dabei besonders an Tacitus), hatte bei Doepler eine verhängnisvolle Wirkung. Mit archäologischer Akribie kopierte der Maler in Museen germanische und keltische Ornamente, Waffen und Geräte. Seine Kostüme verlegten Wagners Mythos des »Rein-Menschlichen« wieder ins »Historisch-Konventionelle«. Cosima erinnerten die Kostüme »durchweg an Indianer-Häuptlingen«, »neben dem ethnographischen Unsinn« haben sie »noch den Stempel der Kleinen-Theater-Geschmacklosigkeit« (28. 7. 1876). Die Schwierigkeiten wollten kein Ende nehmen: Der Drache kam nur halbfertig aus London an, und die Gasbeleuchtung im Zuschauerraum wurde erst im letzten Moment installiert. Trotzdem hob sich am 13. August programmgemäß der Vorhang vor einem internationalen Publikum, auch wenn die allererste Aufführung wegen technischer Pannen nur knapp an einer Katastrophe vorbeikam. Der deutsche Kaiser war anwesend, was Karl Marx zu seiner vielzitierten Bemerkung vom »Staatsmusikanten« Wagner veranlaßte.

Metropolitan Opera New York, 21. November 1967
Die Walküre
Szene aus dem 3. Akt. Für die Inszenierung Herbert von Karajans entwarf Günther Schneider-Siemssen weitschwingende Bühnenbilder, die charakteristisch für seinen Wagner-Stil sind.

Bayreuther Festspiele 1970–1975
Die Walküre
Szene aus dem 3. Akt. Wolfgang Wagners Inszenierung in einer Aufnahme aus dem Jahr 1972. Perfektion und Ausklang des Neubayreuther Stils. Lichttechnik und plastische Projektionen sind neben der hydraulisch zu bewegenden Spielfläche die Hauptausdrucksmittel. Dirigent: Horst Stein, Brünnhilde: Catarina Ligendza, Wotan: Thomas Stewart

Die Gerüchte, die schon während der Probenzeit in die Öffentlichkeit und in die Presse gelangt waren, konzentrierten sich auf die sensationellen neuen Bühnenzaubereien. Daß gerade sie dann nicht immer perfekt funktionierten, forderte zur Kritik heraus. Ohne Zweifel wurde vom Maschinenmeister Carl Brandt technisch Anspruchsvolles geleistet. Das 1. Bild im *Rheingold* mit den nicht ungefährlichen Schwimmwagen für die Rheintöchter ebenso wie der Feuerzauber in der *Walküre* müssen von großer Poesie gewesen sein, während die farbigen Dämpfe bei den Verwandlungen, die Verwendung von Scheinwerfern zur Hervorhebung einzelner Personen oder die Laterna Magica zur Projizierung des Walkürenritts zwar technisch neu waren, aber nicht immer als geglückte Lösungen empfunden wurden. Aber Wagners szenischen Visionen war auch die beste Bühnentechnik seiner Zeit nicht gewachsen.

Auch vom Dirigenten Hans Richter, der sich laut Cosima keines Tempos sicher war, war Wagner enttäuscht. Sein »Ideal« war nicht erreicht worden. Er war deprimiert, weil all die ungeheuren Anstrengungen doch nur wieder »zur Geburt eines gewöhnlichen Theaterkindes« geführt hatten (an Ludwig II., 25. 8. 1879). Trotzdem hatte er den Wunsch, im nächsten Jahr »alles neu« zu machen, aber angesichts des Defizits von 148 000 Mark war daran nicht mehr zu denken. Die Fachleute waren sich jedoch, bei aller Detailkritik, einig über den Wert der Gesamtleistung. Der deutsche Kaiser sagte zu Wagner: »Ich habe nicht geglaubt, daß Sie es zustande bringen würden.« Das war die vorherrschende Meinung, und das ist ein Indiz für das Außerordentliche, ja Unerhörte, das Wagner mit der Verwirklichung seiner Festspielidee erreicht hatte. Die »erste Weltumseglung im Reiche der Kunst« hat Nietzsche diese Festspiele genannt.

Die Theaterintendanten, die nach Bayreuth gereist waren, hielten das umfangreiche und komplizierte Werk an ihren eigenen Repertoiretheatern für unaufführbar. Einzig der *Walküre* räumte man einige Chancen ein. Wagner aber wehrte sich hartnäckig gegen Einzelaufführungen dieses Werkes. Trotzdem mußte er sein Festspiel schließlich einer »gemeinen Theatercarriere« überlassen.

Der Leipziger Operndirektor Angelo Neumann, der den zweiten *Ring*-Zyklus in Bayreuth gesehen hatte, war einer der wenigen, der eine Gesamtaufführung außerhalb Bayreuths für möglich hielt und der auch von einem Publikumserfolg überzeugt war. Wagner beschied die Anfrage aus Leipzig zunächst abschlägig, da er den *Ring* für noch nicht fertig hielt und ihn 1877 in sorgfältig korrigierter Fassung in Bayreuth wiederholen wollte. Erst als er wegen des Defizits aufgeben mußte, willigte er ein. Die Ausstattung wurde beim Atelier Lütkemayer in Coburg bestellt, die Kostüme fertigte wiederum Carl Emil Doepler. Neumann bemühte sich als Regisseur um Authentizität, und Franz Liszt berichtete Wagner, einiges im Leipziger *Ring* von 1878 sei besser gelungen als in Bayreuth. Neumanns Leistung ist um so höher zu bewerten, wenn man in Erwägung zieht, welchen Ressentiments in Musiker- und Publikumskreisen der *Ring des Nibelungen* noch ausgesetzt war. Schon anläßlich der ersten Festspiele hatte der Wiener Kritiker Speidel geschrieben, daß das deutsche Volk mit dieser »Affenschande« nichts gemein habe und daß es, sollte es Gefallen an dem falschen Golde der Nibelungen finden, sich nicht mehr zu den Kulturvölkern zählen dürfe. Das Leipziger Gewandhausorchester hielt, laut Angelo Neumann, die *Ring*-Musik für nicht »gewandhausfähig«. Überhaupt fand man vieles im *Ring* anstößig. Der Hannoveraner Intendant glaubte, seinem Publikum die Geschwisterliebe nicht zumuten zu können und wollte aus Siegmund und Sieglinde Vetter und Base machen und den Text entsprechend ändern. Anscheinend kamen ihm aber doch Bedenken, und er fragte bei Hans von Bülow an, ob man sich damit nicht etwa blamieren könne. Bülow telegraphierte nur ein einziges Wort zurück: »Unsterblich«.

Gesamtaufführungen des *Ring* kamen 1878 in München, in Wien im folgenden Jahr und 1880 in Hamburg zustande. Der Leipziger Erfolg gab Neumann die Idee, auch ein Gastspiel in der Reichshauptstadt Berlin zu versuchen, denn der Intendant Botho von Hülsen wollte dort, wenn überhaupt, nur die *Walküre* aufführen. Das erfolgreiche und vielumjubelte Gastspiel fand tatsächlich auch im Mai 1881 statt, allerdings nicht im Kaiserlichen Opernhaus, sondern im Viktoria-Theater. Schon die Auffahrt der Theaterbesucher bot ein seltenes Schauspiel. Die Berliner bildeten Spalier Unter den Linden, während der Hof in Karossen zum Theater fuhr, ebenso Richard Wagner, der eigens nach Berlin gereist war. Es war das erste Mal, daß er einen *Ring*-Zyklus außerhalb Bayreuths besuchte. Therese Vogl als Brünnhilde konnte allerdings nicht ihren berühmten Sprung ins Feuer auf dem Roß Grane vorführen, der die Sensation der Münchner Aufführungen war, denn in den kaiserlichen Stallungen konnte man kein passendes Pferd finden. Wagner war das nur recht, denn er nannte solche Darbietungen »Zirkuskunststücke«. Er beschied auch die

Staatstheater Kassel, 25. März 1972
Die Walküre
Die Inszenierung von Ulrich Melchinger in den Bühnenbildern von Thomas Richter-Forgách, mit der die Reihe der fruchtbaren Auseinandersetzungen mit dem *Ring* in den 70er Jahren begann, wollte die Brüche im Werk sichtbar machen. Eine Stilisierung schloß sich daher aus, weil sie Vereinheitlichung und Harmonisierung bedeutet hätte. Kein Einheitsstil, sondern konkrete, für jede Szene eigens zutreffende Bilder, die die Musik zu verdeutlichen hatten. Eine Mischung der Stile, da die Handlung nicht historisch festgelegt ist und überall, auch in unserer Zeit, spielen kann. Kompilation von Zitaten aus der Kunst des 19. Jahrhunderts und der Pop Art, auch in der hier gezeigten Szene der Todesverkündigung.
Dirigent: Gerd Albrecht, Brünnhilde: Joy McIntyre, Siegmund: Karl Sablotzke

Teatro alla Scala Mailand, 11. März 1974
Die Walküre
Der 3. Akt, eigentlich der Walkürenfelsen, ist wie der 2. Akt ein Innenraum im Stil des 19. Jahrhunderts. Der Ritt der Walküren erscheint als Denkmal, die singenden Walküren sind davor aufgereiht.
Regie: Luca Ronconi, Bühnenbild: Pier Luigi Pizzi, Dirigent: Wolfgang Sawallisch

215

Bayreuther Festspiele 1976
Die Walküre
Bild aus dem 2. Akt. Einer der großen erhellenden Momente in Patrice Chéreaus Inszenierung. Wotans Selbstanklage und seine Selbsterkenntnis in den Monologen dieses Aktes wurden im Requisit des Spiegels zum szenischen Bild.
Bühnenbild: Richard Peduzzi, Kostüme: Jacques Schmidt, Dirigent: Pierre Boulez, Wotan: Donald McIntyre

Bayreuther Festspiele
1977–1980
Die Walküre
Feuerzauber: Wotan vor dem von Flammen umgebenen Felsen, auf dem Brünnhilde schläft. Der Einsatz von Dampf wurde in Patrice Chéreaus Inszenierung zur Perfektion entwickelt.
Bühnenbild: Richard Peduzzi,
Kostüme: Jacques Schmidt,
Dirigent: Pierre Boulez

Anfrage des Zirkusdirektors Renz negativ, aus dem »Walkürenritt« eine glanzvolle Reiterinnen-Nummer zu machen.
Im Mai 1882 gastierte Neumann mit seiner Truppe im Londoner »Her Majesty's«-Theater. Er hatte inzwischen den Bayreuther Dekorationsfundus gekauft, da er eine Tournee mit seinem »Reisenden Wagner-Theater« durch ganz Europa plante. Für Wagner waren die Dekorationen wertlos geworden, denn das Bayreuther Haus war seit 1876 geschlossen. Neumanns *Ring*-Tournee begann im September 1882 in Breslau und endete im Mai 1883 in Graz. Es war das seinerzeit größte reisende Theaterunternehmen. Ein Sonderzug beförderte die 134 Mitwirkenden, fünf Waggons waren allein für die Dekorationen, Requisiten, Kostüme und die Musikinstrumente des Orchesters von 60 Mann nötig. Die Tournee verlief äußerst erfolgreich. Trotz hoher Preise waren die Theater überall ausverkauft. Man spielte in Königsberg, Danzig, Hannover, Bremen, Wuppertal-Barmen, Dresden, Amsterdam, Brüssel, wohin die Pariser Musikwelt, darunter der Komponist Jules Massenet, anreiste, in Aachen, Düsseldorf, Mainz, Darmstadt, Karlsruhe, Straßburg, Stuttgart, wo berittene Schutzmannschaften die Ordnung aufrechterhalten mußten, da das Publikum die ganze Nacht vor der

Grand Opéra Paris,
18. Dezember 1976
Die Walküre
Der 3. Akt in der Inszenierung von Klaus Michael Grüber und den Bühnenbildern von Eduardo Arroyo. Das »wilde Felsengebirge« aus Hunderten von Sandsäcken, auf denen Hirsche weiden. Nach dieser Walküre wurde die Pariser Neuinszenierung des *Ring des Nibelungen* nicht mehr weitergeführt.
Dirigent: Georg Solti

Teatro Comunale Florenz,
20. Februar 1980
Die Walküre
Szene Fricka – Wotan aus dem 2. Akt. Der Regisseur Luca Ronconi und der Bühnenbildner Pier Luigi Pizzi nahmen ihre in Mailand 1974 begonnene und abgebrochene Inszenierung in Florenz wieder auf. Das »wilde Felsengebirge« Richard Wagners ist hier ein großes Zimmer in Walhall. Die drei Rheintöchter, das Gold umschwimmend, als Bildzitat in der Hintergrundmitte. Fricka fährt wieder auf ihrem, seit dem Ende des 19. Jahrhunderts abgeschafften, Widdergespann vor.
Dirigent: Zubin Mehta, Fricka: Carol Wyatt, Wotan: Siegmund Nimsgern

Kasse anstand, dann in Basel, in Venedig, wo die Erda-Szene im *Rheingold* wegen des ungeheuren Beifalls wiederholt werden mußte, in Bologna, im Apollo-Theater in Rom in Anwesenheit des italienischen Königspaares, in Turin, Triest und Budapest. Die unterschiedlichen Bühnenmaße und die oft unzulänglichen technischen Einrichtungen stellten die Erfindungsgabe und das Improvisationstalent besonders der Techniker vor schwierige Aufgaben. Viele Theater waren auch zunächst vorsichtig, mit Neumann einen Vertrag abzuschließen, da die Gerüchte über die technischen Schwierigkeiten oft ins Sagenhafte übertrieben wurden. Besonders die farbigen Dämpfe müssen ein Schreckenswort gewesen sein. Aber der Erfolg machte den Theaterleitern Mut, sich mit ihrem eigenen Ensemble an dem schwierigen Werk zu versuchen, und der *Ring* konnte sich durchsetzen.

Bayreuther Festspiele 1876
Siegfried
Bühnenbildentwurf für den
1. Akt – Mimes Höhle – von
Joseph Hoffmann. Siegfried
schmiedet das Schwert
Nothung.

Bayreuther Festspiele 1876
Siegfried
Bühnenbildentwurf für den
2. Akt – tiefer Wald – von
Joseph Hoffmann. Dargestellt
ist Siegfrieds Kampf mit dem
Drachen. Diese szenische
Anordnung – links hinten der
Drachenkampf, vorne rechts die
Linde – blieb bis in die 30er
Jahre unseres Jahrhunderts
gleich.

Angelo Neumann erhielt 1889 eine Einladung, in Petersburg und Moskau mit dem *Ring* zu gastieren. Unter den Gästen der von Karl Muck dirigierten Vorstellungen befanden sich auch der Zar Alexander III. und in Moskau Leo Tolstoi. Als Leiter der Deutschen Landesbühne in Prag hat Neumann auch dort den *Ring* inszeniert und die sogenannten Maifestspiele mit Aufführungen der Werke Richard Wagners eingeführt. Diese Festspielidee wurde dann von verschiedenen Theatern übernommen, so zum Beispiel in Wiesbaden, Köln oder Zürich.

Erst 20 Jahre nach der Uraufführung, im Jahre 1896, kam es auch in Bayreuth wieder zu einer Neuinszenierung des *Ring des Nibelungen*. Cosima, für die Regie verantwortlich, wollte einerseits ein getreues Wiedereinrichten der Urform von 1876, andererseits das damals nicht Gelungene nach ihren Vorstellungen ändern, was sie mit dem Hinweis auf Wagners persönliche Mitteilungen an sie zu legitimieren wußte. Anders als Wagner übertrug sie den Entwurf und die Ausführung der Bühnenbilder einem routinierten Theaterdekorationsmaler, Max Brückner aus Coburg. Er lieferte eine malerisch perfekte, tüchtige Atelierarbeit, aber eine das Äußerliche, das »Historich-Konventionelle« überwindende geistige Leistung war von ihm nicht zu erwarten. Chamberlain sprach von der »sattsam bekannten Brücknerschen Mache ohne eine Spur Erfindung und Genialität«. Aber das war auch nicht von ihm verlangt worden. Cosima rühmt gerade die »gewissenhafte, liebevolle Beachtung aller Angaben der Dichtung« und besonders »die treue Erinnerung der Angaben vom Jahre 76« (4. 9. 1894). Brückners Skizzen sind freie Nachgestaltungen der Entwürfe von 1876, allerdings ohne deren Schwung und Dramatik. Alles wirkte schwerer, massiger; zum Abschattieren setzte Brückner reichlich seine bekannten Brauntöne ein. Es fällt die Überfülle kleinteiliger, naturalistisch schildernder Details auf. Besondere Sorgfalt verwendete Cosima auf die Kostüme. Das Fiasko von 1876 sollte sich nicht wiederholen. Die Figurinen der Götter entwarf der Maler Hans Thoma, das übrige Personal Arpad Schmidhammer. Das Bemühen um eine einfachere, klarere Linienführung, ohne den »ethnographischen Unsinn« Doeplers, ist deutlich festzustellen.

Wieweit Cosimas Bemühen um Realistik ging, kann hier nur an einigen Details gezeigt werden: Für den Walkürenritt setzte sie kostümierte Kinder auf Holzpferdchen ein, die vor dem Hintergrundprospekt vorüberzogen, ebenso für die Götter im brennenden Walhall. Am Schluß des 2. Aktes *Götterdämme-*

Deutsches Landestheater Prag, 1905
Siegfried
Szene aus dem 1. Akt – Siegfried schmiedet das Schwert Nothung – auf einer Fotopostkarte. Noch immer Kulissendekoration, nur der Amboß und Mimes Herd links waren praktikabel.
Siegfried: Gottfried Krause, Mime: Josef Pauli

Königliches Opernhaus Berlin, 1913
Siegfried
Brünnhildes Erwachen in der Neueinstudierung durch den Generalintendanten Georg von Hülsen anläßlich der 100. Wiederkehr des Geburtstages Richard Wagners. Während an kleineren Bühnen und in Wien die szenischen Reformen begonnen hatten, dominierte an der Berliner Hofoper noch der Wagner-Stil des 19. Jahrhunderts.
Bühnenbild: Hans Kautsky, Dirigent: Leo Blech, Brünnhilde: Melanie Kurt, Siegfried: Walter Kirchhoff

Städtische Bühnen Frankfurt am Main, 1925
Siegfried
Bühnenbildentwurf für den 2. Akt – Drachenkampf – von Ludwig Sievert. In den 20er Jahren wurde verschiedentlich versucht, den Drachenkampf nicht mehr im Dunkel, sondern vorne an der Rampe spielen zu lassen. Der Drache, zentral in der Mitte, von rückwärts gesehen, kam aus der Versenkung.

rung wurden (künstliche) Opferstiere auf Rollen hereingeführt, auch die Widder, die Fricka, die »göttliche Geheimräthin« (Eduard Hanslick), zogen, fehlten nicht. War ihr wirklich nicht aufgegangen, daß man einem solchen Werk mit Bühnenrealismus am allerwenigsten beikommen konnte? In dieser Beziehung war sie noch ganz dem 19. Jahrhundert verhaftet. Ihre eigentliche Domäne war die Arbeit mit den Sängern, und was sie hier an Routine und Schlamperei, an eingebildetem Star- und Virtuosentum ausgemerzt hat, ist nicht zu unterschätzen. Sie verlangte äußerste Präzision. Improvisation und Spontaneität ließ sie nicht zu. Ihr Stil ist deshalb auch als seelenlos oder mechanisch, als Dressur und Marionettenspiel verurteilt worden. Oberstes Gesetz war der musikalische Ausdruck, und der Text, der nach Wagners Definition im Musikdrama von grundlegender Bedeutung ist, muß stets verständlich sein.
Mehr als andere Inszenierungen ist Cosimas *Ring*, neben dem *Parsifal das* Bayreuther Werk, zum Vorbild und Muster für die anderen Bühnen geworden. Die großen Opernhäuser engagierten die Bayreuther Sänger und setzten auf die Zugkraft des Namens »Bayreuth«. Die Dekorationen bestellte man sich bei Brückner, dessen Theateratelier durch die Verbindung mit Bayreuth zum florierenden Unternehmen wurde. Seine Bühnenbilder wurden auch von anderen Ateliers, die auf Serienanfertigung spezialisiert waren, kopiert, so daß die *Ring*-Dekorationen weltweit eine gewisse Uniformität aufwiesen.

Während der erste Gesamtzyklus in New York erstmals 1889 gespielt wurde und mit den großen Sängerstars über Jahrzehnte auf dem Programm blieb, erlebte die Pariser Oper die erste vollständige *Ring*-Aufführung in französischer Sprache 1911, in deutscher Sprache 1929. In Deutschland dagegen wagten sich auch die kleineren Stadttheater an den Zyklus. Rudolf Hartmann hat in seinen Erinnerungen eine köstliche Schilderung davon gegeben, wie am Theater in Bamberg 1924 mit geringen Mitteln, aber mit viel Phantasie und Enthusiasmus der *Ring des Nibelungen* auf die Bühne gebracht wurde. Städtische Elektriker mußten bemüht werden, fehlende Dekorationen ersetzte man mit schwarzen Vorhängen, die städtische Lokomobile lieferte den Dampf für den Feuerzauber, der dann so gewaltig ausfiel, daß der ganze Zuschauerraum miteinbezogen war, während es Brünnhilde auf ihrem Felsen zu heiß wurde. Zahllose Anekdoten von *Ring*-Inszenierungen sind überliefert, bei denen der Drache oder die Schwimmapparate nicht funktionierten, oder auch der Amboß, der unter Siegfrieds Schwertstreich nicht zerspringen wollte; Legenden ranken sich um all die Rösser, die Grane dargestellt haben. Natürlich reizten diese oft unzulänglichen Bemühungen der Theater die Karikaturisten und Witzemacher. Es wimmelte von Bärenfellgermanen, und der Begriff »Walküre« ist in die Umgangssprache eingegangen.
Der Dekorationsstil, für den hier der Name Brückner steht, war eine Spätblüte, ein End-

Staatsoper Berlin, 15. März 1926
Siegfried
Bühnenbildentwurf für den 3. Akt – Erda-Szene – von Emil Pirchan. Eindrucksvoller, wie so oft, im Entwurf als in der Realisierung. Erdas Gewand Gesteinsformationen, aus denen der magisch beleuchtete Riesenkopf als gespenstische Maske erschien.
Regie: Franz Ludwig Hörth, Dirigent: Erich Kleiber

Städtische Oper Berlin, 1932
Siegfried
Siegfrieds Drachenkampf im 2. Akt. Plastisches Bühnenbild. Es wurde nun üblich, nicht mehr den ganzen Drachen, sondern nur noch den krokodilartigen, Feuer und Rauch speienden Kopf zu zeigen.

Bayreuther Festspiele 1934
Siegfried
Max Lorenz als Siegfried bei den Bayreuther Festspielen der 30er Jahre. Sein Name war zu dieser Zeit fast ein Synonym für die Rolle Siegfrieds. Er hat den Heldentyp geprägt, der lange als verbindlich für Siegfried galt.

Nationaltheater München, 22. Dezember 1940
Siegfried
Szene Mime – Wanderer aus dem 1. Akt. Wie hier bei Ludwig Sievert ist auch bei den anderen modernen Bühnenbildnern nach dem Ersten Weltkrieg und in den 20er Jahren feststellbar, daß ihre stilisierende Phantasie sich in den *Siegfried*-Bildern nicht auf der Höhe der übrigen Bühnenbildentwürfe befand.
Regie: Rudolf Hartmann, Dirigent: Clemens Krauß, Mime: Erich Zimmermann, Wanderer: Hans Hermann Nissen

Städtische Bühnen Danzig
Siegfried
Der 1. Akt in Danzig, ein Beispiel für die Verbreitung des Stils von Emil Preetorius

Teatro alla Scala Mailand, 22. März 1950
Siegfried
Siegfried durchschreitet das Feuer. Diese Inszenierung von Otto Erhardt in den Bühnenbildern von Nicola Benois ist vor allem durch die musikalische Leitung von Wilhelm Furtwängler berühmt geworden.

Nationaltheater Mannheim,
2. November 1951
Siegfried
Einer der seltenen Versuche nach dem Zweiten Weltkrieg, sich im Waldbild des 2. Aktes an der zeitgenössischen bildenden Kunst zu orientieren. Gemalte Prospekte auch in den übrigen *Ring*-Werken
Bühnenbild: Rudi Baerwind, Siegfried: Georg Faßnacht

Bayreuther Festspiele 1952
Siegfried
Kein Wald, hinter dem festen Spielpodest eine sich im Dunkel verlierende Höhle, aus der der ungeheure, feuerspeiende Kopf des Drachen wie ein Dinosaurier aufragte.
Regie und Bühnenbild: Wieland Wagner, Dirigent: Joseph Keilberth, Siegfried: Bernd Aldenhoff

Bayreuther Festspiele 1952
Siegfried
Siegfried und Brünnhilde nach Brünnhildes Erwachen. Eines der berühmtesten Bilder des Neubayreuther Stils. Das Paar auf der gewölbten Spielfläche, der »Welt«, allein im Blau des unendlichen Raums. Wie eine bildliche Umsetzung des Wortes von Friedrich Nietzsche über diese Szene: »So rein, einsam, schwer zugänglich, trieblos, vom Leuchten der Liebe umflossen erhebt sich hier die Natur.«
Regie und Bühnenbild: Wieland Wagner, Dirigent: Joseph Keilberth, Brünnhilde: Astrid Varnay, Siegfried: Bernd Aldenhoff

Covent Garden Opera London,
8. Juni 1954
Siegfried
Szene Wanderer – Mime aus dem 1. Akt. Der Bühnenbildner Leslie Hurry, von Haus aus ein Buchillustrator, wollte das Bühnenpodest für alle vier Werke durchgehend als Amboß gestalten, als Symbol für den *Ring*. Der Regisseur Rudolf Hartmann mußte das Podest jedoch aus praktischen Gründen erweitern lassen, wodurch die Amboßform verloren ging.
Dirigent: Fritz Stiedry,
Wanderer: Hans Hotter, Mime: Paul Kuen

Covent Garden Opera London,
8. Juni 1954
Siegfried
Szene aus dem 2. Akt, nach dem Drachenkampf. Rudolf Hartmann hat in seinen Erinnerungen die Schwierigkeiten mit dem Drachen geschildert. Der Regisseur »fiel aus allen Wolken«, als er den Drachen zum ersten Mal sah, »ein giftig-grünes Riesenreptil«, das »den Kopf und das Maul bewegen, mit dem Schwanz schlagen, die Augen glühen lassen und aus den Nüstern Dampf blasen« konnte. Hartmann verlangte, das »Untier« nur weit hinten, im Halbdunkel kaum sichtbar, erscheinen zu lassen.
Bühnenbild: Leslie Hurry,
Dirigent: Fritz Stiedry,
Siegfried: Set Svanholm

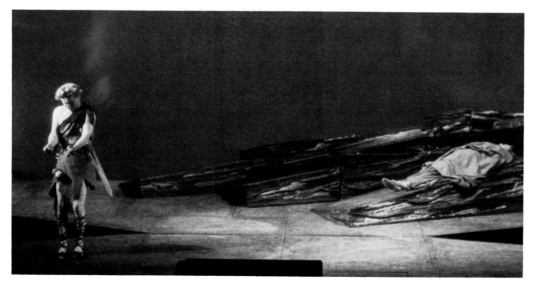

Covent Garden Opera London,
8. Juni 1954
Siegfried
Szene aus dem 3. Akt, Siegfried findet die schlafende Brünnhilde.
Regie: Rudolf Hartmann,
Bühnenbild: Leslie Hurry,
Dirigent: Fritz Stiedry,
Brünnhilde: Margaret Harshaw,
Siegfried: Set Svanholm

punkt der seit dem Barocktheater bestehenden großen Tradition der illusionistischen Bühnenmalerei, bei der der möglichst naturgetreue Eindruck erwünscht war. Er faßte noch einmal die Summe aller bühnenbildnerischen Möglichkeiten des 19. Jahrhunderts zusammen. Aber diejenigen unter den Zuschauern, die hinter dem aufwendigen, bunten Spektakel den Sinn des Werkes suchten, empfanden immer häufiger Unbehagen an diesem Ausstattungs- und Darstellungsstil, der der Bedeutung des Werkes nicht mehr angemessen war, seine geistigen und visionären Dimensionen mit reichen Bühnenmitteln verstellte und die szenischen Vorschriften mechanisch umsetzte.

Romain Rolland, der den *Ring* 1896 in Bayreuth besuchte, ging die »gedankliche Größe«, der »ganze literarische und philosophische Bestandteil« des Stoffes, seine »universelle Bedeutung« auf. Es war ihm, als läse er eine »zweite Ilias«. Sein Vergnügen bei den Aufführungen aber war nur »intellektuell«, diese Einsichten vermittelten ihm Text und Musik und nicht die Inszenierung. George Bernard Shaw, ebenfalls Besucher der Festspiele, erfaßte den *Ring* als große sozialrevolutionäre Parabel. Und Konstantin Stanislawski schrieb, wenn man sich heute über die »Hochpathetik« der Wagnerschen Götter und Helden beklage, so liege das nicht an den Gestalten, sondern nur an der Art der Darstellung.« »Auch ein Wagnerscher Gott kann durch psychologische Erfassung seines innersten Wesens glaubhaft gemacht werden und sich dadurch in eine äußerst wirkungsvolle und uns menschlich nahestehende Bühnenfigur verwandeln.«

Die Wende im Aufführungsstil ging aber nicht von neuartigen oder aktuellen Regiekonzepten aus, auch nicht vom Darstellungsstil, sondern von den Versuchen moderner Bühnenbildner, Wagners Visionen eben als Visionen in eine zeitgemäße Bildsprache zu übersetzen. Und hier muß noch einmal auf die Bedeutung von Adolphe Appia hingewiesen werden, denn seine grundlegenden Ideen sind bei keinem Werk Wagners so zum Tragen gekommen wie gerade beim *Ring des Nibelungen*. Schon 1892 hatte Appia seine Szenarios zum *Ring* verfaßt. »Die hergebrachte Konvention thut unstreitig seiner [Wagners] Vision Gewalt an, anstatt sie zu bereichern«, schrieb er. Wie so oft, entstehen auch Appias zukunftsweisende Ideen aus der Unzulänglichkeit der zeitgenössischen Theaterpraxis. Appias zentrale Erkenntnis war: »Die Musik an sich und durch sich drückt niemals die Erscheinung aus, sondern das innere Wesen der Erscheinung.« Damit war für ihn die Abkehr vom szenischen Naturalismus, der »szenischen Augentäuschung«, folgerichtig.

Deutsche Oper Berlin, 1. März 1967
Siegfried
Szene aus dem 1. Akt. Fritz Wotrubas Blöcke als Mimes Höhle, kulissenhafte Wirkung. Regie: Gustav Rudolf Sellner, Dirigent: Lorin Maazel, Mime: Erwin Wohlfahrt, Siegfried: Wolfgang Windgassen

Königliches Theater Stockholm,
2. April 1969
Siegfried
In der stilisierten Neuinszenierung des *Ring des Nibelungen* Ende der 60er Jahre wurde das ganze Bild des 2. Aktes von einer angedeuteten Linde beherrscht. Ähnlich bei Wieland Wagner in seiner Bayreuther Inszenierung von 1965.
Regie: Folke Abenius, Bühnenbild: Jan Brazda, Dirigent: Silvio Varviso, Siegfried: Helge Brilioth

Königliches Theater Stockholm,
2. April 1969
Siegfried
Charakteristisch für die Stockholmer Neuinszenierung waren die Bühnenbilder von Jan Brazda, der besonders mit Projektionen arbeitete.
Regie: Folke Abenius, Dirigent: Silvio Varviso

Covent Garden Opera London,
17. September 1975
Siegfried
Nachdem Siegfried den Drachen besiegt hat, verwandelt sich das Ungeheuer in den Riesen Fafner zurück. Auch in anderen Inszenierungen der 70er Jahre – so in Leipzig 1975 oder in Bayreuth 1976 – war diese Rückverwandlung zu sehen. Ein Wald aus Hunderten von grünen Plastikstreifen. Der Drache ein riesenhaftes, tausendfüßiges Insekt, das mit seinen gepanzerten Krallen Siegfried attackierte.
Regie: Götz Friedrich, Bühnenbild: Josef Svoboda, Kostüme: Ingrid Rosell, Dirigent: Colin Davis, Siegfried: Helge Brilioth, Fafner: Matti Salminen

Die Aufgabe der Inszenierung muß sein, in dem Rahmen der vom Dichter bestimmten Umgebung »dasjenige zum Ausdruck zu bringen, was dem von der Musik geoffenbarten innersten Wesen der Dinge entspricht«. Die gesamte Inszenierung des *Ring* mußte einer »Modulation« gleichen, die den Wandel und Wechsel der Natur und des menschlichen Lebens auszudrücken vermag. Dazu ist wesentlich eine »Dramaturgie der Beleuchtung« erforderlich, denn das »aktive, gestaltende Licht« kann uns »das ewige wechselnde Bild der Erscheinungswelt voll und lebendig übermitteln«. Dieses Licht nun setzt die Praktikabilität der nicht-realistischen Szene voraus, den »plastischen Raum«. Nur in ihm, und nicht zwischen naturalistisch bemalten Leinwandstreifen, kann der plastische Darsteller in Erscheinung treten. In diesem Raum genügen »andeutend orientierende Zeichen«, denn nur Andeutungen können – und da beruft sich Appia auf Schopenhauer – über die »zufällige Beschaffenheit der sichtbaren Umgebung der Handlung« aufklären. Das *Rheingold* nennt er ein esoterisches Werk, weil es nicht unter Menschen, sondern unter Göttern, Riesen und Zwergen spielt; es verlangt deshalb eine besondere Form: die des »Hieratismus« oder »wenn man lieber will, ...

[der] Stilisierung«, allerdings »ohne willkürliche Abschweifung«. Vom mythischen Urgrund des »Rheingrund« entwickelt sich das Geschehen bis zum Überreichtum der *Götterdämmerung* und endet wieder mit den »hieratischen Elementen« des *Rheingold*.
Cosimas häufig zitierte Ablehnung Appias: »Appia scheint nicht zu wissen, daß 76 der *Ring* hier aufgeführt wurde, folglich in bezug auf Dekorationen und Regie nichts mehr zu erfinden ist« (an Chamberlain, 13. 5. 1896), wurde ihr nur als Engstirnigkeit ausgelegt, aus der Sicht der Nachwelt nicht zu Unrecht. Versucht man aber, ihre Motivation zu begreifen, den Willen ihres Mannes posthum zu verwirklichen, dann erklärt sich, daß hier nicht nur die Auffassungsweisen zweier verschiedener Generationen sich gegenüberstehen, sondern daß eine grundsätzlich andere Annäherung an das Werk vorlag. Appias Ideen wurden für Bayreuth erst fruchtbar, als die Enkel des Komponisten den »Meisterwillen« nicht buchstabengetreu, sondern ideell auslegten.
Die szenischen Reformer, die sich vom Bayreuther Muster abkehrten, basierten auf Appias Ideen, auch wenn eine direkte abhängige Linie nicht immer eindeutig ist. Wie schon bei *Tristan und Isolde* ging auch hier die Initiative

Städtisches Theater Leipzig, 25. Oktober 1975
Siegfried
Szene Wanderer – Erda aus dem 3. Akt. »Aus der Welt eisiger Mitte zwingt Wotan Erda herauf ... Ihr Blick erblindet' schon lange« (Joachim Herz). »Gegen Unverbindlichkeit – für Phantasie« war die Devise des Regisseurs und des Bühnenbildners Rudolf Heinrich. Das Bühnenbild dient zur Klärung des Inhalts. Erda taucht, zum steinernen Denkmal erstarrt, auf Wotans Ruf aus der Erde auf. Der »Urmutter Weisheit« ist zu Ende. Die Götter werden untergehen.

Bayreuther Festspiele 1978
Siegfried
Brünnhildes Erwachen in der Inszenierung von Patrice Chéreau. Die Leistung von Gwyneth Jones als Brünnhilde von 1976 bis 1980 hat diese Inszenierung entscheidend mitgeprägt.
Bühnenbild: Richard Peduzzi, Kostüme: Jacques Schmidt, Dirigent: Pierre Boulez, Siegfried: René Kollo

Nationaltheater Mannheim, 6. Mai 1979
Siegfried
Mimes Höhle im 1. Akt als eine Mischung aus Maschinenhalle und Werkstatt, in der Mitte Mimes Kochherd. Seit den Kasseler und Leipziger Inszenierungen (1973 und 1975) wurde Mimes Höhle durch Requisiten kleinbürgerlicher Wohnkultur charakterisiert.
Regie: Friedrich Meyer-Oertel, Bühnenbild: Herbert F. Kapplmüller, Dirigent: Hans Wallat, Wanderer: Franz Mazura, Mime: Jakob Rees

Gran Teatro del Liceo Barcelona, 1980/81
Siegfried
Die illusionistische Kulissendekoration von José Mestres Cabanes, ganz in der Tradition der Bühnenmalerei des 19. Jahrhunderts, war bei den Aufführungen 1980/81 noch im Gebrauch.
Siegfried: Manfred Jung

vom Wiener Hofoperndirektor Gustav Mahler aus. Mahler begann mit Alfred Roller seit 1905 eine neue Erarbeitung, die durch seinen unfreiwilligen Weggang 1907 nach der *Walküre* unterbrochen und unter dem Dirigenten Felix von Weingartner bis 1910 zu Ende geführt wurde. Der Bruch nach Mahlers Ausscheiden ist nicht zu verkennen. Erstmals löste sich eine Bühne bewußt vom Bayreuther Vorbild. Es gab kein Roß Grane mehr und keine Widder für Fricka; der Walkürenritt wurde nur durch Projektionen jagender Wolken angedeutet. Besonders eindrucksvoll muß der 2. Akt *Walküre* gewesen sein mit einer riesenhaften plastischen Dolomitenlandschaft, in deren Dimensionen auch die Götter klein und verloren wirkten. Spürbar war der Wille, das Elementare der Natur mit wirkungsvollen modernen Mitteln zu veranschaulichen. Mußte Mahler diesen Versuch abbrechen, weil er zu früh kam? Dem Wiener Publikum fiel es nicht leicht, dem neuen Stil zu folgen.

Auch Hans Wildermann vertraute man in Köln, nachdem er sich bei den dortigen Opernfestspielen ebenfalls mit *Tristan und Isolde* 1911 zu weit gewagt hatte, im folgenden Jahr die Neuausstattung des *Ring* nicht alleine an, sondern er mußte sich diese Aufgabe mit Heinrich Lefler und Hraby tei-

len. Erst in Dortmund 1920/21 und in Düsseldorf 1926 konnte er die Neuinszenierungen alleinverantwortlich ausstatten. Auch bei ihm ist im *Rheingold* die mystische Kluft des Rheines zwischen dem festen Aufbau des Vordergrundes und dem von Projektionen angeleuchteten Hintergrund zu sehen, ein Aufbau, auf dem Appia bestanden hatte. Den 1. und 2. Akt *Siegfried* gestaltete er ganz naturalistisch; generell ist dazu zu sagen, daß alle Stilisierungen vor dem Wald im 2. Akt versagten. Daß Wildermann am Schluß des Zyklus nach dem Brand Walhalls ein großes Kreuz auf dem Rundhorizont erscheinen ließ, sagt mehr über seine esoterisch-christlichen Neigungen aus, als daß es dem Werk eine neue Schlußdeutung gegeben hätte.
Außerhalb der großen Opernzentren war es anscheinend leichter, szenische Neuansätze auszuprobieren. Ludwig Sievert hat mit dem Regisseur Franz Ludwig Hörth 1912/13 in Freiburg im Breisgau erstmals eine konsequent stilisierte Neudeutung erarbeiten können. Sievert hat seine Bühnenbilder auch noch 1917 in Baden-Baden, 1925 in Hannover und 1926/27 in Frankfurt (Regie: Lothar Wallerstein) neu aufgelegt, wobei sich allerdings vieles von ihrer Ursprünglichkeit in der bloßen Variation abgeschliffen hat. Sievert verwendete in Freiburg erstmals durchgehend die Drehbühne und den Rundhorizont. Im *Rheingold* standen die Götter auf dem Segment einer Erdkugel in einem freien, nirgendwo durch Kulissen eingeengten Raum. Die »Vision einer mythischen Landschaft« sollten seine *Rheingold*-Bilder vermitteln. Fraglich bleibt allerdings, wie sich auf einer Kurtheaterbühne wie in Baden-Baden mit nur

Teatro Comunale Florenz, 25. Januar 1981
Siegfried
Szene aus dem 3. Akt. Der Felsen in Form einer breiten Treppe, von einem spiegelnden Pfeiler unterbrochen. Oben das Lager, auf dem Brünnhilde schlief. In der Wand hinten spiegelt sich das Roß Grane. Regie: Luca Ronconi, Bühnenbild: Pier Luigi Pizzi, Dirigent: Zubin Mehta

◁ Teatro Comunale Florenz,
25. Januar 1981
Siegfried
Szene Siegfried – Mime aus
dem 1. Akt. Mimes Höhle als
Fabrikhalle, als Schwert-
schmiede. Der Wald ist nur ein
Bildzitat.
Regie: Luca Ronconi, Bühnen-
bild: Pier Luigi Pizzi, Dirigent:
Zubin Mehta, Siegfried: Jean
Cox, Mime: Gerhard Unger

Bayreuther Festspiele 1876
Götterdämmerung
Szenenillustration von Knut
Ekwall aus der »Leipziger
Illustrierten Zeitung«,
September 1876, nach
Eindrücken von den ersten
Bayreuther Festspielen.
Dargestellt ist Siegfrieds
Trauerzug aus dem 3. Akt.

8 Meter Tiefe die Wirkung eines unendlichen Raumes einstellen sollte.
In Stuttgart hat Felix Cziossek zwischen 1917 und 1921 eine Neuinszenierung ausgestattet, die sich weder an Sage noch an Geschichte hielt, sondern den Mythos in Bild und Aktion aufzuzeigen versuchte. Leo Pasetti entwarf am Nationaltheater in München 1921/22 die Bühnenbilder für die Neuinszenierung, die Bruno Walter musikalisch leitete, und bei der Anna Bahr-Mildenburg, die berühmte Isolde und Kundry, Regie führte. Die Mildenburg war durch die Schule Cosimas gegangen und hatte sich deren ausgefeilte Gestenregie angeeignet. Um so höher ist es zu bewerten, daß sich Pasetti streng an Appia hielt. In München galt damals immer noch der Stil der Uraufführungen. Das Prinzregententheater, ein Konkurrenzunternehmen zu den Bayreuther Festspielen, hatte 1903 bei Brückner eine Atelierdekoration bestellt, eine detailgetreue Bayreuth-Kopie, und warb bei seinem Touristenpublikum mit diesem Namen. Pasetti, ein bis heute in seiner Bedeutung nicht angemessen bewerteter Künstler, hat sehr malerische Entwürfe geschaffen, die zwar auf Appias Überlegungen basieren, sie aber in seine individuelle Bildsprache übersetzen.
Mehr der Stilrichtung des Expressionismus verpflichtet waren die ausdrucksstarken, von scharfen Hell-Dunkel-Kontrasten geprägten Bühnenbilder, die Emil Pirchan 1928/29 für die Preußische Staatsoper Berlin (Regie: Franz Ludwig Hörth) und Oskar Strnad 1930 für das Opernhaus in Dresden schufen. Hörths und Pirchans Inszenierung löste die von Hans Kautsky im Jahr 1912/13 ausgestattete ab. Kautsky war noch der bühnenmaleri-

schen Tradition des 19. Jahrhunderts verhaftet, versuchte aber, die zeitgenössische Technik einzusetzen, was nicht immer gelang. Der Einzug der Götter in Walhall zum Beispiel wurde von einem Kinematographen auf den Horizont projiziert, aber die ruckartigen Bewegungen der gefilmten Darsteller folgten nicht dem Fluß der Musik und zerstörten die Illusion. Pirchans und Hörths Inszenierung war eine Kopie ihrer Arbeit am Neuen Deutschen Theater in Prag 1924, bei der Alexander von Zemlinsky die musikalische Leitung hatte. Es war eine gelungene Synthese von Regie und Bild. Die stilisierte Durchformung erfaßte ebenfalls die Kostüme mit ihren starken Symbolfarben. Auch die neue Bühnentechnik ordnete sich der Dramaturgie unter. In der Verwandlung zum 3. Bild *Rheingold* beispielsweise wurden die Götter in die Höhe gehoben, und unter ihnen tauchte Alberichs Reich, die Unterwelt, auf. Bei der Rückverwandlung verschwand dieses Bild wieder in der Versenkung. Auch der Walkürenfelsen wies nicht mehr die weich-fließenden Formen der Jugendstil-Künstler auf, sondern war schroff gezackt. Ein »szenisches Wunder« wurden der Weltenbrand am Schluß der *Götterdämmerung* und das Überfluten des Rheins genannt. Pirchan ging es darum, die Bilder im *Ring* als die »Offenbarung des innersten Traumbildes vom Wesen der Welt« zu erfassen.

Als »expressionistische Farblichtmusik« haben Saladin Schmitt und Johannes Schröder in Duisburg 1922/23 den *Ring* inszeniert; die starkfarbigen Bilder quollen aus dem Dunkel der Bühne. Der Walkürenfelsen kam aus der Versenkung, fuhr nach vorne, wurde nochmals angehoben und erglühte von innen.

All diese vielfältigen und fruchtbaren Reformversuche in Deutschland fanden mit dem Dritten Reich ihr Ende und wurden 1933 oder in den folgenden Jahren abgelöst von Inszenierungen, die sich von den Stilisierungsbemühungen der jetzt »entarteten« Kunstrichtungen distanzierten und wieder realistische, monumentale Landschaften auf die Bühne stellten, die aber oft genug eher kleinlich und hausbacken als heroisch wirkten. Auch die Germanen-Ideologie der NS-Zeit hat gerade dieses Werk in manchmal grotesker Weise für ihre Ziele herangezogen. In Hamburg wurde – um nur ein Beispiel zu nennen – bei der Neuinszenierung 1937 durch Oskar Fritz Schuh (Dirigent: Eugen Jochum) im Foyer eine Ausstellung von germanischen Bodenfunden und Schmuckstücken veranstaltet. Ein Paar in germanischer Tracht war zu sehen und ein strohgedecktes Bauernhaus. Lebensformen, Trachten und Kunsthandwerk der Germanen sollten aufgewertet, das Bild vom barbarischen und kulturlosen Germanen im Bärenfell sollte korrigiert werden. Was das allerdings mit dem *Ring* zu tun hatte, bleibt unerfindlich.

Auch in diesem Zusammenhang ist wieder festzustellen, daß Bayreuth in diesen Jahren, auch wenn es der Parteiführung als Rahmen für große Auftritte und als repräsentatives kulturelles Aushängeschild diente, sich nicht gleichschalten ließ und inmitten des staatlich verordneten Naturalismus einen eigenständigen Weg zu gehen versuchte, trotz der außergewöhnlich heftigen Angriffe gegen die Neuinszenierung des als zu sachlich empfundenen *Ring* gerade in den Jahren 1933 und 1934. Emil Preetorius sah die Ereignisse im *Ring* als »Gleichnisse« im großen Sinne und als »Urbilder ewigen Geschehens«. Er vermied alles, was auf eine historisch fixierbare Epoche hätte hinweisen können. Das Kernproblem war für ihn, daß Wagner »für seine eindringlich schildernde Musik als deren sinnvolle Ergänzung ... eine gewisse Naturnähe« braucht, »die keineswegs im geistlosen Sinne naturalistisch sein muß, Wagners Musik verlangt diese naturhaften Elemente und Vorgänge im gleichen Sinne wie sie das Wort verlangt als zusammenspannendes Gerippe.« Preetorius wollte vom »Naturalistisch-Illusionistischen« zu einer »symbolhaft vereinfachten Gestaltung« kommen, was ihm allerdings nur in einigen Bildern exemplarisch gelang, da er sich gerade in Bayreuth an das »treue Befolgen aller Regie- und Szenenvorschriften Wagners« gebunden fühlte. Er übersetzte zwar Wagners szenische Angaben in seine eigene Bildersprache, aber die räumliche Anordnung der einzelnen Bildelemente, in Bayreuth seit 1876 beachtet, ließ er großenteils unangetastet. Noch immer steht die Walkürentanne links vom Felsen, noch immer ist die Gibichungenhalle zentralperspektivisch gesehen, noch immer bilden Eckpfeiler und Dachaufbau der Halle die rechte seitliche Szenenbegrenzung im 2. Akt der *Götterdämmerung*.

An der Wiener Staatsoper war die *Götterdämmerung* am 30. Juni 1944 unter Hans Knappertsbusch die letzte Vorstellung vor der Schließung des Hauses wegen des totalen Krieges. Der Weltenbrand war grauenhafte Wirklichkeit geworden, und auch viele Theater sanken in Schutt und Asche.

Auf zwei aus der allgemeinen Entwicklung herausragende, aber folgenlos gebliebene Inszenierungen muß hier noch hingewiesen werden. Es sind die Inszenierungen des *Rheingold* und der *Walküre* in Basel 1924/25 in der Regie von Oskar Wälterlin und den

Hofoper Wien, 14. Februar 1879
Götterdämmerung
Bühnenbildentwurf für den 1. Akt – Gibichungenhalle – von Carlo Brioschi. Der Entwurf für die Wiener Erstaufführung ist nicht an Bayreuth orientiert, sondern ganz in dem bunten und reich ornamentierenden Stil, in dem Brioschi die großen Opern mit exotischen Schauplätzen ausstattete. Auch hier hatte Carl Emil Doepler, wie in Bayreuth 1876, die Kostüme entworfen.

Hoftheater Kassel, 1890
Götterdämmerung
Bühnenbildentwurf für den 2. Akt – Uferraum vor der Gibichungenhalle – von Oertel. Autorisiert durch das Bayreuther Bühnenbild von 1876, hielt sich diese szenische Anordnung bis in die 30er Jahre unseres Jahrhunderts und vereinzelt sogar noch länger. Rechts die Eckpfeiler der Gibichungenhalle, daneben der Uferraum, im Hintergrund der Rhein.

234

Bayreuther Festspiele 1896 und später
Götterdämmerung
Eine Version des Schlußbildes in der Inszenierung von Cosima Wagner und den Bühnenbildern von Max Brückner aus dem Jahr 1896, die in den folgenden Jahren durch Siegfried Wagner zum Teil wesentlich verändert wurden. Die eingestürzte Gibichungenhalle, dahinter der Rhein, der die Bühne überfluten wird, auf dem Prospekt das brennende Walhall mit seinen Göttern. Dafür wurde bis 1924 bengalisches Licht verwendet.

Hofoper Wien, 21. November 1910
Götterdämmerung
Bühnenbildentwurf für den 1. Akt – Gibichungenhalle – von Anton Brioschi, Kopie nach Alfred Roller. Der letztere hatte für Gustav Mahlers Neuinszenierung die Bühnenbilder entworfen. Doch die ausdrucksvolle, auf den Wikingerzierat verzichtende Halle gefiel den Wienern nicht. Das »rätselhafte Blockhaus« wurde als »Bräustübel«, als »Schießstätte« oder als »Regattapavillon einer Schifferausstellung« bezeichnet.

Königliches Opernhaus Berlin, 1913
Götterdämmerung
Gibichungenszene in der Neueinstudierung durch den Generalintendanten Georg von Hülsen anläßlich der 100. Wiederkehr des Geburtstages Richard Wagners. Die Halle ist, wie in Bayreuth, zentralperspektivisch ausgerichtet und reich mit Tierköpfen, nordischen Schnitzereien und Teppichen ausgestattet.
Dirigent: Leo Blech, Gutrune: Lilly Hafgren-Waag, Hagen: Paul Knüpfer, Gunther: Herr Wiedemann

Bühnenbildern von Adolphe Appia, und die Inszenierung der *Walküre* durch Sergej Eisenstein am Bolschoi-Theater in Moskau 1940.
Nachdem Appia in Mailand 1923 *Tristan und Isolde* ausgestattet hatte, lud Wälterlin ihn ein, mit ihm zusammen in Basel den *Ring des Nibelungen* zu gestalten. Er wollte den *Ring* als »lebendigen Gegenwartsmythus« inszenieren, denn er war für ihn »nicht ein Museum historischer Gestalten, sondern etwas vom Alleraktuellsten; ... er spricht aus, was als ewige menschliche Tragödie im Leben sich abspielt und was gerade in den letzten Jahren wieder einmal in gigantischer Weise offenbar geworden ist.« Appia bekam endlich die Chance, das Werk, dem seine wichtigsten Überlegungen gegolten hatten, auf einer Bühne zu gestalten. »Mögen ihm, der so lange gewartet hat, allzu herbe Enttäuschungen erspart bleiben!« wünschte Wälterlin, aber das war vergebens.
Schon die technische Einrichtung der Basler Bühne machte Kompromisse notwendig; es gab noch keinen Rundhorizont, der unerläßlich für Appias Raumwirkung gewesen wäre. Er mußte das Rampenlicht verwenden, das er in seinen theoretischen Schriften so kategorisch abgelehnt hatte; auch die sonstige Beleuchtungs-Ausstattung war dürftig. Walhall konnte nicht projiziert werden, sondern wurde auf den Hintergrundprospekt gemalt. Offene Verwandlungen waren nicht möglich, ebenso mußte Appia auf den Regenbogen verzichten. Er behalf sich mit einem System von Treppen, kubenförmigen Podesten und mit Vorhängen, die die Seiten abdeckten. Wälterlin sprach zwar davon, daß es einer »Entzauberung des Theaters« bedürfe, aber von Appia erwartete man sich eine authentische und keine behelfsmäßige Realisierung seiner Ideen.
Es stellt sich jedoch die Frage, ob auf einer technisch perfekt ausgerüsteten Bühne alles anders, besser gelungen wäre. Appia hatte sich weiterentwickelt. Er stilisierte nicht mehr, sondern entwarf jetzt abstrakte, geometrische Räume. Inzwischen hatte er in Hellerau und Genf mit Jacques Dalcroze gearbeitet. Im *Rheingold* bewegten sich die Rheintöchter in grauen, tunika-artigen Gewändern in einem eurhythmischen Tanz. Vielleicht kam dieses ganze Experiment für Appia zu spät. Seine Ideen aus *Die Musik und die Inszenierung* lagen jetzt schon fast 30 Jahre zurück, möglicherweise hatte er sie gar nicht mehr im Sinn, sie noch zu verwirklichen. Sein neuer Stil galt als abstrakt, zu kalt, ohne Atmo-

237

sphäre. Das Unternehmen mußte wegen der Proteste des Publikums abgebrochen werden; Appia hat seinen *Ring* auf der Bühne niemals ganz realisieren können.
Sergej Eisenstein hatte, als er den Auftrag zur Inszenierung der *Walküre* bekam, bis zu den Proben nur zehn Tage Vorbereitungszeit. Die Premiere fand am 21. November 1940 statt. Sie war eine offizielle politische Geste dem Deutschen Reich gegenüber, das mit Rußland im Sommer 1939 einen Grenz- und Freundschaftsvertrag abgeschlossen hatte. Eisenstein wollte eine »innere audiovisuelle Einheit in der Aufführung« herstellen, die »bildhafte Musik« verlange nach einer »visuellen Bildgestalt«. »Sichtbarkeit, Gegenständlichkeit, stoffliche Fühlbarkeit, Aktualität« und die Mobilität von Menschen und Dekoration waren seine Stichworte. Die Aufführung sollte »in ihrem Wesen realistisch, in der Struktur mythologisch, in ihren verallgemeinerten Formen episch und in der wechselnden Vielfalt der musikalischen und bildlichen Zeichnung emotional« sein. Mit darstellerischen Mitteln wollte Eisenstein in der »Tiefe unseres eigenen Bewußtseins jene Schichten [in Bewegung bringen], in denen das gegenständliche und poetische, sinnliche und mythologische Denken noch sehr stark ist«. Er ging von dem Prinzip aus, daß alles, was während der Handlung besprochen oder auch nur erwähnt wird, im Bild sichtbar gemacht werden müsse, denn in der mythologischen Denkweise ist die Erzählung so gegenständlich wie die Tatsache als solche. Dazu erfand er die sogenannten mimischen Chöre, die die Monologe in Aktion umsetzten.
Sieglindes Erzählung im 1. Akt wurde von einer Pantomimengruppe dargestellt. Hunding war von einer Meute begleitet und Fricka von einer Widdergruppe in goldenen Fellen, halb Mensch und halb Schaf, die auf ihre Vorwürfe reagierten und die sie zügelte und peitschte. Beim »Walkürenflug« wurden die von Wagner vorgeschriebenen acht Walküren von weiteren Walkürengruppen umschwirrt. Die Musik dazu sollte aus Lautsprechern kommen, die sich über das ganze Theater, über den Zuschauerraum, die Treppen, die Foyers verteilten; aber das ließ sich technisch nicht durchführen. Die mimischen Chöre hatten als bewegliche Masse die Hauptpersonen einzuhüllen. Da auf dieser mythischen Vorstufe der Mensch sich noch nicht als Individuum begreifen kann, sollten sie als Bindeglied zwischen den Hauptfiguren und der Umwelt, der Natur agieren. Im mythischen Zustand ist der Mensch eins mit der Natur, deshalb greift auch die Natur aktiv in die Handlungen der Menschen ein. Im Kampf Siegmunds gegen Hunding hoben sich die Felsen und fielen wieder zusammen, im Einklang mit der Aktion der Sänger. Es sollte »an der Grenze zwischen Tonfilm und Musikdrama eine wechselseitige schöpferische Befruchtung von Kino und Theater [stattfinden], ohne Unterdrückung der Originalität jedes einzelnen, aber beide an die Lösung neuer Aufgaben führend«.
Der *Ring des Nibelungen*, für den Richard Wagner sein Festspielhaus konzipiert hat, ist neben dem *Parsifal* das Hauptwerk der Festspiele. Seit 1951 stand er, mit Ausnahme der Jahre 1959, 1981 und 1982, alljährlich auf dem Spielplan. Die fünf Inszenierungen, an denen ständig weitergearbeitet, verbessert und weitergedacht wurde, haben schon aufgrund der kontinuierlichen Präsenz des Werkes ein besonderes Gewicht. Sie konnten auch den Neuinszenierungen an anderen Opernhäusern Impulse vermitteln und die Auseinandersetzung gerade mit diesem Werk lebendig erhalten. Wieland Wagner hat den *Ring* in Bayreuth 1951 und 1965 inszeniert, Wolfgang Wagner 1960 und 1970; dazu kamen noch Gastspiele und Gastinszenierungen in Deutschland, Spanien, Italien, Belgien, Frankreich und Japan. Wielands Inszenierung von 1951 stand in den ersten beiden Jahren noch in der Bayreuther Tradition der behutsamen Stilisierung. Der Bruch und die konsequente Anwendung der Ideen Appias erfolgten erst 1953/54. Wieland suchte hinter

Bolschoi-Theater Moskau, 1911
Götterdämmerung
Siegfried, Hagen und Gunther, Germanen auf russisch.
Siegfried: J. Alzewski, Hagen: W. Petrow, Gunther: L. Piogow

Städtische Bühnen Frankfurt am Main, 1925
Götterdämmerung
Bühnenbildentwurf für den 1. Akt – Gibichungenhalle – von Ludwig Sievert. Immer noch zentralperspektivisch, aber ohne nordische Ausstattung. Sechs roh behauene, mit wenigen Ornamenten verzierte Baumstämme tragen das Dach. Hinten das Ufer des Rheins, an dem Siegfried in seinem Schiff mit blutrotem Segel landete. Diesen Entwurf hatte Sievert auch schon 1912 in Freiburg im Breisgau verwirklicht.

Staatsoper Berlin, 17. Mai 1929
Götterdämmerung
Bühnenbildentwurf für den 2. Akt – Uferraum vor der Gibichungenhalle – von Emil Pirchan. In diesem stilisierten Entwurf wird noch die seit der Uraufführung 1876 übliche szenische Anordnung gewahrt.

Staatsoper Berlin, 17. Mai 1929
Götterdämmerung
Entwurf für das Vorspiel – Nornenszene – von Emil Pirchan. Erdas Töchter, die drei Nornen, ähnlich aus der Erde wachsend wie ihre Mutter in *Siegfried*. In der Mitte die Nornentanne.

Nationaltheater Mannheim, 1932/33
Götterdämmerung
Szene aus dem 3. Akt. In dieser Weise, mit ein paar herabstürzenden Balken und einem Projektionshintergrund, haben besonders kleinere Bühnen den dramatischen Einsturz der *Ring*-Welt dargestellt. Rechts und links im Vordergrund der Chor, der – nach Wagners Szenenanweisung – »mit höchster Ergriffenheit dem wachsenden Feuerschein am Himmel« zusieht.

Neues Theater Leipzig, 1936 ▷
Götterdämmerung
Siegfrieds Ankunft zu Schiff und mit Brünnhildes Roß Grane vor der Gibichungenhalle. In dieser Gestaltung war die Szene dem Theaterpublikum der 20er und 30er Jahre vertraut.
Regie: Wolfram Humperdinck, Bühnenbild: Karl Jacobs

Neues Theater Leipzig, 1936
Götterdämmerung
Schlußszene, am Horizont das brennende Walhall, der Chor mit hocherhobenen Händen, links hinten die drei Rheintöchter. Charakteristisch für den Inszenierungsstil der 30er Jahre.
Regie: Wolfram Humperdinck, Bühnenbild: Karl Jacobs

Nationaltheater München,
29. Juli 1941
Götterdämmerung
Eine Aufnahme aus der
Neuinszenierung von Rudolf
Hartmann, die während der
Aufführung gemacht wurde.
Bühnenbild: Ludwig Sievert,
Dirigent: Clemens Krauß,
Brünnhilde: Gertrude Rünger

Nationaltheater München,
29. Juli 1941
Götterdämmerung
Szene aus dem 3. Akt. Siegfried
und die Rheintöchter in der
Neuinszenierung von Rudolf
Hartmann und dem Bühnenbild
von Ludwig Sievert.
Dirigent: Clemens Krauß,
Siegfried: Günther Treptow

Teatro alla Scala Mailand,
2. April 1950
Götterdämmerung
Szene aus dem 2. Akt. Ankunft
Gunthers und Brünnhildes vor
der Gibichungenhalle. Statt der
Rheinlandschaft ein heroisches
Felsengebirge, die Halle wie ein
etruskisches Grabgebäude.
Regie: Otto Erhardt, Bühnenbild: Nicola Benois, Dirigent:
Wilhelm Furtwängler

Teatro alla Scala Mailand, 2. April 1950 Götterdämmerung Bühnenbildentwurf für den 3. Akt – das Rheintal mit Siegfrieds Trauerzug – von Nicola Benois. Stimmungsvolles Gemälde einer heroischen Landschaft im Schein der untergehenden Sonne.

dem äußeren Verlauf der Handlung das geistige Drama, das sich nicht im realistischen Raum, an Handlungsorten abspielen kann, sondern in einem Symbol-Raum. Dazu wurde erstmals das Licht, das Musik in Bewegung und Farbe umsetzen (nicht illustrieren) kann, als Ausdrucksmöglichkeit konsequent eingesetzt. »Hieratisch« im Sinne Appias war der Darstellungsstil. Auf dem Spielpodest wirkten die Personen überhöht wie auf den Kothurnen des griechischen Theaters.

Günther Rennert ging bei seiner Hamburger Inszenierung 1956 mit dem Bühnenbildner Helmut Jürgens auch »von der Bayreuther Szene aus«, war aber der Meinung, »daß die Embleme und Symbole konkret ausgesprochen werden müssen«. Denn das Theater braucht den »Gegenstand«, den Bayreuth abgeschafft hatte, »das greifbare Symbol, Baum, Herd, Tür ... und was dergleichen sinnerfüllte Realitäten mehr sind«. Auch für ihn sind »Raum, Licht und Farbe ... die wesentlichen Elemente des heutigen Musiktheaters, [aber] der Mensch in seiner realen Masse, seinen Bewegungen, mimischen und gestischen Ausdrucksmöglichkeiten bleibt doch ... das Maß aller Dinge, auch des Theaters«.

Auch Wolfgang Wagner hat in seiner Inszenierung von 1960 nicht Prinzipien, sondern

Metropolitan Opera New York, Dezember 1951
Götterdämmerung
Szene aus dem 1. Akt. Wiederum zentralperspektivische Halle, aus einem Balkengerüst und Vorhängen. Diese Aufnahme entstand bei einer Probe, die Sänger tragen noch keine Perücken.
Bühnenbild: Lee Simonson, Dirigent: Fritz Stiedry, Gutrune: Regina Resnik, Siegfried: Set Svanholm, Hagen: Deszö Ernster, Gunther: Paul Schöffler

Bayreuther Festspiele 1955
Götterdämmerung
Die Nornenszene aus dem Vorspiel in Wieland Wagners erster *Ring*-Inszenierung in Bayreuth. Wieland verzichtete auf die Tanne; dafür Konzentration auf die drei statuenhaften Figuren und das Seil.
Dirigent: Joseph Keilberth

Bayreuther Festspiele 1958
Götterdämmerung
Szene aus dem 2. Akt in der ersten Bayreuther *Ring*-Inszenierung Wieland Wagners. Ein leerer Raum ohne die Eckpfeiler der Halle. Charakteristisch die Kreisform. Der Mannenchor einheitlich gekleidet, am Rand des Kreises aufgestellt, die Protagonisten in der Orchestra.
Dirigent: Hans Knappertsbusch, Gunther: Otto Wiener, Brünnhilde: Astrid Varnay, Hagen: Josef Greindl, Siegfried: Wolfgang Windgassen, Gutrune: Elisabeth Grümmer

Landestheater Hannover,
7. September 1958
Götterdämmerung
Szene aus dem 1. Akt. Die Halle in äußerster Vereinfachung. Die Dreiecksspannung zwischen den Personen symbolisiert in dem Balkendreieck, das über der Szene hängt.
Regie: Kurt Ehrhardt,
Bühnenbild: Rudolf Schulz

Königliches Theater Stockholm,
26. März 1970
Götterdämmerung
Die Nornen im Vorspiel statuarisch vor der »leuchtenden Lohe« in einem Gewirr von Seilen.
Regie: Folke Abenius,
Bühnenbild: Jan Brazda,
Dirigent: Silvio Varviso

die Menschen im *Ring* gezeigt. Er ging zwar ebenfalls von der vom Rundhorizont umschlossenen Ringscheibe aus, die als Orchestra mit dem Amphitheater des Zuschauerraums im Einklang stand und »Welt« bedeutete, erschloß aber der abstrakten Bühne eine neue Dreidimensionalität, indem er die Lichtregie mit architektonischen Elementen verband. In dem Trauerspiel von Macht und Liebe waren einzig Brünnhilde und Siegfried ein »helles Paar«, herausgehoben aus den anderen durch ihr fast weißes Kostüm.

Bei seiner Inszenierung von 1965 führte Wieland Wagner der Weg von der leeren Bühne »zwangsläufig zu abstrakten, plastischen Formen und ›moderner‹ Farbigkeit«. Er hatte entdeckt, daß die Partitur »Hieroglyphen und Chiffren [enthält], die Wagner zukünftigen Generationen als Aufgabe« hinterlassen hat, und versuchte, »die Analogie für die musikalischen Chiffren der Ring-Partitur in archetypischen Bildern ... zu finden«. Um das feste Spielpodest errichtete er plastische Elemente, wuchtige Zeichen. Der Mensch im

Salzburger Osterfestspiele 1970
Götterdämmerung
Der *Ring des Nibelungen* zwischen Symbolik und Realismus. Differenzierte Lichttechnik. Die Halle auf der breiten Festspielhausbühne nach dem Steinrund von Stonehenge gestaltet.
Regie und musikalische Leitung: Herbert von Karajan, Bühnenbild: Günther Schneider-Siemssen, Kostüme: Georges Wakhevitch, Hagen: Karl Ridderbusch, Gunther: Thomas Stewart, Gutrune: Gundula Janowitz

Staatstheater Kassel,
28. April 1974
Götterdämmerung
Die Halle des mächtigen, aber verkommenen Gibichungengeschlechts in der Architektur der Berliner Reichskanzlei.
Regie: Ulrich Melchinger, Bühnenbild und Kostüme: Thomas Richter-Forgách, Dirigent: James Lockhart

Städtisches Theater Leipzig,
28. März 1976
Götterdämmerung
Szene aus dem 2. Akt. Der Brautzug Gunthers und Siegfrieds als »Großer Bahnhof« in einer Eisenhalle, mit roten Teppichen und Fahnen, deren Farben und Embleme auf Aktuelles anspielten. Unten rechts Gutrune in einem modernen Brautkleid. Die Treppen und Podeste boten gute Spielmöglichkeiten für die Auftritte und Umzüge des Chores.
Regie: Joachim Herz, Bühnenbild und Kostüme: Rudolf und Reinhard Heinrich, Dirigent: Gert Bahner

Städtisches Theater Leipzig,
28. März 1976
Götterdämmerung
Wotan auf dem Programmzettel der *Götterdämmerung* hatte es bis dahin noch nicht gegeben. Joachim Herz und Rudolf Heinrich inszenierten Siegfrieds Trauermusik als pathetisch-melancholisches Abschiednehmen Wotans von seiner Heldenidee.
Dirigent: Gert Bahner

Bayreuther Festspiele 1977
Götterdämmerung
Der Speereid im 2. Akt. Die intensiven schauspielerischen Leistungen der Sänger unter der Regieführung von Patrice Chéreau haben für die Wagner-Darstellung neue Maßstäbe gesetzt.
Bühnenbild: Richard Peduzzi,
Kostüme: Jacques Schmidt,
Dirigent: Pierre Boulez,
Siegfried: Manfred Jung,
Brünnhilde: Gwyneth Jones,
Hagen: Karl Ridderbusch

Bayreuther Festspiele
1976–1980
Götterdämmerung
Brünnhilde, weißer Vogel in einer dunklen Welt, Racheengel und Göttin, singt ihren Schlußgesang, im Hintergrund der brennende Scheiterhaufen mit Siegfrieds Leiche. Sobald Walhall verbrannt war, wandte sich der Chor um und hörte, Auge in Auge mit dem Publikum, der Schlußmusik zu, wie einem »Orakel« (Patrice Chéreau), das aus dem Abgrund des Orchesters wie aus dem delphischen Abgrund aufstieg und das Frage, Skepsis und Hoffnung bedeuten konnte.
Regie: Patrice Chéreau,
Bühnenbild: Richard Peduzzi,
Kostüme: Jacques Schmidt,
Dirigent: Pierre Boulez,
Brünnhilde: Gwyneth Jones

Ring wurde »in all seinen archetypischen Existenzmöglichkeiten dargestellt«. Es ging um die »stets wiederholten Auseinandersetzungen des männlichen und des weiblichen Lebensprinzips«. In der Zeitlosigkeit liegt die Aktualität dieses Prinzips.

Wieland Wagner hatte sich gewünscht, daß ein Bildhauer wie Henry Moore archaisch-plastische Bilder zum *Ring des Nibelungen* entwürfe. Gustav Rudolf Sellner konnte für seine Inszenierung an der Deutschen Oper Berlin 1967 den Bildhauer Fritz Wotruba gewinnen. Günther Schneider-Siemssen und Herbert von Karajan haben in ihren Inszenierungen an der Met in New York in den 60er Jahren und bei den Salzburger Osterfestspielen 1967–1970 den Raum der Handlung als dem Menschen übergeordnet dargestellt. In einer Kombination von Malerei, Projektionen und plastischen Bauteilen waren diese weiten, schwingenden Raumbilder Ausdruck der Größe und der elementaren Kraft der Natur.

In seiner Inszenierung von 1970 vervollkommnete Wolfgang Wagner die Projektionstechnik und die *Ring*-Scheibe und interpretierte sie neu. Zu Beginn ist sie das Inbild einer in sich ruhenden und noch heilen Welt. Parallel zur Entwicklung des Dramas werden ihre fünf Grundelemente geneigt, aufgeteilt, verschoben, überschnitten, bis sich zu den Schlußakkorden die Scheibe wieder zu ihrer Urform schließt, Symbol der Versöhnung und der Hoffnung auf den Homo Novus, den neuen Menschen. Aber die Schlußfrage, ob »Utopia oder Wiederholung« aus der Katastrophe entstehen wird, bleibt offen.

In den 70er Jahren begann ein neues und aufregendes Kapitel in der Interpretationsgeschichte des *Ring*. Zunächst veranlaßte das bevorstehende Jahr 1976, das 100jährige Jubiläum der Uraufführung in Bayreuth, verschiedene Opernhäuser, eine Neuinszenierung zu planen. Wiederum ging die Initiative zunächst von mittleren Opernhäusern aus. Kassel begann im Jahr 1970, Leipzig 1973,

Staatsoper Stuttgart,
18. Dezember 1977
Götterdämmerung
Szene aus dem 1. Akt. Siegfried wird willkommen geheißen. In Jean-Pierre Ponnelles Regie und Bühnenbild ist die Gibichungenhalle das bunte Zelt eines orientalischen Potentaten. Die Rheinlandschaft ein Bühnenbildzitat aus dem 19. Jahrhundert.
Dirigent: Silvio Varviso

Teatro Comunale Florenz,
13. Juni 1981
Götterdämmerung
Die Gibichungenhalle besteht hier aus fünf, von zwei Pfeilern flankierten Säulen. Siegfried tritt von links auf. Als Säulenloggia hatte auch Richard Peduzzi seine Bayreuther Halle 1976 gebaut.
Regie: Luca Ronconi, Bühnenbild: Pier Luigi Pizzi, Dirigent: Zubin Mehta

dann folgten London und die Scala 1974 und Genf 1975. Der Stil von Neubayreuth, der von der Zeitlosigkeit des Mythos ausgegangen war, schien nicht nur ausgeschritten, man wollte sich auch bewußt von diesem Vorbild absetzen. Wo spielt der *Ring des Nibelungen,* in welcher Zeit, an welchem Ort, das war die Ausgangsfrage. Die Aktualität dieses Werkes wurde nicht mehr in seiner Zeitlosigkeit, sondern gerade in seiner Zeitbezogenheit entdeckt. Das bedingte einen konkreten, nicht mehr archaisierenden Bühnenstil, anstelle von Ortlosigkeit eine genaue Ortsbestimmung.

Die neue Beurteilung des 19. Jahrhunderts, in dem man die Wurzeln und Zwänge der eigenen kulturellen und sozialen Bedingungen grundgelegt sah, rückte auch hier ins zentrale Feld der Überlegungen. Die gesellschaftlichen Fragen des 19. Jahrhunderts, Ideologie-Geschichte und Ideologie-Kritik, bestimmten die Interpretation, und die Rezeptions- und Wirkungsgeschichte des Werkes wurden mitinszeniert. Den *Ring* verstand man als politische Parabel oder als Allegorie und stellte das Problem des Machtmißbrauchs scharf heraus, der in unserem Jahrhundert zu Weltkatastrophen geführt hatte. Wotan wird nicht mehr als ein von antiker Tragik umwitterter Gott bemitleidet, sondern als Bankrotteur entlarvt und als Verbrecher angeklagt. Der Drang, Aufklärung über den *Ring des Nibelungen* zu betreiben, hat manchmal aber auch dazu geführt, gegen das Publikum pädagogische Maßnahmen zu ergreifen. Die geistige Auseinandersetzung mit dem *Ring*, die ja ebenso schon vorher und oft auf sehr hohem gedanklichem Niveau stattgefunden hatte, sollte radikalisiert, das Publikum provoziert werden. Sicherlich hing das zusammen mit dem Aufbruch der sogenannten 1968er Generation und ihrer radikalen Denk- und Handlungsweise.

Die 70er Jahre waren auch das Jahrzehnt der *Ring*-Skandale. Aber diese Provokation löste bei dem Teil des Publikums, der sich auf die Verstörung einließ, auch Betroffenheit und Nachdenklichkeit aus. Die klassischen Werke des Schauspiels wurden in diesen Jahren gleichfalls radikal neu interpretiert, aus der Unverbindlichkeit in die Aktualität gerettet. Der *Ring des Nibelungen* wurde aber nicht nur überaus ernst genommen oder entlarvt, man entdeckte ihn auch als ein Stück phantastischen Theaters, als großes Theaterabenteuer. Wie in der bildenden Kunst gab es auch auf dem Theater keinen verbindlichen Stil mehr. Je nach dem Interpretationsansatz inszenierte man den *Ring* im Stil der Gründerzeit, der frühen Industrialisierung, der Pop Art, des Dritten Reiches, der deutschen Folklore oder des Konstruktivismus, wobei die Technik der Collage nicht nur einen Beziehungsreichtum herstellte, sondern auch auf die Brüche im Werk hinweisen sollte.

Wolfgang Wagner hat die Neuinszenierung des *Ring* im Jubiläumsjahr 1976 bewußt einem jungen ausländischen Team anvertraut. Patrice Chéreau führte Regie, Richard Peduzzi entwarf das Bühnenbild, Jacques Schmidt die Kostüme; der Dirigent war Pierre Boulez. Die selbstgestellte Frage lautete: Hat das Werk, das jetzt 100 Jahre alt wird, der jungen Generation noch etwas zu sagen, und was hat es zu sagen? Chéreaus Inszenierung versuchte, die Totalität des Werkes auf die Bühne zu bringen in der vollständigen Umsetzung von Musik und Text in Theater, in szenische Aktion und Bild. Diese neue Sicht führte im Premierenjahr 1976 zu Stürmen des Protestes, wie sie das Festspielhaus noch nicht gekannt hatte, und in ihrem letzten Jahr 1980 zu Beifallsfesten, wie sie auch in der Festspielgeschichte selten waren.

Der Ausgangspunkt für Chéreaus Interpretation waren die Bedingungen individueller Freiheit in einem Machtsystem, wie es von Wotan und Alberich gehandhabt wird. Individuelle Freiheit wird von den Göttern nur insoweit zugelassen, als sie der Erhaltung oder Wiedererlangung der Macht dient. Auch die Freiheit des angeblich »freiesten Helden« Siegfried ist von Wotan programmiert. »Wotan braucht eine Freiheit ohne Bewußtsein, ohne Wissen, er braucht einen ahnungslosen Handlanger, um von Grund auf derjenige bleiben zu können, der die Macht hat und wissend ist ... Siegfried kann also nicht mehr der strahlende Held sein«, er ist »gelähmt durch das Nichtwissen seiner selbst«.

Im Gegensatz zu anderen Regisseuren inszenierte Chéreau aber nicht nur den politischen Aspekt – Mißbrauch der Macht und Ausbeutung –, sondern auch Wagners Gegenentwürfe einer schöneren, jugendlich-hoffnungsfrohen Möglichkeit des Menschseins: die Liebe von Siegmund und Sieglinde, von Siegfried und Brünnhilde. Und er inszenierte auch die Bitterkeit und Trauer über diese zerstörte, verratene und betrogene Liebe, die dem Machtwillen geopfert wird. In Wagners Rückkehr zur germanischen Mythologie sah Chéreau den Versuch, einer ganzen Epoche ein kulturelles Fundament, eine Vergangenheit zu geben und gleichzeitig darin die Gesinnung der eigenen Epoche darzustellen. Der *Ring des Nibelungen* ist für ihn eine »Allegorie des 19. Jahrhunderts«, die »im Gewand des Mythos« aber auch von uns selbst erzählt. Der Mehrschichtigkeit der Werksicht entsprach ein Inszenierungsstil, der Bildelemente verschiedener Epochen und Stilrichtungen zeichen- und zitathaft einsetzte und zu einem assoziationsreichen Sinnganzen verband.

Es ist auffallend, daß seit 1976 verschiedene Versuche mit dem *Ring* scheiterten, abgebrochen wurden oder aufgeschoben werden mußten. Hingewiesen sei auf Paris, Frankfurt, Nürnberg, Wien, auf die Scala und Hamburg. Das lag nicht nur daran, daß der Zyklus gerade jetzt als schwieriges Werk galt, das die ganze Leistungsfähigkeit eines Opernhauses herausforderte, sondern auch an Stil- und Interpretationsproblemen. In Wien zum Beispiel wurde das Konzept von Harry Kupfer (Regie), Peter Sykora (Bühnenbild) und Reinhard Heinrich (Kostüme) als zu progressiv abgelehnt, die Realisierung durch Filippo Sanjust aber dann nach der *Walküre* als zu konventionell abgebrochen. Es hat den Anschein, daß eine gewisse Ratlosigkeit eingetreten ist. Zu hoffen bleibt, daß sie sich zu einer fruchtbaren Denkpause wandelt, die zu neuen Interpretationsansätzen führt.

Bühnenfestspielhaus Bayreuth.

Am 26. und 28. Juli
für die Mitglieder des Patronat-Vereins,
am 30. Juli, 1. 4. 6. 8. 11. 13. 15. 18. 20. 22. 25. 27. 29. Aug. 1882

öffentliche Aufführungen des

PARSIFAL.

Ein Bühnenweihfestspiel von RICHARD WAGNER.

Personen der Handlung in drei Aufzügen:

Amfortas	Herr Reichmann.	Kundry		Frau Materna.
Titurel	„ Kindermann.			Fräulein Brandt.
				„ Malten.
Gurnemanz	„ Scaria.	Erster	Gralsritter	Herr Fuchs.
	„ Siehr.	Zweiter		„ Stumpf.
	„ Winkelmann.			
Parsifal	„ Gudehus.	Erster		Fräulein Galfy.
	„ Jäger.	Zweiter	Knappe	„ Keil.
		Dritter		Herr Mikorey.
Klingsor	„ Hill.	Vierter		„ v. Hübbenet.
	„ Fuchs.			

Klingsor's Zaubermädchen:

Sechs Einzel-Sängerinnen:

I. Gruppe { Fräulein Horson. / „ Meta. / „ Pringle.

II. Gruppe { „ André. / „ Galfy. / „ Belce.

und Sopran und Alt in zwei Chören, 24 Damen.

Die Brüderschaft der Gralsritter, Jünglinge und Knaben.

Ort der Handlung:

Auf dem Gebiete und in der Burg der Gralshüter „Monsalvat"; Gegend im Charakter der nördlichen Gebirge des gothischen Spaniens. — Sodann: Klingsor's Zauberschloss, am Südabhange derselben Gebirge, dem arabischen Spanien zugewandt anzunehmen.

Beginn des ersten Aufzugs 4 Uhr.
„ „ zweiten „ 6½ „
„ „ dritten „ 8½ „

Parsifal

Ende April 1857 übersiedelte Richard Wagner in das Asyl neben der Villa Wesendonck in Zürich. »Nun brach auch noch schönes Frühlingswetter herein; am Karfreitag erwachte ich zum ersten Male in diesem Hause bei vollem Sonnenschein: das Gärtchen war ergrünt, die Vögel sangen, und endlich konnte ich mich auf die Zinne des Häuschens setzen, um der langersehnten verheißungsvollen Stille mich zu erfreuen. Hiervon erfüllt, sagte ich mir plötzlich, daß heute ja ›Karfreitag‹ sei, und entsann mich, wie bedeutungsvoll diese Mahnung mir schon einmal in *Wolframs Parzival* aufgefallen war. Seit jenem Aufenthalte in Marienbad ... hatte ich mich nie wieder mit jenem Gedichte beschäftigt; jetzt trat sein idealer Gehalt in überwältigender Form an mich heran, und von dem Karfreitags-Gedanken aus konzipierte ich schnell ein ganzes Drama, welches ich, in drei Akte geteilt, sofort mit wenigen Zügen flüchtig skizzierte.«

Diese Erzählung aus *Mein Leben* ist von den Wagner-Interpreten als der Beweis für die Sonderstellung des *Parsifal* im Gesamtwerk und für die nahtlose Einheit von Leben und Werk angeführt worden. Seit der Veröffentlichung der Tagebücher Cosimas wissen wir aber, daß es sich auch bei dieser Erzählung um einen »Inspirationsmythos« handelt. Wagner glaube, sich in der Biographie geirrt zu haben, nur die Stille im Garten habe die Karfreitagsstimmung zurückgerufen, notierte Cosima unter dem 13. Januar 1878. Und am 22. April 1879: »Eigentlich alles bei den Haaren herbeigezogen ..., denn es war kein Karfreitag, nichts, nur eine hübsche Stimmung in der Natur, von welcher ich mir sagte: so müßte es sein am Karfreitag.«

Mystifikation auf der einen Seite und auf der anderen das gelassene Zurücknehmen kennzeichnen nicht nur Richard Wagners eigenen Standpunkt; Mystifizierung und ihre entschiedene Ablehnung haben auch die ungewöhnliche Rezeptions- und Wirkungsgeschichte dieses besonderen Werkes bestimmt. Die Bekanntschaft mit dem Stoff ging also auch auf jenen Marienbader Sommer von 1845 zurück. Parzival und der Gral erscheinen dann wieder im Textbuch des *Lohengrin*, im *Wibelungen*-Aufsatz und in den Konzepten zu *Tristan und Isolde*. Die Prosaskizze, die er 1857 im Asyl konzipiert haben will, ist eigenartigerweise niemals mehr aufgetaucht. Hat sie vielleicht nur in seinem Kopf existiert? Allerdings spricht er im Tagebuch für Mathilde Wesendonck vom 1. Oktober 1858 deutlich vom Inhalt des 3. Aktes, dem Karfreitagsmorgen, und am 2. März 1859, in Venedig am *Tristan* arbeitend, unterrichtet er Mathilde: »Namentlich geht mir eine eigentümliche Schöpfung, ein wunderbar weltdämonisches Weib (die Gralsbotin) immer lebendiger und fesselnder auf.«

Mathilde Wesendonck hatte ihm die Ausgabe *Parsifal, Rittergedicht von Wolfram von Eschenbach* von San Marte (2. Auflage 1858) geschickt. Über den »idealen Gehalt« mag er sich damals schon im klaren gewesen sein, aber mit dem Inhalt von Wolframs episodenreichem Rittergedicht hatte er, wie er an Mathilde schrieb, noch größere Schwierigkeiten als mit seinen anderen mittelalterlichen Stoffen, denn »Meister Wolfram« hat es sich zu leicht gemacht; er hat »von dem eigentlichen Inhalte rein gar nichts verstanden«, hängt »Begebnis an Begebnis, Abenteuer an Abenteuer, ... und läßt dem ernst gewordenen die Frage, was er denn eigentlich wollte?« Er habe den »schlechten französischen Ritterromanen« nachgeschwatzt »wie ein Star«.

Wagner erkannte zwar, daß auch diese christliche Sage einen »auswärtigen, heidnischen Ursprung« hat, daß die spanischen Mauren sie schon kannten, und daß in der Kaaba zu Mekka ein aus vormohammedanischen Religionen stammender Stein verehrt wurde, daß in der christlichen Version Joseph von Arimathia die Abendmahlschale, in der bei der Kreuzigung »das unvertilgbare Blut des Erlösers selbst aufgefangen und aufbewahrt ward«, nach Frankreich brachte; und in diesen Passagen seines Briefes wird deutlich, wie der Stoff ihn jetzt beeindruckte und er-

Bayreuther Festspiele,
26. Juli 1882
Programmzettel der
Uraufführung

Bayreuther Festspiele
1882–1933
Der Gralstempel der Uraufführung, der 51 Jahre lang gleich blieb. Über einem von Säulen und Bogen getragenen Sechseck die Kuppel, die sich in der Höhe verliert. Aus dieser Kuppel erklangen die sogenannten Höhenchöre. Die Seitenschiffe für die Aufzüge der Chöre. Italienisierender romanischer Baustil. Dargestellt ist die Schlußszene.

Bayreuther Festspiele
1882–1933
Die Karfreitagsaue der Uraufführung. An den mächtigen Baumstämmen ranken sich Blumen in rosigen Frühlingsfarben hoch, auch die Wiese auf dem Hintergrundprospekt ist mit Blumen übersät. Links die Einsiedlerhütte des Gurnemanz, rechts die Szene der Salbung Parsifals. Keine plastische Szenerie, sondern durchbrochene Kulissen.

regte. Aber zu groß ist sein Entsetzen, daß ihm, während er mit letzter Anspannung die Leidensszene Tristans im 3. Akt komponierte, wiederum eine »grundböse« Arbeit aufgegangen war, und daß die Leiden des Amfortas gegenüber denen Tristans eine »undenkliche Steigerung« bedeuteten. Er wehrte sich heftig gegen den Gedanken an eine solche Arbeit: »Und so etwas soll ich noch ausführen? und gar noch Musik dazu machen? – Bedanke mich schönstens! Das kann machen, wer Lust hat; ich werde mirs bestens vom Halse halten! –« Denn er müßte den ganzen Sachverhalt, den Wolfram in Tausenden von Versen beschrieb, in »drei Hauptsituationen von drastischem Gehalt so zusammendrängen, daß doch der tiefe und verzweigte Inhalt klar und deutlich hervortritt.« Gott soll ihn vor einer solchen Arbeit bewahren! Er nimmt Abschied von dem »unsinnigen Vorhaben; das mag Geibel machen und Liszt mag's komponieren« (29./30. 5. 1859).
Trotzdem ließ ihn der Stoff nicht mehr los. Der Parzival sei in ihm wach gewesen, schrieb Wagner Anfang August 1860 aus Paris an Mathilde. »Ich sehe immer mehr und heller darin.« Im Programm vom Januar 1865, das er für König Ludwig II. entwarf, war die Ur-

aufführung für 1872 geplant. »Wie wunderbar! – der König verlangt sehnlich von Parzival zu hören«, trug er am 26. August 1865 in sein *Braunes Buch* ein. Und am nächsten Tag begann er mit der Niederschrift des großen Prosa-Entwurfs. Am 30. August setzte er unter das fertige Manuskript die Bemerkung: »So! Das war Hilfe in der Not!!« Der Entwurf ruhte dann, da zunächst die *Meistersinger von Nürnberg* und der *Ring des Nibelungen* fertiggestellt werden mußten.

»Parzival« blieb in ihrem Briefwechsel die vertrauliche Anrede für den König. Schon während der turbulenten Vorbereitungszeit für die ersten Festspiele freute sich Wagner auf die Arbeit am *Parsifal* (diese Schreibweise benutzte er seit 1877). Eigentlich wollte er dem König die fertige Dichtung zu Weihnachten 1876 schenken, doch die Probleme, die sich aus dem Defizit der ersten Festspiele ergaben, ließen ihn nicht zum ruhigen Arbeiten kommen. Als sich am 10. Januar 1877 der Verleger Strecker in Wahnfried nach dem *Parsifal* erkundigte, notierte Cosima in ihr Tagebuch: »Ach! Parzival, wann erglänzt dein Stern?« Endlich am 25. Januar eröffnete ihr Richard Wagner: »Ich beginne den Parzival und laß nicht eher von ihm, als er fertig ist.« Cosima mußte vor Freude laut lachen. Zwischen dem 25. Januar und dem 23. Februar arbeitete er den großen, teilweise schon dialogisierten Prosa-Entwurf aus. Die Dichtung entstand zwischen dem 14. März und dem 19. April. Wagner erinnerte sich bei dieser Arbeit, daß er das letzte Mal vor 15 Jahren in Paris ein Textbuch, das der *Meistersinger von Nürnberg,* verfaßt hatte.

Die Kompositions- und die Orchesterskizze, an denen er gleichzeitig arbeitete, tragen das Anfangsdatum 25. September 1877. Sie wurden am 16. bzw. 26. April 1879 abgeschlossen. Damit war für ihn die Hauptarbeit am *Parsifal* getan. »Aus« schrieb er unter die Skizzen. Auch die Ausführung in der Partitur wurde noch in Bayreuth, am 23. August 1879, begonnen, dann während des langen Italienaufenthaltes vom Januar bis Oktober 1880 fortgesetzt. Mit dem 2. Akt begann er am 6. Juni 1881, wiederum in Bayreuth. Fertiggestellt wurde er am 20. Oktober. Bei einem neuerlichen Italienaufenthalt nahm er in Palermo am 8. November die Arbeit am 3. Akt auf. Die fertige Partitur lag am 13. Januar 1882 vor. Die Schlußeintragung »Palermo, Für Dich!« ist vom 25. Dezember 1881 datiert; denn Wagner wollte Cosima zu ihrem Geburtstag die fertige Partitur schenken und mußte deswegen diesen Schlußeintrag vorwegnehmen.

In ihren Tagebüchern hat Cosima die Entstehung des *Parsifal* minuziös festgehalten. Es muß eine glückliche Zeit für Wagner gewesen sein; am 5. Januar 1878 sagte er ihr: »Es war mir wohl zu gönnen, daß ich ein Mal ein

Adolphe Appia, Entwurf für das Bühnenbild des 1. Aktes, Wald im Gebiet des Grales, 1896
Appias richtungsweisender Entwurf. Der Wald von Baumstämmen geformt, die wie Säulen wirken, nur oben Ansatz von Laub, wie das Dach dieser Säulenhalle. Im Hintergrund der heilige See und die sanften Konturen einer Berglehne.

Werk unter solchen guten Umständen schuf.« Es bangte ihn aber vor der großen Szene zwischen Kundry und Parsifal im 2. Akt, obwohl er schon manches in dieser Art gemacht habe, zum Beispiel die Venusszene im *Tannhäuser*. Mozart habe nur einmal eine solche Szene wie die des Komturs im *Don Giovanni* komponiert. Gegen Parsifals Schrei in der genannten Szene sei Tristans Fluch ein reiner Spaß gewesen, und Cosima antworte scherzhaft: »Da mußt du rasch für den Patronatsverein ein anderes Werk entwerfen« (9. 4. 1878). Auch über die »gräßliche Blutgeschichte, welche die ganze Konzentration der Extase« forderte, klagte er. Aber die Zufriedenheit und das Glück des Gelingens überwiegen. Im 1. Akt ging er nur »sparsam mit sensitiven Intervallen« um, doch bei der Blumenmädchenszene greift er wieder zu seinem »alten Farbentopf« (5. 4. 1878). Er müsse bei der Komposition zwar »exzentrische Farben« einsetzen, aber seine Kunst bestünde darin, »daß sie nicht als Exzentrizitäten wirkten« (14. 11. 1881).

Aus den Tagebüchern tritt uns auch ein Zug in Wagners Persönlichkeit entgegen, der so gar nicht zum Vorurteil des feierlichen und sendungsbewußten *Parsifal*-Komponisten paßt, und das ist seine Fähigkeit, »augenblicklich das Ernsteste in Unsinn umzuschlagen« (6. 8. 1878). Man müsse auch »mit dem Erhabensten scherzen können«, meinte er (24. 12. 1877). Von seinem Gralsmarsch sagte er, das sei der »rechte Bademarsch«, und er müsse nach Marienbad oder Bad Ems gehen, um ihn zu hören (27. 12. 1877). »Ich habe Amfortas das Maul gestopft« verkündete er Cosima, als er mit der Komposition seiner Klage fertig war (18. 1. 1878). Das weltdämonische Weib Kundry nannte er sein »altes Ur-Frauenzimmer« (17. 4. 1878), und Klingsor einen »musikalisch-dramatischen Meerrettich«. Als Cosima und Richard eines Tages bei Tisch Karlsbader Oblaten aßen, meinte er, so etwas müßten auch seine Gralsritter essen, denn Butterbrote könne er ihnen doch nicht geben, »aber am Ende essen sie sich fest und wollen gar nicht fort« (23. 9. 1878). Als aber dann bei einer Probe ein Chorsänger sich über die Gralsbrote lustig machte, wurde es ihm heftig verwiesen.

Richard Wagner hat seinen *Parsifal* ein »Bühnenweihfestpiel« genannt, eine Erweiterung und Vertiefung des Begriffes »Bühnenfestspiel«, den er schon für den *Ring des Nibelungen* benutzt hatte. Die Weihe lag hier in der besonderen Thematik des Werkes und dem dadurch bedingten Aufführungsstil. Er begründete die Benennung zunächst ganz praktisch. Da das »mystisch bedeutsame Liebesmahl« seiner Gralsritter keiner der beliebten »Kirmes-Schmäuse« sei, dachte er sich sein Festspielhaus für diese Art der Darstellung als »besonders geweiht«. Auch die Arbeitsauffassung seines künstlerischen und technischen Personals, dem es nicht um persönlichen Erfolg, sondern um das richtige Gelingen des Ganzen gegangen sei, konnte er nur »als mit der Wirkung einer Weihe« bezeichnen, »welche ohne irgend eine Weisung, frei über Alles sich ergoß« (*Schlußbericht*).

Parsifal ist Wagners radikalster Versuch, dem veräußerlichten Opernheater seiner Zeit eine Würde und Aussagekraft wiederzugeben, wie sie das Theater der griechischen Antike in seiner Themenstellung und seiner Verbindung zum Kult und das religiöse Theater des Mittelalters und des Barock in seinen Mysterienspielen besessen hatte. Mozarts *Zauberflöte* mit ihrer ethischen Aussage und, auf dem Gebiet der Symphonik, Beethovens 9. Symphonie mit ihrem Schlußchor waren für ihn die letzten Glieder in dieser abendländischen Traditionskette. Seinem eigenen säkularisierten und materialistisch orientierten Zeitalter, das an Fortschritt, Wissenschaft und das Kapital glaubte und dem er gerade im Alter sehr kritisch gegenüberstand, da er es als zutiefst inhuman empfand, versuchte er mit *Parsifal* ein Fundament der Humanität zu geben, dem zum Prinzip erhobenen Egoismus die Idee des Mitleidens mit dem Anderen, Schwächeren entgegenzustellen.

Metropolitan Opera New York, 24. Dezember 1903
Der Gralstempel der New Yorker »Gralsraub«-Erstaufführung, ebenfalls von Bayreuth »geraubt«. Hermann Burghart aus Wien hatte das Bayreuther Bühnenbild zum Vorbild genommen; sein Tempel ist jedoch reicher ornamentiert und wirkt prachtvoller.

Remigius Geyling, Bühnenbildentwurf für den Gralstempel, 1912
Von der zarten Farbigkeit der Wiener Secession und an die Lichttempel-Phantasien erinnernd, die Fidus gezeichnet hat.

Der *Parsifal* mit seinem totalen Anspruch des Geistigen in der Kunst ist auch Wagners Kritik und Gegenentwurf zur Kunst seiner Zeit, die nach seiner Meinung sich dem Kapital dienstbar gemacht und im Schielen nach Gelderwerb und Erfolg ihre eigentliche Aufgabe vergessen hat. Daß dies nicht nur ein kühnes, sondern auch ein heikles Unterfangen war, muß ihm bewußt gewesen sein, denn er zweifelte daran, ob er *Parsifal* überhaupt aufführen lassen solle, da er ja doch nicht verstanden werden könne, vielleicht erst von zukünftigen Generationen. Und das Mißverständnis traf auch prompt ein. Nietzsche warf Wagner vor, zu Kreuze gekrochen zu sein; »Rom auf dem Theater« wurde der *Parsifal* genannt, ein »Entweih-Festspiel« und eine Blasphemie. Aus dem einstigen jungen Revolutionär sei ein frömmelnder Alter geworden, der jetzt als Religionsstifter auftrete.

Das Wesen des Mysteriums der Erlösung, das aus Wagners Sicht als Grundidee den großen Weltreligionen gemeinsam ist, stellte er im christlichen Bild dar, da es unseren Kulturkreis geprägt hat und damit am ehesten verständlich ist. Auffallend aber ist Wagners Bestreben, sein Werk gegen die kirchliche Praxis abzusetzen und sich gegen eine einseitig christlich-dogmatische Deutung zu verwahren. Er hatte sich zwar zur Zeit des ersten Prosa-Entwurfs von dem Münchner Pater Petrus Halm genau über die Zeremonie des katholischen Meßopfers informieren lassen, gab aber während der Komposition Cosima gegenüber »seine Aversion gegen die Verwandlung des Abendmahls zur Theater-Vorstellung der Messe ... heftig kund« (2. 9. 1880). Er freute sich, »daß im Parsifal er nicht die Handlung, die in der Kirche vor sich geht, gebracht hätte, sondern alles im Segen des Grales bestehen« ließ (16. 6. 1878). Der *Parsifal*-Aufsatz von Hans von Wolzogen gefiel ihm zwar, aber er fand, »daß er [Wolzogen] zu weit ging, indem er Parsifal ein Abbild des Heilandes nennt«; er habe an den Heiland dabei gar nicht gedacht (20. 10. 1878). Klingsor repräsentierte für ihn »das Eigentümliche, welches das Christentum in die Welt gebracht; er glaubt nicht an das Gute, ganz wie die Jesuiten, dies seine Macht, aber auch sein Untergang« (2. 3. 1878). Ein »Pfaff« ist ihm das »Unausstehlichste, was [er] kenne«, aber mit dem »Symbol der Erlösung« habe das nichts zu tun. Trotzdem verwendete er in den Unterhaltungen mit Cosima Begriffe wie »Abendmahl« oder »Hochamt« für seine Gralsfeier, und das hat natürlich Verwirrung gestiftet.

Wagner hatte sich die Gemeinsamkeiten, die Unterschiede und die Grenzen zwischen Religion und Kunst bewußt gemacht und in einem Aufsatz vom Jahr 1880, also während der Arbeit am *Parsifal*, auch klargelegt. Religion wie Kunst waren für ihn zunächst prinzipiell geistige Grundbedürfnisse des bewußten Menschen, der nicht mehr auf der Stufe des Tieres steht. Es kann Aufgabe der Kunst sein, die »mythischen Symbole«, die die Religion »als wahr geglaubt wissen will«, ihrem »sinnbildlichen Werte nach« zu erfassen und die Kunst kann, indem sie diese mythischen Symbole ideal darstellt, deren »verborgene tiefe Wahrheit« erkennen lassen. Der Unterschied zwischen dem Künstler und dem Priester aber besteht darin, daß dem Priester daran liegt, »die religiösen Allegorien für tatsächliche Wahrheiten« angesehen zu wissen, während der Künstler sein Werk offen und frei auch als seine eigene Erfindung ausgibt. Wenn die Religion nur noch künstlich lebt, d. h. wenn sie ihre »dogmatischen Symbole« weiter ausbaut und damit »das Eine, Wahre und Göttliche verdeckt«, bedient sie sich gerne der Kunst. Diese soll die »vorgeblich reale Wahrhaftigkeit des Symbols« unterstützen, indem sie »fetischartige Götzenbilder für die sinnliche Anbetung« anfertigt. Das ist aber nicht die wahre Aufgabe der Kunst. Sie kann allein »durch ideale Darstellung des allegorischen Bildes« den Kern desselben erfassen, nämlich die »unaussprechliche göttliche Wahrheit«. Schon diese kurzen Überlegungen beweisen, wie gedankenlos es ist, vom *Parsifal* als Ersatzreligion oder von der Errichtung neuer Götter zu sprechen.

Wagner aber muß sich bewußt gewesen sein, daß er mit einem solchen Werk an die Grenze des durch Theater Ausdrückbaren vorgestoßen war, und auch an die Grenze des Sagbaren. »Sehr merkwürdig, ich bin nie so weit gegangen; das ›ein andres ist's‹ übersteigt fast die Grenzen des Erlaubten im Didaktischen«,

Stadsschouwburg Amsterdam, 20. Juni 1905
Der Zaubergarten, wie ihn Hermann Burghart für verschiedene Opernhäuser, u. a. auch für New York, angefertigt hat. Links hinter dem Gerank das Schloßtor im arabischen Stil, rechts das Blumenlager für Kundry. Ein Garten mit tropischer Vegetation und üppigen, lianenartigen Blumenranken, die bei der Verwandlung in die Einöde zu Boden fielen. Realistischer als das Bayreuther Bild, in dem die Blumen so groß waren, daß die singenden Blumenmädchen wie aus ihnen herausgewachsen schienen.

sagte er zu Cosima über die rätselhaften Worte Parsifals im 2. Akt (18. 9. 1878). Und weiter über die vielgedeuteten Schlußverse: »Er deutet mehr an dann, als er ausspricht, den Gehalt dieses Werkes. ›Erlösung dem Erlöser‹ – und wir schweigen, nachdem er noch gesagt: ›Gut daß wir allein sind‹« (5. 1. 1882). Schon in den Prosa-Entwürfen ist dieses Verschweigen auffallend. In der Erklärung zum *Lohengrin*-Vorspiel und der Gralserzählung hatte er noch Auskünfte gegeben, jetzt antwortet Gurnemanz auf Parsifals Frage nach dem Gral: »Das sagt sich nicht.« Natürlich hat dieses kryptische Verschweigen sehr viel zur späteren Mystifizierung des *Parsifal* beigetragen.

»Hier sind zwei Welten mit sich im Kampfe um die letzte Erlösung«, schrieb Wagner an den König (15. 10. 1878). Es ist die Auseinandersetzung zwischen den Prinzipien des Guten und des Bösen, repräsentiert durch den Gralskönig Titurel und durch Klingsor, den heidnischen Zauberer, der selbst nach der Macht über den Gral strebt. In diesem Spannungsfeld versuchte Wagner einen Weltzusammenhang zu erfassen, in dem auch außerchristliche, ältere Vorstellungen einbegriffen sein sollten. In so »tiefsinnigen Mysterien« konnte er aber nicht anders »als im Gleichnis, durch Vergleichung« sprechen (an Ludwig II., 7. 9. 1865). Das szenische Bild ist hier Sinn-Bild. Durch einen strengen dramaturgischen Aufbau der drei Akte hält Wagner die an bedeutungsvollen Motiven, Bezügen und Verweisungen reiche Handlung straff zusammen. Er bedient sich dabei eines dramaturgischen Grundmusters, nach dem in den Moralitäten des Mittelalters und des Barock vorzugsweise der Kampf zwischen Gut und Böse, zwischen Tugend und Laster dargestellt wurde und das auf einem verschiedenen Kulturkreisen gemeinsamen Ideenhintergrund basiert. Der Kampf wird dabei im Bild der Begegnung des jungen Helden mit einer verführerisch schönen Frau exemplifiziert, der er zu widerstehen hat, will er durch diese richtige Entscheidung die Erkenntnis des Guten und der Tugend gewinnen.

Auch in der Dramaturgie von Wagners *Parsifal* ist die Szene zwischen Kundry und Parsifal die Peripetie der Handlung. In den Bühnenbildangaben scheint ebenso das ikonographische Muster dieser Moralitäten durch. Hier die christliche Gralsburg, im Gebirge des nördlichen, gotischen Spanien unzugänglich gelegen, dort am Südabhang, dem arabischen Spanien zugewandt, Klingsors Zaubergarten mit tropischer Vegetation. In der großen Gralsszene im 1. Akt und in der Blumenmädchenszene des 2. Aktes werden die beiden Welten in ihrer gegensätzlichen Funktion bildlich dargestellt. Außerhalb dieser Gegenpole und in gewisser Weise zwischen ihnen vermittelnd, liegt der dritte Schauplatz, die freie und unschuldige Natur: der Gralswald im 1. und die Karfreitagsaue im 3. Akt. Hier spielen die Szenen des Gurnemanz, der zwar Gralsritter ist, sich aber absondert; er unterrichtet die Knappen und Parsifal und vermittelt mit Kundry, der dieser Bereich

Stadttheater Zürich, 13. April 1913
Die Blumenmädchenszene in dem schlichten, unprätentiösen Bühnenbild von Gustav Gamper. Der Blumengarten ohne tropische Üppigkeit, die Blumenmädchen, wie üblich, mit Girlanden geschmückt.
Kundry: Emmy Krüger,
Parsifal: Willy Ulmer

ebenfalls zugänglich ist. Und hier findet die geistige Bewältigung des Konflikts, der Ausgleich statt. Auch dieser Schauplatz hat eine tiefere Bedeutung. Seit der Kunst der Romantik wurde die Natur, die Landschaft als eine der Offenbarungsformen des Göttlichen aufgefaßt, und dieses Thema wird das ganze Jahrhundert hindurch immer wieder aufgegriffen. Auch die Blumen des Zaubergartens, die Parsifal so verführerisch lachten und dahinwelkten, sind auf der Karfreitagsaue erlöst.

Der *Parsifal* ist auch der »Entwicklungsroman« des Titelhelden. Parsifal kommt von außen und wird mit den beiden Gegenwelten konfrontiert. Zu Beginn ist er zwar ein reiner, aber noch »blöder taumelnder Tor«, der nur sieht und vielleicht ahnt, aber noch nicht versteht. Er ist noch nicht wissend. Die Erkenntnis gewinnt er im Kuß der Kundry. Jetzt werden ihm die Zusammenhänge klar, er wird »welthellsichtig« und erkennt seine Torheit. Zum Mitleiden fähig macht ihn die eigene Erfahrung des Leidens. Er muß der »Irrnis und der Leiden Pfade« gehen, bis er den Weg zum Gral findet. Erst dann kann er durch Taten des Mitleids für Kundry, Amfortas und die Gralswelt Erlösung bringen. Er hat das eine Prinzip zerstört und verändert das andere zu einer neuen Synthese. Dabei verstand Wagner Mitleid nicht als eine meditative, sondern eine aktive Qualität. Mathilde Wesendonck erklärte er: »Nichts läßt mich kälter als die Klage des Philisters über sein gestörtes Behagen: hier wäre jedes Mitleid Mitschuld. Wie es meine ganze Natur mit sich bringt, aus dem gemeinen Zustande aufzuregen, so drängt es mich auch hier zu stacheln, um das große Leid des Lebens zu fühlen zu geben« (1. 10. 1858). Und an den Erzieher seines Sohnes, Heinrich von Stein, schrieb er 14 Tage vor seinem Tod, daß trotz des Fluches, der auf der Welt laste, doch »tätige Beispiele der ernsthaftesten Erkenntnis der Möglichkeit der Rettung gegeben werden« können. Das ist der große Schritt über die Tragik des *Ring* hinaus. Siegfried, der auch wissend werden wollte, ging zugrunde und Alberich überlebte. Parsifal aber findet seinen Weg. Er, ein reiner Tor wie Siegfried, wird wissend und zwar durch Mitleiden mit den anderen.

Die Figur der Kundry ist sicher eine der bedeutendsten Schöpfungen Wagners, und an ihr läßt sich darlegen, welchen Beziehungsreichtum er in seinem *Parsifal* verwoben hat. Fast alles an diesem Stoff wurde ihm klar, als ihm 1860 aufging, daß die fabelhaft wilde Gralsbotin ein und dasselbe Wesen mit dem verführerischen Weibe des zweiten Aktes sein soll« (an Mathilde Wesendonck, Anfang August 1860). König Ludwig II., der nach der Bedeutung von Kundrys Kuß fragte, antwortete er: »Die Schlange des Paradieses kennen Sie ja, und ihre lockende Verheißung: ›eritis sicut Deus, scientes bonum et malum‹. Adam und Eva wurden ›wissend‹. Sie wurden ›der Sünde sich bewußt‹. An diesem Bewußtsein hatte das Menschengeschlecht zu büßen in Schmach und Elend ...« (7. 9. 1865).

Durch ihren Fluch muß Kundry das Leiden des Menschengeschlechtes leben, sie ist zu Wiedergeburten verdammt wie der ewige Jude (Prosa-Entwurf 1865). Ahasver hatte dem kreuztragenden Christus verwehrt, sich auszuruhen, und Kundry hatte ihn, mit dem sie Mitleid haben sollte, verlacht. Das ist das radikale Gegenteil der Haltung, die das zentrale Thema des *Parsifal* darstellt. Nun muß sie immer zwanghaft das verfluchte Lachen wiederholen; sie kann nicht weinen, nur schreien, toben, rasen. Sie ist namenlos, weil sie alle Namen trägt. Klingsor nennt sie »Urteufelin«, »Höllenrose«, »Herodias«, »Gundryggia«, und in diesen Namen ist angedeutet, daß in der Kundry-Figur Züge eines verschiedenen Kulturkreisen und Zeiten gemeinsamen Grundtypus repräsentiert sind. Als Frau ist sie Mutter, Geliebte, Hure und Magd. Sie kann nur durch einen Mann erlöst werden, der ihrer Verführung widersteht. Klingsor kann sie für seine Zwecke benutzen; er, der sich selbst entmannt hat, steht nicht unter ihrem Fluch, ist ihr Meister, weil an ihm ihre Macht versagt.

In ihrer zweiten, verführerischen Natur muß Kundry den Mann herausfordern und ihn prüfen, ob er ihr standhalten kann. Da dies bis jetzt keiner vermochte, verachtet sie die keuschen Gralsritter, die auch schwach und ihrem Fluch verfallen sind. Als Sühne dient sie ihnen, obwohl sie wie ein Vieh gehalten wird und einzig Gurnemanz das tolle Weib zu verstehen versucht. Wilde Trauer und Hohn sind ihre Gefühlsäußerungen. Nur Parsifal widersteht ihr und ihrer Versprechung, er werde »Gottheit« und »Erkenntnis« erlangen. Er wird wissend nicht durch die Sünde, wie Adam und Eva, die durch die Verheißung der Schlange sich trügen ließen, sondern durch Mitleid, auch mit Kundry. Die Höllenrose fällt aber nicht der Verdammnis anheim, wie die Teufelinnen der Moralitäten. Sie wird getauft und kommt zum Gral; das in ihr verkörperte Prinzip des Weiblichen ist versöhnt.

Während der Ausarbeitung wurde Wagner klar, daß für die Aufführung eines solchen Werkes besondere Maßnahmen notwendig waren. Am 31. März 1878 hatte er mit der Intendanz des Münchner Hoftheaters einen Vertrag geschlossen, der die Mitwirkung des

Städtische Bühnen Freiburg im Breisgau, 4. Januar 1914 Bühnenbildentwurf für den 1. Akt von Ludwig Sievert. In der Mitte zwei plastische Stämme, deren linker sich bei der Verwandlung drehen und zusammen mit dem rechten das Eingangstor zur Gralsburg bilden sollte. Im Tempel dann als plastisches Element ebenfalls nur die beiden Säulen-Stämme. Die Verwandlung, technisch zu kompliziert für die Freiburger Bühne, klappte nicht. Im Vordergrund Wiesen mit Herbstzeitlosen, in der Mitte Gurnemanz und die Knappen. Feierliche, realitätsferne Stimmung.

Hoforchesters sowie des künstlerischen und technischen Personals in Bayreuth festlegte; danach sollte »das unbeschränkte Recht der Aufführung« an das Hoftheater übergehen. In seinem Brief vom 28. September 1880 aus Siena stellte Wagner den König vor die Tatsache, daß er seinem Bühnenweihfestspiel eine besondere Bühne weihen müsse, »und dies kann nur mein einsam dastehendes Bühnenfestspielhaus in Bayreuth sein. Dort darf der Parsifal in aller Zukunft einzig und allein aufgeführt werden: nie soll der Parsifal auf irgend einem anderen Theater dem Publikum zum Amüsement dargeboten werden.« Einzig ausgenommen seien Separatvorstellungen für den König.

Wagner begründete seinen Entschluß damit, daß »eine Handlung, in welcher die erhabensten Mysterien des christlichen Glaubens offen in Szene gesetzt sind, auf Theatern, wie den unsrigen, neben einem Opernrepertoire und vor einem Publikum wie dem unsrigen«, nicht vorgeführt werden könne. Er könnte es den Kirchenvorständen nicht verdenken, wenn sie »gegen Schaustellungen der geweihtesten Mysterien auf denselben Brettern, auf welchen gestern und morgen die Frivolität sich behaglich ausbreitet«, Einspruch erhöben. Das sei ein »Frevel, gleich der Entweihung der eleusischen Mysterien«. In seinem Antwortschreiben stimmte der König in einem Nebensatz zu und hob alle früheren Vereinbarungen mit seinem Hoftheater auf.

Der Gedanke an ein beliebiges, Entree zahlendes und ein Amüsement erwartendes Publikum war Wagner zuwider, obwohl er dann doch auch auf ein Publikum nicht in seinem Sinne angewiesen war. Er hätte sich Zuschauer gewünscht, die sich einig wären im »Gefühlsverständnis« dem Werk gegenüber, also im Gleichklang mit den Empfindungen und Eindrücken, die er in seiner Wiedergabe zum Tragen bringen wollte. Keinen kritischen – und das meinte bei ihm unbeteiligten – Abstand also, sondern ein Einverständnis im Empfinden. Das hieß nicht, daß er kritiklose Bewunderung erwartet oder vorausgesetzt hätte. Er war Theaterpraktiker und selbst genug kritisch gegenüber dem, was nicht gelungen war. Sein Leben lang waren die Aufführungen seiner Werke von lärmenden Sensationen und groben Mißverständnissen begleitet gewesen, und für einen solchen Rummel schien ihm der *Parsifal* nicht geeignet.

»Ach, nur nicht an die Ausführung denken«, war Wagners stehender Ausruf schon während der Komposition, denn ohne »fürchterliche Aufregungen« konnte »das Einstudieren solch eines Werkes« gar nicht abgehen (an König Ludwig II., 1. 3. 82). Cosima hat auch seinen berühmten Ausspruch überliefert: »Ach! es graut mir vor allem Kostüm- und Schminke-Wesen; wenn ich daran denke, daß diese Gestalten wie Kundry nun sollen gemummt werden, fallen mir gleich die ekelhaften Künstlerfeste ein, und nachdem ich das unsichtbare Orchester geschaffen, möchte ich auch das unsichtbare Theater erfinden« (23. 9. 1878). Es wurde Wagner schmerzlich bewußt, daß gerade im Falle des *Parsifal* seine Visionen nur schwer in die Stofflichkeit der Bühne seiner Zeit transponierbar waren. Der König, der die Aufführung gar nicht mehr erwarten konnte, schickte ihm am 9. November 1878 die Dekorationsmaler Christian Jank und Heinrich Döll, die schon für die Münchner Wagner-Aufführungen gearbeitet hatten; denn bevor sie an ihre Entwürfe gingen, wollte Wagner sich mit ihnen besprechen, um Mißverständnisse überhaupt nicht aufkommen zu lassen. Die »Herren« hatten »gleich den Kopf voller Verzierungen, Fernsichten«. Eine Zusammenarbeit war aussichtslos.
Cosima hatte Wagner schon zu seinem Geburtstag 1878 mit Dekorationsskizzen überraschen wollen, die ein wirklicher Künstler entwerfen sollte. Aber Arnold Böcklin schlug es ab, Theatermaler für Bayreuth zu werden, ebenso der Kostümbildner Rudolf Seitz und der Architekt und Maler Camillo Sitte. Wagner ging es darum, Mitarbeiter zu finden, die ihm »nicht *ihre* Ideen bringen, sondern vorerst die *meinigen* zu verstehen suchen« (an Ludwig II., 17. 5. 1881). Im Januar 1880 stieß in Neapel der russische Maler Paul von Joukowsky zum Kreis um Richard Wagner. Er war kein Bühnenmaler mit Theatererfahrung, also gerade das, was Wagner suchte, und er war bereit, im engen Kontakt mit Wagner Skizzen nach seinen Vorstellungen auszuarbeiten, sozusagen Wagners »verlängerte Hand« zu sein. Bei einem Besuch des Parks der Villa Rufolo in Ravello im Mai 1880 fertigte er Skizzen der prachtvollen Vegetation des Gartens und der Reste sarazenischer Architektur an, denn Wagner glaubte, wie er ins Gästebuch schrieb, hier Klingsors Zaubergarten gefunden zu haben. Joukowsky mußte nicht weniger als sieben farbige Entwürfe ausführen, bis Wagner einigermaßen zufrieden war. Ihm ging es nicht um eine Dekoration wie zu den Feerien, die damals die großen Attraktionen der Theater waren. In seiner Vorstellung sollten die Blumen so riesig sein, »daß die Mädchen wie aus ihnen erwachsen erscheinen können«. Nicht aus der Erde seien sie erwachsen, sondern wie mit einem Zauberstabe entstanden.
Besser gelang der Versuch beim Gralstempel. Nur die edelsten Denkmäler der christlichen Baukunst konnten hier als Vorbild dienen. Als Wagner im August 1880 den Dom von Siena besuchte, war er zu Tränen hingerissen; es war der größte Eindruck, den er je von einem Gebäude hatte. Joukowsky fertigte wiederum eine Skizze an, die ihm für den Gralstempel sehr nützlich wurde. Aber das Bühnenbild war keine Kopie des Domes von Siena, es fehlte zum Beispiel die charakteristische Schwarz-Weiß-Inkrustierung der Pfeiler. Es war mehr das Raumerlebnis und die Konstruktion der Kuppel über der Vierung, die als Anleitung dienten.
Klingsors Zauberschloß und die Wandeldekoration, die keine besonderen Probleme boten, was die Bildidee anbetraf, entwarfen die Gebrüder Brückner, die auch mit der gesamten Ausführung der Dekorationen beauftragt waren. Die Wandeldekoration war ein technisches Kunststück, das die Zuschauer tief beeindruckte. Bemalte, durchbrochene Leinwandbahnen, dreifach hintereinander gestaffelt, wickelten sich auf Rollen ab wie ein Filmstreifen und verwandelten das Bild vom Wald über Felsen ansteigend zum Gralstempel. Das war nicht als bloßer dekorativer Effekt gemeint, Wagner begründete es dramaturgisch. Wie Parsifal sollte auch der Zuschauer »wie in träumerischer Entrückung« unmerklich die pfadlosen Wege zur Gralsburg geleitet werden, die für den Unberufenen unauffindbar sind. Gurnemanz' berühmte Verse: »Du siehst, mein Sohn,/ zum Raum wird hier die Zeit«, sollten so zum szenischen Bild werden. Schon bei der ersten Be-

Hofoper Wien, 14. Januar 1914
Alfred Rollers Klingsor-Schloß – in einer Kopie von Anton Brioschi –, das von den Wienern als »Hungerturm« bezeichnet und als zu modern abgelehnt wurde. Variation des von Appia entworfenen Musters eines nach oben offenen Turms. Aus der Dramaturgie dieser Szene entwickelt: unten der Dialog Klingsor – Kundry, oben Klingsors Ankündigung des heranstürmenden Parsifal, hier als echte Teichoskopie, als Mauerschau.

Heinrich Lefler, Kostümentwürfe, 1913
Von links: Blumenmädchen, Kundry 2. Akt, Kundry 1. und 3. Akt, ausgeführt vom Kostümatelier Wien 1913. Die Kostüme der Blumenmädchen zeigen in diesen Jahren öfters den Einfluß der zeitgenössischen Mode. Kundry im 2. Akt wie eine der allegorischen Frauengestalten von Gustav Klimt, hoheitsvoll und von sublimer Erotik.

Städtische Bühnen Frankfurt am Main, 2. Januar 1914
Bühnenbildentwurf für den Blumengarten von Heinrich Lefler. Im Stil der Wiener Secession, nicht tropisch, sondern zart, duftig, unwirklich.

sprechung hatte der Maschinenmeister Carl Brandt, Wagners »eigentlicher Scenograph«, darauf hingewiesen, daß die Zwischenmusik nicht lange genug sei für die Abwicklung der Wandeldekoration. Wagner war außer sich, daß er jetzt wohl noch meterweise werde komponieren müssen. Bei den Proben stellte dann der musikalische Assistent Engelbert Humperdinck einige Takte Ergänzungsmusik zusammen, und im 3. Akt mußte man auf die Wandeldekoration ganz verzichten.

Enttäuscht war Wagner über die Serie von Kostümentwürfen, die Rudolf Seitz auftragsgemäß lieferte. Cosima nannte sie »prächtig gemacht, ja herrlich, und unmöglich« (an Daniela, 14. 4. 1881). »Blumenmädchen wie Café-chantant-Walküren« hatte Seitz entworfen, »unzüchtige Ballcostüme, wie sie etwa der berühmte Frauenschneider Worth in Paris für den demi-monde erfindet« (an Ludwig II., 17. 5. 1881). Wagner wollte diese Kostüme einfacher, charakteristischer und poetischer, »keusch«, wie Cosima sagte. Nun versuchte Joukowsky, Wagners Idee von zwei Blumenkelchen, die das Gewand bilden, zeichnerisch umzusetzen. Wagner witzelte über einen Entwurf, diese »Bohnenblüte sei Klingsor's Küchenmädchen« (Cosima-Tagebuch, 24. 7. 1881). Titurel im prachtvollen Ornat, wie ihn Seitz entworfen hatte, kam Wagner vor wie der König von Thule bei seinem letzten Trunk. Er wollte keine »grandiosen Effekte«, sondern »weihevolle Einfachheit«. Die Kostümskizze, die Joukowsky für die Kundry des 2. Aktes anfertigte, gefiel Wagner sehr. Eigentlich müßte sie wie eine »Tizianische Venus nackt da liegen«; da dies nicht möglich sei, müsse »das durch Pracht ersetzt werden« (Cosima-Tagebuch, 4. 1. 1881). Joukowsky hatte ein mit großen Blumen besetztes reiches Gewand entworfen. Als besonderer Schmuck diente ein mit Perlen und bunten Steinen besticktes breites Band, das sich um Hals und Busen wand. Als die bei einer Frankfurter Firma angefertigten Kostüme schließlich bei den Proben erstmals vorgeführt wurden, beschrieb Cosima den Eindruck so: »1. Schrecken, 2. unbändige Komik ... 3. ernstlich sorgenvolles Mühen um Veränderung« (19. 6. 1882). Wie schon beim *Ring des Nibelungen* erlebte Wagner auch diesmal die unvermeidliche Pein, sein Werk einer kühnen Imagination nur ungenügend in die Realität der Bühne, in Leinwand, Holz und Stoff überführt zu sehen. Mit großer Mühe konnte die ganze Ausstattung doch noch seinem Prinzip einer weihevollen Einfachheit angepaßt werden.

Für ein Publikum, das gerade historische Ausstattungen allein nach ihrer Pracht zu beurteilen gewohnt war, muß *Parsifal* tatsächlich schlicht und würdig gewirkt haben. Inwieweit Wagner seine stilistischen Intentionen verwirklichen konnte, läßt sich nur bruchstückhaft rekonstruieren. Der bedeutsamste Punkt ist dabei sein Bestreben, im Zaubergarten den platten Bühnenrealismus zu überwinden und einen Stil zu erreichen, den wir als surrealistisch bezeichnen können. Für ein am Realismus geschultes Publikum war dieser Stil denn auch nicht leicht verständlich. Man monierte die Riesenblumen, die es in der Natur nicht gebe, und deren bengalisch-grelle Farbigkeit, aber gerade das muß Wagner gewollt haben. Eher hätte man sich die schwelgerisch-üppige Pracht Hans Makarts gewünscht. Aber Wagner wollte keine schwüle Sinnlichkeit, keine Bordellatmosphäre, sondern eine durchaus unwirkliche, naiv-unbewußte, duftige und schwebende Stimmung der Verführung, auch im Musikalischen; eben das, was Cosima an dieser Kunst »keusch« genannt hat. Auch die Kostümierung der Blumenmädchen hatte so viel Pein bereitet, weil Wagner eben keine aufgeputzten Feenmädchen haben wollte, sondern den surrealistischen Eindruck von singenden Blumen.

Auch die heute gerne gebrauchte Disqualifizierung des *Parsifal*-Stils als »nazarenisch« oder »Oberammergau« trifft nicht den Kern der Sache. Zwar strebte Wagner wie die frühen Nazarener nach einer religiösen Kunst der weihevollen Einfachheit, aber mit der trivialisierten christlichen Bilderwelt, in die die Nazarenerkunst inzwischen hinabgesunken war und die dem späten 19. Jahrhundert – in populären Drucken verbreitet – eine allgemein verständliche und verbindliche religiöse Ikonographie schuf, hatten seine Intentionen nichts zu tun. Die sentimentalen, mild-verklärenden und süßlichen Darstellungen wurden zwar in die religiösen Bühnenspiele, in Passionsspiele und Prozessionen aufgenommen und repräsentierten den gültigen Stil für das geistliche Theater; Wagner aber betonte, daß in seinem *Parsifal* nichts möglich gewesen sei »von einer gewissen Sentimentalität«, vielmehr sei eine »göttliche Wildheit« darinnen (Cosima-Tagebuch, 17. 4. 1879). Und Parsifal dürfe nicht wie ein »Prediger« sprechen, alles muß in ihm auch »Leidenschaft« sein (ebenda, 30. 9. 1878).

Wagner dachte eher an die geistlichen Spiele des Barock, dieser letzten großen Epoche eines um existentielle Fragen ringenden religiösen Theaters. Hingewiesen sei nur auf die schlagartige Verwandlung des Zaubergartens in die Einöde, in der der barocke Vanitas-Gedanke im szenischen Bild Ausdruck findet.

Erhellend ist in diesem Zusammenhang auch, daß Wagner sagte, in *Parsifal* sei alles direkt, also sinnlich erfaßbar. Auch für Wagner dürfte zutreffen, was Heinrich Heine im Hinblick auf die Nazarener geschrieben hat: »Nicht die äußere Dürre und Blässe ist ein Kennzeichen des wahrhaft Christlichen, sondern eine gewisse innere Überschwenglichkeit, die weder angetauft noch anstudiert werden kann, in der Musik wie in der Malerei« (*Lutezia*, 1842). Der gravierendste Unterschied aber liegt darin, daß die nazarenische Bilderwelt Darstellungen des Leides und des Schmerzes nicht kannte, die eines der Hauptthemen des *Parsifal* sind.

So weit sich das noch feststellen läßt, muß Wagner versucht haben, seine Erkenntnis, im *Parsifal* gehe es um Gleichnisse, um Vergleiche, auch auf den Darstellungsstil zu übertragen. Otto Weininger (der die Aufführungen um die Jahrhundertwende sah) berichtet, die Gebärden seien »mehr gezeichnet als gemimt«; auch in den Szenen, die zu leidenschaftlichen Ausbrüchen herausforderten, sei alles wie gemalt gewesen, habe es keine »Othello-Verzerrungen« gegeben, wodurch der »symbolische Charakter des Ganzen mit tiefer Deutlichkeit« hervorgetreten sei.

Mit Freude sprach Wagner in seinem *Schlußbericht* von den Proben mit dem künstlerischen und technischen Personal: »Geübte Theaterleiter frugen mich nach der, bis für die geringste Erfordernis jedenfalls auf das Genaueste organisierten Regierungsgewalt, welche die so erstaunlich sichere Ausführung aller szenischen, musikalischen wie dramatischen Vorgänge auf, über, unter, hinter und vor der Bühne leitete; worauf ich gutgelaunt erwidern konnte, daß dies die Anarchie leiste, indem ein Jeder täte, was er wolle, nämlich das Richtige. Gewiß war es so: ein Jeder verstand das Ganze und den Zweck der erstrebten Wirkung des Ganzen.« Es war für Wagner eine Freude, daß er endlich noch einmal das Glück des Gelingens erleben durfte.

Aber die Premiere, die am 26. Juli 1882 bei schlechtem Wetter stattfand, endete mit einem Mißton. Nach dem 2. Akt bat Wagner von seiner Loge aus das Publikum, nicht bei offener Szene zu klatschen, auch die lauten Hervorrufe der Sänger sollten unterlassen werden. Als dann am Schluß der Aufführung sich keine Hand zum Applaus rührte, versuchte er von der Bühne aus, dieses Mißverständnis zu berichten, aber die Sänger hatten die Bühne schon verlassen, als sich endlich der Beifall erhob. »Die Heimfahrt, mit diesem Thema erfüllt, ist ärgerlich. Gar lange Zeit bedarf es auch zu Hause, um Richard zu beruhigen, da die allerverschiedenartigsten

Ewald Dülberg, Kostümentwürfe für die Blumenmädchen, 1914
Diese 1914 für die Hamburger Oper entworfenen Kostüme wurden als zu kühn abgelehnt und nicht ausgeführt. Keine blumig-verführerischen Jugendstilwesen, eher den Frauen von Tahiti ähnlich, die Paul Gauguin gemalt hat.

Nationaltheater München, 15. August 1924
Bühnenbildentwurf für die Karfreitagsaue von Leo Pasetti. In diesem Entwurf sind alle Bildelemente versammelt, mit denen die Bühnenmaler 1914 und später die Karfreitagsaue gestalteten: grüne Birken, Wiesenhänge in den jungen Farben des Vorfrühlings und im Hintergrund schneebedeckte Berge.

Eindrücke sich bei ihm kreuzen«, berichtet Cosima. Als in der nächsten Vorstellung niemand mehr klatschte, hielt Wagner eine neuerliche Ansprache, denn er wollte seinen Künstlern den Beifall als Dank nicht verwehrt wissen. Es soll sogar passiert sein, daß er selbst vom Publikum ausgezischt wurde, als er seinen Blumenmädchen applaudierte. Es setzte sich schließlich durch, daß nur noch nach den Aktschlüssen applaudiert wurde. Der Brauch, beim Schlußapplaus noch einmal den Vorhang zu öffnen und das Schlußbild zu zeigen, den Wagner damals eingeführt hat, wird in Bayreuth heute noch beibehalten. Insgesamt waren die Aufführungen ein großer Publikumserfolg. Selbst ein so kritischer Geist wie Eduard Hanslick gab trotz aller sachlichen Einwände zu, daß Wagner »der größte lebende Operncomponist« und der »erste Regisseur der Welt« sei. In der letzten Vorstellung dirigierte Wagner zum ersten und einzigen Mal in seinem Festspielhaus, und zwar die Schlußszene von der Verwandlungsmusik an. »So, das war es, was ich euch sagen wollte«, soll er danach geäußert haben, und »Auf Wiedersehen im nächsten Jahr«. Aber es war der endgültige Abschied von seinem Theater. Am 13. Februar 1883 starb er in Venedig.

Durch Wagners Tod wurden die *Parsifal*-Aufführungen des Jahres 1883, die er noch selbst vorbereitet hatte, zu einer Art Requiem, zu einem Totengedenken. Aus Pietätsgründen wurde jetzt überhaupt nicht mehr applaudiert. Damit wurde eine Tradition begründet, die sich – nicht nur in Bayreuth – jahrzehntelang gehalten hat. Sie entrückte das Bühnenstück *Parsifal* endgültig in die Sphäre eines weihevollen Gottesdienstes. Da sich schon bei den Aufführungen 1883 Abweichungen einschlichen – Julius Kniese sprach von »übler Komödienspielerei« –, griff Cosima im nächsten Jahr selbst ein. In einem Verschlag auf der Bühne, ungesehen von allen, beobachtete sie die Proben und die Vorstellungen und verschickte an den Dirigenten Hermann Levi und den Spielleiter Anton Fuchs ihre Korrekturzettel.

Wagners Beziehung zu König Ludwig II. war in seinem letzten Lebensjahr noch problematischer geworden, denn der König konnte durch nichts bewegt werden, zu den *Parsifal*-Aufführungen nach Bayreuth zu kommen. Der Komponist ließ eigens einen Anbau am Festspielhaus errichten mit einer besonderen Auffahrt, damit der König ungestört das Theater erreichen konnte. Aber Ludwig II. haßte das »Herumziehen« in der Stadt, das man 1876 von ihm verlangt hatte; er hielt sich jetzt meist in den Bergen, außerhalb Münchens, auf. Den *Parsifal* wollte er als Separatvorstellung nur für sich allein in seinem Hoftheater sehen, und auch nicht im Sommer, wie in Bayreuth, sondern im Frühling, am liebsten zur Osterzeit.

In der Nähe von Linderhof ließ der König sich das Bühnenbild der Karfreitagsaue anlegen: eine Einsiedlerhütte inmitten einer Wiese, die seine Gärtner zur Blumenaue gestalten mußten. Sofort nach den Festspielen 1882 gab er den Befehl für die Separatvorstellungen im Frühjahr 1883. Wagner machte ihm klar, daß das unmöglich sei, da die Wandeldekorationen umgeändert werden müsse und im Augenblick unbrauchbar sei. Der König verschob die Aufführungen daraufhin auf das Frühjahr 1884. Obwohl ihm alle Verantwortlichen die ungeheuren Schwierigkeiten eines solchen Unternehmens zu Bedenken gaben, blieb es bei seinem Befehl. In zwölf großen Güterwaggons wurde die Ausstattung nach München transportiert und im Glaspalast gelagert, da im Theater kein Platz war. Allein für die technischen Proben benötigte man drei Tage, dann noch vier Tage für musikalische und szenische Proben. An diesen Tagen blieb das Theater für das Publikum geschlossen. Die drei Exklusivvorstellungen für den König fanden am 3., 5. und 7. Mai statt. Auf seinen besonderen Wunsch mußte das ganze aufwendige Unternehmen im November des gleichen Jahres und im April 1885 wiederholt werden.

In seinen letzten Lebensjahren hatte Wagner mit Schrecken an das Treiben der Wagnerianer nach seinem Tod gedacht. Auch Cosima, die doch so gerne als Gralshüterin bezeichnet wurde, beklagte sich bitter über die »Tempelhüter« und ihre schlimmen Erfahrungen mit ihnen. Nun hatten sie einen Wallfahrtsort mit einem Tempel und einem Grab, und den *Parsifal* als Requiem dazu. Zwar stammte der Gedanke der Gemeinde von Wagner selbst; er wollte kein auf Unterhaltung bedachtes Theaterpublikum, sondern eine einverstandene Gemeinde, keine Sekte oder Religionsgemeinschaft. Denn er war ein Theaterpraktiker und verstand auch den *Parsifal* nicht als Messe, sondern als ein Bühnenstück mit Schauwerten und mit Applaus. Aber er war sich auch bewußt, wie heikel diese Idee war und wie groß die Gefahr des Hinabsinkens in eine handliche Gebrauchsmystik und Andachtsübung. Es heißt nicht Richard Wagner in Schutz nehmen, wenn man behauptet, daß die Rezeptionsgeschichte des *Parsifal* nicht diese Wendung genommen hätte, wäre er noch einige Jahre am Leben geblieben und hätte dieser Richtung gegensteuern können. *Parsifal*, diese Bayreuther Institution, erhielt

Nationaltheater München, 15. August 1924
Bühnenbildentwurf für den Zaubergarten von Leo Pasetti. Dieser prachtvolle, mehr auf Farbwirkung denn auf räumliche Gliederung aufgebaute Entwurf erinnert an Blumenbilder von Emil Nolde. Ob die Realisierung mit den Mitteln der Bühne dem Entwurf angemessen sein konnte, ist allerdings zweifelhaft.

durch seinen Tod eine Aura der Scheu und der Ehrfurcht, wurde verinnerlicht und zu einer Ideologie verabsolutiert.

Gerade mit dem Begriff »Gral« ist viel Unfug getrieben worden. Den einen galt er als etwas Anstößiges, den anderen als etwas Belächelnswertes. Von den Wagnerianern wurde er mit Ergriffenheit ausgesprochen, bis er schließlich zum sinnentleerten Kitsch-Objekt entwertet war. In den Bayreuther Devotionalienhandlungen gab es Imitationen des Gralskelchs zu kaufen; durch eine elektrische Birne konnte man das Blut des Herrn zum Leuchten bringen. Die Unsitte, sich mit Namen aus dem *Parsifal* zu benennen, die auch Cosima mitmachte, bestärkte noch das Bewußtsein des Auserwähltseins und ließ diese Begriffe zu etwas beliebig Verwendbarem werden.

Da *Parsifal* in diesen Jahren nur in Bayreuth zu sehen war, haben zahllose Besucher Erlebnis- und Stimmungsberichte über ihre Reise und die Aufführungen verfaßt. Die Reaktionen reichten von Entzücken und Ergriffenheit bis zur offenen Ablehnung. Alban Berg, der die Festspiele im Jahr 1909 besuchte, hätte nach dem 1. Akt aufheulen können vor Schmerz und floh »einsam in die Auen«. In seiner Sensibilität sah er die Würde des *Parsifal*, dieses einzigen und überwältigenden Wunderwerkes, aber verletzt durch das Treiben im »Festbierhaus« und im »Festspeisehaus«. Romain Rolland war 1891 zu Tränen erschüttert und schrieb: »Das ist wirklich kein Theater mehr, das ist keine Kunst mehr, das ist Religion und wie Gott selber.«

Theodor Fontane dagegen verließ 1889 schon beim Vorspiel überstürzt das Theater, als ein Tubablasen wie beim Jüngsten Gericht losging. Aber er bedauerte nicht, die Sehenswürdigkeit Bayreuth erlebt zu haben. Igor Strawinsky, den Serge Diaghilew 1912 zum *Parsifal* einlud, als er gerade den *Sacre du Printemps* komponierte, kam sich wie in einem Krematorium vor. Über die Musik wollte er nicht sprechen, da sie ihm damals zu fern lag. Er äußerte aber seine Bedenken, eine Theatervorstellung auf eine Ebene mit dem Gottesdienst zu stellen. Mit den Mysterienspielen des Mittelalters ließe sich *Parsifal* nicht vergleichen, da deren religiöse Zeremonien auf der Grundlage der Religion standen und ästhetische Qualitäten dabei nur eine äußere Rolle spielten. Auch der Philosoph Friedrich Jodl, der 1886 gebannt war von der Macht der künstlerischen Phantasie Wagners, betonte, daß dies »nur Spiel sein kann, nur Spiel sein darf«. Beachtlich ist auch das Urteil des Liberalen Friedrich Naumann aus dem Jahr 1902.

Er fand es beglückend, daß »in so viel gehörter und gesehener Schönheit wirkliche Gedanken lebten«. Denn der Welt der Technik und des Profites werde hier eine »andere Welt enthüllt, in der noch höhere Mächte walten als Maschine und Geld«. Man dürfe im *Parsifal* zwar keine »Erlösungslehre suchen«, aber man solle sich dieser Kunst stellen, »weil sie die beste ist, die wir jetzt haben und haben können«.

Nach dem Tod König Ludwigs II. im Jahr 1886 beanspruchte das Münchner Hoftheater die Aufführungsrechte der Wagnerschen Werke einschließlich des *Parsifal* für sich; die Vereinbarungen mit dem König seien nicht mehr gültig, da er abgesetzt und für verrückt erklärt worden war. Das war der erste Angriff auf das Bayreuther Exklusivrecht am *Parsifal*. Die Aufführungen waren die Attraktion der Festspiele; der große Zustrom des Publikums und der finanzielle Erfolg machten dieses Werk, über das zwar viel gesprochen wurde, das aber nur wenige gesehen hatten, für die Theaterleiter interessant. Als Angelo Neumann 1893 ankündigte, er wolle in zwei Jahren selbst den *Parsifal* herausbringen, da ihm Richard Wagner das Aufführungsrecht unter bestimmten Bedingungen versprochen habe, äußerte Ernst von Possart, der Münchner Hoftheaterdirektor, er dürfe dann auch seinem Publikum das Werk nicht länger vorenthalten. Und während das neue Prinzregententheater als spezielles Münchener Wagner-Theater gebaut wurde, lancierte er wiederum diesen Plan.

Landestheater Darmstadt, 19. April 1925
Bühnenbild des 3. Aktes – Karfreitagsaue – von A. Pohl. Die schlanken Bäume wie graphische Zeichen, zentral in der Mitte die Hütte des Gurnemanz, die hier eine Felsenhöhle ist.

268

Bayreuther Festspiele 1936
Schlußszene des 3. Aktes.
Parsifal erhebt den Gral, die Taube schwebt nieder. Das Bühnenbild Alfred Rollers von einem Kreis massiver, grünglänzender Säulen gebildet, die sich nach oben verlieren. Kein Kuppelabschluß. Die roten Kostüme der Ritter kontrastierten mit dem Grün der Säulen.
Regie: Heinz Tietjen, Dirigent: Wilhelm Furtwängler, Kundry: Martha Fuchs, Parsifal: Helge Roswaenge, Amfortas: Herbert Janssen, Gurnemanz: Ivar Andrésen

Staatsoper Berlin,
21. März 1937
Aufbruch von Gurnemanz, Parsifal und Kundry zum Einzug in die Gralsburg bei Beginn der Verwandlungsmusik. Die um 1914 entwickelten Bildelemente werden weiter verwendet, sind jedoch inzwischen formelhaft und leer geworden.
Regie: Bruno von Nissen, Bühnenbild: Gottfried zum Winkel, Dirigent: Robert Heger, Kundry: Frida Leider, Gurnemanz: Josef von Manowarda, Parsifal: Max Lorenz

Eine Wende in dem unsicheren Rechtsstatus, bei dem sich Cosima lediglich auf den Erlaß des verstorbenen Königs für sein Münchner Hoftheater berufen konnte, schien mit der seit 1898 im Reichstag geführten Debatte über die Verlängerung der Schutzfrist für Werke der bildenden Kunst und der Literatur gekommen. Es ging darum, diese Werke nicht nur 30 Jahre vom Tod des Autors an zu schützen, sondern 50 Jahre. Cosima wandte sich zunächst am 30. November 1899 brieflich an den Kultusminister von Studt. Es ging ihr in erster Linie um den *Parsifal;* wegen des besonderen Inhalts des Werkes, »welches die heiligsten Mysterien unseres Glaubens aus inbrünstiger Andacht feiert«, sollte es für Bayreuth reserviert bleiben. Sie strebte ein besonderes Gesetz zum Schutz des *Parsifal* an. Als sie schon absehen konnte, daß ein solches Unternehmen aussichtslos war, verfaßte sie am 9. Mai 1901 eine Eingabe an den Reichstag, einen öffentlichen Brief, der für großes Aufsehen sorgte.

Zunächst stellte Cosima die in der Sache falschen Vorwürfe richtig, die der Abgeordnete Eugen Richter in der Debatte gegen sie erhoben hatte, und bat dann darum, *Parsifal* als Richard Wagners »Vermächtnis an die deutsche Nation« aufzufassen; es sei Aufgabe des Parlaments, »das geschehene Unrecht auszugleichen und den größten Meister mit der Ausführung seines letzten Willens zu ehren«. Sicherlich ein großes und stolzes Wort, aber was hätte sie sonst in ihrer Situation tun können? Es war in diesen Jahren alles andere als alltäglich, daß eine Frau sich in dieser mutigen Weise an die Öffentlichkeit wandte. Die Angriffe gegen sie waren entsprechend heftig, die Schlagworte von der »Lex Cosima« und »Lex Parsifal« machten die Runde, und die Karikaturisten hatten ein ergiebiges Thema.

Flankiert wurde ihre Eingabe von einem Protest der Genossenschaft deutscher Komponisten und einer Resolution der Generalversammlung des Allgemeinen Richard-Wagner-Vereins. Während des Festspielsommers 1901 kursierte ein Aufruf zur einmütigen Willenskundgebung für den Schutz des *Parsifal* mit einer Unterschriftenliste. Cosimas Eingabe aber fand keine große Unterstützung im Parlament, auch die allgemeine Schutzfrist wurde nicht verlängert. Für den *Parsifal* hieß das, daß er nach 1913 doch noch den Weg einer »gemeinen Theaterkarriere« werde gehen müssen. Beachtlich in diesem emotional aufgeladenen Federkrieg um das versöhnendste Werk Wagners ist die vernünftige Stimme des Sozialdemokraten und Redakteurs des »Vorwärts«, F. Kunert, der am 28. Mai 1901 an Cosima schrieb, daß »für ferne Zeiten der beste Schutz des Parsifal nicht die Familie, sondern das Volk, nicht der Einzelne, sondern die unendlicher Entwicklung fähige Menschheit« sei.

Bis dahin war *Parsifal* außerhalb Bayreuths nur in Fragmenten in Konzertaufführungen zu hören gewesen, so 1903 in Paris unter Alfred Cortot oder im selben Jahr an der Mailänder Scala, als Arturo Toscanini das Vorspiel und den 3. Akt in »forma d'oratorio« aufführte. In diesem Jahr 1903, am 24. Dezember, dem Weihnachtsabend, fand auch die erste nicht autorisierte Aufführung statt, und zwar an der New Yorker Met. Dieser berühmt gewordene »Gralsraub« galt dem Bayreuther Kreis als Beweis für die Profitgier des

»Dollarlandes«, das sich nichts aus Idealen machte. Cosima nahm die Angelegenheit so ernst, daß sie erwog, selbst nach Amerika zu reisen, um die Aufführung zu verhindern. Es gab aber keine rechtliche Handhabe dagegen, da die Vereinigten Staaten der Berner Konvention zum Schutz von Werken der Kunst noch nicht zugestimmt hatten. Obwohl Cosima wußte, daß sie keine Chance hatte, führte sie über einen amerikanischen Anwalt einen Prozeß, den sie verlor.

Der neue Pächter der Met, Heinrich Conried aus Wien, hatte die Unterstützung des Münchner Intendanten Ernst von Possart gefunden. Vom Münchner Hoftheater kamen der bayreutherfahrene Spielleiter Anton Fuchs und der Maschinenmeister Karl Lautenschläger. Die Aufführung wurde als das bedeutendste Ereignis der amerikanischen Theatergeschichte (die allerdings damals noch nicht sehr alt war) gefeiert. Das Aufsehen, das schon die Vorbereitungen erregten, war beträchtlich. In New York grassierte eine neue Modekrankheit, die »Parsifalitis«. Es soll Parsifal-Bonbons, Parsifal-Krawatten, Parsifal-Cocktails und ähnliches mehr gegeben haben. Während die Damen sich die Köpfe über Toilettenprobleme zerbrachen, da die Vorstellung um 5 Uhr beginnen sollte, also zu früh, um Abendkleidung zu tragen, wetterten die Sonntagsprediger gegen das Sakrileg und die Blasphemie einer solchen Aufführung. Die New Yorker Kinderschutzgesellschaft schickte die Polizei ins Theater, um die Mitwirkung eines Knabenchores zu verhindern.

Obwohl die Eintrittspreise verdoppelt wurden, sollen 7000 Besucher zur Premiere gekommen sein. In der Pause nach dem 1. Akt, die fast zwei Stunden dauerte, kämpften 5000 Besucher um einen Tisch zum Abendessen im Foyer, während der vornehmere Teil des Publikums nach Hause fuhr, um sich in Abendkleidung zu werfen. Es kamen viele Ohnmachten vor, auch Mrs. Astor wurde von einer solchen heimgesucht. Die Inszenierung, die angeblich 320 000 Mark gekostet hatte, wurde anschließend auf eine Tournee durch die Vereinigten Staaten geschickt und hat es auf 130 Vorstellungen gebracht.

Es war Conrieds Ehrgeiz, dem Bayreuther Vorbild möglichst nahe zu kommen, ja es noch zu übertreffen. Selbst das Ritual des Vorstellungsablaufs kopierte man: Trompeter gaben, wie in Bayreuth, das Zeichen zu den einzelnen Akten, der Zuschauerraum wurde völlig abgedunkelt, die Türen blieben für Zuspätkommende geschlossen. Noch niemals seit Bestehen der Met waren die szenischen Vorbereitungen und die Proben so intensiv gewesen. Conried lag besonders daran, nicht eine der üblichen Starvorstellungen zu geben, sondern eine sorgfältig einstudierte musikdramatische Aufführung, wie sie bisher nur in Bayreuth erreicht werden konnte. Sein Parsifal, Alois Burgstaller, hatte die Partie schon in Bayreuth 1899 und 1902 gesungen; er war der Musterschüler der Bayreuther Stilbildungsschule, und deswegen schmerzte Cosima seine Mitwirkung ganz besonders. Auch Milka Ternina, die Kundry, hatte die Rolle 1899 in Bayreuth gesungen, und Anton van Rooy, der Amfortas, war ebenfalls ein Bayreuth-Sänger. Alfred Hertz dirigierte.

Die Bühnenbilder hatte man beim Atelier Burghart in Wien bestellt. Vorbild waren natürlich auch hier die Bayreuther Dekorationen, besonders im Tempelbild. In Klingsors Zaubergarten war man, anders als in Bayreuth, um eine realistische Gestaltung bemüht. In einem tropischen Garten hingen üppige Blumengirlanden in natürlicher Größe wie Schlingpflanzen in den Bäumen; sie fielen bei den Schlußworten Parsifals zu Boden. Man fand dieses Bild besser gelungen als die enormen und grellen Bayreuther Blumen. Auch die Blumenmädchen waren nicht als Blumen gestaltet, sondern trugen über einfachen Schleiergewändern Blumengirlanden als Schmuck. Klingsor trat in einem orientalischen Kostüm auf, und sein Zauberschloß war ein wuchtiger, eindrucksvoller Bau mit Drachen und Schlangen, eine Art Dracula-Schloß. Insgesamt hatte man sich um eine realistische Erzähl- und Darstellungsweise bemüht.

Die Berichterstatter bestätigten, daß die Aufführung der Feierlichkeit und der Würde des Themas angemessen und in vielen Details sogar besser als in Bayreuth gewesen sei. Zur nachträglichen Legitimierung und zur Werbung wurde gerade diese Feststellung gern zitiert. Auch Conried verwahrte sich nachdrücklich dagegen, es sei ihm um Geld oder um einen Sensationseffekt gegangen und nicht um einen rein künstlerischen Erfolg. Das ist sicher nur bedingt richtig bei einem Unternehmen wie der Met, das damals Profit machen mußte, und für das eine solche spektakuläre erste Aufführung natürlich auch als Kassenerfolg kalkuliert werden mußte. Ebenfalls war voraussehbar, daß Cosima sich gegen die Aufführung wehren und daß ihr Protest das öffentliche Interesse noch steigern würde.

Es ist bis zum Überdruß von der Gralshüterin Cosima gesprochen und geschrieben worden. Sie wurde als solche karikiert und als habgierig angegriffen, weil sie den *Parsifal* keinem anderen Theater gönnte. Man muß ihr schon

Teatro alla Scala Mailand,
26. März 1948
Caspar Nehers Bühnenbildentwurf für den Klingsor-Turm. Nehers futuristische Vision eines kosmischen Magiers, der seine Strahlenfäden über Kundry (rechts unten) ausspinnt. Der Turm ist mittelalterlichen Darstellungen des Turms zu Babel nachempfunden und erinnert an Fedorowskys *Lohengrin*-Modell in Moskau 1923.
Regie: Oskar Fritz Schuh

zugute halten dürfen, daß nicht ausschließlich materielle Gesichtspunkte und die Verteidigung eines einträglichen Monopols sie bestimmten, sondern daß sie in erster Linie aus Pietätsgründen so handelte, daß sie Richard Wagners letztem Willen Geltung verschaffen wollte. Auch wenn man ihre Gründe nicht billigen kann, verdient ihre Haltung zweifellos Achtung. Finanziell wäre sie sicher besser gefahren, hätte sie Conrieds Tantiemenangebot angenommen und den *Parsifal* jetzt, da er Tagesgespräch war, freigegeben; denn nach Ablauf der Schutzfrist, als plötzlich alle Theater das Werk spielten, hatte sie kein Recht mehr auf Tantiemen. Arthur Seidl hat ausgerechnet, daß Wahnfried mit dieser Ablehnung eine siebenstellige Tantiemensumme verlorengegangen sei. Das ist allerdings nicht mehr nachprüfbar.

Der Münchner Schriftsteller Michael Georg Conrad verfaßte eine eigene Schrift *Der Gralsraub*, in der er Conried in beleidigender Weise als gewissenlosen Spekulanten angriff. Conried verklagte ihn, und Conrad wurde zu einer Geldstrafe verurteilt, was natürlich wiederum großes Aufsehen und den Zorn der Wagnerianer erregte.

Conrieds Erfolg ermutigte den Theaterunternehmer Henry Savage, mit einem *Parsifal* in englischer Sprache eine Amerika-Tournee zu veranstalten, die es in 46 Städten auf 224 Vorstellungen brachte. Damit hatte er Conried geschlagen, und weil der Met-Direktor auf seinen Plakaten damit warb, seine Inszenierung sei besser als die in Bayreuth, wettete Savage dagegen, seine sei noch besser als die von Conried.

Kurz bevor die Niederlande der Berner Konvention beitraten, setzte Henri Viotta für die Amsterdamer Wagner-Vereinigung eine *Parsifal*-Inszenierung an. Diese Vereinigung war im Todesjahr Wagners von einigen holländischen Besuchern der Festspiele gegründet worden. Im Jahr 1884 veranstalteten sie ein erstes Konzert, seit 1893 auch Aufführungen mit eigenen Inszenierungen. Vor der *Parsifal*-Aufführung kam es wieder zu einem Pressekrieg und zu Protesten von Komponisten, Kapellmeistern und Wagner-Vereinen, aber die Rechtslage war eindeutig, was Viotta als Rechtsanwalt wußte. Er dirigierte selbst das Concertgebouw-Orchester und den Chor der Wagner-Vereinigung. Den Parsifal sang Ejnar Forchhammer, Felia Litvinne die Kundry und Robert Blass den Gurnemanz. Die Dekorationen hatte auch hier das Atelier Burghart geliefert, es waren Kopien der Arbeiten dieser Firma für New York. Die Premiere fand als geschlossene Vorstellung am 20. Juni 1905 in der Stadsschouwburg statt, Wiederholungen am 22. Juni und in den Jahren 1906 und 1908. Gegen Zahlung eines Beitrages konnten auch Nichtmitglieder ohne Formalitäten eine Einlaßkarte erwerben. Wiederum rühmte man sich, eine bessere Aufführung als in Bayreuth zustande gebracht zu haben, auch der Charakter eines Bühnenweihfestspiels sei gewahrt worden.

Am 28. November 1912, in letzter Minute, wurde ein neuerlicher Anlauf gestartet in der Form einer parlamentarischen Anfrage nach einem Ausnahmegesetz für *Parsifal*, das »ungeeignete Darbietungen dieses Festspiels zu Erwerbszwecken« unmöglich machen sollte. Der Lärm war wiederum beträchtlich. Hermann Bahr verfaßte eine Schrift *Parsifalschutz*, und August Püringer rief zur »Mobilisierung des verschlafenen deutschen Geistes« auf. Püringers Appell, der auch bei den Festspielen auflag, fand immerhin die Unterstützung von 18 000 Unterzeichnern. Auch dieser letzte Versuch scheiterte in der Reichstagssitzung vom 13. April 1913. Ab 1. Januar 1914 war *Parsifal* für alle Bühnen frei.

Beachtlich in diesem Chor von Pro und Kontra sind die Stimmen von Paul Bekker und Arnold Schönberg. Bekker schrieb in der »Frankfurter Zeitung«: »Ein Kunstwerk ohne zwingende wirtschaftliche Gründe an einen Ort zu fesseln, heißt eine lebendige Kraft in eine tote Sehenswürdigkeit verwandeln.« Und Schönberg in der »Neuen Musikzeitung« erkannte zwar das moralische Anrecht Bayreuths an, nicht aber ein künstlerisches. Er respektierte das Gefühl der Pietät, aber Wagners Idee sei nicht mehr lebendig, eben weil *Parsifal* zu einer Attraktion für eine Art von Zuschauern geworden sei, wie sie Richard Wagner nicht vorgeschwebt hatten. An den Schwierigkeiten, den »Parsifal szenisch und musikalisch zu realisieren«, müßte die ganze Welt arbeiten. Wenn man das Werk der Entwicklung des Lebendigen entziehe, könne kein Stil entstehen. Bayreuth hüte eine Tradition, »und die Tradition ist das Gegenteil vom Stil«. Er plädierte dafür, *Parsifal* nur an Festtagen zu geben, und besondere Aufführungen bei freiem Eintritt für junge Künstler zu veranstalten. Ähnlich beschlossen die Mitglieder des Deutschen Bühnenvereins auf ihrer Generalversammlung in Weimar 1913: *Parsifal* solle nicht ins ständige Repertoire aufgenommen werden und sein Charakter als Bühnenweihfestspiel sei zu respektieren.

Im Januar 1913 fand dann in Monte Carlo eine geschlossene Vorstellung statt, und am 13. April die Erstaufführung in Zürich, da in der Schweiz der Schutz schon mit dem Todestag erlosch. Diese allgemein als ehrlich und schlicht, aber würdig bezeichnete Vorstellung stand außerhalb der allgemeinen *Parsifal*-Hektik. Der Maler Gustav Gamper hatte in seinen Entwürfen erstmals die Schweizer Berglandschaft in die Bildwelt des *Parsifal* eingebracht, und viele Bühnenbildner haben in der Folge seine Motive aufgegriffen.

Und nun begann das große Wettrennen. Viele Theater setzten schon am Neujahrstag ihre

Parsifal-Premiere an, obwohl dieser Abend bisher für die leichte Unterhaltung reserviert war, so zum Beispiel die Charlottenburger Oper in Berlin oder das Deutsche Theater in Prag. Allen den Rang abgelaufen aber hat das Teatro del Liceo in Barcelona. Wegen der Zeitdifferenz zwischen Deutschland und Spanien konnte dort ganz legal die Premiere am Silvesterabend um 11 Uhr nachts beginnen. Sie dauerte bis 5 Uhr morgens.

Im ersten Monat nach der Freigabe spielten schon rund 40 deutsche Bühnen den *Parsifal*, darunter nicht nur die großen Theater, sondern auch kleinere Bühnen wie Halle, Wuppertal-Barmen, Kiel, Mainz, Königsberg oder Chemnitz. Im Ausland waren es Wien, Paris, wo der *Parsifal* an drei Theatern zu sehen war, London, Brüssel, Sankt Petersburg, Budapest, Madrid, Mailand, Rom und andere. Obwohl die Preise erhöht waren, stürmte das Publikum die ersten Vorstellungen. In Frankfurt gingen die Eintrittspreise bis auf 120 Mark hoch, in Wien wurden sie vervierfacht, in Dresden gar verfünffacht, und dennoch war das Haus vier Wochen vor der Premiere schon ausverkauft.

Diese Premieren waren bedeutende gesellschaftliche Ereignisse. Die an der Wiener

Bayreuther Festspiele 1954
Die Szene Klingsor – Kundry in Wieland Wagners Bayreuther Inszenierung. Das Bild ganz aus der Werkdeutung als Symbolraum entwickelt. Klingsor besitzt schon den Speer, das männliche Symbol. Durch den Einsatz des Weiblichen (Kundry und Blumenmädchen) zieht er die Ritter an sich, um auch noch in den Besitz des weiblichen Symbols, des Grals, zu kommen. Das Bild ein Spinnennetz, eine Falle und ein ins Unendliche wachsendes und wie mit Sogwirkung anziehendes weibliches Symbol. Als Kundry Martha Mödl, neben Astrid Varnay eine der großen Kundry-Darstellerinnen Neubayreuths.
Dirigent: Hans Knappertsbusch, Klingsor: Gustav Neidlinger

Bayreuther Festspiele 1958
Wieland Wagners Gralswald,
ohne alle plastischen Elemente,
nur mit Licht gestaltet. Kühle,
Feierlichkeit und »Waldes-
morgenpracht« atmend. In der
Mitte die gleichbleibende
kreisrunde Spielfläche.
Dirigent: Hans Knappertsbusch,
Kundry: Régine Crespin,
Parsifal: Hans Beirer,
Gurnemanz: Jerome Hines

Hofoper war eine Sensation wie sonst nur eine Caruso-Vorstellung. Schon die von der Polizei geregelte Wagenauffahrt war gewaltig, und in den Logen glänzten die Damen in großer Toilette mit »oft ganze Vermögen vorstellenden Schmuckstücken«. Zur Pariser Erstaufführung reisten die Londoner in Sonderzügen an, da ihre eigene Premiere erst einen Monat später stattfand. Die deutschen Hoftheater wie Dresden, Weimar oder Stuttgart hielten sich vornehm zurück und setzten *Parsifal* erst zur Osterzeit auf den Spielplan. Sicherlich war das unbekannte Bühnenweihfestspiel Tagesgespräch und Mode geworden, und die Theaterdirektoren erhofften sich von dem tantiemenfreien Stück einen Kassenerfolg. Andererseits aber bedingte der Wettbewerb auch eine besondere Sorgfalt in den Vorbereitungen und eine intensive Auseinandersetzung mit den technischen und musikalischen Schwierigkeiten. Und daß, als die ersten Sensationen vorbei waren, nun auch die Musik-Interessierten, die sich eine Bayreuth-Reise nicht leisten konnten, den *Parsifal* an ihrem Opernhaus sehen konnten, empfand man als sehr positiv.

Einigkeit herrschte darüber, daß der musikalische Standard Bayreuths, das eine jahrzehntelange Schulung und Erfahrung besaß, nicht erreicht werden konnte. Dagegen fand man manche Inszenierung szenisch und technisch der Bayreuther überlegen, die immerhin schon 31 Jahre alt war. Vermißt wurde aber, gerade in den Großstädten, die besondere Atmosphäre des abgeschiedenen Festspielhauses, die eine größere Konzentration auf das Werk ermöglichte. Viele Theater kopierten Bayreuth, indem sie das Orchester überdeckten, die einzelnen Akte mit Fanfaren ankündigen ließen, den Zuschauerraum verdunkelten und einstündige Pausen ansetzten. Aber das brachte ungewohnte Probleme mit sich. In Wien wurden in den Pausen erst die Garderoben, dann die umliegenden Kaffeehäuser und die Gastwirtschaften gestürmt. Einige Theater hielten sich auch viel zugute auf ihr geschultes Publikum, das keine Hand zum Beifall rührte.

Den Bühnenausstattern fiel eine wichtige Aufgabe zu, da es bis dahin einzig das Bayreuther Vorbild gegeben hatte, und ihre stilistische Auseinandersetzung mit der *Parsifal* ist von einer Lebendigkeit wie bis dahin bei keinem anderen Werk Wagners. Vom krassen Naturalismus bis zum strengen Symbolismus waren alle Stilrichtungen vertreten. Einige

Theaterateliers setzten auf einen leichten Verkaufserfolg, indem sie exakte Kopien der Bayreuther Bühnenbilder anboten. Eine solche war beispielsweise in Nürnberg zu sehen. Charakteristisch für die Arbeit eines großen und berühmten Ateliers sind die Entwürfe, die man bei Baruch in Berlin bestellen konnte. Während der Tempel nach dem Bayreuther Vorbild gestaltet war, zeigten die Waldbilder Ansätze der Naturauffassung der zeitgenössischen Kunst. Sie sind in der Anordnung zwar noch konventionell, aber heller und unfeierlicher als die schweren Bayreuther Landschaftsgemälde im Stil des 19. Jahrhunderts. Im Interesse des Verkaufs ging man einen gemäßigten Weg, der sich immer noch auf Bayreuth berufen konnte und trotzdem zeitgerecht war, ohne durch stilistische Kühnheiten Anstoß zu erregen. Im internationalen Vergleich fällt auf, daß die Tempelbilder sehr viel reicher ornamentiert, prächtiger und mystischer als in Bayreuth waren, wie etwa in Barcelona, während die Naturbilder heller, idyllischer und jugendstilhaft ausfielen.

Auch Adolphe Appia hatte sich mit seinen *Parsifal*-Entwürfen, die er 1912 im »Türmer« veröffentlichte, in die allgemeine Diskussion um einen neuen *Parsifal*-Stil eingeschaltet. Er hat sie selbst niemals realisieren können; erst 1964 gestaltete Max Röthlisberger in Genf sein Bühnenbild nach diesen Entwürfen. Während Appias Tempelbild und der Zaubergarten ohne besonderen Einfluß blieben, erlangten der Entwurf zu Klingsors Schloß und vor allem das Waldbild des 1. Aktes eine weittragende Bedeutung, die sich nur mit seinen Entwürfen zum *Rheingold* und zum Walkürenfelsen vergleichen läßt.

Die unabhängigen Bühnenbildner, die sich nicht an die Bayreuther Tradition gebunden fühlen mußten, versuchten sich vor allem von der historischen spanisch-maurischen Bildgestaltung zu lösen. Sie räumten besonders bei Klingsors Schloß mit dem orientalischen Plunder auf, den sich gerade einige der großen Bühnen noch leisteten, und fanden die Anregung dafür bei Appia. Sein Klingsorschloß ist ein kühn geschwungener, aus groben Steinquadern gefügter offener Turm in verzerrter Perspektive. Noch in den 20er und 30er Jahren wurde dieses Bild Appias zum Muster genommen, zum Beispiel von Grandi an der Mailänder Scala 1928/29. Eigene Wege gingen in Prag Erwin von Osen, der für die von Alexander von Zemlinsky dirigierte Aufführung eine moderne Treppenbühne gestaltete, oder Gustav Wunderwald, der für die Charlottenburger Oper ein aus Steinquadern gefügtes, streng gegliedertes Raumsystem von Stufen und Wänden entwarf.

Am fruchtbarsten aber erwies sich Appias Idee, im Waldbild die glatten Stämme wie Säulen zu gestalten, die eine Atmosphäre des Feierlichen schufen und sich in die Säulen des Gralstempels verwandeln ließen. Das Publikum sollte dadurch gleich beim Aufgehen des Vorhangs in den symbolischen Stil eines Mysterienspiels eingestimmt werden. Ludwig Sievert griff diese Idee 1914 in Freiburg auf, ebenso Gustav Wunderwald in Berlin. Hans Wildermann formte in Breslau die Baumstämme und die Ansätze der Zweige wie gotische Spitzbogen und behielt dieses Prinzip auch für den Tempel bei. Joseph Urban lieferte für die Neuinszenierung an der New Yorker Met 1920 ähnliche Entwürfe, die bis 1952 verwendet wurden, entsprechend auch Johannes Schröder für die Inszenierung von Saladin Schmitt in Bochum/Duisburg 1921, später ebenfalls Heinrich Wendel. Noch in den Bühnenbildern von Rolf Christiansen für Antwerpen 1972 bildeten die schlanken grünen Stämme des Waldbildes in veränderter blauer Beleuchtung die Tempelsäulen. Die Reihe ließe sich endlos fortsetzen. Die letzte Konsequenz dieses Prinzips sind Günther Ueckers abstrakte Stäbe in Götz Friedrichs Stuttgarter Inszenierung von 1976. In Budapest, wo der *Parsifal* schon 1914 erstaufgeführt worden war, entwarf der Secessionskünstler Laszlo Markus für die Staatsoper einen Palmenwald, der einem gotischen Kirchenschiff gleicht. Mit feierlichen, dunklen Zypressen versuchte der Großherzog Ernst Ludwig von Hessen 1915 in Darmstadt einen ähnlichen Effekt zu erreichen, und noch Jürgen Roses Zypressenwald in Wien 1979 steht in dieser Traditionskette.

Von der wunderbar zarten Farbigkeit des Jugendstils sind die Bilder der frühlingshaften Karfreitagsaue. Birken mit jungem Grün und weite Wiesenhänge, übersät mit gelben Frühlingsblumen, sind die neuen, überall gleichzeitig auftauchenden Bildelemente, so in Leipzig, im Entwurf von Heinrich Lefler für die Wiener Volksoper, oder bei Gustav Wunderwald. Gustav Gamper hatte in Zürich einen solchen Wiesenhang, überragt von schneebedeckten Schweizer Bergen, gezeigt. Auch Alfred Rollers Bayreuther Bühnenbild von 1933 verwendete noch dieses Motiv. Eine ähnliche Wiese schuf Günther Schneider-Siemssen für Herbert von Karajans Inszenierung bei den Salzburger Osterfestspielen 1980.

Die Grundstruktur des Bayreuther Tempels, eines von Säulen umstandenen Kuppelraumes, blieb überall das Vorbild. Er wurde entweder noch strenger und einfacher romanisch aufgefaßt oder durch eine lichte Farbigkeit

Staatsoper Wien,
1. April 1961
Der Tempel in der großen klassischen Tradition der Kreisform, die Säulen nur angedeutet, in der Mitte das Stufenrund, die Gralsritter im Kreis kniend. Der weite, im Halbdunkel sich verlierende Raum bestimmend für die Wirkung des Bildes. In dieser Inszenierung war die Rolle der Kundry auf zwei Sängerinnen verteilt: Elisabeth Höngen sang den 1. und 3. Akt, Christa Ludwig den 2. Akt.
Regie und musikalische Leitung: Herbert von Karajan,
Bühnenbild: Heinrich Wendel,
Amfortas: Eberhard Waechter

Staatsoper Hamburg,
12. April 1968
Rudolf Heinrich versuchte, die klassische Kreisform aufzubrechen, und verwendete die Säulen und Bogen, die keinen erkennbaren Raum bilden, als Zitat. Der Tisch zwar halbrund, wie üblich, aber durch seine beherrschende Stellung im Bild Leonardos Abendmahlstisch assoziierend. In den 70er Jahren haben dann verschiedene Bühnenbildner dem Tisch diese Bedeutung gegeben.
Regie: Hans Hotter, Dirigent: Leopold Ludwig

275

Bayerische Staatsoper München, 15. April 1973
Klingsors Zauberschloß als wüste Vision im Stil des Hieronymus Bosch; Pieter Bruegels Gemälde des Turms zu Babel wird zitiert.
Regie: Dietrich Haugk, Bühnenbild: Günther Schneider-Siemssen, Dirigent: Wolfgang Sawallisch, Kundry: Hildegard Hillebrecht, Klingsor: Heinz Imdahl

aufgehellt, aber die Variationsmöglichkeiten dieses Schemas waren begrenzt. Einige Theater wählten den Ausweg, Richard Wagners Bemerkung allzu wörtlich zu nehmen, für die feierliche Würde des Gralstempels könnten nur die edelsten Denkmäler christlicher Baukunst in Frage kommen. Nach ihrer Auffassung boten Kopien geeigneter Bauwerke die größte Authentizität. Die Brüsseler Oper schickte ihren Theatermaler nach Spanien, damit nach seinen Skizzen das Kloster Montsalvat originalgetreu nachgebaut werden konnte. Auf Anregung des Bildhauers Max Klinger hatte man sich in Leipzig an die Architektur von San Vitale in Ravenna gehalten, als des besten Beispiels einer »ernsten und keuschen Architektur aus der Frühzeit des christlichen Glaubens«. Und in Hannover stand eine exakte Kopie der Vierung des Mainzer Domes auf der Bühne.

Die Wandeldekoration war, wie schon in Bayreuth, ein großes technisches und finanzielles Problem. Die kleineren Theater wie Weimar konnten sie sich nicht leisten und ließen bei der Verwandlung den Vorhang fallen. Das war zumindest eine ehrlichere Lösung als diejenige, mit denen sich andere finanzschwache Bühnen behalfen, indem sie den Walhallprospekt aus ihren *Ring*-Inszenierungen für die Fernsicht der Gralsburg verwendeten. Die Berichterstatter mokierten sich über eine solche Stillosigkeit; sie waren generell der Meinung, daß sich an einem solchen Werk nur die leistungsfähigsten Theater versuchen dürften. Aber auch dort scheiterten oft die kühnen Pläne. In Wien wollte man kinematographische Aufnahmen verwenden, mußte sich aber dann mit einfachen Nebel- und Schleiervorhängen begnügen. Diese technische Lösung war seit der Zürcher Aufführung erprobt. Das reiche Frankfurt konnte sich eine neue, teuere Wandeldekoration leisten.

Als die erste Sensation verrauscht war, wurde es wieder still um den *Parsifal*. Das lag weniger an einem nachlassenden Interesse als an dem Ausbruch des Ersten Weltkrieges. Für die »Eisenkur« der europäischen Völker, bei der auch die Theater eine stramme kriegerische Haltung bewiesen, war eine Botschaft vom Mitleid nicht mehr zeitgemäß. *Parsifal* wurde ein Werk für besondere Festtage, etwa um Ostern, was er auch heute noch ist.

In Bayreuth wurde *Parsifal* in der Inszenierung der Uraufführung bis 1933 gespielt, also 51 Jahre lang. Im letzten Jahr hatte Cosimas Tochter Daniela, die noch die ersten Aufführungen erlebt hatte, die Spielleitung. Neu gestaltet wurden in diesem Zeitraum der Zaubergarten nach Siegfried Wagners impressionistischem Entwurf im Jahr 1911; 1925 baute man einen neuen Klingsor-Turm und erneuerte schließlich 1927 den ewig problematischen 2. Akt vollständig. Der Gralstempel, seit der Uraufführung unverändert, war inzwischen zum pietätvoll bewahrten Monument, zur Sehenswürdigkeit geworden.

Es war deshalb vorauszusehen, daß Winifred Wagner mit ihrem Plan, 1934 die alte Inszenierung abzulösen, auf heftigen Widerstand stoßen würde. Wie 1913 war auch jetzt viel die Rede von Frevel und Sakrileg. 1913 sei es darum gegangen, den *Parsifal* vor der

»Außenwelt« zu schützen, heute aber müsse man ihn »gegen Wahnfried verteidigen«, äußerte sich Paul Pretsch, der Wortführer des Protestes. Seinen Aufruf, der auch im Pariser »Figaro« abgedruckt wurde, unterschrieben etwa 1000 Personen; an erster Stelle standen die Namen von Cosimas Töchtern Eva und Daniela, von Richard Strauss und Arturo Toscanini. Man forderte, die szenischen Bilder, die ein Teil des Werkes seien und auf denen »das Auge des Meisters geruht« hatte, beizubehalten und das Werk einzig in der »szenischen Urgestalt von 1882« als »Denkmal« zu wahren.

Aber das Theater ist nun einmal kein Denkmal, sondern eine Kunstform, die sich notwendig verändern muß. Und daß der Geist und die Atmosphäre der Inszenierung von 1882 trotz gleichbleibender Bilder die Jahrzehnte mit ihren wechselnden Besetzungen nicht überdauern konnte, nahm man nicht zur Kenntnis. Mit den Bühnenbildern der Neuinszenierung wurde der inzwischen zum Klassiker aufgestiegene 70jährige Alfred Roller beauftragt. Seine Bilder aber konnten weder die Alt-Wagnerianer noch die Befürworter einer Neuinszenierung zufriedenstellen. Er hatte seinen Wiener Stil von 1914 kaum weiterentwickelt. Auch hier wirkte der Tempel mit seinen dicken, grünglänzenden Säulen zu eng und zu massiv, die Karfreitagsaue war wiederum eine Berglandschaft mit einer »Alm« im Frühling. Schon im Jahr 1937 entwarf der 20jährige Wieland Wagner neue Bühnenbilder mit einem romanischen Tempel und maurischen Architekturelementen im Zaubergarten. Auch diese Lösung war nicht sehr überzeugend ausgefallen. Insgesamt herrschte in diesen Jahren ein großräumiger, deutlich monumentalisierender Stil vor, der neutral war und weder die stilistische Vielfalt noch den persönlichen, ausdrucksstarken Charme vieler Entwürfe von 1914 oder aus den 20er Jahren besaß.

Es wird heute gern argumentiert, daß gerade *Parsifal* eine Lieblingsoper des Dritten Reiches gewesen sei, und daß er in diesen Jahren besonders oft gespielt wurde, was mit der Zahl von 102 Aufführungen pro Jahr zwischen 1933 und 1939 belegt wird. Bei der großen Zahl von Theatern ergeben sich statistisch etwa zwei bis drei Aufführungen pro Jahr und Bühne, also nicht mehr als sonst. Dabei wirkten sich auch das Jahr 1933, das 50. Todesjahr, und das Jahr 1938 aus, das 125. Geburtsjahr Richard Wagners, in dem verschiedene Theater Gesamtzyklen aufführten. Auch daß in *Parsifal* die Ideologie des Dritten Reiches von der Reinheit des Blutes und dem Kult einer auserwählten Rasse grundgelegt sei, und daß er das ideologische Vorfeld für die Nürnberger Gesetze zur Reinerhaltung der Rasse vorbereitet habe, ist nicht haltbar. Seine – nach dem Zeitverständnis – christlich-pazifistische Aussage, die Versöhnung und Mitleid predigte, stand in polarem Gegensatz zur praktizierten aggressiven NS-Ideologie. Das festzustellen, hat nichts mit Verteidigung oder Rechtfertigung zu tun, sondern mit einer notwendigen Differenzierung. *Parsifal* ließ sich nicht so zeitkonform interpretieren wie andere Werke Wagners,

Königliches Opernhaus Kopenhagen, 5. Dezember 1977
Gralsszene des 1. Aktes in der Inszenierung von Harry Kupfer. Zwei Engel mit dem Flammenschwert im Stil des NS-Künstlers Arno Breker, als Ausdruck der Militanz und faschistoiden Gesinnung des Gralsritterordens, gegenübergestellt dem eigentlichen Mitleidsymbol, dem Gekreuzigten, von dem sich dieser Orden entfremdet hat.
Bühnenbild: Peter Sykora,
Kostüme: Reinhard Heinrich,
Dirigent: Wolfgang Rennert,
Parsifal: Peter Lindroos,
Amfortas: Ib Hansen,
Gurnemanz: Ulrik Cold

und vor Beginn des Krieges wurde den Theatern von der Reichskulturkammer nahegelegt, dieses Werk nicht mehr zu spielen.

Mit Wieland Wagners Neuinszenierung wurden die Festspiele am 30. Juli 1951 wiedereröffnet. Sie markiert den Beginn der Ära des sogenannten Neubayreuth. Der radikale Bruch mit einer als Ballast empfundenen Tradition und eine intensive geistige Auseinandersetzung mit dem Werk Wagners waren das Programm. Gerade dieser *Parsifal* hat den Stil von Neubayreuth entscheidend geformt und ist für seine Zeit international maßstabsetzend geworden. Die Bilder dieser Aufführung erscheinen uns heute als klassisch schön, und wir können kaum mehr ermessen, welche Revolution sie damals bedeuteten. Wielands Gralstempel, nur von vier rotgolden schimmernden, aus dem Dunkel herausgeleuchteten schlanken Säulen gebildet, ist zum Inbegriff des Neubayreuther Stils geworden. Für Wieland waren die Bühnenbilder »streng genommen nichts anderes als Ausdruck der wechselnden Seelenstimmungen Parsifals«. Darum konnte die Karfreitagsaue kein romantisches Naturbild mehr sein, denn in dieser Szene handelt es sich um den »Durchbruch der drei handelnden bzw. leidenden Personen zur letzten geistigen Klarheit und zur Erkenntnis der letzten Weltverhältnisse«. Die Erkenntnisse der Tiefenpsychologie lieferten ihm die »menschliche Erklärung der Handlung und der Charaktere«.

In dem sogenannten Parsifal-Kreuz hat Wieland Wagner 1952 seine Analyse graphisch dargestellt und erläutert. Es bildete eine »objektive Grundlage für die Gestaltung dieses Werkes«. Im Spannungsfeld der Pole »Mutter – Heiland – Klingsor – Titurel (oder der Urbilder Schwan – Taube – Speer – Kelch) vollzieht sich Parsifals seelisch-geistiger Werdeprozeß in einem vollkommen *spiegelnden Bogen*, dessen Wendepunkt der Kundrykuß ist: mystische Mitte, Klimax, Tiefpunkt und Kreis des Heilsweges zugleich. Die absoluten Entsprechungen zwischen Kundry- und Amfortasschicksal sowie zwischen der ›weißen‹ Magie Titurels und der ›schwarzen‹ Magie seines Gegenspielers Klingsor ergeben sich so zwangsläufig. Außerhalb des Schemas steht Gurnemanz, der als Grallehrer und Evangelist jenseits des Passionsweges der ringenden Seelen seine Aufgabe erfüllt.«

Vor allem das Bild des 2. Aktes hat Wieland einige Male wesentlich verändert, wobei deutlich der Einfluß der zeitgenössischen Malerei, etwa von Jackson Pollock, zu spüren ist. Mitte der 60er Jahre begann er, zusammen mit Pierre Boulez, eine umfassende szenische und musikalische Erneuerung des *Parsifal*. Durch Wielands Tod im Jahr 1966 blieb dieses Vorhaben, was das Szenische anbetraf, unvollendet. Bis 1973 wurde seine Inszenierung noch gespielt, also 22 Jahre. Sie war inzwischen zum Klassiker geworden, ihr Stil wurde überall nachgeahmt und hatte international ein geradezu uniformes *Parsifal*-Bild geprägt. Noch einmal wiederholte sich der »bayreuthspezifische« Vorgang, der Wunsch, auch diese Inszenierung als Denkmal und Nekrolog für Wieland zu erhalten.

Gegenüber diesen Forderungen verfocht Wolfgang Wagner die Notwendigkeit einer neuen Auseinandersetzung und stellte sich auch selbst dieser Aufgabe. Ausgangspunkt für seine Regiekonzeption der Neuinszenierung von 1975 war Richard Wagners Charakterisierung des *Parsifal* als einer »grundbösen Arbeit«. Das Wort wurde in erster Linie auf die von Titurel institutionalisierte Gralswelt bezogen, und diese kritische Sicht der Gralswelt war neu, nicht nur in Bayreuth, und vermittelte der *Parsifal*-Interpretation der 70er Jahre wichtige Impulse.

Die Entfremdung von der ursprünglichen Gralsidee hat die elitäre Männergesellschaft in einen desolaten Zustand gebracht. In ihrem Streben nach persönlicher Vollkommenheit sind die Ritter, die Hüter der Mitleidsymbole, selbst mitleidlos geworden. Titurels unmenschliche Askeseforderung ist schuld an Klingsors Scheitern und zwingt ihn zu zur gefährlichen Pervertierung der Gralswelt. Parsifal, der von außen kommt, wird in einem leidvollen Erkenntnisprozeß fähig zum Mitleiden, zum Mitverstehen. Er hebt die Polarität von Titurel- und Klingsor-Welt, die sich in ihrer Erstarrung und Verzerrung gegenseitig bedingen, auf zugunsten einer neuen Synthese. Der Schluß ist keine Restauration des ursprünglichen Zustandes. Gral und Speer bleiben nicht mehr verschlossen, sondern stehen allen offen. Wolfgang Wagner entschloß sich dazu, Kundry am Schluß im Tempel nicht mehr sterben zu lassen. Denn die Gralsgesellschaft hat zu ihrem Unheil das weibliche Prinzip eliminiert. Das grundböse Werk endet mit einem offenen Schluß, mit dem »Prinzip Hoffnung«.

Die Symmetrie im Bildaufbau der drei Akte hat dramaturgische Funktion. Auch Wolfgang Wagner ging von der in Bayreuth seit 1882 tradierten Kreisform des Tempels aus. In der Klingsorwelt, der Pervertierung dieses Prinzips, wird die Kreisform zerbrochen. Diese Kreisform harmonisiert nicht, sie macht die innere Einheit und gegenseitige Bedingtheit der beiden Welten sichtbar. Außerhalb der beiden architektonisch charakterisierten Welten stehen die Naturbilder. In ih-

Grand Théâtre Genf,
29. Januar 1982
Klingsors Zauberschloß als riesiger Atomreaktor, Klingsor als Herr des Speers, hier der Atombombe.
Regie: Rolf Liebermann, Bühnenbild: Petrika Ionesco, Dirigent: Horst Stein, Kundry: Yvonne Minton, Klingsor: Franz Mazura

ins Unverbindliche verliere. Günther Schneider-Siemssen schuf für Dietrich Haugks Inszenierung in München 1973 einen Jugendstiltempel, während Jürgen Rose in Paris 1974 und in Wien 1979 den Tempel durch zwei große konkrete Zeichen gestaltete, ein schlichtes Kreuz und einen Altartisch. In Hamburg hat der Maler Ernst Fuchs die sehr persönliche, farbenprächtige Mystik seiner Gemälde auf die Bühne übertragen.

Für seine Stuttgarter Inszenierung von 1976 verpflichtete Götz Friedrich keinen Bühnenbildner, da er deren ausgetretene Wege der historischen Zitate und der Stilkunde für dieses Werk nicht überzeugend fand, sondern den Nagelkünstler Günther Uecker. Dieser schuf mit den ihm eigenen Materialien kühle und strenge Räume, in denen die Erstarrung und die leeren Rituale der Grals- und Klingsorwelt Bild wurden. »Wir können die Wahrheit nicht stilisieren, bevor wir sie nicht schmerzlich aufgerissen haben«, sagte Friedrich. Die Kritik an der Gralswelt wurde zum tragenden Gedanken in den Regiekonzepten der 70er Jahre, am extremsten in Harry Kupfers Inszenierung in Kopenhagen 1977. Am Schluß starb der Gralskönig Amfortas, und Parsifal trat nicht seine Nachfolge an, sondern verließ mit den Mitleidsymbolen Gral und Speer den Tempel, nahm Kundry mit und forderte auch die Ritter auf, ihm zu folgen. Einige entschlossen sich dazu, die anderen blieben in ratloser Verwirrung zurück.

Vom geraden Gegenteil, der Restitution der Gralswelt, ging Rolf Liebermann bei seiner ersten Regiearbeit in Genf 1982 aus. Die Handlung beginnt nach dem Atomschlag, der Tempel ist zerstört, Ritter und Knappen müssen auf einer urzeitlichen Entwicklungsstufe neu beginnen. Klingsor besitzt den Speer, die vernichtende Atomwaffe. Der Tempel ist zum Schluß prachtvoll wiederaufgebaut. Leid wird nicht als etwas Existentielles, sondern als Folge einer Katastrophe interpretiert.

nen wird Richard Wagners Forderung, »das Reinmenschliche mit dem ewig Natürlichen in harmonischer Übereinstimmung zu erhalten«, ins szenische Bild umgesetzt. Eindrucksvoll waren die beiden offenen Verwandlungen, wenn die Laubwände wichen, die Säulen hereinfuhren und sich wie Klammern um die grausteinerne Gralshalle schlossen; an ihrer tiefsten Stelle stand der Tresor, in dem der Gral verschlossen gehalten wurde. Auch beim Bühnenbild des Parsifal schien die abstrakte Phase Anfang der 70er Jahre ausgeschritten. Man bemühte sich, das Werk in einer bestimmten Zeit oder an einem konkreten Handlungsort zu fixieren, damit es sich nicht

Daß das Bühnenweihfestspiel im Laufe seiner Aufführungsgeschichte an »Weihe« verloren hat, war ihm nicht abträglich, im Gegenteil, es hat dafür an Aktualität gewonnen. Seine Botschaft vom Mitleid als einer sozialen Forderung kann heute, da überall nach humanen Alternativen in einer inhumanen Welt gesucht wird, ein »Gegenentwurf« sein, »Kritik und Utopie zugleich in einer Welt, die der Erlösung heute wie einst bedarf, weil sie ihren Humanisierungsprozeß noch vor sich hat« (Hans Küng). Parsifal nicht als Ersatzreligion und auch nicht als Lebenshilfe, sondern als Einsicht und Irritation. Es drängte Wagner, auch hier »zu stacheln«. So verstanden, hat Parsifal seine Zukunft noch vor sich.

Ausgewählte Bibliographie

Theodor W. Adorno, *Versuch über Wagner*, Frankfurt 1952

Adolphe Appia, *Die Musik und die Inszenierung*, München 1899

Denis Bablet, *Le décor du théâtre de 1870 à 1914*, Paris 1975

Paul Barz, *Götz Friedrich. Abenteuer Musiktheater. Konzepte, Versuche, Erfahrungen*, Bonn 1978

Carl-Friedrich Baumann, *Bühnentechnik im Festspielhaus Bayreuth*, München 1980

Carl Dahlhaus, *Richard Wagners Musikdramen*, Velber 1971

John Deathridge, *Wagner's Rienzi. A Reappraisal Based on a Study of the Sketches and Drafts*, Oxford 1977

Bernhard Diebold, *Der Fall Wagner. Eine Revision*, Frankfurt 1928

Sergei Eisenstein, *Über Kunst und Künstler*, aus dem Russischen übersetzt von Alexander Kaempfe, München 1977

Hugo Fetting, *Die Geschichte der Deutschen Staatsoper*, Berlin 1955

Gedenkboek der Wagner vereeniging. Haar geschiedenis in beeld 1884–1934, Amsterdam 1934

Martin Gregor-Dellin, *Richard Wagner. Sein Leben. Sein Werk. Sein Jahrhundert*, München/Zürich 1980

Susanna Großmann-Vendrey, *Bayreuth in der deutschen Presse*, Dokumentenband 1: *Die Grundsteinlegung und die ersten Festspiele, 1872–1876*, Dokumentenband 2: *Die Uraufführung des Parsifal 1882*, Regensburg 1977

Rudolf Hartmann, *Das geliebte Haus. Mein Leben mit der Oper*, München/Zürich 1975

Joachim Herz, Regisseur im Musiktheater, hg. von Hans-Jochen Irmer und Wolfgang Stein, Berlin 1977

Kurt Hommel, *Die Separatvorstellungen vor König Ludwig II. von Bayern*, München 1963

Jubiläumsausstellung 100 Jahre Wiener Oper am Ring (Katalog), Wien 1969

Julius Kapp, *Geschichte der Staatsoper Berlin*, Berlin o.J.

Michael Karbaum, *Studien zur Geschichte der Bayreuther Festspiele*, Regensburg 1976

Josef Kaut, *Festspiele in Salzburg, Eine Dokumentation*, München 1970

Heinz Kindermann, *Theatergeschichte Europas*, Bde 8–10, Salzburg 1968ff.

Helmut Kirchmeyer, *Musikkritik. Das zeitgenössische Wagnerbild in Dresden* (= Studien zur Musikgeschichte des 19. Jahrhunderts, Bd. 7), Regensburg 1972

Irving Kolodin, *The Metropolitan Opera 1883–1935*, New York 1936

Ilka-Maria Kügler, *»Der Ring des Nibelungen«. Studie zur Entwicklungsgeschichte seiner Wiedergabe auf der deutschsprachigen Bühne* (= phil. Diss. Köln), Köln 1967

Alfred Loewenberg, *Annals of Opera 1597–1940*, Totowa, New Jersey 1978

Dietrich Mack, *Der Bayreuther Inszenierungsstil*, München 1976

Hans Mayer, *Richard Wagner in Bayreuth 1876–1976*, Stuttgart 1976

Hans Mayer, *Richard Wagner in Selbstzeugnissen und Bilddokumenten*, Hamburg 1959

Karl Hermann Müller, *Wachet auf! Ein Mahnruf aus dem Zuschauerraum für Richard Wagners Bühnenbild*, Leipzig 1935

Angelo Neumann, *Erinnerungen an Richard Wagner*, Leipzig 1907

Ernest Newman, *The Life of Richard Wagner*, 4 Bde, New York 1960

Carl Niessen, *Johannes Schröder, ein Meister der Szene*, Hamburg 1963

Walter Panofsky, *Wieland Wagner*, Bremen 1964

Detta und Michael Petzet, *Die Richard Wagner-Bühne Ludwigs II.*, München 1970

Marcel Prawy, *Die Wiener Oper*, Wien 1969

Emil Preetorius, *Geheimnis des Sichtbaren. Gesammelte Aufsätze zur Kunst*, München 1965

Programmhefte der Bayreuther Festspiele, 1951–1982

Sebastian Röckl, *Ludwig II. und Richard Wagner*, 2 Bde, München 1913ff.

Hartmut Säuberlich, *Die Dekorationspläne der frühen Tannhäuser-Aufführungen* (= Maske und Kothurn 1962, 2. Heft, S. 74 ff.), Wien 1962

Walter Erich Schäfer, *Wieland Wagner*, Tübingen 1970

Ludwig Sievert, *Lebendiges Theater*, München 1944

Dietrich Steinbeck, *Inszenierungsformen des »Tannhäuser« (1845–1904). Untersuchungen zur Systematik der Opernregie*, Regensburg 1964

Dietrich Steinbeck, *Richard Wagners Lohengrin-Szenarium* (= Kleine Schriften der Gesellschaft für Theatergeschichte Heft 25), Berlin 1972

Ludwig Strecker, *Richard Wagner als Verlagsgefährte. Eine Darstellung mit Briefen und Dokumenten*, Mainz 1951

Theaterarbeit an Wagners Ring, hg. von Dietrich Mack (= Schriften zum Musiktheater Band 3), München/Zürich 1978

Giampiero Tintori, *Duecento anni di Teatro alla Scala. Cronologia opere, balletti, concerti 1778–1977*, Mailand 1978

Cosima Wagner, *Die Tagebücher 1869–1877, 1878–1883*, 2 Bde, ediert und kommentiert von Martin Gregor-Dellin und Dietrich Mack, München 1976

Cosima Wagner, *Das zweite Leben. Briefe und Aufzeichnungen 1883–1930*, hg. von Dietrich Mack, München 1980

Richard Wagner, *Sämtliche Schriften und Dichtungen*, 16 Bde, Leipzig o. J.

Richard Wagner, *Mein Leben*, hg. von Martin Gregor-Dellin, 2 Bde, München 1969

Richard Wagner, *Das Braune Buch. Tagebuchaufzeichnungen 1865–1882*, vorgelegt und kommentiert von Joachim Bergfeld, Zürich/Freiburg 1975

Richard Wagner, *Sämtliche Werke* Bd. 23, *Dokumente und Texte zu »Rienzi, der Letzte der Tribunen«*, hg. von Reinhard Strohm, Mainz 1976

Richard Wagner, *Sämtliche Werke* Bd. 30, *Dokumente zur Entstehung und ersten Aufführung des Bühnenweihfestspiels Parsifal*, hg. von Martin Geck und Egon Voss, Mainz 1970

Richard Wagner, *Lohengrin*, hg. von Michael von Soden, Frankfurt 1980

Richard Wagner, *Die Meistersinger von Nürnberg. Texte, Materialien, Kommentare*, hg. von Attila Csampai und Dietmar Holland, Hamburg 1981

Richard Wagner, *Sämtliche Briefe*, hg. im Auftrage des Richard-Wagner-Familien-Archivs Bayreuth von Gertrud Strobel und Werner Wolf, Bd. 1 –, Leipzig 1967ff.

Briefwechsel zwischen Richard Wagner und Franz Liszt, hg. von Erich Kloss, Leipzig 1912

Richard Wagner an Mathilde Wesendonck. Tagebuchblätter und Briefe 1853–1871, hg. von Wolfgang Golther, Leipzig 1916

Richard Wagner und König Ludwig II. Briefwechsel, 5 Bde, bearbeitet von Otto Strobel, Karlsruhe 1936ff.

Richard Wagner, *Bayreuther Briefe (1871–1883)*, hg. von Carl Friedrich Glasenapp, Berlin und Leipzig 1907

Richard Wagner an seine Künstler (1872–1883), hg. von Erich Kloss (= 2. Bd. der Bayreuther Briefe), Berlin und Leipzig 1908

Richard Wagner, *Letters. The Burrell Collection*, hg. von John N. Burk, New York 1950

Wieland Wagner (Hg.), *Hundert Jahre Tristan. Neunzehn Essays*, Emsdetten 1965

Peter Wapnewski, *Der traurige Gott. Richard Wagner in seinen Helden.* München 1978

Curt von Westernhagen. *Die Entstehung des »Ring«. Dargestellt an den Kompositionsskizzen Richard Wagners*, Zürich/Freiburg 1973

Stéphane Wolff, *L'Opéra au Palais Garnier 1875–1962*, Paris 1962

Hartmut Zelinsky, *Richard Wagner. 1876 Ein deutsches Thema 1976*, Frankfurt 1976

Elliott Zuckerman, *The First Hundred Years of Wagner's Tristan*, New York/London 1964

Register

Die kursiv gesetzten Zahlen verweisen auf die Bildkommentare. Unter den ins Register aufgenommenen Ortsnamen sind die Verweise auf Inszenierungen der Bühnenwerke Richard Wagners in den betreffenden Städten erfaßt.

Aachen 217; *110*
Abbado, Claudio *123*
Abenius, Folke 229, 245
Ackté, Aino 83
Adam, Theo *48, 151, 191*
Adini, Ada *147*
Aeschlimann, Roland *19, 56*
Ahna, Pauline de s. Strauss-de Ahna, Pauline
Albrecht, Gerd *214*
Aldenhoff, Bernd *224*
Alvarez, Albert 83, 145
Amable, Amable-Petit gen. 82, 114; *164*
Amsterdam 150, 153, 174, 217, 271; *72, 131, 258*
Ander, Alois 109, 134
Andrade, Francesco d' 51
Andrésen, Ivar 84, 88; *269*
Angeles, Victoria de los 94
Annunzio, Gabriele d' 140
Antwerpen 112, 274
Apel, Theodor 17
Appia, Adolphe 81, 91, 118, 140–142, *143*, 144, 148, 150, 174, 227–229, 232, 233, 236–238, 243, 274; *134, 188, 205, 255*
Aravantinos, Panos 90, 148
Arent, Benno von 122, 177; *31, 162*
Armstrong, Karan *123*
Arnim, Achim von 39
Arroyo, Eduardo *218*
Auber, Daniel François Esprit 25, 134
Augsburg 32
Avenarius, Eduard 27
Azolini, Tito 40

Baden-Baden 232
Bahner, Gert *192, 247*
Bahr, Hermann 272
Bahr-Mildenburg, Anna 142, 233
Bailly, Bühnenbildner 145
Balatsch, Norbert *178*
Balslev, Lisbet 51; *52*
Bamberg 221
Barcelona 50, 112
 Gran Teatro del Liceo 118, 147, 272; *83, 230*
Barenboim, Daniel *152, 153*
Bargelt, P. *46*
Barré, Kurt *75*
Baruch, Atelier 85, 274; *67, 71*
Basel 32, 112, 218, 236–238; *205*
Baudelaire, Charles 78, 117
Bayreuther Festspiele 35, 50–51, 67, 70, 78, 80–82, 83, 84, 85, 86–90, 91–94, 94–95, 113, 114–116, 118, 121–122, 123, 141, 145, 147, 150, 152–153, 174, 176–177, 178, 180, 181, 205, 212–214, 220–221, 233, 234, 238–251, 262–266, 274, 276–277, 278–279; *41, 51, 52, 69, 84, 88, 104, 108, 117, 123, 128, 147, 149, 152, 153, 159, 167, 168, 170, 172, 178, 184, 185, 191, 194, 196, 197, 198, 205, 209, 212, 216, 217, 219, 224, 230, 233, 236, 244, 248, 249, 253, 254, 269, 272, 273*
Bayreuther Jugendfestspieltreffen 15, 21; *19*
Beardsley, Aubrey 140
Bechstein, Ludwig 59
Becht, Hermann *153*
Beck, Johannes 173
Beckett, Samuel 95, 150
Beecham, Thomas 148
Beeth, Lola 83

Beethoven, Ludwig van 11, 17, 38, 126, 174, 179, 256
 Fidelio 14, 44
Behrens, Hildegard 51, 148
Beinl, Stephan *110*
Beirer, Hans 148; *87, 143, 273*
Béjart, Maurice 86, 94
Bekker, Paul 176, 272
Bellini, Vincenzo 20
Benningsen, Lilian *172*
Benois, Nicola 150; *32, 143, 223, 242, 243*
Berg, Alban 268
Berger, Erna 88
Berlin 21, 28, 32, 109, 122, 145, 153, 155, 173, 274
 Deutsche Oper 122, 249, 272, 274; *74, 184, 211, 227*
 Freilichtbühne Dietrich-Eckart *31*
 Hofoper 44, 71, 72–74, 139, 148; *27, 42, 221, 236*
 Komische Oper 54; *179*
 Kroll-Oper 52–54, 90; *44*
 Staatsoper 90–91, 148, 177, 179, 233; *76, 140, 162, 163, 223, 238, 240, 269*
 Städtische Oper 122, 178; *223*
 Viktoria-Theater 214
 Wagner-Denkmal 174
Berlioz, Hector 23, 41, 46, 63, 108, 134
Berry, Walter *118*
Bertram, Theodor 174
Bethmann, Heinrich 17, 20
Betz, Franz 48, 111, 139, 170, 173, 206; *156*
Bianchini, Charles 114
Biegańska, Irena *55k̄SA20*
Bignens, Max *112*
Bisseger, Bühnenbildner *52, 87*
Bittong, Franz 173
Bjoner, Ingrid 113; *118*
Björn, Alf 79
Blanc, Ernest *117*
Blass, Robert *271*
Blech, Leo 21, 90; *221, 236*
Blessing, Philipp *191, 209*
Blume, Bianca 111
Bochum-Duisburg 32, 274
Bockelmann, Rudolf *205*
Böcklin, Arnold 262; *69*
Bode, Hannelore *113*
Böhm, Gottfried von 109
Böhm, Karl 148, 152; *118, 147, 191*
Böhme, Kurt *191*
Bohnen, Michael 51
Boito, Arrigo 30
Bologna 30, 50, 111–112, 218; *40*
Borgatti, Giuseppe 148
Boston 112
Boulez, Pierre 202, 251, 278; *194, 196, 216, 217, 230, 248, 249*
Brandt, Carl 209, 214, 263
Brandt, Friedrich 209
Brandt, Marianne 139, *147*, 173
Brazda, Jan *194, 229, 245*
Brecht, Bertolt 116, 122
Bregenzer Festspiele 54
Breitkopf, Verleger *125, 132*
Brema, Marie 145
Bremen 21, 217
Brenneis, Gerd *34*
Brentano, Clemens von 59
Breslau 68, 216, 274
Breuer, Harry *72*
Breval, Madame 83
Brilioth, Helge *149, 229*
Brioschi, Brüder 142
Brioschi, Anton *236, 262*
Brioschi, Carlo *131, 156, 234*
Brioschi und Burghart, Atelier 15; *13*
Brouwenstijn, Gre *87*
Brückner, Atelier 82, 115, 116, 139, 212, 221, 233, 262; *159*
Brückner, Max 50, 80, 220; *41, 69, 104, 159, 236*
Brühl, Graf 48

Brüssel 50, 112, 174, 217, 272, 276; *112*
Brulliot, Karl *13*
Budapest 30, 50, 112, 116, 174, 179, 218, 272, 274; *147*
Bülow, Hans von 76, 109, 126, 136, 137, 148, 168, 169, 170, 202, 209, 214; *156*
Buenos Aires 50, 113, 145, 150
Bulwer, Edward 23
Bumbry, Grace 94; *91*
Burghart, Atelier *270, 271*
Burghart, Hermann 30, 142; *30, 72, 256, 258*
Burgstaller, Anton *270*
Burrian, Carl 148
Bury, John *149*
Busch, Fritz 148, 176

Calderón de la Barca, Pedro 126
Cambelletti, Duilio 118
Campanini, Italo 111, 112, 113
Campo-Reale, Fürstin Marie di 134
Caniglia, Maria 51, 122
Caron, Rose 83, 114
Carpezat, Bühnenbildner 83, 114
Casa, Lisa della 116
Cézanne, Paul 140
Chabrier, Emmanuel 140
Chamberlain, Houston Stewart 81, 176, 220, 228
Chemnitz 272
Chéreau, Patrice 251; *194, 196, 216, 217, 230, 248, 249*
Chicago 150
Chmel, Otakar *187*
Christiansen, Rolf 274
Cluytens, André *117, 167, 168*
Cold, Ulrik *277*
Collalto, Orlando di *144*
Colonne, Edouard 140
Connell, Elizabeth *123*
Conrad, Michael Georg *271*
Conried, Heinrich *270, 271*
Cornelius, Peter 158, 206, 212
Cornet, Theaterdirektor 28
Cortot, Alfred 145, 269
Cox, Jean 113, 148; *233*
Crage, Basil 67
Crass, Franz 51; *87*
Crespin, Régine 113; *273*
Cziossek, Felix *233; 138*

Dalmorès, Charles 113, 145, 148
Dam, José van 51
Danzig 108, 177, 217; *223*
Darmstadt 86, 108, 118, 148, 274; *75, 107, 268*
Davis, Colin 88, *193, 229*
Debussy, Claude 140
Deinhardstein, Ludwig Franz 158
Delmas, Jean-François *185*
Denzler, Robert F. *191, 209*
Despléchin, Edouard-Désiré-Joseph 64, 76, 80; *65*
Dessau 173
Dessauer, Ehrengard von 92
Destin-Löwe, Maria 111
Destinn, Emmy 51, 113, 174
Devrient, Eduard 68, 133, 134
Diaghilew, Serge 268
Dietsch, Pierre-Louis Philippe 40, 41, 48, 76
Dingelstedt, Franz von 68, 71, 72, 106, 108
Dinger, Hugo 119
Dobay, Franzi von 76
Doepler, Carl Emil 212; *63, 185, 198, 201, 234*
Döll, Heinrich 50, 71, 109, 137, 169, 208, 262; *156, 183*
Dohnanyi, Christoph von *196*
Dorn, Heinrich 74
Dortmund 21, 232
Dresden 24, 26–28, 44–45, 64–67, 70, 76, 80, 84, 109, 134, 155, 173, 217, 233, 272, 273; *23, 25, 26, 38, 39, 59, 61, 62, 92, 93, 151*
Drese, Claus Helmut 153

Dublin 112
Düfflipp, Lorenz von 84, 110, 206
Dülberg, Ewald 52; *44, 264*
Düsseldorf 217, 232; *72, 142*
Duisburg 234; *188*
Duncan, Isidora 82
Dustmann, Luise 109, 132
Dvorakova, Ludmila *118*
Dyck, Ernest van 83, 113, 114, 116, 148

Echter, Michael 66, *100, 127, 156*
Edelmann, Otto 116
Ehrhardt, Kurt 245
Eisenach 43
Eisenstein, Sergej 236, 238; *206*
Ekwall, Knut 233
Elder, Mark *178*
Elson, Charles 57; *116*
Elten, Max 122; *77*
Engen, Kieth 117
Erede, Alberto *118*
Erhardt, Otto *138, 223, 242*
Esser, Heinrich 166, 173
Esser, Hermin 88
Estes, Simon 51, 57
Everding, August 153; *51, 120, 148, 149*

Fantin-Latour, Henri 140
Fedorowsky, Regisseur *118; 271*
Fehling, Jürgen 52, 54, 90; *44, 76*
Felsenstein, Walter 32
Felsenstein-Schule 54, 94, 153
Feiersinger, Sebastian *165*
Ferrario, Carlo *160*
Fini, Leonor *85*
Fischer, Erhard *56*
Fischer, Wilhelm 24, 48, 132
Flagstad, Kirsten 83, 113, 147; *141*
Florenz 150
    Maggio Musicale *80, 144*
    Teatro Comunale *218, 232, 233, 250*
Flüggen, Joseph 15, 116, 139; *14, 102, 128*
Fontane, Theodor 268
Forbach, Moje 54
Forchhammer, Ejnar *271*
Fortuny, Mariano *142*
Foucher, Paul 40
Franck, Hermann 103
Frank, Ernst 111
Frankfurt am Main 50, 91, 108, 232, 251, 272, 276; *79, 86, 188, 203, 221, 238, 262*
Freiburg im Breisgau 232; *261*
Freimüller, Sänger 20
Fremstad, Olive 83, 113, 147
Freny, Rudolf *160*
Frick, Gottlob 87
Friedrich, Götz 70, 90, 94, 95, 123, 153, 181, 274, 279; *88, 123, 151, 174, 193, 196, 229*
Frigerio, Ezio 123; *123*
Frigerio, Mario *115*
Fuchs, Anton 116, 266, 270; *72*
Fuchs, Ernst *279*
Fuchs, Martha *269*
Furchau, Friedrich 158
Furtwängler, Wilhelm 147, 148, 150, 178; *108, 139, 140, 162, 223, 242, 269*

Gailhard, Pierre 114
Gaillard, Karl 60, 64, 97
Gamper, Gustav 272, 274; *259*
Gardelli, Elsa-Margrete *84*
Gardy, Eugène Benoist 114
Gautier-Mendès, Judith 206
Gedda, Nicolai 113
Genf 141, 250, 274, 279; *193, 279*
Gerard, Rolf *80, 81*
Gerst, Johann Karl Jakob 28, 30, 48; *27*
Gervinus, Georg Gottfried 154, 158, 162
Geyling, Remigius 257
Gierster, Hans 46
Gliese, Rochus *85*
Goebbels, Joseph 177
Görres, Joseph 97
Goethe, Johann Wolfgang von 59, 64, 76, 94, 106, 142, 162, 174, 179

Götze, Sänger 106
Goldberg, Reiner *92, 93*
Goldoni, Carlo 12
Golther, Wolfgang 81, 115
Gottfried von Straßburg 125, 132, 137, 153
Gozzi, Carlo 12, 14, 18
Graarud, Gunnar 148
Graf, Herbert 32, *80, 81, 107*
Grahl, Hans *138*
Grahn, Lucile 71; *66*
Grandi, Bühnenbildner *274*
Grandjean, Louise 83, 113, 145
Grant, Clifford 89
Graz 217; *105*
Greindl, Josef 244
Grimm, Brüder 59, 97
Grimm, Jacob 158
Gropius, Carl Wilhelm 74, 84
Grüber, Klaus Michael *218*
Grübler, Ekkehard 34
Grümmer, Elisabeth 113; *244*
Gura, Eugen 147
Gutzeit, Ernst 148; *132*

Habeneck, François Antoine 38
Härtel, Hermann 125, 202
Hager, Paul 89
Halévy, Jacques Fromental 25
Hall, Peter 149
Hallwachs, Reinhard 170, 205; *156, 183*
Halle 272
Halm, Petrus 257
Hamburg 21, 28, 108, 122, 155, 214, 234, 243, 251, 279; *48, 120, 196, 264, 274*
Hampe, Michael *181*
Hannover 50, 68, 108, 148, 173, 217, 232, 276; *63, 225*
Hansen, Ib *277*
Hanslick, Eduard 38, 67, 160, 206, 266
Harden, Maximilian 176
Harper, Heather *118*
Harshaw, Margaret *80, 81, 142, 226*
Hartleb, Hans 123; *118*
Hartmann, Rudolf 91, 181, 220; *114, 143, 164, 172, 223, 226, 242*
Haugk, Dietrich *279; 276*
Hauser, Franz 14, 15
Heger, Robert 269
Heidersbach, Käthe 21
Heine, Ferdinand 24, 27, 64, 80, 106, 108; *38, 39, 61*
Heine, Heinrich 37, 40, 59, 264
Heinrich, Reinhard 15, 57, 251; *52, 178, 247, 277*
Heinrich, Rudolf 54, 123, 180; *87, 118, 169, 192, 230, 247, 274*
Heinse, Johann Jakob Wilhelm 17, 18
Helsinki 112, 210
Herbeck, Johann 173; *44*
Hertz, Alfred 270; *186*
Hertz, Wilhelm 115
Herz, Joachim 54, 122, 123, 180, 181; *87, 169, 192, 230, 247*
Herzl, Theodor 83
Hessen, Ernst Ludwig von 274
Hey, Julius 212
Hillebrecht, Hildegard 276
Hines, Jerome 80, 273
Hirte, Klaus *194*
Hitler, Adolf 35, 120, 122, 148, 176, 177, 178
Hoefer, Botho 71
Hölzel, Georg 170, 173; *156*
Höngen, Elisabeth 274
Hörth, Franz Ludwig 21, 90, 232, 234; *223*
Hofman, Vlastislav *134*
Hoffmann, E.T.A. 12, 17, 59
Hoffmann, Joseph 212; *184, 197, 198, 219*
Hofmann, Peter 113; *123*
Hopf, Hans 87
Hotter, Hans 51; *46, 142, 167, 209, 210, 226, 274*
Hraby, Bühnenbildner *230*
Hülsen, Botho von 72, 74, 134, 139
Hülsen, Georg von *221, 236*

Hülsen, Helene von 74, 139
Humperdinck, Engelbert 263
Humperdinck, Wolfram 77, *240*
Hurry, Leslie *226*

Imdahl, Heinz *276*
Ionesco, Petrika *279*

Jachimovicz, Theodor 44
Jacobs, Karl *240*
Jambon, Marcel 82, 145
Jank, Christian 208, 262; *156, 183*
Janowitz, Gundula 247
Janowski, Marek *151*
Janssen, Herbert 88; *108, 208, 269*
Jeritza, Maria 51, 83, 113
Jerusalem, Siegfried 113
Jessner, Leopold 52; *114*
Jochum, Eugen 234
Jodl, Friedrich 268
Johannesburg 113
Johnson, Patricia *211*
Joly, Anténor 21
Jones, Gwyneth 94; *88, 230, 248, 249*
Joos, Kurt 86
Jordan, Hanna 15
Joukowsky, Paul von 262, 263
Jung, Manfred *151, 230, 248*
Jürgens, Helmut 181, 243; *110, 114, 172*
Jurinac, Sena 87
Juyol, Suzanne *208*

Kandinsky, Wassily 118
Kappel, Gertrude 147
Kapplmüller, Herbert F. *230*
Karajan, Herbert von 148, 150, 249, 274; *87, 113, 173, 191, 212, 247, 274*
Karlsruhe 32, 50, 68, 108, 132, 133–134, 139, 173, 217
Kašlik, Václav *46, 177*
Kassel 46, 56, 68, 155, 249; *52, 72, 214, 234, 247*
Kaulbach, Josephine von 136, 139
Kautsky, Atelier 83, 142
Kautsky, Hans 233; *221*
Kautsky, Johann 100, *184*
Kautsky, Robert 180, 181; *110, 164*
Keilberth, Joseph 148; *118, 172, 209, 224, 244*
Kekulé von Stradonitz, Reinhard 80
Kelemen, Zoltan 196
Keller, Gottfried 126
Kempin, Kurt 118, 148
Keyserling, Hermann Graf 141, 142
Kiel 272; *79, 116*
Kietz, Ernst Benedikt 24, 27, 60
Kindermann, August 71
King, James *118*
Kipnis, Alexander 84
Kirchhoff, Walter 113; *221*
Kleiber, Carlos 148; *149*
Kleiber, Erich 148; *223*
Kleist, Heinrich von 94, 119, 139
Klemperer, Otto 52, 90, 179; *44, 76*
Klinger, Max 276
Klobucar, Berislav *172, 174*
Klose, Margarete 108
Knappertsbusch, Hans 32, 148, 234; *110, 114, 143, 244, 272, 273*
Kniese, Julius 266
Knote, Heinrich 113
Köhler, Siegfried 34
Köln 32, 108, 122, 148, 174, 181, 220, 230; *79, 132*
Königsberg 52, 109, 155, 217, 272
Kollo, René 113; *120, 152, 153, 230*
Komisarjewsky, Theodor 118
Konečná, Jarmila *177*
Konetzni, Anny 147
Konvalinka, Milos *177*
Kónya, Sándor 113; *117*
Kopenhagen 50, 112, 174, 179, 279; *111, 277*
Krahl, Karl Heinz *191, 209*
Kranich, Friedrich 88

283

Kraus, Ernst 174
Krauß, Clemens 32, 91, 122, 148; *223, 242*
Kubizek, August 35
Kuen, Paul 226
Kühnly, C. *80*
Küstner, Karl Theodor von 46, 67
Kunz, Erich *164, 165*
Kupfer, Harry 57, 153, 251, 279; *52, 92, 93, 151, 179, 277*
Kurt, Melanie 221
Kurz, Siegfried *92, 93*

Laban, Rudolf von 86
Lachner, Franz 50, 71, 72, 109
Lamoureux, Charles 113, 114, 140, 145; *102*
Lanckoronski, Graf 134
Lanigan, John *149*
Larsén-Todsen, Nanny 144, 147
Lassky, W. 118
Laube, Heinrich 13, 17, 18, 23, 40
Lautenschläger, Karl 15, 32, 270; *13*
Lavastre, Antoine 114
Lebeda, Antonin *187*
Lechleitner, Franz *209*
Lefler, Heinrich 86, 148, 230, 274; *263*
Lehmann, Lilli 83, 147
Lehmann, Lotte 83, 113
Lehmann, Moritz *100*
Lehmann, Peter 35; *34, 211*
Lehrs, Samuel 60
Leider, Frida 147; *140, 205, 269*
Leipzig 21, 48, 54, 68, 108, 122, 249, 274, 276; *77, 128, 169, 192, 201, 230, 240, 247*
Leitner, Ferdinand *145*
Lekeu, Guillaume 140
Lemberg 112
Lert, Ernst 74
Lessing, Gotthold Ephraim 179
Levi, Hermann 15, 142, 143, 206, 266; *13*
Levine, James *54, 91*
Liebermann, Rolf 279; *279*
Ligendza, Catarina 148; *120, 149, 212*
Lindroos, Peter *277*
Linnebach, Adolf 32
Linz 32, 178
Lisowska, Hanna *56*
Lissabon 50, 112
List, Emmanuel 84
Liszt, Franz 48, 68, 74, 75, 97, 103, 104, 106, 108, 117, 125, 126, 130, 183, 196, 200, 202, 206, 214
Litvinne, Felia 83, 145, 147, 271
Lockhart, James *52, 247*
Löwe, Wilhelm 48
London 30, 50, 112, 140, 174, 250, 272
  Covent Garden Opera *149, 193, 210, 226, 229*
  Drury Lane Theatre 147
  Her Majesty's Theatre 217
  Lyceum Theatre *39*
London, George 51; *81*
Lorenz, Max 84, 113, 148; *139, 223, 269*
Lortzing, Albert 158, 159
Lubin, Germaine 113, 147
Lucas, C. T. L. 60, 97
Lucca, Giovanna 112
Ludendorff, Erich 176
Ludwig I., Kg. v. Bayern 137
Ludwig II., Kg. v. Bayern 15, 48, 50, 71, 84, 109, 110, 111, 117, 119, 136, 137, 164, 166, 168, 170, 202, 204, 206, 209, 214, 255, 259, 260, 261, 262, 263, 266
Ludwig, Christa *118, 274*
Ludwig, Leopold 48, *274*
Lütkemayer, Atelier 214
Lüttichau, August von 24, 64, 67, 98

Maazel, Lorin 211, 227
Madrid 30, 112, 272
Magdeburg 15, 17, 20, 21, 23; *16*
Mahler, Gustav 32, 54, 142, 145, 148, 230; *236*
Maier, Mathilde 168
Mailand, Teatro alla Scala 51, 82, 112, 113, 118, 123, 144–145, 148, 150, 153, 174, 179, 236, 250, 251, 269, 272, 274; *32, 52, 70, 87, 106, 113, 115, 123, 134, 137, 143, 160, 211, 214, 223, 242, 243, 271*
  Teatro dal Verme *30*
Mainz 30, 109, 217, 272
Malaniuk, Ira *143*
Mallarmé, Stéphane 140
Mallinger, Mathilde 111, 170, 173
Malta 113
Mann, Heinrich 119
Mann, Thomas 118, 128, 140, 179, 198
Mannheim 86, 109, 173; *150, 224, 230, 240*
Manowarda, Josef von 108, 138, 269
Manski, Dorothee *138*
Marchioro, Edoardo 145; *137*
Mariani, Angelo 111
Markus, Laszlo 274
Marschner, Heinrich 11, 12, 14
Marussig, Guido 179
Massenet, Jules 217
Matacic, Lovro von *32, 87*
Mataré, Ewald 122
Materna, Amalie 78
Matheis, Elsa *209*
Matzenauer, Margarete 202
Maximilian II., Kg. v. Bayern 109
Mayr, Richard 142
Mazura, Franz 230, 279
McCracken, James *91*
McIntyre, Donald *118, 149, 216*
McIntyre, Joy *214*
Mehta, Zubin 178; *218, 232, 233, 250*
Meier, Johanna *152*
Melba, Nellie 83, 113
Melbourne 113
Melchinger, Ulrich 56; *52, 214, 247*
Melchior, Lauritz 83, 113, 147, 148; *141, 206*
Mestres Cabanes, José 118; *230*
Metternich, Fürstin Pauline 75, 77
Meven, Peter *151*
Mexico 113
Meyer-Oertel, Friedrich 15; *231*
Meyerbeer, Giacomo 11, 20, 21, 23, 24, 25, 26, 40, 44, 134, 169; *31*
Meyerhold, Wsewolod 142–144; *138*
Mill, Arnold van *48*
Minton, Yvonne *279*
Mitterwurzer, Anton 64, 136
Mödl, Martha 147; *209, 272*
Mönchengladbach-Rheydt 179; *107*
Moll, Kurt *149*
Monaco, Mario del 113; *115*
Monte Carlo 272
Monthy, Georg *139*
Moralt, Rudolf *165*
Mordo, Renato 75, *107*
Morelli, Sänger 76, 77
Morena, Berta 15, 83
Moskau 50, 112, 220
  Bolschoi-Theater *54, 118, 238, 206, 238*
Mottl, Felix 15, 32, 81, 82, 83, 139, 148; *41, 69*
Mozart, Wolfgang Amadeus 11, 13, 156, 256
Muck, Karl 220
Müller, Gottlieb 11
Müller, Maria 51, 83, 88, 113; *108*
München 15, 21, 32, 46, 57, 118, 122, 123, 150, 153, 177
  Festspiele 148
  Hoftheater 50, 71–72, 109–111, 114, 116, 118, 136–139, 169–173, 174, 202, 214, 268, 269, 270; *11, 13, 14, 66, 100, 103, 125, 127, 155, 156, 183*
  Nationaltheater (Bayerische Staatsoper) 91, 179, 181, 233, 279; *46, 54, 75, 114, 118, 120, 134, 172, 190, 194, 223, 242, 264, 276*
  Prinzregententheater 233, 268

Nachbaur, Franz 110, 111; *156*
Napoleon III., Kaiser 75
Naumann, Friedrich 268
Neher, Caspar 91; *79, 271*
Neidlinger, Gustav 145, 165, 272

Nelsson, Woldemar *123*
Nentwig, Franz Ferdinand *54*
Nestroy, Johann 74, 160
Neumann, Angelo 15, 78, 214, 217, 218, 220, 268; *201*
Neumeier, John 94
New Orleans 113
New York
  Metropolitan Opera 30, 51, 57, 75, 83–84, 95, 112, 113, 122, 140, 145–147, 148, 150, 153, 174, 221, 249, 269–270, 274; *54, 80, 81, 91, 116, 142, 170, 186, 202, 208, 212, 244, 256*
  New York City Opera *165*
Niemann, Albert 35, 48, 76, 77, 78, 109, 132, 139, 174
Nietzsche, Friedrich 106, 116, 162, 169, 177, 202, 214, 257
Nilsson, Birgit 51, 113, 148, 150, 153; *82, 144, 148*
Nilsson, Christine 113
Nimsgern, Siegmund *218*
Nissen, Bruno von *269*
Nissen, Hans Hermann 223
Nordica, Lilian 113, 116, 147
Novalis, Friedrich von Hardenberg 128
Nürnberg 56, 251

Oertel, Bühnenbildner *72, 234*
Ohms, Elisabeth 147
Olschewska, Maria 84
Osen, Erwin von 274
Oswald, Roberto 150
Otto, Teo 150

Paër, Ferdinando 11
Palm, Curt 180
Pankok, Otto *162*
Paris 30, 80, 84, 269
  Eden-Théâtre 113–114; *102*
  Grand Opéra 30, 40, 44, 50, 82–83, 113, 114, 145, 174, 179, 221, 251, 272, 273, 279; *85, 164, 185, 201, 208, 218*
  Nouveau Théâtre 145
  Opéra Comique 50
  Théâtre de la Renaissance 21
  Théâtre des Champs-Elysées 150
  Théâtre du Château-d'Eau 145
  Théâtre Impérial de l'Opéra 75–78; *65*
  Théâtre Italien 75, 134
  Théâtre Lyrique 30; *28*
Pasdeloup, Jules Etienne 140, 206
Pasetti, Leo 118, 233; *75, 134, 190, 264, 266*
Pecht, Friedrich 38, 98
Peduzzi, Richard 251; *194, 216, 217, 230, 248, 249*
Perfall, Karl Freiherr von 170, 206, 209
Petipa, Marius 77
Philadelphia 50, 113
Pilinsky, Sigismund 88; *76*
Pillet, Léon 40
Pinchon, Joseph Porphyre *185*
Pinto, Amelia 147
Pinza, Ezio 84, 144
Pirchan, Emil 86, 118, 233, 234; *107, 223, 238, 240*
Pistor, Gotthelf 148
Pitz, Wilhelm *117, 168, 170, 172*
Pizzi, Pier Luigi 56; *214, 218, 232, 233, 250*
Pohl, A. *268*
Polak, Robert *187*
Ponchielli, Amilcare 112
Ponnelle, Jean-Pierre 57, 153; *54, 152, 153, 250*
Posen 68
Possart, Ernst von 268, 270; *103*
Prag 14, 30, 50, 86, 109, 140, 174, 274
  Deutsches Theater 118, 175–176, 220, 234, 272; *107, 221*
  Nationaltheater *46, 134, 162, 177, 187*
Preetorius, Emil 118, 122, 150, 179, 234; *108, 113, 134, 191, 205, 223*
Pretsch, Paul 277
Prohaska, Jaro *108*

Proust, Marcel 140
Püringer, August 176, 272
Pusman, Ferdinand *134*

Quaglio, Angelo 50, 71, 109, 137, 169, 209; *156, 183*
Quaglio, Eugen 148
Quaglio, Simon 71
Quell, Frank de *52, 80, 87, 144*

Rapp, Adolf 176
Redern, Friedrich Wilhelm Graf 44, 48, 67
Redon, Odilon 140
Rees, Jakob 230
Reiner, Fritz 148
Reinhardt, Delia 113
Reining, Maria 110
Reinking, Wilhelm 122
Reißiger, Carl Gottlieb 24, 26; *25*
Reithmeyer, Karl *105*
Remscheid *46*
Rennert, Günther 243; *194*
Rennert, Wolfgang 277
Reské, Jean de 113, 148
Resnik, Regina 244
Reuter, Rolf *179*
Rethberg, Elisabeth 83, 113; *206*
Riber, Jean-Claude *193*
Richter, Eugen 269
Richter, Hans 78, 140, 147, 205, 206, 214
Richter-Forgách, Thomas 56; *52, 214, 247*
Ricordi, Giulio 112; *30, 70*
Ridderbusch, Karl *118, 173, 247, 248*
Riga *46, 108, 154*
Ringelhardt, Friedrich Sebald 14
Rio de Janeiro 113, 132
Ritter, Karl 125
Rodzinski, Artur *144*
Röckel, August 104, 198
Röthlisberger, Max 274
Rolland, Romain 227, 268
Roller, Alfred 32, 86, 142, 148, 150, 230, 274, 277; *43, 105, 138, 139, 236, 262, 269*
Rom 30, 112, 150, 272
   Apollo-Theater 218
   Foro Mussolini 122; *109*
   Teatro dell'Opera *165*
Ronconi, Luca 56; *214, 232, 233, 250*
Rooy, Anton van 51, 270; *42*
Rose, Jürgen 181, 274, 279; *88, 120, 196*
Rosell, Ingrid *193, 229*
Roswaenge, Helge 269
Rota, Vittorio *118; 106*
Rotterdam 30, 140
Rottonara, Franz Angelo *160*
Royer, Alphonse 75
Rüdel, Hugo 52
Rünger, Gertrude *138, 242*
Russell Davies, Dennis *52, 151*
Rysanek, Leonie 51, 113; *52, 89, 117*

Sablotzke, Karl *214*
Saint-Saëns, Camille 134, 206
Salminen, Matti 229
Salzburger Festspiele 147, 150, 181, 249; *138, 173, 247*
San Francisco 57, 113, 181; *89, 121, 141, 194, 206*
Sanjust, Filippo 251
Sankt Petersburg 30, 112, 220, 272
   Kaiserliches Theater *31, 99*
   Marinski Theater *142–144*
Sanquirico, Alessandro 30
Savage, Henry 271
Sawallisch, Wolfgang 148; *52, 54, 84, 120, 194, 214, 276*
Sax, Marie 76, 77
Scaria, Emil 78
Schaljapin, Fedor 51
Schech, Marianne *114*
Scheidl, Theodor 21
Schenck von Trapp, Lothar 86, 118; *75, 107, 140*
Schenk, Otto *91*

Scherchen, Hermann *32*
Scherwaschidse, Alexander 144
Schindelmeißer, Louis 68
Schinkel, Karl 48
Schippers, Thomas *116, 170*
Schlegel, Friedrich von 128
Schlesinger, Maurice 24
Schlosser, Max 170
Schmedes, Erik 113, 142
Schmidhammer, Arpad 220
Schmidt, Jacques 251; *194, 196, 216, 217, 230, 248, 249*
Schmitt, Saladin 32, 234, 274; *188*
Schmitz, Paul 75, 77
Schneider-Siemssen, Günther 150, 153, 180, 249, 274, 279; *46, 91, 148, 173, 175, 210, 212, 247, 276*
Schnorr von Carolsfeld, Julius 98, 212
Schnorr von Carolsfeld, Ludwig 68, 78, 109, 134, 136, 137, 139
Schnorr von Carolsfeld, Malwina 136
Schöffler, Paul *164, 244*
Schönberg, Arnold 277
Schopenhauer, Arthur 125, 130, 229
Schorr, Friedrich 51, 84
Schott, Franz 158, *166, 168, 173, 209, 212*
Schröder, Johannes 32, 148, 234, 274; *188*
Schröder-Devrient, Wilhelmine 20, 24, 26, 27, 46, 64, 66; *26*
Schüler, Hans *150*
Schuh, Otto Fritz 51, 121, 234; *271*
Schulz, Rudolf *245*
Schumann, Robert 98
Schwarzkopf, Elisabeth 113; *113*
Schwerin 30, 50, 68
Scribe, Eugène 40
Seidl, Anton 83, 113, 147, 174
Seitz, Franz 50, 71, 109, 137, 139, 170, 209; *128, 156, 183*
Seitz, Rudolf 262, 263
Sellner, Gustav Rudolf 249; *211, 227*
Semper, Gottfried 24, 98, 126
Shakespeare, William 17, 20, 38, 142
Shaw, George Bernard 50, 116, 226
Sievert, Ludwig 91, 232, 274; *188, 203, 221, 223, 238, 242, 261*
Silja, Anja 51
Simonson, Lee *208, 244*
Sitte, Camillo 262
Skalicki, Wolfram *89, 194*
Slezak, Leo 83, 113, 116
Söderström, Conny 82
Söhnlein, Kurt 86
Solti, Georg *149, 210, 218*
Sotin, Hans *88, 123*
Speer, Albert 35
Speidel, Ludwig 214
Spitzer, Daniel 173
Spohr, Ludwig 46, 68
Spontini, Gasparo 23
Spring, Alexander 122; *79*
Standhartner, Josef 168
Stanislawski, Konstantin 227
Starke, Ottomar 86
Stassen, Franz 176
Stefano, Giuseppe di *32*
Stein, Heinrich von 260
Stein, Horst *120, 212, 279*
Steinbach, Heribert *149*
Stern, Ernst 74
Stewart, Thomas 51; *89, 118, 212, 247*
Stiedry, Fritz *142, 226, 244*
Stignani, Ebe 122 [*245*
Stockholm 30, 50, 112, 113, 180; *82, 174, 229,*
Straßburg 132, 140, 217
Strauß, Johann 74
Strauss, Richard 32, 82, 132, 277
Strauss-de Ahna, Pauline 15, 81
Strawinsky, Igor 268
Strecker, Ludwig 255
Strehler, Giorgio *123*
Strnad, Oskar 90, 233; *76, 138*
Stuttgart 15, 21, 32, 35, 122, 153, 217, 233, 273, 279; *32, 34, 138, 145, 151, 250*

Sucher, Rosa 81, 139, 147
Suitner, Otmar *89*
Sullivan, Brian *116*
Suominen, Paul *210*
Suthaus, Ludwig 148
Svanholm, Set 113, 148; *226, 244*
Svoboda, Josef *46, 51, 149, 177, 193, 229*
Sykora, Peter 57, 257; *52, 92, 93, 151, 277*
Szell, George *80, 81, 107*

Talvela, Martti *118, 191*
Tebaldi, Renata 113
Tedesco, Fortunata 76
Ternina, Milka 83, 147, 270
Teschemacher, Margarete 15
Thode, Daniela 86
Thoma, Hans 88, 220
Thomas, Jess 113, 148; *118, 149, 172*
Tichatschek, Josef 24, 26, 64, 66, 78, 110, 111
Tieck, Ludwig 59
Tietjen, Heinz 90; *108, 162, 269*
Tokumbet, Nina 79
Tolstoi, Leo 220
Tomowa-Sintow, Anna *123*
Toscanini, Arturo 86, 88, 144, 145, 148, 178, 269, 277; *160*
Traubel, Helen 113, 147; *208*
Triest 218
Tschechow, Anton 143
Turgenjew, Iwan 206
Turin 218

Uecker, Günther 123, 153, 274, 279; *151*
Uhde, Hermann 51; *114*
Uhl, Friedrich 136
Uhlig, Theodor 197
Unger, Georg 212
Unger, Gerhard 48, 233
Urban, Joseph 274; *142*
Urlus, Jacques 113, 148

Varnay, Astrid 51, 147; *117, 143, 224, 244*
Varviso, Silvio 51, *225, 229, 250*
Venedig 30, 218
Verdi, Giuseppe 30, 112, 169
Verdière, René *164*
Viardot-Garcia, Pauline 134, 206
Vickers, Jon 148
Vinay, Ramon 92, 148; *142*
Viotta, Henri 271; *72*
Völker, Franz 113; *108*
Voggenhuber, Vilma von 48, 139
Vogl, Heinrich 111, 139, 209
Vogl, Therese 209, 214
Votto, Antonino *115*

Waechter, Eberhard *117, 147, 274*
Wächter, Johann Michael 46
Wälterlin, Oskar 32, 234, 236; *205*
Wagenseil, Johann Christoph 59, 158
Wagner, Albert 11, 14, 64, 98
Wagner, Cäcilie 75
Wagner, Cosima 15, 30, 48, 50, 51, 76, 80, 81, 82, 84, 114, 115, 116, 126, 139, 141, 142, 166, 168, 176, 209, 214, 220–221, 228, 233, 255, 256, 258, 259, 262, 263, 264, 266, 268, 269, 270, 271, 276; *41, 68, 128, 131, 159, 236*
   Tagebücher 163, 173, 198, 253, 255, 256, 263, 264
Wagner, Daniela 263, 276, 277
Wagner, Eva 176, 177
Wagner, Gertrud 92
Wagner, Johanna (Mutter Richards) 11, 60
Wagner, Johanna (Tochter Alberts) 64, 74
Wagner, Minna 97, 109, 126, 130, 131, 133, 158
Wagner, Richard, Bühnenwerke
Die Hochzeit 11
Die Feen 11–15, 17
   Hoftheater München (1888) *11, 13, 14*
Das Liebesverbot 15, 17–21, 23
   Int. Jugendfestspieltreffen Bayreuth (1973) *19*
Rienzi 23–35, 44, 46, 60, 64, 98, 155

Hoftheater Dresden (1842)   27; 23, 25, 26
Hofoper Berlin (1847)   28; 27
Théâtre Lyrique Paris (1869)   30; 28
Hofoper Wien (1871)   30; 28
Kaiserliches Theater St. Petersburg (1879)   31
Freilichtbühne Dietrich-Eckart Berlin (1939)   32; 31
Staatsoper Stuttgart (1957)   35; 32, 34
Teatro alla Scala Mailand (1964)   32
Staatstheater Wiesbaden (1979)   35; 34
Der fliegende Holländer   28, 35, 37–57, 59, 60, 62, 64, 68, 92, 98, 100, 155
   Hoftheater Dresden (1842)   44–46; 37, 38, 39
   Hoftheater Kassel (1843)   46
   Hofoper Berlin (1844)   46–48
   Hoftheater Weimar (1853)   48
   Hoftheater München (1864)   50
   Hofoper Wien (1871)   50; 44
   Lyceum Theatre London (1876)   50; 39
   Teatro Comunale Bologna (1877)   50; 40
   Bayreuther Festspiele (1901)   50–51; 41
   Neues Kgl. Opernhaus Berlin (1909)   42
   Hofoper Wien (1913)   43
   Landestheater Eisenach (nach 1918)   43
   Stadttheater Königsberg (1926)   52
   Kroll-Oper Berlin (1929)   52–54; 44
   Stadttheater Remscheid (1937)   46
   Nationaltheater Prag (1959)   46
   Komische Oper Berlin (1962)   54
   Bayerische Staatsoper München (1964)   46
   Staatsoper Hamburg (1966)   48
   Bayreuther Festspiele (1969)   51
   Staatstheater Kassel (1976)   54–57; 52
   Teatro alla Scala Mailand (1966)   52
   Metropolitan Opera New York (1979)   57; 52
   Bayreuther Festspiele (1980)   57; 52
   Bayerische Staatsoper München (1981)   57; 54
   Teatr Wielki Warschau (1981)   56
Tannhäuser   14, 28, 30, 59–95, 97, 115, 116, 126, 134, 155, 158, 256
   Hoftheater Dresden (1845)   64–67; 59, 61, 62
   Hoftheater Weimar (1849)   68
   Hoftheater Hannover (1855)   63 – 2163
   Hoftheater München (1855)   71–72
   Hofoper Berlin (1856)   72–74
   Thalia-Theater Wien (1857)   74
   Théâtre Impérial de l'Opéra Paris   75–78; 65
   Hoftheater München (1867)   66
   Hofoper Wien (1875)   78–80
   Metropolitan Opera New York (1884)   83
   Bayreuther Festspiele (1891)   80–82; 69
   Teatro alla Scala Mailand (1891)   82; 70
   Hoftheater Kassel (1894)   72
   Grand Opéra Paris (1895)   82–83
   Stadsschouwburg Amsterdam (1913)   72
   Opernhaus Düsseldorf (1928)   72
   Deutsche Oper Berlin (1928)   74
   Landestheater Damstadt (1930)   75
   Bayreuther Festspiele (1930)   86–90
   Nationaltheater München (1931)   75
   Staatsoper Berlin (1933)   90–91; 76
   Städtische Bühnen Frankfurt am Main (1934)   91; 79
   Städtisches Theater Leipzig (1936)   77
   Opernhaus Köln (30er Jahre)   79
   Nationaltheater München (1939)   91
   Opernhaus Kiel (1941)   79
   Maggio Musicale Florenz (1953/54)   80
   Metropolitan Opera New York (1953)   80, 81
   Kgl. Theater Stockholm (1953)   82
   Bayreuther Festspiele (1954)   91–94
   Gran Teatro del Liceo Barcelona (1960/61)   83
   Bayreuther Festspiele (1961)   94; 84
   Grand Opéra Paris (1963)   85
   Staatsoper Wien (1963)   87
   Städtische Bühnen Frankfurt am Main (1965)   87

   Teatro alla Scala Mailand (1967)   87
   Bayreuther Festspiele (1972)   94–95; 88
   Opera San Francisco (1973)   89
   Metropolitan Opera New York (1977)   95; 91
   Staatsoper Dresden (1978)   92, 93
Tristan und Isolde   15, 62, 75, 80, 98, 109, 111, 125–153, 158, 166, 167, 202, 209, 229, 230, 236, 253
   Hoftheater München (1865)   136–139; 125, 127
   Hofoper Berlin (1876)   139
   Städtisches Theater Leipzig (1882)   128
   Bayreuther Festspiele (1886)   139–140; 128
   Hofoper Wien (1903)   142
   Marinski Theater St. Petersburg (1909)   142–144
   Opernfestspiele Köln (1911)   132
   Teatro alla Scala Mailand (1923)   144–145; 134
   Nationaltheater Prag (1924)   134
   Nationaltheater München (1927)   134
   Teatro alla Scala Mailand (1930)   145; 137
   Salzburger Festspiele (1933)   138
   Staatsoper Stuttgart (1938)   138
   Staatsoper Wien (1943)   139
   Staatsoper Berlin (1947)   140
   Opera San Francisco (1951)   141
   Metropolitan Opera New York (1953)   142
   Opernhaus Düsseldorf (1953)   142
   Teatro alla Scala Mailand (1957)   152; 143
   Maggio Musicale Florenz (1957)   144
   Staatsoper Stuttgart (1958)   145
   Staatsoper Budapest (1960)   147
   Bayreuther Festspiele (1966)   152–153; 147
   Staatsoper Wien (1969)   148
   Covent Garden Opera London (1971)   149
   Bayreuther Festspiele (1974)   149
   Staatsoper Dresden (1975)   151
   Nationaltheater Mannheim (1978)   150
   Staatsoper Stuttgart (1981)   153; 151
   Bayreuther Festspiele (1981)   153; 152, 153
Lohengrin   14, 28, 48, 80, 97–123, 126, 127, 166, 184, 196, 253, 259
   Hoftheater Weimar (1850)   106–108; 97, 99
   Kaiserliches Theater St. Petersburg (1868)   112; 99
   Hoftheater München (1867)   109–111, 116; 100
   Teatro Comunale Bologna (1871)   111–112
   Stadttheater Frankfurt am Main (1880)   100
   Eden-Théâtre Paris (1887)   113–114; 102
   Grand Opéra Paris (1891)   114
   Bayreuther Festspiele (1894)   114–116
   Hoftheater München (1894)   103
   Bayreuther Festspiele (1908)   104
   Opernhaus Graz (1914)   105
   Teatro alla Scala Mailand (1922)   118; 106
   Landestheater Darmstadt (1928)   118; 107
   Stadttheater Mönchengladbach-Rheydt (1929/30)   118; 107
   Deutsches Theater Prag (1933)   118; 107
   Bayreuther Festspiele (1936)   121–122; 108
   Foro Mussolini Rom (1938)   122; 109
   Stadttheater Aachen (o.J.)   110
   Staatsoper Wien (1948)   110
   Kgl. Opernhaus Kopenhagen (o.J.)   111
   Théâtre de la Monnaie Brüssel (1949)   112
   Finnische Nationaloper Helsinki (1952)   112
   Teatro alla Scala Mailand (1953)   113
   Bayerische Staatsoper München (1954)   114
   Teatro alla Scala Mailand (1954)   114
   Teatro alla Scala Mailand (1957)   113; 115
   Opernhaus Kiel (1958)   116
   Metropolitan Opera New York (1958)   116
   Bayreuther Festspiele (1958)   122; 117
   Bayerische Staatsoper München (1964)   123; 118
   Staatsoper Wien (1965)   118
   Städtisches Theater Leipzig (1965)   122–123
   Bayreuther Festspiele (1968)   123; 118
   Staatsoper Wien (1975)   118
   Staatsoper Hamburg (1977)   120
   Bayerische Staatsoper München (1978)   120
   Opera San Francisco (1978)   121

   Bayreuther Festspiele (1980)   123; 123
   Teatro alla Scala Mailand (1981)   123; 123
Die Meistersinger von Nürnberg   80, 97, 109, 155–181, 205, 255
   Hoftheater München (1868)   169–173; 155, 156
   Hofoper Wien (1870)   173; 156
   Bayreuther Festspiele (1888)   174; 159
   Teatro alla Scala Mailand (1889)   174; 160
   Nationaltheater Prag (1926)   162
   Staatsoper Berlin (1932)   162
   Dt. Opernhaus Berlin (1935)   177; 163
   Grand Opéra Paris (1948)   179; 164
   Staatsoper Wien (1949)   164
   New York City Opera (1951)   165
   Teatro dell'Opera Rom (1956)   165
   Bayreuther Festspiele (1956)   180; 167
   Bayreuther Festspiele (1957)   168
   Städtisches Theater Leipzig (1960)   180; 169
   Metropolitan Opera New York (1962)   170
   Bayreuther Festspiele (1963)   180; 170
   Bayerische Staatsoper München (1963)   181; 172
   Bayreuther Festspiele (1969)   181; 172
   Salzburger Festspiele (1974)   173
   Kgl. Theater Stockholm (1977)   180, 181; 174
   Nationaltheater Prag (1978)   177
   Bayreuther Festspiele (1981)   181; 178
   Komische Oper Berlin (1981)   179
Der Ring des Nibelungen   15, 80, 91, 125, 126, 139, 148, 168, 183–251, 255, 260, 263, 276; 183
Das Rheingold
   Hoftheater München (1869)   205–209; 183
   Bayreuther Festspiele (1876)   212–214; 184, 185
   Grand Opéra Paris (1909)   185
   Metropolitan Opera New York (1912)   186
   Deutsche Oper Berlin (1914)   184
   Nationaltheater Prag (1915)   187
   Nationaltheater München (1922)   190
   Städtische Bühnen Frankfurt am Main (1925)   232; 188
   Städtische Bühnen Duisburg (1922/23)   234; 188
   Bayreuther Festspiele (1951)   238; 191
   Stadttheater Zürich (1957/58)   191
   Staatsoper Wien (1958)   191
   Bayreuther Festspiele (1965)   246–249; 191
   Städtisches Theater Leipzig (1973)   249; 192
   Covent Garden Opera London (1974)   249; 193
   Grand Théâtre Genf (1975)   249; 193
   Bayerische Staatsoper München (1975)   194, 196
   Bayreuther Festspiele (1976)   251; 194
   Opera San Francisco (1977)   194
   Staatsoper Hamburg (1980)   251; 196
Die Walküre   125, 183, 197, 198, 202, 203, 205, 209, 214, 230, 234, 236, 238, 251, 274
   Hoftheater München (1870)   209–212
   Bayreuther Festspiele (1876)   212–214; 197, 198
   Städtisches Theater Leipzig (1878)   214; 201
   Grand Opéra Paris (1893)   201
   Metropolitan Opera New York (1912)   202
   Städtische Bühnen Frankfurt am Main (1925)   232; 202
   Stadttheater Basel (1925)   236–238; 205
   Bayreuther Festspiele (1934/36)   234; 205
   Opera San Francisco (1935)   206
   Bolschoi-Theater Moskau (1940)   238; 206
   Grand Opéra Paris (1948)   208
   Metropolitan Opera New York (1948)   208
   Bayreuther Festspiele (1957)   238; 209
   Stadttheater Zürich (1957/58)   209
   Finnische Nationaloper Helsinki (1959)   210
   Covent Garden Opera London (1964)   210
   Deutsche Oper Berlin (1967)   249; 211
   Teatro alla Scala Mailand (1968)   211
   Metropolitan Opera New York (1967)   249; 212

    Bayreuther Festspiele (1970–1975) *212*
    Staatstheater Kassel (1972) 249; *214*
    Teatro alla Scala Mailand (1974) 249, 251; *214*
    Bayreuther Festspiele (1976–1980) 251; *216, 217*
    Grand Opéra Paris (1976) 251; *218*
    Teatro Comunale Florenz (1980) *218*
Siegfried 126, 183, 198, 202, 212, 232
    Bayreuther Festspiele (1876) 212–214; *219*
    Deutsches Landestheater Prag (1905) *221*
    Kgl. Opernhaus Berlin (1913) *221*
    Städtische Bühnen Frankfurt am Main (1925) 232; *221*
    Staatsoper Berlin (1926) *223*
    Städtische Oper Berlin (1932) *223*
    Bayreuther Festspiele (1934) *223*
    Nationaltheater München (1940) *223*
    Städtische Bühnen Danzig (o. J.) *223*
    Teatro alla Scala Mailand (1950) *223*
    Nationaltheater Mannheim (1951) *224*
    Bayreuther Festspiele (1952) 238; *224*
    Covent Garden Opera London (1954) *226*
    Deutsche Oper Berlin (1967) 249; *227*
    Kgl. Theater Stockholm (1969) *229*
    Covent Garden Opera London (1975) *229*
    Städtisches Theater Leipzig (1975) 249; *230*
    Bayreuther Festspiele (1978) 251; *230*
    Nationaltheater Mannheim (1979) *230*
    Gran Teatro del Liceo Barcelona (1980/81) *230*
    Teatro Comunale Florenz (1981) *232, 233*
Götterdämmerung 183, 205, 220, 229, 234
    Bayreuther Festspiele (1876) 212–214; *233*
    Hofoper Wien (1879) 214; *234*
    Hoftheater Kassel (1890) *234*
    Bayreuther Festspiele (1896) 220–221; *236*
    Hofoper Wien (1910) 230; *236*
    Bolschoi-Theater Moskau (1911) *238*
    Kgl. Opernhaus Berlin (1913) *236*
    Städtische Bühnen Frankfurt am Main (1925) *238*
    Staatsoper Berlin (1929) 233–234; *238, 240*
    Nationaltheater Mannheim (1932/33) *240*
    Neues Theater Leipzig (1936) *240*
    Nationaltheater München (1941) *242*
    Teatro alla Scala Mailand (1950) *242, 243*
    Metropolitan Opera New York (1951) *244*
    Bayeuther Festspiele (1955) 238–243; *244*
    Bayreuther Festspiele (1958) *244*
    Landestheater Hannover (1958) *245*
    Kgl. Theater Stockholm (1970) *245*
    Salzburger Festspiele (1970) 249; *247*
    Staatstheater Kassel (1974) 249; *247*
    Städt. Theater Leipzig (1976) 249; *247*
    Bayreuther Festspiele (1976–1980) 251; *248, 249*
    Staatstheater Stuttgart (1977) *250*
    Teatro Comunale Florenz (1981) *250*
Parsifal 15, 21, 80, 91, 92, 98, 147, 148, 238, 253–279; *67*
    Bayreuther Festspiele (1882) 262–266; *253, 254*
    Metropolitan Opera New York (1903) 269–270; *256*
    Stadsschouwburg Amsterdam (1905) 271; *258*
    Stadttheater Zürich (1913) 272, 274; *259*
    Städtische Bühnen Freiburg im Breisgau (1914) 274; *261*
    Hofoper Wien (1914) 272–273; *262*
    Städtische Bühnen Frankfurt am Main (1914) 272; *262*
    Nationaltheater München (1924) 264, 266
    Landestheater Darmstadt (1925) *268*
    Bayreuther Festspiele (1936) 274, 276–277; *269*
    Staatsoper Berlin (1937) *269*
    Teatro alla Scala Mailand (1948) *271*
    Bayreuther Festspiele (1954) 278; *272*
    Bayreuther Festspiele (1958/59) 278; *273*
    Staatsoper Wien (1961) *274*
    Staatsoper Hamburg (1968) *274*
    Bayerische Staatsoper München (1973) 279; *276*
    Kgl. Theater Stockholm (1977) 279; *277*
    Grand Théâtre Genf (1982) 279; *279*
Wagner, Rosalie 11
Wagner, Siegfried 50, 86, 88, 90, 140, 176, 276; *41, 104, 131, 236*
Wagner, Wieland 35, 54, 90, 91, 92, 94, 113, 122, 145, 150, 152, 153, 162, 180, 238, 246, 249, 277, 278; *32, 34, 48, 84, 117, 118, 145, 147, 167, 168, 170, 191, 209, 224, 244, 272, 273*
Wagner, Winifred 276
Wagner, Wolfgang 54, 113, 123, 150, 153, 177, 181, 238, 243, 249, 251, 278; *118, 147, 165, 172, 178, 212*
Waibler, F. *128*
Wakhevitch, Georges *115, 173, 247*
Wallat, Hans 230
Wallerstein, Lothar 232
Walter, Bruno 32, 148, 233; *74, 138*
Watson, Claire *87, 118, 172*
Weber, Carl Maria von 14, 20, 64, 67
Weikl, Bernd *88*
Weil, Hermann *186, 202*
Weimar 30, 32, 48, 68, 97, 139, 173, 178, 197, 272, 276; *97, 99*
Weingartner, Felix von 230
Weininger, Otto 264
Weinlig, Theodor 11, 14
Wendel, Heinrich 153, 274; *87, 274*
Wenkoff, Spas 148; *151*
Wernicke, Herbert 57; *54*
Wertz, Wilfried *179*
Wesendonck, Mathilde 24, 76, 86, 126, 130, 131, 136, 158, 253, 254, 260
Wesendonck, Otto 75, 76
Wiborg, Eliza 81
Wieherek, Antoni 56
Wien
    Hofoper 30, 32, 50, 71, 75, 78–80, 109, 114, 134, 140, 142, 150, 153, 168, 173, 214, 230, 251, 272–273; *28, 43, 44, 156, 234, 236, 262*
    Staatsoper 86, 91, 122, 150, 181, 234, 276, 279; *87, 110, 118, 139, 148, 164, 191, 274*
    Thalia-Theater 74
    Volksoper 86, 148, 274
Wiener, Otto 244
Wiesbaden 35, 50, 68, 108, 179, 220; *34*
Wildermann, Hans 148, 230, 232, 274; *132*
Wilhelm I., Kaiser 212
Wilhelm II., Kaiser 119, 176
Wille, Eliza und François 168, 197
Wilsing, Jörn W. *151*
Windgassen, Wolfgang 113, 148, 150, 153; *32, 84, 113, 144, 145, 147, 191, 227, 244*
Winkel, Gottfried zum 269
Winkelmann, Hermann 147
Wittgenstein, Fürstin Caroline 126, 202
Wittrisch, Marcel 21
Wohlfahrt, Erwin *147, 227*
Wolansky, Raymond *151*
Wolf, Otto 75
Wolfram von Eschenbach 97, 253
Wolzogen, Hans von 176, 258
Wotruba, Fritz 249; *211, 227*
Wüllner, Franz 208; *183*
Würzburg 15, 30, 109, 179
Wunderwald, Gustav 274; *184*
Wuppertal-Barmen 15, 217, 272

Zemlinsky, Alexander von 234, 274
Zimmermann, Erich 223
Zimmermann, Jörg *211*
Zimmermann, Reinhart 54, 122
Zobel, Ingeborg *92, 151*
Zola, Emile 140
Zuccarelli, Bühnenbildner 82; *70*
Zucchi, Virginia 81, 82
Zürich 15, 30, 48, 75, 153, 220, 272, 276; *191, 209, 259*

Abbildungsnachweis

Autor und Verlag danken all jenen Personen, Museen und Institutionen, die freundlicherweise Fotomaterial zur Verfügung stellten. Die im folgenden genannten Zahlen beziehen sich auf die Seiten des Buches.

Amsterdam, Toneel-Museum   72, 258
Bad Berneck, Bild-Archiv Handke   13
Barcelona, Archivio Monsalvat   231 u.
Bayreuth, Bildarchiv Bayreuther Festspiele (Fotos Siegfried Lauterwasser, Wilhelm Rauh, Jean-Marie Bottequin)   10, 22, 25, 26, 29 o., 36, 38, 39 o., 41, 42, 43 (Foto Günter Dietel), 51, 53 u., 58, 65 o., 69, 83 (Foto Martin), 84, 88, 96, 104, 108, 117, 119 u., 123 l., 124, 140 (Foto Scheer), 147, 149 u., 152, 153, 159, 165 u., 167 (Foto Ramme), 168, 171, 172 u., 178, 182, 184 u., 185 o. l., 190 o. r., 191 u., 194 u., 196 o., 197, 198, 199, 205, 209 l., 213 u., 216, 217, 219 o., 219 u., 220 o., 220 u., 222 u. l., 224 u., 225, 230 o., 233, 236, 237 u., 238, 244 M., 244 u., 248, 249, 252, 253 o., 253 u., 259, 272, 273
Bayreuth, Wilhelm Rauh   19
Bayreuth, Richard Wagner Gedenkstätte   16, 201 o., 204 u., 210 u., 269 l.
Berlin, Ilse Buhs   211 o., 227
Berlin, Komische Oper   179 (Foto Arvid Lagenpusch)
Bern, Schweizerische Theatersammlung   135 o. (Foto Leo Hilber), 188, 204 o., 255
Braunschweig, R. Winkler   103
Brüssel, Théâtre royal de la Monnaie   112 l. (Foto Henri Vermeulen)
Budapest, Staatsoper   146 o., 146 u. (Fotos Eva Keleti)
Darmstadt, Theatersammlung der Hessischen Landesbibliothek   75 l., 107 o., 268
Dresden, Erwin Döring   92, 93, 150 o.
Düsseldorf, Jürgen Theis   142 r.
Florenz, Maggio Musicale   144, 218 u. (Fotos Marchiori), 232 o., 232 u., 250 u.
Florenz, Teatro Comunale   80 (Foto Talani)
Frankfurt am Main, Günter Englert   87 M.
Fuldatal, Foto Sepp Bär   52, 215 o., 246 u.
Genf, Claude Gafner   279
Graz, Opernhaus   105
Hamburg, Gert von Bassewitz   120 o.
Hamburg, Hamburgische Staatsoper, Bildarchiv   49 (Foto Peyer)
Hamburg, Elisabeth Speidel   275 u.
Hannover, Landestheater   245 o. (Foto Kurt Julius)
Hannover, Opernhaus, Niedersächsisches Theatermuseum   63 (Foto Ulbricht), 256 (Foto Hoerner)
Helsinki, Finnische Nationaloper   112 r., 210 o. (Foto Taisto Tuomi)
Kiel, Joachim Thode   196 u.
Köln, Theatermuseum des Instituts für Theaterwissenschaft, Universität Köln   27, 31 u., 44 u., 46, 61, 67, 71, 73 o., 73 u., 74, 76, 77, 79 M., 79 u., 101 u., 107 M., 110 o., 116 o., 128, 129, 132, 133, 135 u., 138 u., 162, 163 o., 163 u., 185 u., 189 o., 189 u., 203, 211, 220 o. r., 223 o., 235 u., 239 o., 241 o., 241 u., 261, 263 M., 263 u., 265 o., 265 u., 267, 269 r.

Kopenhagen, Kgl. Opernhaus   111, 277 (Foto Rigmor Mydtskov)
Lausanne, Marcel Imsand   193 u.
Leipzig, Städtisches Theater   169, 192 o., 192 u. (Fotos Helga Wallmüller), 230 o., 247 o., 247 u.
London, Wilfried Newton   226 o., 226 M., 226 u.
London, Royal Opera House Covent Garden   229 (Foto Stuart Robinson)
London, Donald Southern   193 o.
London, Reg Wilson   149 o.
Mailand, Archivio Fotografico Ricordi   30, 40, 70
Mailand, Teatro alla Scala, Archivio Fotografico   32, 53 o., 87 u., 106, 113, 115 o., 115 u., 123 r., 143 o., 143 u., 211 u., 215 u., 223 u., 242 u., 243, 271
Mailand, Teatro alla Scala, Museo Teatrale   137, 161 o. r., 161 u.
Mainz, Renate Schäfer   34 u.
Mannheim, Theatersammlung des Reiß-Museums   150 u., 224 o., 240 u.
Mannheim, Joachim Sipos   231 o.
Moskau, VAAP (Allunionsagentur für Urheberrechte der UdSSR)   206 o., 206 u. (Foto Ewgenij Fedorowskij)
München, Bayerische Staatsoper   75 r., 190 o. l., 222 u. r., 242 o., 242 M.
München, Rudolf Betz   114
München, Jean-Marie Bottequin   250 o.
München, Deutsches Theatermuseum   14, 66, 99 o., 101 o., 127, 154, 157 o., 183
München, Sabine Toepffer   47 u., 55 u., 119 o., 120 u., 172 o., 194 o., 276
New York, City Opera   165 o.
New York, Metropolitan Opera   55 o., 81 o. (Foto Sedge Lebland), 81 u., 91 (Foto J. Heffernan), 116 u., 142 l., 170, 208 u., 213 o., 244 o.
New York, The Metropolitan Opera Guild   186, 202
Paris, Michel Szabo   218 o.
Paris, Bibliothèque nationale, Musée de l'Opéra   31 o., 39 u., 62, 65 u., 85, 99 u., 102, 185 o. r., 201 u.
Paris, H. Roger-Viollet   164 o., 208 o. (Fotos Lipnitzki-Viollet)
Prag, Nationaltheater   47 o., 177 (Fotos Josef Svoboda), 134, 187
Rom, Camillo Parravicini   109
Salzburg, Archiv der Salzburger Festspiele   138 o. (Foto Ellinger)
San Francisco, Opera   89 (Foto Carolyn Mason Jones), 121, 195 (Fotos Ron Scherl), 141 (Foto Strohmeyer), 206
Stockholm, Kgl. Theater   82 (Foto Ena Merkel Rydberg), 175, 228 o., 228 u., 245 u.
Überlingen, Siegfried Lauterwasser   33, 34 o., 145, 173, 246 o.   [ski]
Warschau, Teatr Wielki   56 (Foto Leon Myszkow-
Wäschenbeuren, Hannes Kilian   151 o., 151 u.
Wien, Elisabeth Fayer   87 o., 119 M., 148, 190 u. r., 275 o.
Wien, Theatersammlung der Österreichischen Nationalbibliothek   29 u., 43 o., 45 o., 79 o., 100, 107 u., 110 u., 131, 139, 157 u., 161 o. l., 164 u., 184 o., 222 o. l., 235 o., 237 o., 239 u., 240 o., 257, 263 o.
Zürich, Stadttheater   190 u. l., 209 r. (Fotos W. E. Baur)

288